개정판

정 책 학

강근복 · 권향원 · 김재관
박근후 · 박정택

DY 도서출판 대영문화사

개정판 머리말

정책학 초판을 펴낸 지 5년 만에 개정판을 낸다. 개정판에서는 전반적으로 크고 작은 수정 작업의 결과가 담겨 있지만, 특히 다음과 같은 점에서 초판과 다름이 있다.

첫째, 초판에서는 당초 정책학의 기초 부분을 제1장에서 서술하였으나, 개정판에서는 정책의 개념에 대한 설명을 제1장에 배치하였다. 정책학의 등장과 패러다임, 그리고 연구 내용 등 학문으로서의 정책학에 대한 설명에 앞서서, 독자들이 정책의 개념을 먼저 이해하는 것이 필요하다고 보았기 때문이다. 그리고 제1장과 제2장에 걸쳐서 정책의 본질적 특성을 독자들이 보다 잘 이해할 수 있도록 좀 더 쉽게 서술하고자 하였다.

둘째, 제5장 정책기조의 형성과 관리 부분에서 그동안의 연구 결과를 추가하고, 초판에서 인용하였던 주요 학자의 수정된 견해를 반영하여 수정 · 보완하였다.

셋째, 제11장 정책평가 부분에서 실증주의적 접근법에 대한 내용을 추가 · 보완하였다. 이 책은 실증주의적 접근법의 한계를 극복하는 것과 가치비판적 관점을 수용할 것을 바탕에 두고 있다. 그러나 실증주의적 접근의 유용성도 고려하여 취급하였다.

무엇보다도 탁월한 젊은 정책학자 권향원 교수가 이 책의 개정 작업에 참여하였다는 것이 초판과 크게 다른 점이다. 새로이 등장하는 다양한 정책이론과 관점을 반영하여 이 책의 내용을 계속 발전시키는 데 권교수가 크게 기여할 것으로 기대하고 있다.

저자들이 개정의 필요성을 느끼는 부분들을 아직 더 가지고 있음에도 이런저런 사정으로 이번 개정 작업에 포함시키지 못하고 다음 기회로 넘기게 된 점은 독자들에게 미안한 일이다. 그러나 머지않아 더 발전된 내용의 책을 독자들 앞에 보여드릴 것을 약속한다.

우리가 하는 일은 늘 여러 사람의 도움에 힘입기 마련이다. 특히 우리 저자들의 큰 스승이시고, 정책학도들의 스승이신 허범 교수님의 가르침에 감사드린다. 원고 정리와 교정을 위해 수고한 KAIST 기술경영학부 박사과정의 강인제군, 아주대학교 행정학과 대학원 홍은영에게도 감사한다. 그리고 이 책의 출판을 위해 애쓰신 대영문화사 관계자 여러분께 감사드린다.

2022년 1월

저자들을 대표하여 강근복 씀

초판 머리말

이 책은 정책을 통해 인간의 존엄성 실현을 소망하는 윤리적 학문인 정책학을 소개하기 위해 쓰여졌다. 정책학은 철학과 실천적 행동의 통합을 이루는 정책을 통해 인간 삶의 의미를 바꾸고 인간의 존엄성을 실현하려는 목적을 가지고 있다. 이런 궁극적 목적의 달성을 위해 정책과 관련해서 어느 방향으로, 무엇을, 어떻게 해야 할 것인가에 대한 규범적, 경험적, 처방적 지식을 통합적으로 소개하려는 것이 이 책의 목적이다. 따라서 이 책은 인간 존엄성 실현에 기여하는 좋은 정책의 내용과 과정을 이해하며, 공공문제를 분석하고 해결하는 것에 관심을 갖고 있는 사람들에게 도움이 될 것을 기대하고 쓰여졌다.

이 책은 현대 정책학의 정통적 패러다임에 가급적 충실하게 토대를 두고 접근하려고 노력했다. 그것은 정책에 대한 연구를 망라해서 소개하려는 것이 아니라, 독자들이 정책학 패러다임에 입각해서 정책 내용과 과정에 대한 연구의 핵심 내용을 공부할 수 있도록 노력했다는 의미다. 책을 쓰는 사람이면 누구나 그러하겠지만, 정책학의 전반적 체계와 내용을 가급적 쉽게 이해할 수 있도록 노력했는데 과연 그렇게 되었는지는 독자가 평가할 일이다. 여러 정책학자의 다양한 견해나 이론에 대한 소개에는 그리 많은 관심을 기울이지 않았다. 정책학에 대한 관심을 불러일으키며 정책 현상에 대한 기본적 이해를 돕고 앞으로 정책학을 더 심층적으로 연구할 수 있는 기초적 소양을 갖추도록 안내하는 데 우선적으로 관심을 기울였기 때문이다.

이 책의 구성은 다음과 같다. 제1장에서는 정책학의 등장 배경과 패러다임 등 정책학의 기초에 해당하는 내용을 서술했다. 제2장에서는 정책학의 핵심적 연구 대상인 정책의 개념과 본질적 특성을 다루고, 제3장에서는 정책, 정책 체제와 상호작용을 벌이면서 정책 수요를 제기하고 정책 체제에 영향을 미치는 정책환경을 설명했다. 제4장에서는 정책의 생명주기에 따라 정책과정과 그 과정에 참여하는 사람과 집단의 특성과 상호작용에 대해 서술했다. 제5장에서 제11장까지는 정책과정의 단계별 활동을 중심으로 정책기조의 형성과 관리(제5장), 정책의제의 형성과 관리(제6장), 정책개발과 정책분석(제7장) 정책 채택(제8장), 정책집행(제9장), 정책평가(제10), 그리고 정책의 변동과 관리(제11장) 등을 차례로 서술했다. 마지막으로 제12장에서는 정책의 윤리성을 서술했다. 정책을 통해 인간 존엄성을 충실하게 구현하려는 정책학의 목적에 비춰볼 때 정책 활동의 모든 국면에서 윤리성에 대한 판단과 적용이 매우 중요하기 때문에 앞부분에 자리 잡아야 마땅하나 독자의 편의를 위해 맨 마지막에 배치했다.

이 책은 오래전에 기획되고 준비되었다. 1988년 허범 교수님의 문하생들인 대전대 김웅락 교수, 박정택 교수, 원광대 김재관 교수, 가톨릭관동대 박근후 교수, 한국소비자보호원 강성진 박사, 그리고 충남대 강근복이 함께 허범 교수님의 정책학 학문세계를 담은 정책학 입문서를 저술하기로 결정했다. 허범 교수님의 학문세계를 담으려 했기 때문에 이 책의 내용은 허범 교수님의 논문과 글에 많이 의존하고 있다. 그 후 2년 여간 십 수 차례의 토론회를 가지면서 원고 집필과 수정 보완을 반복했다. 공동 집필의 단점을 극복하고 내용이 충실하면서도 전체의 흐름이 일관성을 유지할 수 있도록 토론의 결과를 부문별 책임자가 대표 집필하는 방식을 취했다. 연구 활동에 필요한 경비는 고맙게도 대영문화사 임춘환 사장님께서 지원해 주셨다. 1990년 초 초고의 틀이 거의 완성되었으나 만족할 만한 수준이 아니라고 판단되어 출판에 이르지 못했다. 그로부터 수 년 후 두어 차례 원고를 수정 보완하는 작업이 다시 이뤄졌으나 안타깝게도 책을 세상에 내놓지는 못했다. 그 일부는 개인 논문으로 발표도 되었으나, 전체 연구 결과가 공동 명의의 최종 산출로 이어지지는 못했다. 그렇지만 우리가 함께 한 공동 학습과 토론의 시간은 매우 유익하고 행복한 추억으로 남아 있다.

그렇게 또 상당한 시간이 흘러갔고, 30년 가까이 끌어온 이 작업을 마무리하고 출판사와의 오래된 약속을 이행하는 것은 여전히 숙제로 남아 있었다. 그러던 중 최종까지 함께 작업한 교수들의 의논 끝에 이 오래된 작업의 마무리를 강근복에게 위임하기로 결정했다. 이에 따라 강근복은 경산정책연구회 교수들이 작성한 원고를 일부 수정 보완하고 일부 추가해 드디어 출판에 이르게 된 것이다. 그러므로 이 책의 내용상의 오류나 부족함은 저자들의 공동 책임이지만 강근복에게 더 큰 책임이 있다고 하겠다. 허범 교수님의 높고 깊은 학문세계를 제대로 담지 못한 아쉬움은 크나 출판의 약속을 늦게나

마 이행할 수 있게 된 것에 위안을 삼고자 한다.

매사에 그렇듯이 이 책을 펴내면서 감사드려야 할 분들이 많다. 정책학뿐만 아니라 일상 삶에서 많은 가르침을 주신 허범 교수님께 깊이 감사드린다. 원고의 수정, 교정, 편집 등에 수고한 ETRI 고순주 박사, 충남대학교 행성학과 상사 이향숙 선생과 조영선 선생, 국가정책학과 박사학위 과정의 최지영 선생, UST 석사 과정의 강인제 군, 그리고 참고 문헌 정리를 도와준 행정대학원의 강보경 양에게도 감사한다. 이들의 도움이 없었다면 이 책은 빛을 보지 못했을 것이다. 그리고 이 책이 나올 수 있도록 지원해 주고 기다려 주신 대영문화사 임춘환 사장님과 출판 작업을 친절하고 효율적으로 수행해 준 관계자들께도 감사드린다. 그 밖에 일일이 열거할 수 없는 많은 분의 도움에 감사한다. 이 책이 정책학을 공부하려는 사람들에게 조금이나마 도움이 된다면 저자들로서는 더 큰 기쁨이 없겠다.

2016년 2월
저자들을 대표해서
강근복 씀

차례

제 1 장

정책의 개념

이 장에서는 정책의 정의, 특성 및 형식을 살펴보고, 정책의 본질적 특성과 바람직한 정책의 의미와 판단 기준, 그리고 정책의 유형에 대해 설명한다.1)

제 1 절 정책의 개념

1. 정책의 정의 및 특성

정부 및 공적 권위를 가진 조직들은 공익의 보호와 증진 및 사회문제 해결을 목적으로 국민에게 크고작은 작용을 가하고, 개입한다. 이러한 작용과 개입의 예로서, 크게는 고속도로, 항만, 공항 등 국토에 물리적인 변화를 야기하는 인프라를 건설하는 일에서부터, 작게는 과태료나 벌금을 부과하는 일에 이르기까지 수많은 다양한 활동들을 들 수 있을 것이다. 실제로 이런 작용과 개입은 국민의 생활환경이나 사회적 상황 등의 조건들에 크고작은 변화를 야기하게 된다.

정책(public policy)이란, 이렇게 "정부 등 공적 권위를 가진 주체가 공익의 보호와 증진 및 사회문제 해결을 목적으로 국민에게 가하는 작용과 개입 등의 활동들과 이와 연관된 의사결정들을 통칭하는 개념어"라고 할 수 있다.2) 이에 대하여, 허범(1988: 74)은 정책의 존재 이유와 주체에 주목하여, 공공정책은 "공익의 실현과 공적 사항의 관리를 위해 정부가 직접적으로 선택하거나 간접적으로 관여하는 중요한 행동 지침이다"라고 정의하고 있다.

정책은 다음과 같은 특성을 지닌다.

첫째, 정책은 국민에 대한 개입과 작용을 수반하고, 이에 국민의 이익과 가치에 영향을 미치는데, 사적인 이익이나 이념의 실현을 목적으로 해서는 안 된다는 점이다. 바람직한 정책은 공익과 국익을 우선해야 하되, 이 과정에서 인류 보편적 가치와 이익의 추

1) 이 장의 내용은 허범 교수의 논문(1988a; 1989; 2007a; 2007b)에 많이 의존했다.

2) 일반적으로 정책(policy)이라는 말은, 특정한 목적을 달성하기 위하여 공식적으로 내려진 의사결정들과 이와 관련한 활동들을 통칭하는 말이라고 할 수 있다. 그러나 이 책에서는 정부 및 관련 행위자들이 논의의 초점에 있으므로, 향후 편의상 공공정책을 정책으로 간략하게 표현하겠다. 따라서, 이 책에서 '정책'이라는 표현은 사실상 '공공정책'을 지시한다.

구와 배치되지 않을 것을 전제로 해야 한다. 가령, 국익을 추구한다는 명분에서 다른 국가를 무력으로 침략하거나, 다른 국가의 내정에 부당하게 간섭하는 등의 활동은 바람직한 정책이라고 할 수 없다. 라스웰(Lasswell)이 지적하였듯이, 정책의 바람직한 가치는 궁극적으로 인간의 존엄성 실현을 지향한다는 점에서 비롯하기 때문이나(Lasswell, 1971: vii). 이에 정책가는 1차적으로 국익과 공익에 부합하는 정책을 모색하되, 이를 명분으로 다른 어떠한 가치가 부당하게 훼손되거나 희생되지 않도록 면밀하게 살펴야 한다. 그런데 "무엇이 국익이고 공익인지에 대한 판단" 역시 언제나 쉬운 것은 아니다. 가령, 공적 재원을 사용하는 데에 있어서 "약자의 복지를 우선 배려할 것인지" 혹은 "산업을 선도하는 일부 기업들에 대한 투자를 우선할 것인지"와 같은 두 가지 선택지 사이에서, 어느 것이 국익과 공익에 보다 부합하는지를 논쟁없이 판정하는 것은 매우 어렵다. 사회구성원들은 저마다 자신이 딛고 있는 가치와 이익으로부터 자유롭지 않으며, 이에 따라 서로 다른 입장과 논리를 가지기 때문이다(박정택, 1992 참조). 이에 정책은 궁극적으로 인간의 존엄성, 국익, 공익과 같은 '가치에 대한 지향성'을 본질로 하되, '가치갈등'과 '가치경쟁'으로부터도 자유롭지 않은 특성을 갖는다고 할 수 있다. 이는 공적 자원과 공권력을 어떻게 사용하는 것이 정당한가에 대한 윤리적 질문과도 본질적으로 얽혀 있다.

둘째, 오직 정부만이 정책의 독점적인 주체로 한정되지 않으며, 경우에 따라 정부의 권한을 위임 및 위탁받은 민간 행위자나, 완전히 정부적이지도 기업적이지도 않은 공공기관이나 공기업 등 공공부문 행위자가 정책 주체의 역할을 담당하기도 한다는 점이다. 이에 허범은 정책의 이러한 측면에 대하여 "정책은 정부가 직접적 혹은 간접적으로 간여한 중요한 지침"이라고 표현하고 있다(허범, 1988a; 1989). 정부가 아닌 정책 주체의 예로, 공공기관들이 각종 공공사업을 기획하고 실행하는 주체로서 권한을 가지고 있다는 점을 들 수 있겠다. 바로 이러한 이유에서 이 책에서 제시한 공공정책에 대한 정의는 "정부 등 공적 권위를 가진 주체"라는 표현을 사용하고 있는 것이다. 현실에서 공공정책의 주체는 정부로만 특정되지 않고 다양한 주체들을 포괄하고 있기 때문이다.[3]

---

3) 그러면 민간 또는 민·관 혼합 영역에서 형성, 집행되고 평가되는 공공정책에 대해 정부는 어떤 관계를 가져야 하는가? 이 질문은 공익의 실현과 공적 사항의 관리에서 사회와 정부가 사적 분야와 공공 분야에 어떤 관계를 가져야 하는가?(허범, 1988a). 허범(1988a; 2007a)은 이 질문에 대한 대답은 서로 다른 두 가지 관점의 조화에서 찾아야 한다고 지적한다. 그 하나의 관점은 자유민주주의에 입각한 작은 정부관이다. 이 관점은 자유민주주의 국가의 정부는 사회가 자율적으로 취급할 수 없

셋째, 현실의 정책은 법률의 형태로 존재하거나 법(령)을 근거로 작용한다는 점이다. 정책은 국민의 삶에 크고작은 개입과 영향을 미친다는 점에서 공적 권위의 행사를 전제로 하고, 공적 권위의 행사는 자의적인 발동과 무책임성을 억제할 수 있도록 법과 같은 정당한 근거를 필요로 한다. 이에 따라 정부 등 정책 주체는 법(령)의 근거와 범위 내에서 정책을 집행하게 된다. 그리고 만약 기존에 없던 새로운 정책이 필요한 경우에는, 적법한 절차를 통해 해당 정책의 근거가 되는 법(령)을 마련해야 한다. 가령, 국민의 안전을 책임지는 현장의 경찰관이 범죄 피의자에 대한 단죄를 내려 사회안전을 수호하려고 하는 경우, 해당 경찰관은 근거조항이 규정하는 내용과 범위 내에서 작용을 가해야 한다.

넷째, 정책이 의도한 목적을 효과적으로 달성하기 위해서는 사회(국민)의 동의와 수용을 전제로 한다는 점이다. 정책은 반드시 사회부문의 가치와 이익의 구조에 영향을 미치고 변화를 야기한다(겐고, 2008). 가령, 부동산 가격을 떨어뜨리기 위해 정부가 내어놓는 부동산 대책(정책)은 주택보유자에게는 가치하락에 따라 손실을, 무주택자에게는 주택구매 기회상승에 따른 이익을 함의한다. 이렇게 손실과 이익을 동시에 함의하기 때문에, 정책은 일반적으로 특정한 대상집단의 반발과 저항을 수반한다. 또한 코로나(COVID-19)와 같은 감염병 위기에 대응하기 위하여 사회적 거리두기와 같은 조치(정책)를 수행하는 경우에서 볼 수 있듯이, 정책은 국민에게 불편과 불만을 야기하기도 한다. 그런데 정책에 대한 사회와 국민의 불만과 저항이 지나치게 크다면, 정책이 성공적으로 수행되기 어려울 것이다. 반대로 사회와 국민의 수용과 협조가 담보된다면, 정책이 성공적으로 수행될 확률이 증가할 것이다. 이에 리플리(Ripley)와 프랭클린(Franklin)은 "정책은 정부와 사회(국민) 간의 상호작용의 과정으로 이해되며, 정책은 그 상호작

는 최소한의 기능만을 담당해야 한다는 것이다. 이 관점에 따르면 민간 부문은 가급적 많은 공공정책을 형성·집행·평가하고, 정부는 민간 부문의 공공정책에 가급적 간섭하지 않는 것이 바람직하다고 본다. 다른 하나의 관점은 공공정책이 공공 이익과 공적 사항에 관련되기 때문에 정부가 무관심할 수 없다는 것이다. 이 관점에 따르면 사회의 모든 부문에서 취급하는 공공정책들을 전체 사회의 이익으로 통합시켜야 할 책임은 궁극적으로 정부가 져야 하고, 따라서 정부는 민간 또는 민·관 혼합 부문의 공공정책에 관여하는 것이 마땅하다고 본다. 이 두 가지 관점의 조화로운 통합을 위해서는 정부가 민간 부문의 자율성을 깨뜨리지 않으면서 민간 부문의 정책결정에 간접적으로 관여하는 것이 필요하다. 이와 같은 정부의 간접적인 관여는 정부가 주로 공공행정의 사회적 조정 기능을 통해 민간 부문과 대등한 관계에서 민간 부문의 공공정책들을 전체 사회의 이익으로 통합하는 방향으로 민간 부문을 조장하고 유도함으로써 이뤄질 수 있다(허범, 1998: 76-78; 2007a).

용의 결과물이다"라고 말하고 있다(Ripley & Franklin, 1984). 이렇게 정책 주체가 추구하는 당위성[4]과 주체-사회 간 상호작용의 측면에 주목하면서 정책을 달리 정의하면, 정책은 "문제시되는 현실의 내용을 바람직한 방향으로 변화시키기 위해 가치관적 판단 속에 포함되어 있는 당위성과 현실적으로 가능한 행동을 통합하는 정치적 합의"로 이해된다(허범, 1988a).

2. 정책의 근거 형식

정부 및 정책 주체가 사회(국민)에 개입하고 작용을 가하는 활동들은 다양한 형식을 근거로 이루어진다. 예를 들어, 국민에게 과태료나 벌금을 물리는 행위 및 정부의 기업에 대한 규제 등 공식적인 정부 활동은 형식으로서 법령을 근거로 이루어진다. 법령은 법률, 령, 조약, 규칙, 조례 등 적법한 절차를 거쳐 제정된 공식적인 제도를 통칭하여 의미한다. 한편 정책은 법령과 같이 공식적이고 딱딱한 근거 외에도, 국정철학, 집권세력의 의지와 방향성, 사회적 규범, 계획안, 결의안(합의사항) 등 사회적 · 정치적 · 문화적인 형식들을 근거로도 삼는데, 여기에서는 이러한 형식들을 "정책 주체에게 요구되는 규범"이라고 통칭하겠다. 이러한 규범에는 거시적인 정책 방향이나 철학 등이 담겨 있는 정책기조(policy paradigm), 1960년~1980년대의 '경제개발 5개년 계획'과 같이 정부의 장기적인 전략 로드맵이나 계획, 북한에 대한 제재를 규정한 유엔(UN) 안전보장이사회의 결의안 등을 예시할 수 있다.

요컨대 정책은 법령과 규범을 근거 형식으로 한다. 각각에 대한 내용과 종류는 아래의 〈표 1-1〉에 담았다.

정책이 이러한 근거형식을 필요로 하는 이유는 정책의 본질적인 목적이자 근거인 공익에 대한 판단을 기준 없이 그때그때 수행하는 것은 타당성과 예측가능성을 담보할 수 없기 때문이다. 이러한 배경에서 보면, '법령'은 공익에 대하여 사회적으로 이루어진 사안별 합의와 정의를 안정화해 놓은 것이라고 할 수 있으며, 정책을 수행하는 자와 정책의 영향을 받는 자 모두에게 정책에 담겨 있는 규범을 이해할 수 있도록 하는 준칙으로서의 의미를 갖는다고 할 수 있다.

4) 당위성은 "마땅히 그렇게 하거나 되어야 할 성질"을 뜻한다. 정책의 당위성이란 정책이 마땅히 이뤄야 할, 마땅히 추구해야 할 가치를 내포하고 있다는 것을 의미한다.

표 1-1 정책의 근거 형식(예시)

<table>
<tr><th colspan="3">근거 형식</th><th>내용</th><th>종류</th></tr>
<tr><td rowspan="5">법령</td><td colspan="2">법률</td><td>헌법에 비해 구체적으로 국민의 권리·의무에 관한 사항을 규율, 행정의 근거로 작용</td><td>헌법, 행정법, 민법, 상법, 형법, 사회법, 경제법, 세법 등</td></tr>
<tr><td colspan="2">령</td><td>법률에서 기본적인 사항만 정하고, 구체적인 내용은 국가정책을 담당하는 중앙행정기관에서 정할 수 있도록 위임</td><td>대통령령, 총리령, 부령 등</td></tr>
<tr><td colspan="2">조약</td><td>대통령이 다른 국가와 맺은 조약은 국제법상 효력뿐 아니라, 국내법적 효력을 인정</td><td>조약 등</td></tr>
<tr><td>규칙</td><td rowspan="2">자치단체</td><td>행정규칙</td><td>고시, 훈령, 지도, 명령 등</td></tr>
<tr><td>조례</td><td>법령의 범위 안에서 그 권한에 속하는 사무에 관하여 지방의회가 정하는 규범; 지방자치단체의 장이 정함; 자치법규라고 불리며, 효력이 관할 지역에 한정</td><td>서울시 조례,
경기도 조례,
수원시 조례 등</td></tr>
<tr><td rowspan="3">방침</td><td colspan="2">기조</td><td>제시된 거시적인 방향 및 철학; 집권세력의 의지 등</td><td>새정부의 국정과제</td></tr>
<tr><td colspan="2">계획/기획</td><td>정부의 기획 및 계획: "목적, 가치와 전략을 내포하고 있는 대규모의 계획"(백승기, 2015: 27)</td><td>경제개발5개년 계획,
공공기관의 혁신 로드맵</td></tr>
<tr><td colspan="2">결의</td><td>의논하여 합의를 통해 결정한 것</td><td>UN 안전보장이사회 결의안</td></tr>
</table>

한편, 정책의 근거형식에 대한 앞의 설명에 대해 추가적으로 다음과 같은 점을 유념해야 할 것을 지적할 필요가 있다.

첫째, 정책의 근거형식이 어떠한 위계관계와 구조로 이루어져 있는지에 대한 판단은 학자에 따라 다르다는 점이다. 기획과 정책의 상하관계에 대하여, 기획 밑에 여러 가지의 정책이 있다고 주장하는 사람도 있고, 정책 밑에 다양한 기획이 이루어진다고 주장하는 사람도 있다. 따라서 이 책에서는 몇 가지 예시로서 정책의 근거형식들을 담았지만, 학자와 정책 실무자의 관점과 견해에 따라 용어 사이의 관계와 내용은 다르게 해석될 수 있다.

둘째, 제시된 정책의 근거형식은 반대로 정책의 발현형식으로 이해될 수도 있다는 점이다. 정책이 타당성과 신뢰성을 확보하기 위해서는 법령 등 근거형식에 기반해야 함은 주지의 사실이다. 그런데 경우에 따라 이러한 법령을 만들어 내는 "법제화" 자체가 정책결정이라고 이해되기도 한다. 가령, 대북정책의 영역에서 정부가 북한과의 평화 공존을 위해 '평화조약'을 맺는다면, 이 경우 평화조약은 대북정책의 근거형식이 아니라 발현형식의 성격을 가지게 된다. 물론 '평화조약'의 내용을 실현하기 위한 구체적인 하위 정책을 만든다면 '평화조약'은 그러한 하위 정책의 근거가 된다. 이렇게 정책의 형식은 두 가지 양면성을 동시에 가지게 된다.

3. 정책의 일상적 개념

앞에서 살펴본 정책의 개념 규정은 공공정책(public policy)을 중심으로 이루어졌다. 정책을 목적과 전개 영역을 기준으로 공공정책과 사적 정책으로 나눠 본다면, 우리가 관심을 갖고 있는 것은 공공정책(public policy)에 있다. 그래서 이 책에서 정책이라고 표현할 때 그것은 공공정책을 의미한다.[5] 공공정책은 공익(public interest)의 실현과 공적 사항(public affairs)의 관리에 관련된 정책이다. 공익은 쉽게 정의하기는 어려운 개념이지만(박정택, 1992 참조), 일상적인 생활에서 이해하는 공익은 정의의 관념에 부합되는 불특정 다수의 이익으로 정의하는 경우가 많다. 공적 사항은 그 관련성이 넓고 중요하기 때문에 개인이나 민간 부문에서 취급하는 것이 매우 어렵거나 적절치 못한 사항이라고 할 수 있다(허범, 1988a; 1989).

그런데 정책의 개념이 반드시 공공정책으로만 한정되는 것은 아니다. 가령 기업도 사업관리 및 조직운영을 위해 공식적인 내부 규정과 방침을 설정하고, 이를 형식 근거로 한 의사결정과 활동을 수행한다. 이러한 규정과 방침 역시 일상적인 의미에서는 정책이라고 할 수 있을 것이다. 다만 그 영향이 미치는 범위가 공공정책에 비하여 넓지 않고, 국익이나 공익보다는 작은 공유이익과 사익을 지향하고 있다는 점이 차이를 보일 뿐이다.

관점에 따라서 정책은 여러 가지로 정의될 수 있겠지만,[6] 정책의 개념을 공공정책으

5) 학자에 따라 공공정책의 개념을 조금씩 달리 정의하고 있다. 정정길 외(2013: 35)는 정책을 "바람직한 사회 상태를 이룩하려는 정책목표와 이를 달성하기 위해 필요한 정책수단에 대해 권위 있는 정부기관이 공식적으로 결정할 기본 방침"이라고 정의한다. 또한 드로(Dror, 1983)는 "주로 정부기관에 의해 결정되는 미래를 지향하는 행동의 주요 지침"으로 정의하고, 남궁근(2012)은 공공정책을 "정부가 개입해 국민생활에 영향을 미치는 활동의 총체"라고 정의했다. 권기헌(2008: 64)은 정책을 "미래의 바람직한 상태를 실현하기 위한 정책목표와 이를 달성하기 위해 강구된 과학적 정책수단에 대해 권위 있는 정부기관이 내린 미래의 활동 지침"으로 정의하고 있다.

6) 허범(2007a)은 다이(Thomas R. Dye, 1984: 19-43)가 정치학의 주요 모형에 따라 정의한 정책 개념을 다음과 같이 요약하고 있다. 정책은 기관의 산출(제도주의), 정치적 활동(과정론), 집단 사이의

로 한정하지 않고 사회의 제반 행위자의 공식적인 의사결정과 활동 등 일상적 개념으로 확장할 경우, "어떤 개인 또는 집단이 선택한 매우 중요한 행동 지침"으로 개념의 외연을 일반화하여 확대할 수 있겠다(허범, 1976b: 69-70).

한편, 정책의 개념을 이렇게 일상적인 의미로 확장할 경우, 다음과 같은 중요한 정책의 개념적 특성을 찾아볼 수 있다(허범, 1988a: 74-76; 2007a).

첫째, 정책은 구체적인 행동의 지침이다. 다시 말하면 정책은 어떤 행동을 유발시키기 위해 선택된 지침이다. 그것은 어떤 정책 의지를 실제적인 행동으로 전환시키려는 결정 또는 선택을 내용으로 한다. 정책은 상당히 구체적인 일련의 행동 방안과 실천 의지를 그 내용으로 가지는 것이다. 정책의 내용에는 어떤 상태의 발생을 의도하는 적극적인 행동(to do)뿐만 아니라 어떤 상태의 발생을 회피하려는 소극적 행동(not to do)까지도 포함된다.

둘째, 정책의 중요한 개념적인 특성으로 행동의 계획성과 실천 지향성을 들 수 있다. 실천적 행동을 지향하지 않는 결정은 정책이라고 할 수 없다. 또한 행동은 포함하고 있으나 그것의 실천 의지와 능력이 빠진 결정은 실질적 정책이 아니다.

셋째, 정책의 내용을 이루는 행동 방안은 의도적으로 선택된 것이다. 정책은 어떤 주체가 상당히 뚜렷한 의지에 따라서 의식적으로 선택한 행동 지침이다. 정책은 그것을 형성하는 주체의 명백한 존재, 그 주체의 분명한 의도성 그리고 의식적인 선택 등을 그 개념적 요건으로 한다. 이와 같은 요건을 갖추지 못한 행동(방안)은 정책이라 할 수 없다. 아직 선택의 과정을 거치지 못한 행동 방안에 대한 생각은 정책 구상일 뿐 정책이 아니다.

넷째, 정책의 내용에 포함되는 행동은 매우 중요하다고 여겨지는 것이다. 정책은 그것이 지향하는 목적과 실천 행동, 그리고 의도하는 결과가 매우 중요하다는 일반적인 평가를 그 개념적 요건으로 한다. 개인적으로는 자신의 이익에 직접적으로 관련된 정책을 중요하다고 여긴다. 그러나 일반적으로 정책의 중요성이 인정되는 가장 중요한 이유는 정책이 바람직한 미래의 실현을 지향하면서 인간 사회에 중요한 영향을 미치고, 그 영향이 미치는 시간적 · 공간적 범위가 매우 넓으며, 정책의 형성과 집행을 둘러싸고

균형점(집단이론), 엘리트의 가치 선호(엘리트이론), 비용 대비 최대 이익(합리주의 모형), 과거 정책의 점진적 변이(점진주의모형), 경쟁 상황에서의 합리적 선택(게임이론), 그리고 체계의 산출(체계이론)이다.

전개되는 정치적 관계가 중요하다고 여겨지기 때문이다.

제 2 절 정책의 본질적 특성

정책의 의미를 바르게 알기 위해서는 정책의 개념뿐만 아니라 그것이 지니고 있는 본질적인 특성을 이해하는 것이 필요하다. 이에 다음과 같은 특성들을 살펴 본다(허범, 1988a: 79-80; 2007a; 2007b).

1. 평가상대성

정책에 대한 평가는 상대적이다. 동일한 정책에 대해서도 사람에 따라, 그리고 같은 사람도 시간과 공간이 달라짐에 따라 상이하게 평가한다. 정책의 가치를 긍정적으로 판단하는 사람에게 그 정책은 '좋은 정책'이고, 정책의 가치를 부정적으로 판단하는 사람에게 그 정책은 '나쁜 정책'이다. 이렇게 정책에 대한 평가는 실제 정책담론에서 항상 엇갈린다(허범, 2007b: 1-2).[7)]

2. 목적지향성

정책은 정책 주체가 의도하는 것을 실현시키기 위해 선택한 행동 지침이기 때문에 그것은 정책 주체의 목적 의지를 반영하고 그러한 목적 의지를 실현시키려는 성격, 즉 목적지향성을 가진다. 한편 정책 주체의 목적은 두 가지 측면을 가진다. 첫째는 현재의 어떠한 불만스러운 상황을 개선하고자 하는 문제해결 측면의 목적이며, 둘째는 자신이 바람직하다고 믿는 가치나 이념을 구현하고자 하는 규범지향의 목적이다.

---

7) 허범(2007b)은 실제의 정책은 객관적 실체로 서술할 수 없는 것으로, 관련된 사람들이 상호작용을 통해 어떤 의미를 구조화시킴으로써 만들어지는 사회적 형성체(social construct)라고 한다. 정책은 사회적 형성체를 구조화시킨 의미의 해석에 따라 달라질 수 있는 정책 영상(policy image)이다. 그러므로 사회적 형성체로서의 정책은 사람에 따라서 여러 내용의 의미로 해석될 수 있는 복수의 정책 영상으로 존재한다는 것이다.

3. 행동지향성

정책은 정책 주체의 목적을 실현하기 위하여 구체적이고 실질적인 전략, 활동, 방안 등 실질적인 행동을 지향하는 특성을 갖는다. 가령 '빈곤의 완화'라는 목적을 달성하기 위하여, 저소득층에게 세금 등 공적 재원을 기반으로 한 금전적 지원을 제공하는 경우, 이는 정책 주체의 목적의지를 실현하기 위하여 "금전적인 지원"이라는 실제적인 행동을 모색한 것으로 이해할 수 있다. 그런데 정책목표 달성을 위하여 사용할 수 있는 자원에는 늘 불충분함과 제약이 있다. 그러므로 정책 주체는 현실적으로 동원할 수 있는 자원의 한계 안에서 능률적인 행동을 합리적으로 기획하고 실현하려고 하는 성향을 가진다. 한편, 정책의 작용방식에는 이렇게 적극적으로 무엇을 하는 활동뿐 아니라, 의도적으로 무엇을 하지 않는 것(decide not to do)도 포함됨을 유념할 필요가 있다.

4. 변화유발성

정책은 불만족스러운 현실, 문제시되는 상황을 좀 더 바람직한 상황으로 변화시키려는 의지를 담고 있다. 그리고 이러한 의지가 활동으로 구현되는 경우, 실제로 사회부문에서는 변화가 유발된다. 가령, 정부가 국민에게 보다 빠르고 질 높은 공공서비스를 제공하기 위하여 기존의 공공서비스의 일부를 인터넷 정보통신기술을 활용한 디지털 서비스로 전환하는 경우, 국민의 이용 편의성에는 변화가 발생하게 된다. 정책을 통해 이루어지는 이러한 변화는 양적인 변화와 질적인 변화를 포함한다. 양적인 변화는 가령 지원금의 크기를 변동할 때 나타나는 투입의 규모변동을 의미하고, 질적인 변화는 정책의 변화에 따라 국민이 체감하는 만족도나 근로 의욕 변화 등을 의미한다.

5. 미래지향성

정책은 바람직한 미래상을 실현시키려고 하는 의지를 담고 있다는 점에서 미래지향성을 갖는다. 정책의 내용 속에 포함되는 행동이 일어나는 시점은 현재이지만 정책이 의도하는 변화가 이뤄질 수 있는 시점은 항상 미래다. 그러므로 정책은 바람직한 미래를 설계하고 이를 실현하려는 미래지향적인 특성을 갖는다.

정책은 바람직한 미래에 대한 상을 바탕으로 현재의 상태를 진단하고, 현재의 문제가 지니는 원인을 진단하기 위하여 과거를 고려한다는 점에서 미래-현재-과거의 시점들이 종합적으로 고려된다.

이렇게 정책은 과거부터 현재에 이르는 경향을 분석하고, 발생 가능한 미래(가능한 미래)들 중에서 발생 가능성이 큰 미래(개연적 미래)를 예측하는 한편, 바람직한 미래를 설계하는 일들로 토대가 만들어진다. 정책의 본질적 특성을 이렇게 이해하는 것은 과거-현재-미래라는 연속된 시간의 틀(time space) 속에서 정책을 이해해야 한다는 관점을 함의한다.

지금까지 논의한 정책의 목표지향성, 행동지향성, 변화지향성, 그리고 미래지향성을 하나의 틀 안에서 도해로 표현하면 [그림 1-1]과 같다.

그림 1-1 정책의 목표, 행동, 변화, 그리고 미래지향성

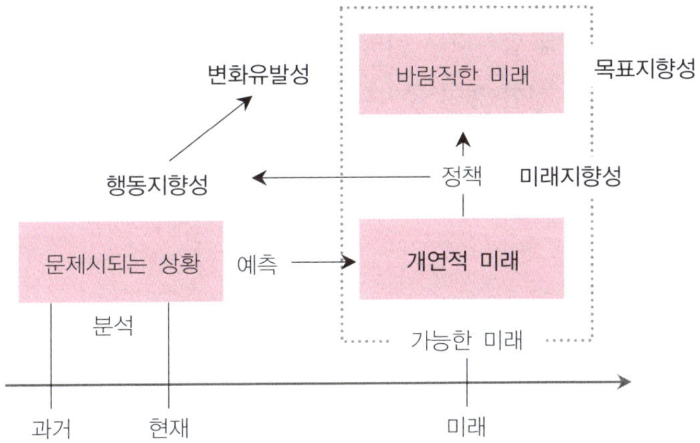

6. 상호연관성

상호연관성은 하나의 정책이 다른 정책과 서로 영향을 주고받는 관계에 있다는 것을 의미한다. 정책은 특정 문제를 해결하려는 것이고 개별 정책이 해결하려는 문제들 사이에는 독립적인 경우도 있지만 서로 영향을 주고받는 관련성을 갖는 경우가 대부분이다. 어떤 정책의 시행은 다른 정책에서 해결하고자 하는 문제를 악화시킬 수도 있고, 해결

에 기여할 수도 있다. 가령, 대기질을 개선하기 위하여 노후된 내연차에 대한 규제를 강화시킨 조치에 따른 자동차 판매가의 상승이, 자동차에 대한 수요를 감소시켜 도심의 교통체증을 줄이는 가상의 상황을 상상해 보자. 비록 가상의 사례이지만, 이렇게 하나의 정책은 다른 정책의 상황에 영향을 미칠 수 있다. 그러므로 정책을 형성하고 집행하는 데는 항상 관련된 다른 정책들과의 상호작용을 잘 이해하고 이를 고려하는 종합적인 시각이 필요하다.

7. 공익지향성

정책은 공익을 실현하려는 의지를 담고 있다. 공익 실현을 지향하지 않고 사익의 실현을 추구하면서 '정책'이라 부르는 것들은 사적 정책일 수는 있어도 공공정책일 수는 없다. 공익의 개념과 구체적 내용에 대해서는 다양한 논의가 있는데(박정택, 1992) 대체로 불특정 다수의 이익, 정의의 관념에 부합되는 이익, 공동사회에서 일반적으로 공유되고 있는 정의의 감정에 합치되는 이익, 사회 전체 구성원의 이익, 사회적 약자의 이익, 그리고 인간 존엄성 실현 등이 공익의 주요 내용을 이룬다고 볼 수 있다. 국민이 정책의 정당성을 인정하고 정책 내용의 실현을 위한 강제성도 인정하는 것은 주로 이러한 정책의 공익지향성에 근거하는 것이다.

8. 부분이익 선택성과 가치의 강제 배분성

정책은 누군가에게는 편익과 편리와 같은 긍정적인 영향을 미치고, 동시에 다른 누군가에게는 손실과 불편과 같은 부정적인 영향을 미치게 된다. 현실적으로 모든 사람에게 완전하게 편익과 편리를 제공하는 정책을 마련하는 것은 거의 불가능하다. 일반적으로 공적 자원은 무한하지 않다. 이에 재원의 배분을 둘러싼 결정은 한쪽의 편익을 위해 다른 쪽의 양보를 전제로 하는 관계에 놓여 있게 되는 경우가 많다. 이렇게 정책이 어떤 사람에게는 이익을 안겨주는 반면, 다른 사람에게는 손해(부담)를 떠안기는 것을 부분이익 선택성(policy selectivity)이라고 한다. 예를 들면, 독과점 규제정책은 일반 소비자들에게는 혜택을 주지만 규제를 받는 기업들은 부담을 지게 된다. 정책 대상 집단에 이익과 손해를 배분하는 경우에도 어떤 사람에게는 더 많이 또 다른 사람에게는 더 적게 배분하는 불균등하고 차별적인 성격도 갖고 있다.

정책에서 부분이익 선택성의 발생이 필연적이기 때문에, 정책은 수단으로서 공권력을 필요로 한다. 합리적인 수준의 공적 권위가 부여되지 않을 경우, 정책은 언제나 특정한 대상의 불순응과 저항에 직면하여 막대한 사회적 비용을 초래할 것이기 때문이다. 이렇게 정책은 공권력의 발동을 바탕으로 하기 때문에, 일정부분 강제성을 띠게 되며, 특히 이러한 강제성은 모두가 원하는 희소한 가치(공적 재화 등)의 배분에 있어서 나타나게 된다. 이를 가치의 강제 배분성이라고 한다.

9. 정치연관성

위에서 언급한 부분이익 선택성과 가치의 강제 배분성 등의 특성으로 인하여 정책은 본질적으로 정치적 특성을 갖는다. 현실의 정책은 공권력의 행사를 둘러싸고, 서로 엇갈린 이해관계와 이념지향을 지닌 참여자들 간의 협상과 합의를 통해 채택되는 양상을 띠기도 한다. 특히 민주화의 진행에 따라 사회 내부의 다양성이 증대하는 경우 이러한 협상과 합의의 중요성은 증가한다. 이에 정책은 점점 타협 또는 권력적 작용과 연관된 성향, 즉 정치적 연관성을 지닌다. 이성과 증거를 통한 분석적 접근이 현실의 정책결정 과정에서 제한적인 영향을 가질 수밖에 없는 것은 바로 이러한 정책의 정치연관성 때문이다. 현실에서 정책은 분석적 과정과 정치적 과정의 혼합적 산물이다.

제 3 절 바람직한 정책의 의미와 판단 기준

1. 바람직한 정책의 의미

정책은 궁극적으로 무엇을 위해 만들어지고 존재하는가? 어떤 정책이 과연 바람직한 정책인가? 관점에 따라 다양한 논의가 있을 수 있지만, 바람직한 정책이란 인간의 존엄성을 더욱 충실히 구현하는 데 기여하는 정책이라고 할 수 있다(Lasswell, 1951: 10). 그러므로 인간 존엄성의 실현에 기여하지 않는 정책은 바람직한 정책이 아니다. 좋은 정책은 인간의 존엄성을 충실하게 구현하기 위해 적절한 정책목표와 적합한 정책수단을 포함하는 정책이다. 그리고 사전적으로는 정책발안의 동기가 그리고 사후적으로는 정책의 효과가 윤리성을 확보하지 못한 정책은 바람직한 정책이라고 할 수 없다.8)

2. 바람직한 정책의 판단 기준

허범(2009b)은 좋은 정책의 판단 기준으로 설계적합성(타당성, 전략성, 능률성), 관리적절성(민주성, 수용성, 환류성), 그리고 효과공익성(인본성, 최적성, 균형성)을 들고 있다. 좋은 정책을 윤리적인 정책이라고 한다면 바람직한 윤리적인 판단 기준에 적합한 것이어야 한다. 이에 대해서는 제12장 정책의 윤리성 부분에서 자세히 다루게 될 것이다.

여기에서는 정책목표와 정책수단을 중심으로 판단 기준을 살펴본다. 바람직한 정책은 담고 있는 내용이 좋고, 그 결정 과정이 정당한 절차(due process)를 거친 것이어야 한다. 정책 내용의 핵심은 정책목표와 정책수단이다. 여기에서는 바람직한 정책목표와 정책수단의 판단 기준을 먼저 설명하고, 이어서 정당한 절차의 판단 기준에 대해 서술한다.

1) 바람직한 정책목표의 판단 기준

바람직한 정책목표는 우선 해결해야 할 문제와 직접적인 관계가 있어야 하고 달성 가능한 것으로 궁극적으로는 인간의 존엄성을 구현하는 것이어야 한다. 여기에서는 인간의 존엄성을 구현하는 정책(목표와 수단을 포함해서)인가 아닌가를 판단하는 궁극적인 판단 기준, 즉 당위성 기준에 대해서만 설명한다.

이 차원의 기준에 비춰보면 바람직한 정책은 적어도 다음과 같은 조건을 충족하는 것이어야 한다.

첫째, 먼저 인간의 육체적 존엄성에 주목해 인간의 신체, 생명을 존중하는 방향으로

8) 허범(2007b)은 정책 담론 차원에서 일상적인 의미의 '좋은 정책'과 시민의 관점에서의 '좋은 정책', 정부 차원에서 바라보는 '좋은 정책', 그리고 공동사회 차원에서의 좋은 정책은 서로 다르게 해석된다고 한다. 그의 설명에 따르면 시민의 관점에서는 '요구를 충족시키는 만족한 정책'이, 정부의 관점에서는 정부 목표를 달성한 '성공한 정책'이, 그리고 공동사회의 관점에서는 '공공 의식에 적합한 정책'이 좋은 정책으로 받아들여진다.

목표와 수단이 결정되어야 한다. 인간이 육체적으로 성장하고 육체가 제 기능을 다할 수 있도록 하는 데 기여하는 정책이어야 한다. 인간은 정신적 존재이면서 육체적 존재이기 때문에 육체의 건강과 안전, 생명을 유지하는 데 기여하지 않는 정책은 좋은 정책이 아니다.

둘째, 인간은 이성적 존재로서 높은 정신 능력을 갖춘 인격적 존재다. 인간의 존엄성을 측정할 수는 없으나 굳이 인간의 가치를 수치로 표시한다면 무한대(∞)로 나타낼 수 있다. 만일 계산식으로 표현한다면 10,000명의 가치는 10,000×무한대(∞)가 된다. 계산의 결과는 한 사람의 값어치를 표현하는 것과 같은 무한대(∞)로 나타난다. 10,000명의 값어치가 한 사람의 값어치의 10,000배라고 이야기할 수 없는 것이다. 이처럼 값어치를 수치로 나타낸다는 것 자체가 불가능할 만큼 인간은 무한한 존엄성을 가진 존재다. 그러므로 이러한 인식을 밑바탕에 깔고 있지 않은 정책은 좋은 정책이 아니다.

셋째, 정책은 인간을 수단이나 도구와 같은 객체적 존재가 아니라 목적으로서, 주체로서 대우하도록 지향되어야 한다. 인간이 자신과 관련된 주변 세계를 자주적으로 인식하고 자신과 공동체의 삶과 관련된 결정의 주체가 될 수 있어야 한다. 인간의 자주결정권이 부정되는 정책의 결정이나 집행은 바람직하지 못하다.

넷째, 정책은 인간의 평등성을 존중하는 지향성을 가져야 한다. 다른 처지에 있는 사람들을 다르게, 같은 처지에 있는 사람들을 같게 취급하도록 정책이 마련되어야 한다.

다섯째, 인간의 존엄성은 각종 인간의 기본적 권리가 보장받을 수 있을 때 확보될 수 있다. 인간의 기본적 권리란 구체적으로 신체의 자유, 사생활의 비밀과 자유, 거주·이전의 자유 등을 포함하는 자유권적 기본권, 재산권, 소비자 권리 등을 포함하는 경제적 기본권, 참정권 등의 정치적 기본권 그리고 노동권, 환경권 등의 사회권적 기본권(권영성, 1989 참조) 등을 일컫는다. 바람직한 정책이란 이러한 인간의 기본적 권리를 존중하는 정책이어야 한다.

2) 바람직한 정책수단의 판단 기준

어떤 정책수단을 좋은 것이라고 판단할 수 있는지에 대해서는 논자에 따라 다르다. 그들은 여러 다양한 기준, 예를 들면 생산성이나 형평성을 비롯해 파레토 최적, 기회비용, 최저계층의 우선 배려, 효과성, 민주성, 합법성 등을 제시하고 있다. 물론 이러한 기준들은 모두 좋은 정책수단이 갖춰야 할 기준이라고 할 수 있지만, 이들 외에도 논의되는 기준이 매우 많아서 모두 열거할 수도 없을 뿐만 아니라 이 기준들 사이에 상충되거나 갈등 관계에 있는 것들도 있기 때문에 동일 차원에 놓고 판단 기준을 논의하기는 어렵다. 그러므로 여기에서는 이러한 기준을 당위성 차원, 실현성 차원, 그리고 효율성 차원의 세 차원으로 나눠 대표적인 기준들을 설명하기로 한다.

먼저 제1차원의 기준으로는 효과성과 능률성을 들 수 있다. 정책목표의 달성도가 높을수록, 자원의 제약 속에서 적은 비용을 들여 더 높은 목적 달성도를 나타낼수록 그 정책수단은 바람직하다고 할 수 있다. 물론 어떠한 정책수단이 바람직하다는 것은 절대적인 의미에서가 아니라 상대적인 의미에서 그렇다는 얘기다. 정책수단이 바람직하다는 것은 우리 능력의 한계 내에서 탐색하고 개발할 수 있는 정책수단들 중에서 상대적으로 가장 나은 정책수단임을 의미한다. 그러므로 시간이 지남에 따라 과학기술의 발전 등으로 지금 우리가 바람직하다고 여기는 정책수단보다 더 바람직한 정책수단이 등장할 수도 있다.

다음으로 제2차원의 기준으로는 실현가능성을 들 수 있다. 어떤 정책수단이 아무리 효율적일 것으로 예상된다 하더라도 기술적, 경제적 혹은 정치적으로 실현가능성이 없는 정책수단은 바람직하다고 할 수 없다. 실현가능성이 결여된 정책은 정책 의도의 실현 의지가 결여된 정책이거나 아니면 실효성이 없는 정책 혹은 상징적인 정책에 불과하기 때문이다.

제3차원의 기준은 당위성 차원의 것으로서 앞에서 설명한 바람직한 정책목표의 판단 기준과 상당 부분 중복된다. 정책목적 달성에 동원되는 정책수단이 효율적이고 실현가능한 것이라 하더라도 당위성 차원의 기준에 어긋나는 것이면 그것은 바람직한 정책수단이라고 평가받기 어렵다.

이 세 차원의 기준은 위·아래의 질서를 형성하고 있다. 즉, 아래 차원의 기준은 위 차원의 기준에 의해 정당성을 부여받는다. 아래 차원의 기준이 충족되었다고 하더라도 위 차원의 기준을 충족시키지 못하면 그 정책수단은 바람직한 것이 될 수 없다. 그리고 바람직한 정책수단이라면 이 세 차원의 모든 기준을 충족시킬 수 있어야 한다. 어느 하나의 차원이라도 빠지면 그 정책은 바람직하다고 평가받을 수 없다.

3) 정당한 절차의 판단 기준

정책 내용이 아무리 좋다 하더라도 정당한 절차에 의해 만들어진 정책이 아니면 그 정책은 바람직한 정책이라 할 수 없다. 정책이 절차적 정당성을 확보하기 위해서는 적어도 다음과 같은 조건이 충족되어야 한다. 첫째, 정책결정 과정에 정당한 권리를 가진 사람들이 다양한 관심과 이해 관계, 주장 등을 실질적으로 균등하고 자유롭게 교환할 수 있는 정책토론이 보장되어야 한다. 둘째, 민주적 의사결정 규칙에 따른 정책의 채택이 이뤄져야 한다.

제 4 절 정책의 유형

유형화(categorization)는 언뜻 불규칙하고 질서가 없어 보이는 대상들에 대하여 어떠한 기준을 바탕으로 유사성이 높은 것들을 묶어 내는 작업을 의미한다(Crowson, 2017). 유형화는 생물학에서 동·식물을 유사성을 바탕으로 군으로 분류하고 이들 간의 계통을 밝혀내는 계통학(taxonomy)에서 유래하였으며, 이후 정책, 조직, 집단, 제도 등 다양한 현상들에까지 적용성이 확장되었다(권향원·차세영, 2020). 유형화는 대상에 대한 체계적인 파악과 이해를 가능하게 하는 이점을 지니므로, 정책학을 비롯한 분과사회과학에서 전통적으로 활용되어 온 접근방법이다.

정책은 관점과 기준에 따라서 여러 가지 유형으로 나눌 수 있다. 프로만(Froman, 1968: 46; 남궁근, 2012: 99에서 재인용)에 따르면, 훌륭한 정책 분류는 모든 정책이 분류 범주 중 하나에 포함될 수 있어야 하며(포괄적), 또한 하나의 정책은 하나의 범주에만 포함되어야 한다(상호배타적). 가장 상식적인 분류 기준은 산업정책, 환경정책 등 정책내용에 따른 유형화이다. 이렇게 정책내용에 따른 유형화는 산업부, 환경부 등 정부부처의 조직체계와 맞닿아 있으므로 식판적이고 일상적이다. 그러나 정책의 성질과 기능에 따른 의미 있는 구분과 그 일반화가 어렵다는 단점을 지닌다. 따라서 이 같은 단점을 극복할 수 있는 몇 가지 기준에 따른 정책 유형을 살펴보면 다음과 같다.

1. 정책행위의 내용에 따른 유형화

정책을 정책행위의 내용에 따라 실질정책, 절차정책, 그리고 지도정책 등으로 다음과 같이 유형화해 볼 수 있다.

1) 실질정책

실질정책(substantive policy)은 정책문제를 해결하기 위해 수행되는 실질적인 조치들을 바탕으로 한 정책유형이다. 예를 들면 독과점 규제정책, 수질오염 규제정책 등이 그것이다. 실질정책은 정책형성의 시기와 구체성의 정도에 따라서 기본정책과 집행정책으로 다시 나눌 수 있다(허범, 1988a).

첫째, 기본정책은 광역적 관점 또는 제도적 차원에서 형성된 개괄적 정책이다. 그것은 특정적이고 구체적인 내용을 가지는 것이 아니라 일반적이고 포괄적인 내용을 가진다. 사람의 몸에 비유한다면, 기본정책은 골격에 해당되는 실질정책이다.

둘째, 집행정책(implementation policy)은 집행 단계에서 만들어지는 집행 가능한 구체적 정책이다. 그것은 흔히 기본정책의 개괄적 내용을 독특한 집행 상황 및 특정한 대상 집단의 요구에 맞춰 해석, 구체화된 정책이다.

2) 절차정책

절차정책(procedure policy)은 정책형성을 위한 절차 또는 문제 해결의 절차를 규정하는 정책이다. 가령 '행정절차법'이 그 좋은 예라고 할 수 있다. 행정절차법은 누가, 어떤 경우에, 어떤 절차에 따라서 정책을 형성할 것인가를 규정하는 법령이라고 할 수 있는데, 이는 정책 주체의 의사결정과 활동에 대한 가이드라인을 제공하는 역할을 수행한다.

3) 지도정책

지도정책(guidance policy)은 특정한 정책형성에 앞서서 이뤄지는 준비정책 또는 정책형성을 위한 지침이다. 그것은 정책형성의 전제와 가정, 정책형성의 범위와 맥락, 정책형성을 위한 조직과 절차, 정책형성을 위한 전략 등을 그 내용으로 포함한다. 넓은 의미에서 지도정책은 절차정책이다. 그러나 두 정책은 서로 차이를 보인다. 절차정책이 하나의 완전한 정책형성 과정의 결과임에 비해, 지도정책은 특정한 정책형성의 선행 부분에 불과하다. 절차정책은 동일 유형의 정책형성에 일반적으로 반복적으로 적용되지만, 지도정책은 하나의 정책형성에 특정적으로 그리고 한 번만 적용되는 것이 보통이다

(허범, 2012).

2. 정책의 사회적 영향에 따른 유형화

정책은 그것이 사회에 미치는 영향에 따라서 배분정책, 규제정책, 재분배정책 등으로 나눌 수 있다(Lowi, 1964: 81-125; Salisbury, 1968: 151-175; Ripley & Franklin, 1980: 23-24).

이러한 유형화를 제시한 대표적인 학자는 로위(Lowi)인데(Lowi, 1972), 로위는 정책을 정부의 공권력 행사 및 강제성(coercion)의 측면에서 바라보고 있다는 점에서 특징을 갖는다. 특히 강제성의 행사에 있어서 정부와 대상 간에 근접적인(직접적인) 혹은 간접적인(원격적인) 상호작용을 하는지 여부 및 강제성의 적용범위가 행위 혹은 환경을 대상으로 하는지 여부[9]의 두 가지 기준을 바탕으로 정책을 유형화하고 있다.

로위(Lowi)의 유형화는 정책을 "강제성 및 공권력의 행사" 측면에서 바라보고 있기 때문에, 정부가 시민을 대상으로 봉사의 관점에서 제공하는 각종 공공서비스는 고려하고 있지 않다. 그럼에도 불구하고, 정부와 사회 간의 상호작용에 대한 이해의 지평을

그림 1-2 로위(Lowi)의 정책 유형화 모델

강제의 가능성 \ 강제의 적용대상	개인의 행위	행위의 환경
원격 (remote)	**분배정책** (예: 관세보조금)	**구성정책** (예: 새로운 기관의 창설, 홍보)
근접 (immediate)	**규제정책** (예: 불공정 경쟁, 사기성 광고)	**재분배정책** (예: 누진적 소득세, 사회보장)

출처: Lowi(1972: 300).

9) 강제의 적용대상 중 '행위의 환경'에 영향을 미치는 사례로 중앙은행의 기준금리 변동을 들 수 있다. 기준금리변동은 시장 전체에 영향을 미치지만 개인이나 집단의 각각에 개별적인 영향을 미치는 것을 의도하고 있지 않다.

넓혀주는 장점을 갖는다. 각각의 유형에 대하여 개별적으로 살펴보겠다.

1) 배분정책

배분정책(혹은 분배정책, distributive policy)은 정책 주체가 특정한 개인, 집단, 지역주민 등과 일부의 국민에게 재화와 서비스를 배분해 주는 정책이다. 배분정책의 재원은 정부예산과 공공자원으로 충당하기 때문에 정책으로부터 이익을 받지 못하는 사람들도 직접적인 손해 또는 상실감을 갖지 않는다. 그래서 배분정책에서 수혜자는 분명히 존재하지만, 상실자는 특별히 드러나지 않는 관계가 형성된다. 따라서 수혜자와 상실자는 정책을 둘러싸고 직접적으로 경쟁하지 않는다.

한편, 이익을 받지 못하는 사람들이 정책에 대하여 상대적으로 둔감하기 때문에, 배분정책을 둘러싼 도덕적 해이나 정치적 담합의 문제가 발생할 수 있다는 점을 유의해야 한다. 대표적인 것으로 구유통 정치(혹은 포크배럴 정치, pork barrel politics)와 통나무 굴리기(혹은 로그롤링, log-rolling)를 들 수 있다.

표 1-2 구유통 정치(pork barrel politics)와 통나무 굴리기(log-rolling)

구유통정치/포크배럴정치 (pork barrel politics)	특정한 지역이나 집단을 대상으로 선심성으로 정부예산을 남용하는 것을 의미함. 미국의회의 '이권법안'을 부르는 속칭임. 정책적인 이권이나 보조금을 얻으려고 몰려드는 집단(의원)들이 마치 농장에서 먹이를 받아먹으려고 모이는 돼지 같이 보인다고 하여 붙여진 명칭임. 국가예산을 배분하는 과정에서 정치인들이 자신의 지역구에 최대한 선심성 예산을 따내기 위하여 모여드는 행태를 의미함. 미국에서는 "정부낭비에 대항한 시민들"(Citizens Against Government Waste)이라는 한 시민단체가 연방정부예산을 가장 크게 가져가거나 낭비한 연방의원을 선정하여 매년 '포크배럴상'을 수여하기도 함. 재미있게도 이 시민단체가 발간하는 보고서의 이름은 "의회의 돼지 책"(Congressional Pig Book)임.[10]
통나무 굴리기/로그롤링 (log-rolling)	의원들이 법안을 통과시키는 과정에서 나타나는 담합행위나 거래행위를 의미함. 가령, A라는 의원이 어떠한 법안에 대하여 찬성하지 않는 입장이지만, 해당 법안을 찬성하는 B의원과 서로의 법안을 밀어주기로 협상하여, 서로의 법안에 투표를 몰아주는 행태를 의미함. 무거운 통나무(log)를 굴릴 때, 서로 손을 보태 돕는 모습을 상징하는 '통나무 굴리기'(log-rolling)라는 명칭을 통해 정치적 담합행위를 지시함.

10) Citizens Against Government Waste(https://www.cagw.org/reporting/pig-book)

2) 규제정책

규제정책(regulatory policy)은 특정한 개인 또는 집단의 행태를 제한하고 그들에게 특정한 요구를 제기하는 정책이다. 규제정책과 관련해 규제를 받는 비용 부담(희생)집단과 규제로 인해 혜택을 받는 수혜집단으로 나뉜다. 양자는 비용을 부담하지 않기 위해 규제를 피하거나 규제로 인한 혜택을 더 늘리기 위해 노력하고 이들 사이, 그리고 이들과 규제정책 담당자들 사이에는 정치적 갈등이 선개된다.

규제정책은 보호적 규제(protective regulatory)정책과 경쟁적 규제(competitive regulatory)정책으로 구분한다(Ripley & Franklin, 1980: 23-24).[11] 전자는 일반 시민 또는 사회 약자를 보호하기 위한 것으로 최저임금제, 대기오염 규제, 아동보호법 등이 그 예다. 후자는 다수의 경쟁자가 한정된 자원을 놓고 경쟁하는 경우, 특정 개인이나 집단에게 재화나 서비스 제공을 허가하는 한편 서비스 제공과 관련해 규제를 가하는 것으로 이동통신사업자 선정 등이 그 한 예다.

3) 재분배정책

재분배정책(redistributive policy)은 소득, 재산, 부(富) 그리고 권리 등을 어느 한 집단에서 다른 집단으로 이전시키는 정책이다. 주로 '가진 자'와 '가지지 못한 자' 사이의 격차를 완화하는 것에 목적을 두고 있으며, 계급적인 이념성을 담고 있는 것이 일반적이다. 재산이나 소득수준이 높을수록 많은 조세부담을 지게 하는 누진세 제도를 기반으로 저소득층에게 공적부조를 제공하는 정책 등 계층 간 소득이전을 목적으로 한 사회복지정책들을 대표적인 사례로 예시할 수 있다. 재분배정책에서는 자신의 것을 내어놓아야 하는 입장에 있는 집단이나 계층의 반발 및 이로 인해 초래된 갈등이 나타날 수 있다. 따라서 이러한 대립과 갈등을 해소 또는 조정하기 위한 정부의 부가적인 활동이 요청된다.

---

11) 라이플리(Randall B. Ripley)와 프랭클린(Grace A. Franklin)은 정책집행과 관련해 배분정책, 경쟁적 규제정책, 보호적 규제정책, 재분배정책으로 정책 유형을 분류했다(Ripley & Franklim, 1986). 한편 앨먼드(Gabriel Almond)와 파월(G. Powell)은 정치 체제의 기능을 중심으로 추출정책, 규제정책, 배분정책, 상징정책으로 분류했다(Almond & Powell, 1978: 284). 추출정책은 정부가 인적·물적 자원을 추출하는 정책으로 징집, 조세, 토지 수용 등이 이에 해당한다. 상징정책은 정치 체제의 정당성에 대한 일반 국민의 신뢰감 확보와 심리적 순응 확보를 위한 것으로 국기 게양 및 국민의례, 군대의 사열식 등이 그 예다.

4) 구성정책

구성정책(constituent policy)은 정부기관의 신설이나 변경, 선거구의 조정 등과 같이 정치체제와 관련된 제도 및 조직의 변경 등에 관한 정책으로, 새로운 정부 기구나 조직의 설립 등이 이에 해당한다(Lowi, 1972: 300-392). 일반적으로 새로운 정권이 들어섬에 따라 새로운 정책들을 추진하고자 하는 경우, 기존의 정부조직과 기구에서 적합한 추진주체를 찾기 어려운 경우 새로운 기구를 신설하거나 기존의 조직들을 개편하는 대대적인 작업을 수행하게 된다. 이렇게 새로운 조직과 기구를 신설 및 개편하는 활동을 구성정책의 사례로 들 수 있다. 한편, 정부에 새로운 조직과 기구를 신설하는 근거 법령의 마련을 전제로 한다. 이렇게 근거법의 마련과 조직과 기구의 신설 및 개편에 이르는 일련의 활동을 구성정책의 내용으로 들 수 있다.

정책의 유형으로 추출정책이나 상징정책 등을 설명하기도 한다(Almond & Powell, 1978).[12] 추출정책(extractive policy)은 정부가 민간으로부터 인적·물적 자원을 뽑아가는 정책으로 세금징수, 징병, 토지수용 등이 그 예이다. 상징정책(symbolic policy)은 정치체제 및 정부의 정통성을 제고하고 정부정책에 대한 국민들의 순응을 확보하기 위해 국가적 상징물을 동원하는 정책이다. 애국가 제창, 국기게양 및 국기에 대한 경례 등이 그 예이다.

12) 앨먼드와 파월은 정책의 유형을 추출정책, 배분정책, 규제정책, 상징정책으로 분류했다.

제 2 장

정책연구의 중요성과 정책학

제 1 절 정책연구의 의의
제 2 절 정책학의 개념과 패러다임
제 3 절 정책학의 과제

이 장에서는 정책연구의 중요성에 주목해 정책학의 등장 배경을 살펴보고, 정책학의 개념과 목적, 패러다임 등을 설명한다. 이어서 정책학 연구 과제를 논의한다.[1)]

제 1 절 정책연구의 의의

1. 공공정책의 중요성

정책연구의 필요성과 의미를 이해하기 위하여, 연구 대상인 공공정책의 중요성을 환기할 필요가 있다. 정책의 중요성을 먼저 살펴보고, 이와 관련하여 정책연구의 중요성을 설명한다.

1) 정책의 중요성

공공정책은 국민의 삶에 직·간접적인 영향을 미치고 변화를 초래한다. 규제정책이 기업의 경제 활동에 영향을 미치고 노동정책이 사용자와 노동자의 행태와 관계에 영향을 미친다. 임대차 보호정책은 임차인과 임대인의 권리관계에 영향을 미친다. 개인이 취급하기에 적합하지 않은 문제들 중 상당수가 정책문제로 취급되어 정책을 통한 해결이 시도된다. 인간은 태어나서 세상을 떠날 때까지 원하든 원하지 않든 정책의 영향 속에서 생활한다. 정책은 우리 삶에 영향을 미치고 운명을 좌우한다. 그러므로 정책의 중요성은 아무리 강조해도 지나침이 없다.

일반 국민도 정책을 중요한 것으로 인식한다. 왜 중요하다고 인식하는가? 그것은 정책목표와 그의 실현을 위한 행동이 중요하다고 여기기 때문인데, 다음과 같은 점 때문에 정책을 중요하다고 생각한다(허범, 1988a; 2007a).

첫째, 정책은 인간 사회에 중요한 변화를 일으킨다. 사회의 바람직한 미래상을 설계하고, 행동을 통해 현재의 경향을 변화시켜 바람직한 미래상에 합치시키는 정책은 인간 사회에, 우리 삶에 큰 영향을 미친다. 그러므로 주어진 목적과 자원의 한계 안에서 능

1) 이 장의 내용은 허범 교수의 미발표 논문 "정책학 서설"(2016)에 많이 의존했다. 발표되지 않은 논문의 내용을 인용할 수 있도록 허락해 주신 허범 교수님께 감사드린다.

률적 수단을 선택하는 관리 결정에 비해 정책은 훨씬 더 중요한 것으로 평가된다.

둘째, 정책의 연관성과 영향은 매우 넓고 크며 지속적이다. 특정한 지역의 그린벨트(greenbelt)를 해제하고 공업단지를 조성하는 공공정책을 수행하는 경우를 예로 들어보자. 새로운 공업단지는 지역주민의 경제활동과 삶의 방식에 큰 변화를 초래하게 되어, 지역의 경제, 사회, 문화 등 다양한 영역에 영향을 미치게 될 것이다. 그리고 한 번 발생한 이러한 변화는 되돌리기 어려운 비가역적인 속성을 가지게 된다. 이렇게 정책은 상당한 시간 동안 존재하면서 넓은 공간에 걸쳐 많은 사람에게 영향을 미치게 된다. 때문에 만약 정책이 잘못 설계되거나 집행되어 정책실패(policy failure)로 이어지는 경우, 사회부문에 큰 부정적인 영향을 초래하게 된다.

셋째, 정책이 지니는 정치적 관련성 때문에 정책을 중요하다고 인식한다. 정책은 공익의 실현을 지향한다. 그러나 실제로는 불가피하게 정책 관련자들에게 이익과 손해를 편파적으로 배분하는 결과를 초래하는 것이 일반적이다. 자신의 이익, 자신의 관점과 주장을 정책과정에 반영하려는 개인과 집단들 사이에는 주장과 반론, 찬성과 반대가 얽혀 있는 매우 복잡한 정치적 관계가 형성된다. 정책은 이러한 정치 과정의 산물이요, 정치적 합의의 표현이다. 이러한 정책의 정치적 성격이 정책을 중요하다고 여기게 만든다.

2) 정책연구의 중요성

정책연구의 중요성은 앞서 논의한 정책의 중요성으로부터 당연히 도출된다. 위에서 설명한 것처럼 중요한 정책이 잘못 결정되거나 집행되고 평가되면 인간 사회에 나쁜 영향을 미치게 되고 개인과 인류의 운명을 큰 어려움에 빠뜨릴 수도 있다.

그러나 현실 세계에서 정책의 결정, 집행, 평가는 자주 불만족스럽게 이뤄지고 있다. 이에 정책연구는 "실제 정책 현상은 어떠한가?" "왜 정책결정과 집행, 평가는 잘못되고 있는가?" "어디로, 무슨 목적을 가지고, 어떻게 행동을 계획하고 실행해야 인간 사회를 바람직하게 만들 수 있는가?"와 같은 규범적이면서도 실무적인 질문을 던지고 답하기 위하여 분투한다.

2. 정책학의 등장과 전개

1) 정책학의 등장 배경

현대적 정책학(policy sciences)은 1951년에 발표된 라스웰(Harold D. Lasswell)의 "정책 지향(policy orientation)"이란 논문에서 시작되었다.2) 그러나 정책학의 태동은 1920~30년대에 걸쳐 전개된 미국의 시대상과 관계가 있다.3) 이 시기에 실용주의 철학과 실용주의가 발아시킨 초기 행태주의가 결합해 정책학 태동의 뿌리를 제공했다(허범, 2016).

실용주의 철학(pragmatism)의 관점에서 볼 때 철학은 바로 인간과 삶에 대한 규범적 성찰이다. 철학은 당연히 인간과 사회의 중요한 문제에 관심을 갖고 도덕적 선택과 규범적 판단을 연구해야 된다고 보고 인도주의적 관점과 처방적 성향을 강조했다. 이러한 실용주의 철학의 특징을 다음과 같이 요약해 볼 수 있다(허범, 2016: 7-8). 즉, 이론과 논리보다 실제와 경험의 중시, 지적 다원주의(이론틀의 다원성과 잠재적 대립성)의 수용, 인간 행동과 목적의 사회 지향적 또는 집단 지향적 성격 인정, 자유주의는 합리성을 논박할 수 없는 일련의 근본 원리로 전환시킬 수 있다는 믿음의 거부, 추상적 형식주의에 대한 혐오, 그리고 점진적 개혁과 이를 위한 기관 운영 방안의 지속적 연구 등의 강조가 그것이다(Anderson, 1987: 25; 허범, 2016: 5에서 재인용).

실용주의 철학과 초기 행태주의의 결합은 다음과 같은 점에서 정책학의 태동에 영향을 미쳤다(허범, 2002b: 296; 2016: 5-8).

첫째, 실용주의는 인도주의적 가치를 그리고 행태주의는 다중학문적 접근 방법을 제공함으로써 과학적인 방법을 통한 인도주의의 실현을 지향하게 했다.

---

2) 라스웰이 정책학을 처음으로 주창했다는 것에 대해서는 의견이 일치하지만 그 시기가 언제인가에 대해서는 의견이 나뉜다. 라스웰(Lasswell, 1943a; 1943b)을 근거로 1943년까지 거슬러 올라가기도 하고, 라스웰(Lasswell, 1949)을 근거로 1949년이 제시되기도 한다. 그러나 통설은 라스웰이 정책학의 목적, 패러다임을 체계적으로 제시한 1951년을 정책학의 시원으로 본다. 라스웰의 1951년 논문은 정책학을 주창한 최초의 논문이라는 점과 정책학 발전의 모든 유전자를 그 안에 내포하고 있다는 점에서 정책학사에서 매우 중요한 의미를 가진다(허범, 2016: 1).

3) 미국의 이 시기는 제1차 세계대전의 여파, 대규모 실업, 도시 빈곤 등 정치·사회·경제적으로 매우 복잡하고 어려운 시기였다. 이 시기에 메리엄(Charles E. Merriam)을 중심으로 모였던 이른바 '시카고 정치학파'는 과학적 방법을 통해 인도주의를 실현하는 '의미있는 정치학'을 주장했다(허범, 2016: 5).

둘째, 정책학의 인간관을 다음과 같이 제시해 주었다. 자율적이고 긍정적이며 적극적인 인간관, 목적 지향적이며 주관적 관점이 분명한 인간관, 정책과정의 참여자로서의 인간은 고립된 개별적 존재가 아니라 사회 관계 속에서 다른 사람과 상호작용하면서 판단하고 선택하는 사회적 인간관 등이다.

셋째, 정책을 철학과 행동의 통합(philosophy in action)으로 이해하게 한다.

넷째, 정책 현상의 실제와 경험을 중시한다. 이론의 발전이나 과학적 법칙, 증명보다 사회문제의 해결, 실천적 판단, 그리고 사회적 적합성을 중시한다.

다섯째, 초기 행태주의의 다중학문적 특성은 정책학의 패러다임의 하나인 연합학문 지향성에 영향을 미쳤다.

이렇게 1920~30년대 미국의 사회상을 배경으로 철학적 기초를 제공한 실용주의와 초기 다중학문적 행태주의(multidisciplinary behavioralism)의 결합을 통해 정책학이 태동했다(허범, 2016: 8). 실용주의는 정책학의 탄생에서도 중요한 역할을 한다. 제2차 세계대전 이후 초기 다중학문적 행태주의가 논리적 실증주의 인식론을 갖춘 행태주의, 정확히 표현하면 신행태주의(neo-behavioralism)[4]로 변질되었고, 이렇게 근본적으로 변질된 실증주의적 행태주의에 대한 실용주의의 대응이 곧 정책학의 탄생이다(Ascher, 1986: 365-371; Brunner, 1991: 228-229; Torgerson, 1992: 228-229; 허범, 2016: 8에서 재인용).

앞에서 설명했듯이 당시 미국에서 정책학이 탄생한 사회적 배경에는 여러 가지가 있었지만, 무엇보다도 정책에 대한 관심의 증대를 하나의 중요한 요인으로 꼽을 수 있다. 당시 사회과학자들 사이에서는 경제공황과 제2차 세계대전 등 사회적 위기를 극복하는 데 관심이 증대되었으며, 정부가 개입할 경우 사회적 위기는 극복할 수 있을 것이라는 낙관적 관점을 갖고 있었다. 문제는 정부가 어떻게 과학적으로 정책적 개입을 할 것이냐 하는 것이었다.

당시 행태과학적 접근 방법의 유행은 사회문제 해결에 대한 과학적 접근의 가능성에 대한 연구자들의 기대를 충족시키는 것으로 보였다. 1, 2차 세계대전을 통해 행태주의는 비록 변화 과정을 거치기는 했지만, 미국의 정치학계의 지배적인 방법론으로 자리

4) 통상적으로 행태주의라 할 때 그것은 논리적 실증주의적 행태주의, 즉 신행태주의를 의미한다. 그리고 행태주의와 신행태주의를 교차적으로 사용하는 것이 보통이다. 그러나 행태주의 또는 신행태주의는 초기의 다중학문적 행태주의와 엄격히 구분되는 개념이다(허범, 2016: 9, 주9).

잡았다. 제1차 세계대전 동안 경제학자와 심리학자가 동원되어 전쟁 수행을 도우면서 자연과학적 방법론의 유용성이 널리 인식되었다. 또한 나치 정권 하의 독일에서 도피해 온 유태계 사회학자들을 통해 유럽의 논리실증주의적 정치사회학이 미국에 이식되었다. 이들은 전쟁 기간 동안 미국 정부의 사회조사연구 등에 참여하여 많은 업적을 남겼는데, 제2차 세계대전이 끝날 무렵에는 이들의 행태주의적 방법론이 사회과학의 지배적인 연구방법론으로 자리 잡게 되었다.

라스웰도 연구방법론에서는 행태주의적 접근에 굳은 뿌리를 두었으나, 그 관심은 방법론에 매몰되어 있던 다른 연구자들보다 한 걸음 더 나아간 것이었다. 라스웰과 그의 동료들은 당시 정책학이라고 하는 이름으로 사회과학을 통합하려 했고, 그것을 통해 사회문제의 해결, 사회 위기의 극복, 궁극적으로는 '인간 존엄성의 좀 더 충실한 실현'을 달성하고자 했다. 라스웰에게 정책학은 단순히 정책을 연구하는 하나의 학문 분과가 아니라 모든 사람의 인간 존엄성을 실현하는 '민주주의 정책학(the policy science of democracy)'이었다. 그는 정책과정과 정책 내용을 연구해 정책과정의 합리성을 제고하고 궁극적으로 근본 문제 해결을 통한 인간 존엄성 실현을 목적으로 하는 정책학을 추구했다. 그가 정책학의 제창을 통해 진정으로 의도했던 것은 과학적 방법을 통해 인도주의를 구현하는 하나의 독특한 학문을 성립시키는 것이었다(허범, 2002a; 2002b; 2016).

2) 정책학 연구의 전개

1950년대 초 당시 미국 사회를 휩쓸었던 행태주의라는 혁명의 물결에 휩쓸려 라스웰이 주창한 정책학은 주목받지 못했다. 그 후 1960년대 미국 사회는 흑인폭동, 월남전 참전 등 사회적 혼란을 겪게 되면서 학문의 사회적 적실성(relevance)에 대한 문제가 제기되었다. 행태과학적 접근 방법이 학문의 과학화 및 제도화에는 기여했지만, 사회문제를 해결하는 데 어떤 기여를 했는가에 대한 자성이 일어나기 시작했다. 이에 따라 기존의 논리실증주의, 행태주의 방법론을 비판하고, 가치와 윤리의 문제를 다루고자 한 신행정학(new public administration)이 대두되었고,[5] 한편으로는 정책에 대한 관심으로 이어졌다.

---

5) 1968년에 태동된 신행정학 운동과 1969년 이스턴(David Easton)이 주창한 후기행태주의(post-behavioralism)에서는 공통적으로 현실 문제의 해결에 대한 관심과 연구, 가치에 대한 연구의 필요성 등을 강조하게 되었다.

1960년대 중반 이후 시민권, 빈곤과의 전쟁, 평화, 여성 해방, 환경 보호 등과 같은 사회문제의 확산도 정책에 대한 관심의 급증에 기여했다. 아울러 통계학 및 컴퓨터의 발달과 보급은 이러한 관심사가 연구로 이어지는 가교 역할을 했다. 이에 따라 정부가 재정 지원을 하는 정책연구 프로젝트가 늘어나고, 정책을 연구하는 연구소들이 연이어 설립되었다. 많은 대학에서 정책학 관련 프로그램들이 개설되었으며, 정책학 관련 회의, 서적, 학술지 등이 급격히 증가했다. 적어도 겉으로 보기에 정책학은 개화기를 맞은 것으로 보였다(허범, 1982; 2002a).

이러한 시대적 상황에서 라스웰도 자신의 주장을 좀 더 정교하게 발전시켰다. 그는 정책학의 세 가지 패러다임을 주장하고, 정책학을 통해 인간 존엄성을 구현하고, 사회 속에서 인간이 봉착하는 근본 문제를 해결하기 위해서는 정책학은 "두 개의 서로 분리되면서 동시에 연관되는 지식, 즉 정책과정에 관한 지식(knowledge of policy process)과 정책 내용에 관한 지식(knowledge in policy content)의 발전을 지향해야 한다"고 주장했다. 라스웰의 인도주의와 과학적 방법의 통합이라는 이상 가운데 전자는 얀치(E. Jantsch)에게 계승된 반면, 후자는 드로(Yehezkel Dror)에 의해 더욱 발전되었다(허범, 1982). 그런데 얀치(Jantsch, 1970)는 라스웰이나 드로와는 상이한 인식론에 입각해 가치비판적 정책학 패러다임을 제안하기는 했으나 정책학의 개념화에 주도적으로 참여하지는 않았다(허범, 2016: 1-2).

드로는 라스웰을 계승하면서도 그의 이론을 좀 더 정교화시켰다. 그의 이상은 방법론적으로는 행태주의적 접근과 규범적 접근을 통합하고, 각 분과 이론의 지식을 통합해 정책결정에 초점을 맞추는 초학문(supradiscipline)을 구축하는 것이었다. 따라서 "구체적인 정책문제의 내용에 관심을 가지기보다는 정책결정 시스템을 개선하기 위한 방법, 지식, 체계 등을 연구하는 것이 정책학"이라고 생각했다.

이를 위해 정책학이 관심을 가져야 할 연구 분야를 자신의 독특한 용어로써 구분하고 있는데, 바람직한 정책대안의 선택을 위한 정책분석(policy analysis), 정책결정에서 새로운 대안의 발명과 탐색을 위한 대안혁신(alternative innovation), 정책의 가정, 전략, 지침 등을 제시하는 기조정책(megapolicies), 정책형성을 위한 지침이라 할 수 있는 상위정책(metapolicy), 정책평가와 환류를 위한 사회지표, 사회실험 등에 초점을 맞춰야 할 것이라고 주장했다.[6)]

1970년대 초 정책학이 개화되면서 정책학 연구는 양적인 팽창을 거듭했다. 1960년대

'빈곤과의 전쟁'을 위한 각종 사회복지 프로그램의 성패를 판단할 필요에 의해 정책평가론이 발달했다. 또 이들 프로그램이 실패인 것으로 판단되자 그 원인을 찾는 과정에서 정책집행의 중요성을 인식하고 정책집행론이 관심을 끌었다. 또한 사회문제가 정치과정에 투입되거나 거부되는 이유와 이 과정에서의 주도자가 누구냐는 논란을 둘러싸고 정책의제 형성에 관한 연구가 활발히 전개되었다. 그리고 정책결정 요인을 경제·사회적 요인에서 찾는 정책결정요인론 등이 발전했다.

1970년대 정책학의 가장 큰 특징은 연구 대상의 확대라고 할 수 있다. 정책분석은 주어진 정책목표를 가장 효율적으로 달성할 수 있는 대안분석 활동으로 이해되었고, 컴퓨터와 관리과학의 발달은 정책분석을 더욱 정교화시켰다. 계량적 방법으로 무장한 정책분석가들은 자신의 분석기법을 각종 정책문제에 적용하려 들었고, 이 과정에서 정책연구는 그 대상이 크게 확대되었다. 그러나 이러한 연구 대상의 확대와 연구 활성화가 정책학의 패러다임에 합치되게 이뤄지고 정책학의 목적을 달성하고 있는지에 대해서는 부정적인 평가가 적지 않았다(허범, 1982; 2002a; 2012).

제 2 절 정책학의 개념과 패러다임

1. 정책학의 개념과 목적

1) 정책학의 개념

일상적으로 행정학이 행정 현상을, 경제학이 경제 현상을 핵심적인 연구 대상으로

6) 정책학의 체계화에 드로가 기여한 것은 사실이지만, 정책 내용에 대한 가치 판단보다는 정책과정의 합리화와 개선을 통해 정책문제를 해결하고 궁극적으로 인간 존엄성 실현이라고 하는 정책학의 연구 목적을 달성하는 데에는 한계가 있었다. 또 드로는 "정책학이 사회지도 체계를 설계하고 운영하는 데 체계적인 지식과 구조적인 합리성도 중요하지만 창조성, 직관, 카리스마 등과 같은 초합리적 과정(extra rational process)이나 심층적인 동기 유발과 같은 비합리적 과정(irrational process)도 중요하다"고 주장함으로써 분석적 접근의 한계를 어느 정도 보완하려 했다. 그러나 그는 정책과정이 근본적으로 다양한 참여자들 간의 갈등과 협상, 그리고 토론이 전개되는 정치 과정이라는 인식을 갖지 못했고, 마치 각 부문이 시스템적으로 연계되어 있는 정교한 기계와 같은 것으로 보았다는 점에서 한계를 가질 수밖에 없었다(허범, 1982).

삼는 학문인 것처럼 정책학은 정책 현상을 핵심적인 연구 대상으로 삼아 정책 내용과 정책과정의 질을 높이는 데 기여하려는 학문이라고 할 수 있다. 좀 더 구체적으로 정의하면 정책학은 "정책을 통해 인간 존엄성을 실현하기 위해 정책 내용과 정책과정에 관한 지식을 문제 지향적, 철학과 행동의 통합 지향적, 맥락 지향적, 그리고 연합학문적 방법으로 연구하는 학문"이다.[7] 이러한 정책학의 개념에 입각해 정책학의 특징을 간단히 설명하면 다음과 같다.

첫째, 정책학은 정책연구를 통해 "인간 존엄성을 좀 더 충실히 구현하는 것"을 궁극적 · 명시적인 목적으로 하는 윤리적 학문이다. 인간 존엄성 실현은 민주주의 이념과 절차에 따라 이뤄져야 한다는 점에서 라스웰이 주장했듯이 '민주주의 정책학(the policy sciences of democracy)'이라 부를 수 있다(허범, 2016: 2).

둘째, 정책학은 공공정책을 연구하는 학문이다. 앞에서 설명하였듯이 정책학의 연구 대상인 공공정책은 정부정책에 국한되지 않는다. 예를 들면, 제3섹터에서도 공공정책이 결정될 수 있고, 민간 부문이 공공정책의 집행을 담당할 수도 있다.

셋째, 정책학은 정책과정과 정책 내용을 함께 연구하는 학문이다. 정책학은 정책기조 형성, 정책의제 형성, 정책결정, 정책집행, 정책분석과 정책평가,[8] 그리고 정책변동 등 정책과정을 연구한다. 정책과정의 참여자와 정책 내용과 영향을 주고받는 정책환경도 정책학의 주요 연구 대상이다. 실증주의 정책연구에 따르면 정책 내용은 연구에서 제외된다. 왜냐하면 정책 내용은 상황 판단과 가치 판단이 결합되어 있는 주관적이고 가치 판단적인 것이기 때문이다. 정책학은 실제의 정책결정과 정책집행을 지원하기 위해 정책과정과 정책 내용을 함께 연구 대상에 포함시킨다.

넷째, 정책학은 문제 지향성, 철학과 행동의 통합 지향성, 맥락 지향성, 그리고 연합학문 지향성 등의 독특한 패러다임에 따라 정책을 연구한다. 이에 대해서는 뒤에서 따로 설명한다.

---

7) 정책학의 주창자인 라스웰(Lasswell, 1971: 1)은 정책학을 "체계 질서 차원에서 일어나는 공공 및 민간 부문의 정책과정과 정책 내용에 관한 지식을 다루는 학문"으로 정의했다. 허범(2002b: 298)은 정책학을 "인간의 존엄성을 충실히 실현시키기 위해 체계 질서 차원에서 일어나는 공공 및 민간 부문의 정책과정과 내용에 관한 지식을 문제 지향적, 맥락 지향적, 연합학문적으로 연구하는 학문"이라고 한다. 두 학자의 정책학 개념 규정은 공통적으로 '체계질서 차원의 문제 취급'을 중시하고, 허범은 정책학의 전통적 패러다임에 토대를 두지 않는 정책연구는 정책학이라 볼 수 없음을 강조한다.

8) 정책분석과 정책평가는 정책의 내용을 다루는 것이라 정책 내용에 대한 연구에 포함시키기도 한다.

2) 정책학의 목적

앞에서 이미 설명했듯이 정책학의 궁극적 목적은 "인간 존엄성의 좀 더 충실한 실현"(Lasswell, 1951: 10)이다. 인간 존엄성의 실현은 사회 내의 근본적인 문제를 해결해야 가능하다. 사회 내의 근본적인 문제 해결은 인간 존엄성의 실현이라는 궁극적 목적을 달성하기 위한 수단적 목적이다. 그리고 근본적으로 중요한 사회문제를 해결하기 위해서는 그 문제의 해결에 적합한 정책 내용과 정책과정에 대한 지식이 통합되어야 가능하다. 지식의 통합은 '근본적 문제 해결'이라는 목적을 달성하기 위한 수단적 목적이다. 정책과정과 정책 내용에 대한 지식의 통합을 위해 정책학은 '서로 분리되면서 동시에 연관되는' 두 개의 지식, 즉 정책과정에 관한 지식(knowledge of decision process)과 정책 내용에 관한 지식(knowledge in decision process)의 발전을 지향한다(Lasswell, 1970: 3). 이렇게 보면 정책학의 목적은 인간 존엄성이라는 궁극적 목적-근본적 문제의 해결-정책과정과 정책 내용에 대한 지식을 통합하는 정책지향성의 완성-정책과정 지식과 정책 내용 지식의 발전 등으로 구조화된다(허범, 2002a; 2002b; 2016). 이를 알기 쉽게 나타내면 [그림 1-1]과 같다.

여기에서 인간 존엄성의 실현과 근본 문제 지향성이라는 정책학의 목적에 대해서는 좀 더 추가적인 설명이 필요하다. 라스웰을 포함해서 정책학의 주창자들은 그 의미를

그림 2-1 정책학의 목적구조

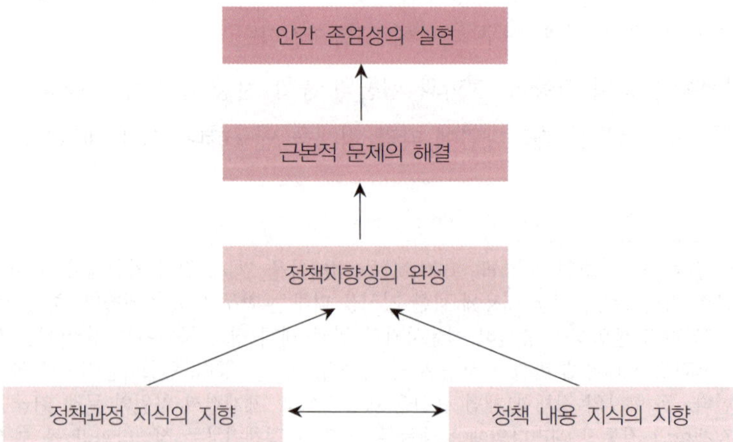

출처: 허범(2002b: 298).

구체적으로 밝히지는 않았지만, 허범(1992c: 179)은 다음과 같이 인간 존엄성을 정의하고 있다. "인간 존엄성은 모든 개인이 자기 존재의 정당성과 가치성에 대해 가지는 완전한 믿음과 자존에서 비롯하는 것이다. 인간 존엄성의 실현은 모든 개인이 이와 같은 자기 확신과 자기 존중을 바탕으로 하여 자유롭게 자기의 개성과 본분을 발현시키는 것을 의미한다."

인간 존엄성의 실현을 위한 수단적 목적인 '사회의 근본적 문제의 해결'에서 근본적인 문제는 무엇을 의미하는가? 그 문제는 인간 삶의 질에 관련된 윤리적 문제, 새로운 규범의 탐색을 요구하는 문제, 시대사적 사회 변동과 관련된 문제, 그리고 패러다임 전환과 체계 질서의 변화를 요구하는 문제들이다(허범, 2016: 10).

2. 정책학의 패러다임

정책학의 패러다임은 정책학의 연구 활동, 정책 현상에 대한 인식의 틀, 그리고 정책 연구의 접근 방법에 독특한 관점과 특성을 부여하고, 전체적으로는 정책학의 학문적 정체성을 결정해 준다. 정책학의 주요 패러다임은 문제지향성(problem orientation), 철학과 행동의 통합지향성(philosophy in action), 맥락지향성(contextuality), 그리고 연합학문 지향성(interdisciplinary approach, multi-methods)이다.[9] 이들을 나눠 설명한다.[10]

1) 문제지향성

정책학은 사회문제의 해결에 관심을 갖는다. 정책학이 사회문제의 해결을 통해 인간 존엄성의 실현을 지향하기 때문이다. 문제 중에서도 인간 사회에 영향을 미치는 중요하고도 근본적인 문제에 더 큰 관심을 갖는다. 그러므로 인간이 현실적으로 봉착하는 당면 문제를 취급하는 경우에도 근본적인 문제 의식, 문제와 연계시켜 생각하는 것이 중요하다.

---

9) 문제지향성, 맥락지향성, 그리고 연합학문적 접근은 정책학 패러다임으로 널리 받아들여지고 있는 것이고(Lasswell, 1970; 허범, 2002), 철학과 행동의 통합지향성은 저자가 추가한 것이다.

10) 허범(2016: 12)은 주요 패러다임들이 하나의 정책지향성을 구분하는 부분 지향성들이기 때문에 편의상 나눠 검토하더라도 서로 연관시켜 해석해야 하고, 해석할 때는 정책학의 개념화 전제인 정책학의 목적 구조, 주관적 극대화 원리, 그리고 실용주의 철학 등의 관점에서 해야 함을 특별히 강조한다.

근본적인 문제 의식을 형성하고 근본적인 문제의 해결을 추구하라는 것이 현재의 제약 조건 하에서 문제를 정의하고 해결을 위해 노력하는 것을 부정하는 것은 아니다. 한꺼번에 근본적인 문제를 해결하는 것은 매우 어렵거나 어쩌면 불가능한 일인지도 모른다. 여기에서 강조하는 것은 겉으로 드러난 문제, 지금 당장 해결이 필요한 것으로 여겨지는 불만족스러운 상태를 근본적인 문제 의식에 비춰 바라보고 문제를 정의하라는 것이다. 근본적인 문제 의식을 염두에 두면서 하위 문제를 이해하라는 말이다.

실증주의 정책연구는 취급할 문제가 과학적 방법으로 접근할 수 있는지 여부를 판단해, 객관적 사실의 발견과 일반화에 관심을 기울인다. 반면에 정책학은 해결해야 할 문제의 중요성에 우선적인 관심을 갖고 그 문제를 이해하고 해결하기 위한 방안을 마련하는 데 다양한 접근법을 취한다. 문제지향성에서 가장 중요한 것은 타당하고 적실한 정책 내용의 설계에 필요한 지식 활동이다(허범, 2016: 12).

2) 철학과 행동의 통합지향성

정책학은 철학과 행동의 통합을 지향한다. 정책학은 정책을 통한 인간 존엄성의 실현을 목적으로 하는 학문이고, 정책학에서 정책은 철학과 행동의 통합으로 나타나는 것으로 본다(허범, 2016: 8). 행동지향성은 정책의 핵심 요소다. 그런 행동은 무엇을 지향해야 하는가? 그것은 바람직한 변화를 지향하고 궁극적으로 인간 존엄성을 실현하는 것이어야 한다. 정책과 관련해서, 인간과 세계에 대한 근본 원리와 인간 삶의 본질 등을 다루는 철학에서 출발하든, 당면 문제를 해결하기 위한 행동에서 출발하든 양자는 서로를 향해야 한다. 왜 우리가 어떤 실천 행동을 취하는지를 따지고 들어가면 궁극적인 목적 가치를 다루는 철학적 논의에 이르게 되고, 철학적 사고의 산물인 인간 존엄성의 구현은 실천 행동으로 가능하기 때문이다. 행동이 따르지 않는 철학적 사고는 공허하고, 철학적 사고가 결여된 행동은 무의미하거나 위험하다. 그러므로 정책 행동을 통해 인간 존엄성을 실현하려는 정책학은 철학과 행동의 통합지향성을 가진다.

3) 맥락지향성

실증주의 정책연구는 과학적 접근 방법에 따라 문제를 취급하기 위해 상황적 맥락과 절연된 채로 문제를 취급하는 경향이 있다. 이런 경향은 현실 세계와 동떨어진 왜곡된 문제를 취급하는 결과를 초래하게 된다. 정책학은 사회문제가 발생하고 정책의 결정과 집행이 이뤄지는 정책 상황이 매우 다양하고 유동적이며 복잡하다는 것을 강조한다. 그러므로 시간적(역사적), 공간적(세계적), 그리고 사회적 맥락 속에서 문제를 취급하고 정책의 결정, 집행, 평가 등을 연구하는 맥락지향성이 필요하다.

4) 연합학문 지향성

특정 학문은 사회문제를 이해하고 해결하는 데 나름대로의 독특한 관점과 방법론을 갖고 있다. 현실의 문제는 구성 요소의 다양성, 요소들 간 관계의 복잡성, 그리고 나른 문제와의 연관성 등을 특징으로 한다. 어느 한 학문 분야의 전문 지식만으로는 문제의 이해나 적절한 해결 방안의 마련이 어렵다. 그러므로 정책문제의 이해와 해결을 위해서는 방법론상의 분할주의를 극복하고 다양한 학문 분야, 다양한 접근 방법의 통합적 적용이 필요하다. 이것이 연합학문 지향성이다.[11]

3. 정책학의 연구 방법

정책학은 연구 대상의 특성과 패러다임에 따라 연구 방법이 달라진다. 정책학의 주요 연구 대상은 정책학의 개념적 특성에서 이미 드러났듯이 정책철학과 윤리, 정책과정, 그리고 정책 내용 등이다. 앞의 것에 포함된 것이긴 하지만 맥락지향성과 관련해서 시간적 · 공간적 · 사회적 여건(정책환경)과 정책 주체인 정책 참여자도 정책학의 주요 연구 대상에 포함된다.

정책학의 연합학문 지향성에서 알 수 있듯이 정책학의 연구 방법은 매우 다양하고, 앞으로도 더 많은 방법이 정책학 연구에 활용될 수 있을 것이므로 여기에서 그것들을 모두 설명하는 것은 거의 불가능하다. 여기에서는 구체적인 연구 방법을 결정하는 세 가지 접근 방법, 즉 경험적 · 실증적 접근과 규범적 접근, 그리고 처방적 접근에 대해서만 간단히 설명한다.

---

11) 허범(2016: 16)은 정책학의 연합학문 지향성은 인식론적 근거와 패러다임이 서로 다른 복수의 학문을 단순히 물리적으로 중첩시키는 다중학문 접근(multi-disciplinary approach)의 수준을 크게 벗어나지 못하고 있다고 평가한다. 정책학의 연합학문 지향성은 정책학의 패러다임과 무관하게 이뤄지는 다양한 학문 분야의 정책연구들이 스스로를 정책학이라 부를 수 있게 함으로써 정책학의 정체성에 혼란을 가져오게 만든 요인이 되기도 했다.

1) 경험적 · 실증적 접근법

경험적 · 실증적 접근법은 행태주의에서 채택하는 과학적 방법과 거의 같은 의미이나, 엄격한 과학적 방법에 의한 법칙의 정립만이 아니라 사실에 대한 기술적 묘사도 포함하는 뜻으로 사용된다. 경험적 · 실증적 접근은 경험한 사실을 연구 대상으로 하기 때문에 존재에 대한 연구다. 경험적 · 실증적 접근이 좀 더 치밀하고 정교해지면 과학적인 방법을 채택하게 된다.

이러한 과정에는 정확한 측정과 계량화가 중요하다. 그러나 정책과정에 대한 과학적 방법의 적용은 계량화할 수 있는 변수들이 한정되어 있기 때문에 커다란 제약을 받는다. 그래서 정책과정에 대한 경험적 · 실증적 접근은 엄격한 과학적 방법을 크게 환영하지 않는다. 오히려 정책과정의 동태적 움직임과 정치 권력적 작용을 파악하기 위해서는 연구자의 직관이나 통찰력을 이용하고 다각적인 관찰을 통해 계량화가 어려운 대상이라도 중요한 측면을 놓치지 않고 연구하는 것이 바람직하다.

2) 규범적 접근법

규범적 접근법은 정치철학에서 흔히 보듯이 바람직한 가치가 무엇인지를 판단하는 가치 판단적 접근이며, 당위에 관한 연구다. 현실에서 사실이 어떠한 것인지가 아니라, 무엇이 옳고 그른지, 무엇이 바람직한 것인지, 즉 규범을 연구 대상으로 하기 때문에 규범적 접근법이라고 부른다.

바람직한 미래상은 어떠한 것인지, 사회문제 중에서 어떤 것을 정책문제로 채택해 거론하는 것이 옳은지, 정책문제 중에서 어느 것을 해결해야 옳은지, 그래서 무엇을 정책목표로 해야 하는지 등을 판단하는 것 등은 모두 가치 판단에 해당한다. 왜냐하면 이들은 새로운 가치를 탐색하거나 서로 다른 가치 중에서 무엇이 바람직한 것인지를 판단하기 때문이다.

3) 처방적 접근법

처방적 접근법은 정책과정을 어떻게 설계 · 운영하고, 정책 내용을 어떻게 구성하는 것이 바람직한지를 판단하고 제안하는 것에 관심을 갖는 접근법이다. 처방적 접근은 경험적 접근과 규범적 접근과 연계되어 취해진다. 경험적 사실에 대한 판단과 규범적 가치 판단이 통합되어야 처방이 제시될 수 있기 때문이다.

제 3 절 정책학의 과제

정책학의 이름으로 이뤄지는 연구 활동이나 정책학자들은 무수히 많다. 그러나 정책학의 이상은 높으나 실천은 미약하다. 허범(2016: 17-20)은 정책학의 개념화나 정책학의 이상 실현이 매우 미흡하다고 지적하면서 정책학의 과제를 다음과 같이 제안하고 있다.

첫째, 실제의 정책형성, 집행, 그리고 평가에서 인간 존엄성의 상황 지향적 의의를 모색해 실천 행동과 연관시키는 접근 방법, 즉 정책윤리 분석에 대한 관심과 연구가 필요하다(허범, 2009b).

둘째, 정책분석은 목표와 수단의 인과관계를 밝히는 관리분석에 머무르지 말고 체계분석과 윤리분석을 포함하도록 이뤄져야 한다. 중요한 문제 해결의 사회적 적합성을 확보하고, 인간 존엄성을 구현하는 지적 능력을 실천적으로 갖추려면, 정책분석은 반드시 '당위성-실현성-인과성(또는 능률성)' 차원을 포괄하고, '어디로 → 무엇을 → 어떻게'의 순서로 정보를 구조화시켜야 한다. 이와 같은 정책분석은 '윤리분석 → 체계분석 → 관리분석'의 순서로 연관되는 하나의 분석 체계를 이뤄야 한다(허범, 2009a).

셋째, 실천적으로 유용한 연합학문 접근 방법(inter-disciplinary approach)의 조직과 운용이 필요하다. 이를 위해 참여 정책토론 분석의 연구에 관심을 가질 필요가 있다. 다양한 관점과 지식, 정보, 그리고 감정 등이 교환되고 정책논증, 설득과 합의 등이 이뤄지는 정책토론의 방식을 활용해 실질적인 연합학문 지향성을 확보할 수 있다(Fischer, 1980; Fischer & Forester, 1993; Dryzek, 1982; 1990; 허범, 2016: 18에서 재인용).

넷째, 과학적 방법을 통한 인간 존엄성의 구현을 목적으로 하는 정책학의 개념화를 위해 '과학적(scientific)'의 의미를 새롭게 정의하는 것이 중요하다. 과학을 실제적, 개방적, 비판적, 자성적, 그리고 자기 수정적 이성 작용으로 이해하고, 과학적 지식의 '과학적'의 의미는 실제적(realistic)이고 체계적(systematic)이며 합리적(rational)인 것으로 확장·연성화되어야 한다.

다섯째, 정책학의 인식론을 다중적 인식론으로 확장하고 종합적으로 적용해야 한다. 정책학의 지식이 사회적 적합성을 확보하기 위해서는 실증주의 인식론뿐만 아니라 탈

실증주의 인식론까지 수용할 필요가 있다(허범, 2012: 426).

여섯째, 정책학에서 합리성의 범위가 확장되어야 한다. 정책연구는 경제적 효용성의 극대화를 지향하는 공리주의 합리성(utilitarian calculation), 공리적 이익 충족의 극대화를 추구하되 다른 사람들의 권리를 존중하고 그만큼 자신의 이익 충족을 자제하는 것을 이성으로 보는 자유주의 합리성(liberal rationalism), 그리고 구체적으로 존재하는 현실을 합리성의 이상적인 영상과 연관시켜 접근하는 것을 이성으로 여기는 실천이성적 합리성(practical reason) 등을 다중적으로 실천이성 주도적으로 연관·적용해야 한다(허범, 2012: 426-427).

제 3 장

정책환경

정책은 정책환경과 서로 영향을 주고받으며 변화를 유발시킨다. 정책환경은 정책 내용이나 정책과정과 영향을 주고받는 관계에 있는 모든 외재적 변수와 조건을 말한다. 달리 말하면 정책 체제와 관련된 모든 외부적 변수가 정책환경이다. 여기에서는 정책환경의 개념과 구성 요소, 정책과의 상호작용에 대해 설명한다.

제 1 절 정책환경의 개념

정책환경은 정책의 내용이나 과정과 영향을 주고받는 관계에 있는 모든 외재적 변수와 조건을 말한다. 달리 말하면 정책 체제와 관련된 모든 외부적 변수가 정책환경이다. 정책은 본질적으로 정책환경에 어떤 형태로든 영향을 주기 위한 목적을 지닌다.

아동과 청소년 교육정책은 그들이 교양인, 전문인으로 성장해 인간다운 삶을 살 수 있도록 하는 여러 가지 바람직한 삶의 환경을 조성하기 위한 것이다. 이와 같이 정책은 정책환경을 변화시키고자 하는 목적을 본질로 한다.

그러나 한편으로 정책은 정책환경으로부터 직·간접의 영향을 받고 있다. 끊임없이 변화하고 있는 정책환경은 기존 정책의 수정을 요구하기도 하고, 또 새로운 정책 수요를 창출하기도 한다. 또한 정책환경의 특정 조건과 변수는 그와 관련된 정책의 내용과 과정에 일정한 제약과 한계를 설정하기도 하는가 하면, 특정한 정책을 발안하고 그것을 수용하게 하는 일정한 조건과 가능성의 여건을 조성하기도 한다.

청년실업의 증가와 노령화의 가속화는 정책 체제의 대응을 요구한다. 이러한 환경의 요구로 인해 나타난 것이 청년실업정책, 고령화대책이다. 또 이러한 정책들은 정치·경제적 환경의 제약 속에서 발안, 형성되고 집행된다. 이와 같이 정책은 정책환경과 상호 영향을 주고받으면서 형성되고 집행되며 평가된다. 따라서 정책을 이해하기 위해서는 무엇보다도 먼저 주요한 정책환경의 요소, 정책환경과의 상호작용 내용 등을 이해할 필요가 있다.

제2절 정책환경의 요소

정책환경은 특정 정책의 종류와 내용에 따라 달라진다. 예를 들면, 특정 노동정책과 관련된 정책환경이라면 노동관계 법제 체제, 노동운동의 실태, 노동조합, 노사관계, 노동자의 근로 조건과 역량, 기업인과 노동자의 행태와 가치관 등을 들 수 있다. 구체적인 정책환경에 대해서는 그 특정 정책에 대해 논의할 때 검토할 사항이라고 보고, 여기에서는 일반적으로 정책과 상호작용할 수 있는 주요 정책환경의 요소를 살펴보도록 하겠다.

1. 자연적 조건

정책의 종류와 내용에 따라 다르겠으나, 일반적으로 정책은 국토의 면적, 지형, 기후, 부존자원 등과 같이 자연적 여건의 영향을 주고받는다. 예컨대, 1960~1970년대 및 이후의 한국의 경제개발정책은 국토의 지리적 특성에 바탕을 두었다. 부산과 경남 인근의 바다는 수심이 깊고 조수간만의 차가 적기 때문에, 크기가 큰 컨테이너 선박이 정박하기에 적합하였다. 게다가 해당 지역은 주요 수입처인 미국과 일본과 태평양을 통해 닿아 있었으므로, 큰 항만을 건설하여 운영하기에 적합한 조건을 갖추고 있었다. 이에 부산-경남을 중심으로 한 항만을 건설하고, 지역과 수도권을 연결하는 경부고속도로의 인프라 구축을 통해 수출 중심의 경제개발정책의 기반을 마련하였다. 이렇게 당시의 경제개발정책은 국토의 지리적인 특성을 바탕으로 하였다.

2. 경제적 환경

한 국가의 경제적 기본 질서가 자유경쟁 시장 원리를 기본으로 하는 자본주의적 시장경제 체제냐, 아니면 중앙통제 계획 방식에 의한 사회주의적 경제 체제인가에 따라 정부의 정책이 달라진다. 또한 한 국가의 소득수준이나 경제여건의 변화 등도 정책의 성격이나 내용을 달리하게 만든다. 소득수준이 낮은 경우 생계유지가 더 중요시되어 경제성장에 더 비중을 많이 둔 정책을 펴게 되며, 소득수준이 높아지면 국민의 삶의 질이 변화되면서 환경이나 복지 등에 대한 비중을 늘리도록 요구하는 등 정책에 영향을 미치게 된다.

반대로 재난 등 경기가 위축된 경우 정부는 경기를 활성화시키는 정책을 시행하여 경제환경에 영향을 준다. 1930년대 세계대공황시 정부가 공공사업을 발주하여 고용을 창출하고 경기를 활성화시키는 주요한 역할을 한 것이 그 예이다.

3. 사회적 환경

① 사회구조: 사회구성원의 행동 유형, 제재 방식, 사회생활 관계 등을 규율하는 여러 가지 제도와 관습, 집단의 구성과 활동 양식 등 사회구조는 정책과 직·간접의 영향을 주고받는다. 도시인구의 비율, 교육수준, 가구의 변화 등이 사회구조환경에 해당된다. 산업화, 도시화로의 사회변화는 산업재해, 노사문제, 공해, 도시안전문제 등을 발생시켜 정부로 하여금 환경정책, 노동정책, 치안정책 등의 변화를 요구하게 된다. 또한 1인가구의 증가는 주택정책을 변화시키게 된다.

② 인구적 특징: 정책은 인구의 규모, 지역적 분포, 성비, 출산율, 고령화수준 등 여러 가지 인구학적 특징과 영향을 주고받는다. 예컨대 수백만 또는 수천만 인구가 밀집해 있는 대도시를 대상으로 하는 정책과 불과 수만 또는 수천의 인구가 모여 사는 농촌지역을 대상으로 하는 정책은 크게 다를 수밖에 없다. 출산율 저하란 환경은 출산억제정책을 출산장려정책으로 전환시키게 되고 초고령사회로의 진입은 노인복지정책(기초노령연금, 의료보장제도, 재가시설프로그램 등)을 확대시키게 된다.

4. 기술지식(technology)[1] 환경

현대 문명의 특징은 급격한 과학의 발전과 기술지식의 혁신에 있다. 현존 과학기술의 내용과 수준은 정책의 내용, 성격, 그리고 질 등을 제약하고 한정짓는 조건이 되며,

---

1) 기술지식(technology)은 과학기술(technique)이 시장경제성을 확보한 것을 말한다. 예를 들어 1알만 먹으면 암을 완치하는 약이 개발되었는데 약 1알 제조비가 1,000억이라면 이는 과학기술이다. 이후 10만원에 1알을 제조할 수 있게 되었다면 기술지식이 된 것이다. 정부의 정책은 경제성도 고려하게 되므로 기술지식의 확보 여부가 실현성에 영향을 미친다. 물론 과학기술의 확보 없이 기술지식을 논할 수는 없다.

기술지식의 변화는 정책의 변화를 야기한다. 오래전에는 없었던 자동차의 등장은 고속도로를 건설하게 하고 비행기의 등장은 공항을 건설하게 하는 것이 좋은 예이다.

반대로 정책은 과학기술의 진흥을 목표로 하기도 한다.

5. 정치 · 행정적 환경

① 정치 · 행정 문화: 정치문화는 정부가 무엇을 해야 하는지나 어떻게 해야 하는지, 또 정부와 시민 간의 관계는 어떠해야 하는지에 대해 사람들에게 널리 공유되는 가치와 신념, 태도이다(Anderson, 1984: 24-25). 정치문화를 좀 더 자세히 이해하기 위해서 일레이저(Daniel J. Elazar)의 3가지 정치문화를 살펴본다.[2] 개인주의적 정치문화(individual political culture)는 사적인 관심사를 중시하고 정부를 국민이 원하는 것을 수행하는 공리적 도구로 보는 것이다. 도덕적 정치문화(moralistic political culture)는 정부를 공익을 증진시키기 위한 장치로 보는데 이런 문화에서는 정부가 경제 분야에서 더 많은 개입을 하는 것이 허용된다. 전통적 정치문화(traditional political culture)는 가부장적이며 엘리트적 시각으로 정부를 보는 것으로 정부가 기존의 사회질서를 유지하는 것을 선호한다. 이 문화 하에서는 대부분이 정치활동을 거의 하지 않으며 인구의 아주 소수에게 정치권력이 집중된다.

행정문화 또한 정책과정과 운영에 영향을 준다. 권위주의, 온정주의, 연고주의 등의 행정문화가 만연하면 정책과정운영이 비효율적이 될 수 있는 것이 그 예이다.

결국 정치문화나 행정문화가 어떻게 형성되어 있는가에 따라 정책과정에서의 절차적 민주성과 공정성의 확보에 영향을 주고 정책 내용면에서 과정의 능률성, 합법성, 정책결과의 형평성 등에 영향을 준다.

② 이념: 자유민주주의와 전제주의, 자본주의와 사회주의 등 여러 이념 중 어떤 것을 택하느냐에 따라 정책의 내용과 과정이 달라진다. 또한 민주성, 능률성, 형평성 중 어떤 이념을 중시하는가에 따라 정책이 달라지게 된다. 예를 들어 능률성이 중시되다가 사회적 형평성이 주요 이념이 되면 소득분배정책에서 소득재분배정책으로 우선순위가 이동하게 될 것이다.

---

2) Daniel J. Elazar, 1966. American Federalism: A View from the States, New York: Crowell, James E. Anderson(1984) p.24에서 재인용.

③ 정치체제: 정책은 선거제도와 운영, 정당의 구조와 활동, 이익집단의 구성과 활동 등 정치체제의 영향을 받고 또 그에 영향을 준다.[3] 양당체제냐 다수당체제냐에 따라 정책과정은 영향을 받는다. 또한 노동조합이나 전국경제인연합 등 이익집단이 어떤 활동을 하는가에 따라 정책은 영향을 받게 된다.

④ 행정체제: 행정기관의 기구와 구조, 관리 방식, 공무원의 행태, 시민들의 요구에 대한 대응 방식과 태도 등은 정책의 성격과 내용을 결정한다. 예컨대 권위적 행정체제인지 민주적 행정체제인지, 조직이 개방형인지 폐쇄형인지, 수직적·계층적 구조인지 수평적 조직인지 등에 따라 정책과정과 내용이 달라진다.

⑤ 법제체제: 법치행정의 원리에 의해 지배되는 현대 행정의 특징으로 볼 때 헌법, 법률, 조약, 조례, 각종 행정규칙 및 규정 등의 성격과 내용은 정책의 성격과 내용을 결정하는 중요한 환경적 변수가 된다.

⑥ 정부구조: 정책은 정부구조에 따라 영향을 받고 반대로 영향을 주기도 한다. 정부구조는 입법부, 행정부, 사법부 사이의 권력구조, 정부 안의 부처 간 권력구조, 중앙정부와 지방정부의 관계 등으로 검토해 볼 수 있다. 첫째, 삼권분립에 따라 입법부는 정책을 결정하고 행정부는 정책을 집행하며 사법부는 정책집행 시의 합법성에 대한 판단 등을 하는 것이 일반적이다. 하지만 전문성을 확보한 행정부가 입법부를 압도하여 정책과정을 할 수도 있고, 입법부가 행정부 못지 않은 전문성을 확보하여 입법을 주도할 수도 있는 등 정부구조에 따라 정책과정은 영향을 받는다. 더 나아가 입법부의 구성이 여대야소인 경우 행정부와 긴밀한 협조가 이루어지는 경우가 많지만, 여소야대의 경우 행정부의 정책운영이 힘든 경우가 많다. 이렇게 입법부와 행정부의 구조는 정책과정에 많은 영향을 준다. 한국은 유신헌법하에서 국회의원정수의 1/3을 대통령이 추천하는 제도를 운영하였는데 당시의 입법부는 행정부를 통제하는 기구가 아닌 행정부가 제안한 정책을 통과시키는 통법부(通法府)란 비판을 받기도 하였다. 둘째, 정부 안의 부처 간의 권력구조는 행정부 각 기관의 구성과 운영 양태, 입법부의 상임위원회의 구성과 운영방식, 국정조사와 청문회제도, 사법부의 법률 및 명령에 대한 심사권, 법관의 임명 또는 해임 방식 등을 예로 들 수 있다. 입법부의 경우는 법률안의 회부제도를 어떻게 운영하

3) 구체적인 특정 정책을 놓고 볼 때 그 정책에 영향을 주고 그로부터 영향을 받는 모든 다른 영향요소를 포괄적으로 '정책환경'이라고 지칭한다는 의미에서, 특정 정책에 영향을 주고받는 관계에 있는 한 정치체제, 행정체제 등도 중요한 환경적 요소로 본 것이다.

는가에 따라 정책의 결정과정이 달라진다. 한국은 소관상임위원회의 심사 후 법제사법위원회에 회부되어 체계·자구심사를 받도록 되어 있는데 법제사법위원회가 법률안의 심사를 지연시키는 경우가 있다.[4] 행정부의 경우 부처별로 담당하는 기능, 부서장 간의 관계 등의 권력구조가 정책과정에 영향을 준다. 정부 전체의 예산을 다루는 기획재정부와 각기 자신의 영역에서 사업을 추진하려는 중앙부서는 예산의 절약과 확대란 논리로 갈등적이거나 협조적인 상황이 전개될 수도 있다. 셋째, 통치권한이 중앙집권적인지 지방분권적인지에 따라 정책과정과 운영에 영향을 준다. 지방분권이 잘 이루어져 지방정부가 독자적인 재정운영능력이 있는 경우는 지방정부가 지역적 특색에 맞는 독자적인 정책을 전개할 수 있다. 반면 중앙집권적 지방자치를 실시하는 나라에서는 지역의 특수한 상황이나 지역주민의 요구를 충실히 반영하지 못하고 중앙정부가 획일적인 정책을 수행하기 쉽다.

6. 국제적 여건

지구촌, 세계화, 개방화, 세계무역기구(WTO), 그린라운드(Green Round)란 말이 상징적으로 나타내 주듯이, 이제 인류는 더 이상 폐쇄적인 한 지역, 한 국가에만 머물러 있을 수는 없게 되었다. 국가와 국가 간, 국가와 지역 간, 그리고 지역과 지역 간의 활발한 교류는 이미 한 국가의 정책이 국내적 변수에 의해서만 영향을 받는 시대가 끝났음을 말해 준다. 모든 분야에서 세계적 교류가 비약적으로 증대하고 있어 세계 각국의 정치·경제·사회·문화 등의 여건과 그 변화는 한 국가의 정책에 직·간접으로 큰 영향을 주고 있다.

또한 개별적인 국가뿐만 아니라 국제기구 역시 한 국가의 정책형성, 집행, 평가에 영향을 주고 있다. 경제협력개발기구(OECD) 가입에 따른 국내 금융과 자본시장의 개방확대로 인해 국제적 단기자본이 급격하게 이동하게 되는 심각한 상황이 전개되었다. 그 결과 국내 금융시장과 주식시장이 무너지면서 외채 지급 불능 위기가 닥쳤다. 이로 인해 수많은 국내 기업이 연쇄 부도의 소용돌이에 빠지게 된 것이 이른바 1997년 말의 외환위기로 인한 경제위기였다. 이를 타개하기 위한 국제통화기금(IMF)의 구제금융 제공

4) 자세한 내용을 위해서는 박근후(1994)와 고상근(2017) 참고.

과 가혹했던 국내 경제정책에 대한 통제 등 일련의 상황 전개는 국제적 여건이 현대 우리들의 삶을 얼마나 크게 지배하고 있는가를 극적으로 보여주었다. 또 많은 농민의 반대와 정부의 불가 의지에도 불구하고 자유무역협정(FTA)의 결과로 인해 농산물 시장을 개방하고 농업정책의 기조를 바꾸게 되었다. 그리고 기후변화협약 등과 같은 일련의 국제적 환경보전협약은 국제적 환경 기준에 맞는 산업정책을 수립 · 시행하게 만든다. 이런 사례들을 통해 정책은 앞으로 점점 더 많이 국제적 요인과 영향을 주고받는 관계가 될 것이라는 것을 예측할 수 있다.

또한, 정부 차원의 국제적 교류와 협력의 결과로 정책과정에 영향을 주고받는 정책의 조정과는 별도의 국제적 정책환경의 변화도 나타나고 있다. 국제 이익집단(북미 또는 유럽의 철강협회 등), 국제 시민단체(환경운동연합과 연대한 Green Peace 등) 등이 국내 이익집단이나 시민단체 등 민간 부문과 연대하거나 또는 독자적으로 정부의 정책에 점점 더 큰 영향력을 발휘하고 있는 것이 바로 그 예라 할 수 있다.

이 밖에도 정책환경은 분석 목적에 따라, 또는 분석 대상이 되는 정책의 종류에 따라 다양하게 분류할 수 있다. 이러한 다양한 정책환경은 앞으로 설명하게 될 정책과정의 작동 범위 또는 여건이 되는 맥락(context)을 구성한다. 이 정책환경의 맥락 속에서 정책 수요가 발생하고 정책 요구가 제기되며, 또 그것들이 의도적으로 억제되어 드러나지 않기도 한다. 또 정책환경은 드러난 정책 요구에 대해 여러 가지 제약과 한계를 설정하기도 하는가 하면, 그 정책 요구를 정책으로 발안시키고 채택되게 하며, 시민들에게 수용되게 하는 조건과 가능성으로 작용하기도 한다. 정책은 이와 같이 넓고 복잡한 정책환경 속에서 형성되고 집행되며 평가된다.

제 3 절 정책과 환경의 상호작용

앞에서 정책의 내용과 정책과정은 여러 가지 환경적 요소와 상호작용을 한다는 것을 설명했다. 그런데 이와 같은 정책과 정책환경과의 상호작용은 일반적으로 정책이 독립변수로서 환경에 영향을 미치는 정책의 환경 변화적 측면과, 정책이 종속변수로서 환경으로부터 영향을 받는 정책의 환경 의존적 측면으로 구분해 살펴볼 수 있다.

1. 정책의 환경 변화적 측면

정책은 어떤 형태로든지 환경 자체를 변화시키고자 하는 속성을 지니고 있다. 예를 들면 특정 정책에 의해 국토 이용을 효율적으로 하고자 하는 것은 국토의 여러 가지 자연적 환경의 변화를 목적으로 하고 있는 것이다. 또 지방자치를 위한 다양한 제도 개선 정책은 정치체제와 정부구조라는 환경적 요소를 개선시켜 지역 주민의 요구에 더 효율적으로 반응하는 정치체제 및 행정체제를 만들려고 하는 것이다. 이처럼 정책은 환경을 적극적으로 변화시키는 환경 변화적 효과를 목적으로 한다.

이러한 정책의 환경 변화적 효과를 일반적으로 정책 효과(policy effects)라고 부른다. 그런데 정책이 정책환경에 본래 의도한 변화 효과를 줄 때 이를 정책의 본원적 효과라고 하고, 본래 의도한 효과가 아닌 다른 효과를 초래할 때 이를 정책의 부수적 효과라고 한다. 그런가 하면 정책이 정책환경에 미치는 변화의 효과가 긍정적인 측면의 긍정적 효과가 있고, 부정적인 측면의 부정적 효과도 있다.

이와 같이 정책은 정책을 둘러싸고 있는 정책환경을 여러 가지 방향, 효과, 범위, 정도, 형태 등으로 변화시킨다. 따라서 정책 담당자나 정책 참여자, 그리고 일반 국민은 어떤 정책을 형성하거나 집행할 때 또는 평가할 때 이상과 같은 여러 가지 정책의 환경 변화적 효과를 고려하고 검토하지 않으면 안 된다. 그러므로 정책 담당자는 긍정적인 측면의 본원적인 효과를 극대화시키고 부정적인 효과는 최소화할 수 있도록 정책을 형성하고 집행하며 환류(feedback)시켜야 한다.

또한 정책은 동일한 방향, 범위, 강도로써 그 환경적 요소를 변화시키는 것이 아니다. 정책은 각각의 환경적 요소의 변화에 서로 다른 효과를 미치는 것이다. 이처럼 정책이 그 환경적 요소에 미치는 영향의 범위, 정도, 방향 등 정책의 환경 변화적 효과는 분석 목적에 따라 몇 개의 단계로 나눠 볼 수 있겠다. 다만 여기서는 정책의 환경 변화적 효과가 중층적, 파급적이라는 본질을 설명하는 목적상 크게 두 가지 단계로 나눠 설명하기로 하겠다.

첫째, 정책이 환경을 변화시키는 시간성 · 직접성 · 복잡성 · 가시성 등을 기준으로 볼 때, 정책은 먼저 제1차적 환경을 변화시키고, 다음으로 제2차적 환경을 변화시키는 방식으로 환경에 파급적 영향을 미친다. 여기서 제1차적 환경 변화 효과는 정책이 환경적 요소에 미치는 영향이 단기적이고, 직접적이며, 단순할 뿐만 아니라 유형적인 가시성을 띠고 정책환경을 변화시키는 효과를 말한다. 이에 비해 제2차적 환경 변화 효과는 정책의 영향이 장기적이고, 간접적이며, 복잡할 뿐만 아니라 무형적인 비가시성을 띠고 정책환경을 변화시키는 최종 효과를 말한다. 물론 정책의 종류와 내용에 따라 어떤 환경적 요소가 어느 단계에 해당되는가는 상대적일 수밖에 없다.

예컨대, 사회간접자본 확충 정책의 일환으로 지역별로 대규모 댐을 건설하기로 한 수자원 개발정책은, 다른 환경적 요소들에 비해 자연환경을 대상으로 한 물리적 정책이다. 이러한 정책은 우선 당해 공사 기간 내에 직접적이고 가시적으로 지형을 변화시켜 전력 개발과 농·공업용 용수의 개발·이용을 도모하는 제1차적 환경 변화적 효과를 목표로 한다고 할 수 있다. 그러나 공사가 끝나고 오랜 시일이 지난 뒤 해당 수자원 개발정책이 해당 지역 주민의 생활 여건과 서식 생물의 변화 등과 같은 생태환경의 변화와 함께 산업구조의 변화를 가져왔다면, 결국 그 정책은 제2차적 환경 변화적 효과까지를 초래한 것이라고 할 수 있다.

이와 같이 정책을 형성하고 집행하는 경우, 정책의 중층적·파급적 환경 변화의 효과를 고려하지 않는다면, 그것은 단편적이고 근시안적인 정책에 머무르고 말 것이며, 그로 인한 폐해가 있다면 큰 문제가 아닐 수 없다. 따라서 정책의 담당자나 결정자는 정책에 의한 가시적이고 직접적인 제1차적 환경 변화 효과 이외에도 장기적으로 나타나는 비가시적이고 궁극적인 환경 변화의 효과를 염두에 두지 않으면 안 된다.

둘째, 정책의 중층적·파급적 환경 변화의 효과라는 개념은 정책 담당자가 인간의 내면적·심리적 가치관이나 그에 따른 행태의 변화 등과 같이 정신적 환경, 이데올로기 환경, 무형적 환경 등의 제2차적 환경의 변화를 목표로 할수록 더 어렵고 오랜 시간이 걸리며 그만큼 더 많은 노력이 필요하다는 것을 이해해야 함을 시사해 준다.

결국, 정책의 종류와 내용 그리고 환경적 요소가 다름에 따라, 어떤 환경적 요소(제1차적 환경)는 비교적 빨리 직접적으로 쉽고 가시적으로 변화한다. 반면 다른 환경적 요소(제2차적 환경)는 상대적으로 늦고 간접적이며 복잡한 경로와 과정을 거쳐 변화한다. 따라서 보이지 않는 부분까지의 변화에 영향을 미치는 중층적·파급적 환경 변화의 효과를 이해하는 것이 중요하다.5)

2. 정책의 환경 의존적 측면

정책은 환경적 요소의 영향을 받고 환경의 제약을 받는다. 정책이 정치체제, 이데올로기, 사회구조 등 환경의 영향을 받는다는 것은 쉽게 알 수 있다. 예를 들면, 청년실업의 증가, 저출산, 그리고 노령화의 가속화 등은 정책 요구를 제기해 정책의 산출에 영향을 미친다. 그리고 주택정책은 수요자의 선호 주택 유형과 부동산시장의 여건 등의 환경적 여건을 고려해서 수립되고 집행되어야 한다. 이와 같이 정책이 그 환경적 요소의 영향을 받지 않을 수 없는 측면을 정책의 환경 의존적 조건(또는 요인, 변수)이라고 하거나, 간단히 정책의 환경적 조건이라고 할 수 있다.

정책을 둘러싸고 있는 환경적 요소는 특정 정책의 성격과 내용에 따라 범위, 정도, 시간, 방향 등에 다양한 영향을 미치게 된다. 정책의 환경 변화적 측면의 논의에서 살펴본 것처럼 환경적 요소가 정책에 영향을 미치는 측면도 분석 목적에 따라 몇 개의 차원으로 나눠 볼 수 있다. 그러나 여기서는 환경적 요소가 정책에 영향을 미치는 현상이 중층적 · 파급적이라는 본질을 설명하려는 의도를 갖고 있기 때문에 크게 두 가지 차원으로 나눠 설명한다.

1) 정책의 환경 의존적 조건의 차원

환경적 요소가 정책에 영향을 미치는 시간성 · 직접성 · 복잡성 · 가시성 등을 기준으로 볼 때, 일정한 환경적 요소는 정책에 영향을 미치는 제1차적 환경 조건이 된다. 또한 다른 환경적 요소는 제2차적 환경 조건으로서 특정 정책에 중층적 · 파급적 영향을 미

5) 그리하여 정책의 환경 변화적 효과의 차원을 학자들에 따라 정책산출(policy output), 정책결과(policy outcome), 정책영향(policy impact) 등으로 구분한 것을 이해할 수 있다. 정책산출은 고속도로 건설, 범인 검거, 공립학교 운영 등과 같이 정책 주체가 담당하는 업무이며, 정책산출은 흔히 1인당 국민소득, 십만 명당 범인 검거자 수, 학생 1인당 학교운영비 등으로 나타낸다. 정책결과나 영향은 정책산출의 결과 정책환경에 미친 변화의 최종 효과를 말한다. 여기서 진정한 정책의 평가는 정책결과 또는 정책영향을 파악하는 것이어야 한다고 주장한다(Anderson, 1979: 136; Nachmias, 1979: 3). 또 정책의 효과는 정부가 달성하는 가시적인 성과(예를 들면, 경찰의 범인 체포 건수), 정책이 국민에게 미친 구조적 효과, 즉 인간의 삶의 질에 미친 사회적 영향(개인과 사회가 범죄 피해로부터 보호받고 있는 안녕도를 나타내는 사회지표), 그리고 정책이 개인의 행복감에 미친 인본적 영향(개개인이 주관적으로 느끼는 안녕감) 등으로 구분할 수 있다. 그리하여 정책의 진정한 효과는 정부의 관점에서 판단하는 정부 성과가 아니라, 국민의 관점에서 판단하는 객관적 · 주관적 효과인 사회적 영향 및 인본적 영향으로 판단되어야 한다(허범, 1988a: 100-133).

친다. 여기서 제1차적 환경 조건은 단기적이고 직접적이며 단순할 뿐만 아니라 유형적인 가시성을 띠고 정책에 영향을 미치는 환경적 요소를 말한다. 이에 비해 제2차적 환경 조건은 장기적이고 간접적이며 복잡할 뿐만 아니라 무형적인 비가시성을 띠고 정책에 영향을 미치는 환경적 요소를 말한다. 물론 정책의 종류와 내용에 따라 어떤 환경적 요소가 어느 차원에 해당되는가는 상대적일 수밖에 없다. 예컨대, 공급에 비해 수요가 많은 주택문제를 해결하기 위해 많은 주택을 건설 · 공급하려는 주택건설정책을 생각해 보자. 이 정책의 제1차적 환경 조건은 주택의 수요와 공급 불균형이라는 주택시장 상황, 이 상황을 이용한 투기적 가수요 현상, 택지 개발 및 공급, 건설업체의 건설 능력 등 직접적 · 가시적으로 주택의 수요와 공급을 결정하는 요인들이다.

그런데 농업에서 제조업, 서비스업 중심으로 변화된 급격한 산업화 현상, 이에 따른 농촌에서 도시로의 급격한 인구 유입, 핵가족으로의 주거 패턴 변화 등과 같은 경제 · 사회 · 문화적 요인들이 장기적 · 비가시적으로 만성적 주택난을 초래하고 있다고 볼 수 있다. 따라서 이러한 것들은 제2차적 환경 조건이라고 할 수 있다. 이와 같이 제2차적 환경 조건이 정책에 미치는 중층적 · 파급적 영향을 함께 고려하지 않고, 근시안적이고 즉흥적인 정책을 형성하고 집행하는 경우 그것은 좋은 정책이 될 수 없다.

2) 정책환경의 맥락성

이러한 정책의 환경 의존적 측면에 대한 인식은 무엇보다도 정책의 내용과 성격에 영향을 미치는 환경적 요소(변수)의 중요성을 이해할 수 있게 해준다. 즉, 다양한 환경 조건은 정책과정의 맥락을 구성한다. 이 환경 조건의 맥락 속에서 새로운 정책의 필요성과 기존 정책의 수정 요구 등이 유발된다. 따라서 여러 가지 환경적 요소(변수)가 급격하고 심각하게 변화하는 사회일수록, 또 그러한 시기일수록 새로운 정책 수요와 기존 정책에 대한 수정 압력은 그만큼 증대된다. 또 이러한 복잡한 환경 조건의 맥락 속에서 정책 수요나 요구는 억제되어 드러나지 않게도 된다. 또 어떤 환경적 요소는 여러 가지 드러난 정책 요구에 대해 여러 제약과 한계를 설정하기도 하는가 하면, 그 정책 요구를 정책으로 발안시키고 채택되게 하며 시민들에게 수용되게 하는 조건과 가능성으로 작용하기도 한다.

이와 같이 정책에 대한 환경적 요소의 영향이 중층적이라는 사실을 인식하고, 특정 정책 분야에 관한 중요한 결정 요소들을 추출하고 그 의미를 분석함으로써 좋은 정책을 산출하는 데 기여하고자 하는 많은 노력이 있어 왔다. 이와 같이 특별히 정책의 내용을 결정 또는 좌우하는 환경적 요인이 무엇인가를 밝히는 연구나 이론을 이른바 산출연구(output studies) 또는 정책결정요인론(policy determinants theory)이라고 한다.[6] 이러한 연구들은 정책을 결정할 때 좀 더 중요한 환경적 요소에 대한 이해와 관리의 필요성을 인식하게 해준다.

3. 정책과 정책환경의 복잡한 동태적 상호작용 관계

앞에서 정책의 환경 변화적 측면과 정책의 환경 의존적 측면으로 구분해 정책과 정책환경의 상호 관계를 살펴보았다. 이것은 어디까지나 정책과 정책환경의 관계를 분석적으로 이해하기 위해 서로 분리 · 독립적으로 추출 · 설명한 것일 뿐이다. 실제로는 환경 변화적 측면과 환경 의존적 측면이 상호 동태적인 관계를 이루면서 정책과 정책환경이 복잡하게 작용하게 된다. 즉, 구체적인 현실 상황에서는 특정 정책이 특정 환경적 요소들과 시간적 · 공간적으로 선후 관계를 가지고 질서있게 상호작용하는 것이 아니다. 오히려 정책은 환경적 요소들을 중층적 · 파급적으로 변화시키는 과정과 그 정책이 특정 환경적 요소로부터 중층적 영향을 받는 과정이 중첩적으로 이뤄진다. 그리고 다시 그 작용의 관계가 끝없이 반복되는 복잡하고 중첩적이며 무질서하게 혼재된 상호 순환적 작용 관계를 갖는다. 따라서 우리는 좋은 정책을 확보하기 위해서는 복잡하게 전개되는 정책과 정책환경과의 동시적, 시차적, 중첩적, 혼재적, 순환적인 동태적 상호작용 관계를 이해해야 한다.

6) 이와 관련된 문헌으로는 다이(Dye, 1976), 도슨과 로빈슨(Dawson & Robinson, 1963: 265-289) 참조.

제 4 장

정책과정과 참여자

이 장에서는 정책과정의 의의와 특성을 살펴보고, 정책과정을 몇 개의 단계로 나눠 각 단계에서 이뤄지는 주요 활동을 개괄적으로 살펴 본다. 그 다음에 정책과정에 참여하는 사람과 집단을 확인하고 그들이 왜, 어떻게 정책과정에 참여하고 상호작용하는지를 살펴본다.

제 1 절 정책과정의 의의와 특성

1. 정책과정의 의의

정책기조를 따로 떼어 놓고 보면, 정책과정은 정책환경 속에서 유발된 문제의식으로부터 정책의 형성, 집행, 평가 그리고 변동, 종결에 이르는 일련의 결정과 행동의 과정을 말한다. 정책과정은 원래 수많은 기능적 활동으로 이뤄져 있다. 그리고 그 기능적 활동들은 정책의 내용·성격 등에 따라 일정하지 않고 여러 다양한 모습을 보인다. 그런데 우리는 정책과정을 이해하기 위해 불가피하게 수많은 기능적 활동을 어느 정도 일반화하고 단순화해 논리적인 몇 개의 일반적 단계로 나눠 살펴보는 방법을 취한다. 물론 현실적으로는 이와 같은 단계와 순서가 분명히 나타나지 않고 때로는 중첩되고 혼재되어 그 구별이 곤란한 경우도 있다. 그렇지만 많은 기능적 활동 중에서 분석적·논리적으로 구별할 수 있고 그 의의를 부여할 수 있는 일단의 단계들을 추출해 논리적 순서에 의해 단계별로 살펴보는 것이다.

정책과정을 이와 같이 논리적인 몇 개의 일반적 단계로 구분해 살펴보는 것은 다음과 같은 이유 때문이다. 첫째, 그러한 단계적 분석을 통해 정책과 정책과정 전반의 흐름을 체계적·논리적으로 이해할 수 있다. 둘째, 현실적으로 나타나는 다른 여러 가지 형태의 정책과정을 이해하는 하나의 기본적 틀을 제공해 줄 수 있다. 셋째, 이 기본적 틀을 토대로 삼아 정책과정에 대한 정태적·단면적 관점에서 벗어나 동태적이고 다양한 관점으로 현실의 정책과정을 설명하고 예측하게 해준다. 그리하여 현실적으로 다양하게 전개될 수밖에 없는 여러 유형의–특정 정책들 간에는 물론이고 상이한 국가들 간의–정책과정을 서로 비교해 볼 수 있게도 해준다(Anderson, 1979: 19-21).

2. 정책과정의 일반적 단계

우리는 일반적으로 어떤 문제의식에 따라 문제를 정의하고 정책을 형성하면 그것을 집행하고 또 그에 대해 평가해서 환류 · 반영하면서 새로운 문제의식과 관련된 정책과정이 전개되는 것으로 이해하고 있다. 이와 같이 정책과정이 정책의 생명주기라는 큰 흐름에 따라 정책의 형성, 집행, 평가의 과정으로 전개된다는 사고방식에서는 대체로 의견이 일치한다. 그러나 정책과정의 일반적 전개를 좀 더 의미 있고 중요한 몇 개의 논리적 · 분석적 단계로 구분하는데 이르면, 그 단계적 구분에 대해서는 다양한 의견이 제시된다.[1)]

정책과정의 단계적 구분이 약간씩 다른 이유는 정책의 형성, 집행, 평가라는 정책과정의 큰 흐름 속에서 어떤 단계를 얼마나 의미 있고 중요하게 보았는가 하는 연구자의 관점에 따라 단계를 좀 더 세분화하고 중요성을 부여한 차이라고 할 수 있다. 그 대표적인 예로 정책형성 단계의 세분화와 그 단계별 용어의 차이를 들 수 있다. 이는 그동안 정책형성이 가장 중요한 단계라고 인식되어 학자들의 가장 많은 연구를 촉발함으로써 상대적으로 많은 연구 성과와 함께 그만큼 많은 쟁점도 내포하게 된 것이다. 이와 같이 정책과정의 단계 구분은 현재까지의 연구 성과를 중심으로 한 것이며, 학자에 따라 관점과 중요 사항에 대한 인식에 조금씩 차이가 있음을 이해할 필요가 있다.

이제 이 책에서는 주요 학자들의 연구 성과를 종합하면서도, 우리나라 현실에서 학문적으로나 실무적으로 중요하게 취급해 왔고 또 취급해야 할 점들을 최대한 반영해 일반적으로 중요하다고 판단되는 정책과정의 단계를 추출 · 설명하고자 한다. 즉, 정책과정은 크게 정책기조의 형성 단계, 정책의제의 형성 단계, 정책개발과 분석의 단계, 정책의 채택 단계, 정책의 집행 단계, 정책의 평가 단계, 그리고 정책의 변동 단계로 구분하기로 하겠다. 그 자세한 논의는 앞으로 해당 장에서 이뤄질 것이므로 여기서는 개괄적인 내용만을 설명한다.

---

1) 예컨대, 정책학의 창안자 라스웰(Lasswell, 1971: 27-29)은 정보, 건의, 처방, 발동, 적용, 종결, 평가의 단계로 구분하고, 초기의 정책학자들 중 앤더슨(Anderson, 1979: 19-20)은 정책의제 설정, 정책형성, 정책 채택, 정책집행, 정책평가의 단계로, 존스(Jones, 1977: 12)는 문제 정의, 정책의 형성 · 합법화, 정책집행, 정책평가, 정책종결의 단계로, 브루워와 드레온(Brewer & deLeon, 1983: 20)은 정책발안, 정책형성, 정책선택, 정책집행, 정책평가, 정책종결 단계로 구분했다.

1) 제1단계: 정책기조의 형성과 관리

정책기조는 정책을 지배하는 인식의 틀과 기본 방향을 말한다. 정책기조는 정책의제의 형성, 정책결정과 집행 등 정책과정의 전 국면에 영향을 미친다. 새 정권이 들어서면, 새로운 정책기조를 설정하고 이에 따른 국정과제를 선정하여, 임기 동안의 국정방향과 부문별 정책방향을 제시하는 것을 예로 들 수 있다. 이렇게 정책 당국이 특정 문제를 선별적으로 인식하고 판단할 때, 정책기조 논리를 바탕으로 하게 된다. 정책기조 논리는 규범적 가치 판단과 상황 판단, 처방적인 전략 관리 판단을 개발・통합해 구성하는 기본적인 인식과 평가의 준거 틀을 말한다.

따라서 합리적인 정책 당국자라면 특정 문제들에 대처할 기본적인 이념과 방향을 포함해 앞으로 형성할 정책의 전제, 가정, 방향, 내용, 성격, 그리고 절차, 범위, 맥락 등을 실제로 규정하고 지배할 정책과정 전반의 근원적인 유전자인 기조 논리를 검토・구상하고 형성하게 된다. 물론 이때 여러 경로를 통해 주장되는 대안적 기조 논리들을 참고하게 된다.

2) 제2단계: 정책의제의 형성

정책 당국자 또는 많은 사람이 특정 문제를 관심 사항(공공의제)으로 느끼고 그에 대해 정부가 적절히 대처해 줄 것을 바라는 바를 감안해, 정책 당국은 현안으로 검토・관리해 나갈 정책의제를 형성하게 된다. 이는 정책 당국이, 많은 사람이 해결해 주기를 원하는 문제들과 스스로 정책적으로 대처할 필요가 있다고 판단하는 문제들에 대해 적절한 관심을 기울이고 사태의 추이 등을 검토하면서, 담당기관의 검토 일정이나 발의 목록 등에 포함시켜 현안으로 검토・관리해 나가는 것을 말한다. 그런데 정책의제에 오른 문제만이 정책 발안의 기회를 얻을 수 있으므로, 정책의제의 형성 과정에서는 많은 문제가 정책 당국의 안과 밖에서 정책의제의 지위를 얻기 위해 복잡하고 치열한 경쟁을 벌이게 된다.

3) 제3단계: 정책개발 단계

정책의제의 지위에 오른 문제를 해결하기 위한 정책의 개발은 정책문제의 정립과 목표 설정 단계, 정책대안의 개발과 평가 단계 등 두 개의 하위 단계로 나눠 볼 수 있다.

(1) 정책문제의 정립과 목표 설정

정책의제로 채택되었다고 해서 그것이 곧 발안으로 이어지는 것은 아니다. 그것은 정책 당국의 실질적인 문제의식과 강렬한 해결 의지를 얻어야 한다. 정책의제의 지위에 오른 문제들 중에서, 정책 담당기관이 개략적인 검토 결과 실질적인 문제의식과 강렬한 해결 의지를 느껴 이를 정책적 대상 문제(정책문제)로 공식 취급하기로 정책 의지를 표명·결정할 때, 그 문제에 관한 관계 기관의 발인이 이루어진다. 이루써 그 대상 문제와 관련된 정책 당국의 공식적 정책형성 활동이 본격화된다. 정책을 형성하는 본격적인 활동을 할 때, 합리적인 정책형성 과정을 밟고자 하는 정책 당국이라면 일련의 복잡하고 동태적인 활동들을 적절히 수행할 계획, 즉 정책형성 과정을 합리적으로 지도·관리해 나아가는 데 필요한 정책형성의 지침을 작성·운용한다. 이제 정책 당국은 정책기조 논리와 정책환경 등을 종합적으로 고려하면서, 본격적으로 정책문제의 원인·범위·정도·향후 예상되는 결과 등을 규명하고 공식적으로 규정(정의)함으로써 정책문제를 정립한다. 그리고 일정한 계획 기간 내에 달성하고자 하는 계획 목표를 설정한다. 이때 정책목표는 상위 목표(경우에 따라서는 이상 목표까지) 등을 설정하고 구조화한다. 또한 정책목표보다 상위에 있으면서 정책목표에 정당성을 부여해 주는－앞서 정립된－정책기조에 맞춰 설정된다.

(2) 정책대안의 개발과 평가

목표 설정 후에는 정책문제를 해결하고 정책목표를 달성하는 데 필요한 가능하고 적절한 일련의 행동대안(정책안)을 탐색·개발하고 체계적으로 비교·분석·평가하게 된다. 질적으로 우수한 정책 내용을 성공적으로 개발하고 선정하기 위해서는 적어도 합리적인 정책대안의 개발, 대안 비교를 위한 기준과 척도의 발견, 투입 요소의 확인과 대안 결과의 예측, 대안 비교의 효율성 수행, 그리고 바람직한 정책대안의 선정 등 상대적으로 분석적 접근을 특징으로 하는 단계와 절차가 수반된다.

4) 제4단계: 정책의 채택

여러 정책대안은 어떤 정책대안이 채택되어야 할 것인지에 관한 다양한 관점과 의견의 경합을 겪는 과정을 거쳐 합법적인 정책결정권자(기관)에게까지 이르게 된다. 합법적인 정책결정권자(기관)는 적절한 정책대안(들)을 공식적으로 채택하기 위해 정책결정권자의 권한과 책임의 입장에서 여러 가지 고려 사항을 검토하면서, 최종적으로 합법적인 정책을 탄생시키는 결정을 한다. 이에 따라 정책은 정당성과 강제성을 부여받고 필요 시에는 예산과 자원을 배정받게 된다. 이와 같이 정책 채택 단계는 대체로 이해관계나 이념 · 주장 등이 맞부딪히고 갈등, 협상, 권력작용의 전개에 따라 찬성과 반대가 엇갈리고 협상 · 타협 · 설득 · 연립 · 갈등 등 정치적 역동성 속에서 전개된다.

5) 제5단계: 정책의 집행

합법적 · 공식적으로 결정된 정책은 전체적 · 추상적 · 개괄적인 성격을 갖는 기본정책이다. 이는 중앙 또는 상급 정책 당국이나 입법부 차원에서 전체적 관점에 입각해 개괄적인 골격을 중심으로 형성한 정책이다. 이 때문에 지역적 · 부분적 관련성을 갖고 구체적 · 세부적 시행을 책임지는 중앙정부의 집행부서나 지방자치단체 차원에서 이를 그대로 집행 행동으로 전환해 시행하기 곤란한 경우가 대부분이다. 따라서 집행 당국은 구체적이고 독특한 집행 현장의 상황, 주민 또는 관련 대상 집단의 요구 · 기대, 그리고 집행기관의 전문성과 특수성 등 집행 능력 등을 종합적으로 고려해 기본정책을 재해석해서 구체화 · 특정화시키게 된다.

이는 기본정책에 대해 그 구체적 집행에 필요한 세부적 · 특정적 · 실질적인 내용을 보충 · 보완하는 것으로, 실질적으로 기본정책의 테두리 안에서 집행을 위한 또 하나의 제한된 정책(집행정책)을 형성하는 것을 의미한다. 이어서, 정책문제를 실제적으로 해결 또는 개선할 목적으로 관계 집행기관이 집행정책을 실천적인 행동으로 전환시키는 정책의 행동화 과정이 있게 된다. 그런데 구체적인 정책 행동화 과정에서 집행 상황이 변화하고 특정의 주민 또는 대상 집단의 요구가 발생하는 등 정책환경이 변화함은 물론, 집행정책이나 집행기관 자체의 문제점도 드러날 수 있다. 이러한 경우 집행 중 평가를 통해 집행상의 여러 가지 문제점을 반영하고 시정(환류)하기 위해, 기본정책의 테두리를 벗어나지 않으면서 집행정책을 변화된 상황에 맞춰 적절히 수정해 나가면서, 다시 수정된 바에 따라 실행해 나가는 정책의 수정관리가 있게 된다.

6) 제6단계: 정책의 평가

정책 당국은 정책집행 도중이나 집행 후에 집행 과정과 결과를 평가하고 이를 환류시킨다. 즉, 정책 당국은 집행이 끝난 정책에 대해 그 집행의 결과를 측정하고 그 효과를 분석하며, 문제점의 원인을 분석하고 그 결과를 반영・시정(환류)하기 위해 다각적으로 정책을 평가한다. 그리고 집행 과정에 있는 정책에 대해 집행 내용이나 그 과정을 평가함으로써 후속되는 집행 과정에 반영히고 시정해 나가는 집행 중 평가 활동을 한다.

7) 제7단계: 정책의 변동

정책은 여러 가지 이유로 의도적이든, 의도하지 않든 변화를 경험하는 경우가 많다. 정책집행 과정에서 평가 결과의 환류를 통해 또는 정책 관련 집단의 정치적 활동을 통해 집행정책이나 전략, 절차 등이 변화된다. 또한 정책의 집행이 완료되면 정책은 종료된다. 정책에 관련된 조직의 해체, 기능의 종식, 사업의 종결, 예산의 삭감 등과 같이 더 이상 정책의 존립 명분이 존재하지 않을 경우 등 여러 가지 사유로 정책과정 중에 정책이 종료되기도 한다. 정책표류를 방지하면서 긍정적 정책 효과를 증대하고, 부정적인 결과를 감소시킬 수 있도록 정책 담당자는 정책변동을 합리적으로 관리해 나가야 한다.

이상과 같이 정책과정의 일반적 단계가 전개된다. 따라서 이 책에서는 이와 같은 단계에 따른 편제를 중심으로 각 단계별 세부 내용을 설명하겠다. 다만 정책문제와 정책대안분석 등의 정책분석이 정책개발(형성) 단계에서 주로 이뤄지고 있기 때문에 편의상 정책개발과 함께 정책분석에 관한 내용을 다루고자 한다.

3. 정책과정의 특징과 동태성

앞에서 살펴본 정책과정의 단계는 시계열적인 논리적 배열에 지나지 않는다. 실제로 정책과정은 반드시 이 배열에 따라서 전개되는 것은 아니다. 정책과정은 매우 복잡하고 동태적인 특징을 띤다. 정책과정의 특징적인 동태성을 살펴보면 다음과 같다(허범, 1988a: 85-86).

1) 혼재성

먼저 정책과정의 특징은 그 단계가 명백히 구분되지 않는다. 정책과정의 각 단계는 서로 혼재된 상태로 진행될 수 있다. 예를 들면, 정책의제 형성이 완료된 후에만 문제해결을 위한 방안을 강구하는 것(정책형성)이 아니라, 정책의제 형성 과정에서 정책 방안에 대한 탐색이 이뤄지기도 하고, 정책평가는 정책집행 후에만 이뤄지는 것이 아니라 정책집행 도중에도 진행된다.

2) 반복성, 생략성, 순환성

정책과정이 혼재된 상태로 진행된다는 것은 반드시 시간적으로 단선적인 순서로만 진행되지는 않는다는 것이다. 어떤 단계는 동일한 단계가 반복되고, 어떤 단계는 아예 생략되며, 또 어떤 단계에서는 그 이전 단계로 다시 돌아가 진행되기도 한다. 정책과정의 이와 같은 특징을 반복성, 생략성, 그리고 순환성이라고 할 수 있다.

3) 가변성

한번 채택된 정책은 그것이 종결될 때까지 고정되어 있는 것이 아니다. 오히려 거의 모든 정책은 정책과정의 여러 단계를 거치면서 여러 가지 이유로 불가피하게 변화를 겪고 수정을 하게 된다. 정책이 변화를 겪게 되는 여러 가지 이유 가운데 특별히 중요한 것들로는 정책기관의 방침 변경, 정책 상황의 변화, 정책 대상 집단 또는 시민 요구의 변화, 그리고 정책 도구의 변화 등이다. 이러한 정책의 변화가 정책과정의 변화를 가져온다.

4) 정치성

정책과정은 오직 이성과 증거를 토대로 분석적으로만 운영할 수 있는 것이 아니다. 또 그것이 바람직한 것만도 아니다. 정책과정이 분석적 측면을 포함하지만, 다른 한편으로는 항상 정치적 측면, 즉 협상과 타협 그리고 권력적 작용을 포함한다. 정책과정에는 다양한 관점, 가치관, 이해 관계, 그리고 선호를 가진 사람들이 참여하고 그들은 서로 자신의 것을 정책과정에 반영하려 하기 때문이다.

5) 사회과정성

정책과정은 개인 또는 정책 담당기관이 독자적으로 운영할 수 있는 단순한 의사결정과정이 아니다. 정책과정은 항상 사회 속에 놓여 있으면서 관련자와 관련 집단이 다양하고 관련성이 대단히 넓은 상황에서 전개되는 사회과정성을 특징으로 한다.

6) 적시성의 중요성과 시차성

정책과정에서는 시간에 대한 고려가 필요하다. 특히 시간적 적절성(적시성, timing)의 중요성과 시차에 대한 인식이 필요하다. 정책의제 형성이나 정책결정 또는 정책집행 등은 그 활동의 적시성이 매우 중요하다. 적시성을 잃은 정책결정이 문제를 해결하기 매우 힘든 사태를 초래하는 경우가 적지 않다.

정책의 형성, 집행, 평가의 정책과정에는 시간의 흐름이 전제되어 있다. 그래서 문제 상황의 존재와 정책의제 형성 사이, 정책의 형성과 집행 사이, 그리고 집행과 평가 사이에는 필연적으로 일정한 시간의 흐름, 즉 시차(time-lag)가 존재함을 이해해야 한다. 따라서 정책과정에 대한 분석과 이해는 반드시 시간적 요소, 즉 시간적 차이를 두고 전개되는 동태적 정책과정의 특징을 적절하게 고려하지 않으면 안 된다. 원인변수로서 정책수단이 실현되면 결과변수인 정책 결과로서 정책목표가 달성되어 공공문제가 해결된다는 인과관계의 가정에서, 이와 같은 시차에 대한 이해와 고려는 매우 중요하다(정정길 외, 2010).

7) 영속성

정책문제의 완전한 해결은 불가능하다. 하나의 정책문제 해결은 다른 정책문제를 발생시키고 해결 과제를 남겨 놓는다. 이런 관점에서 본다면, 어떤 정책문제의 해결은 다른 문제의 대체에 불과한 것이다. 그러므로 정책과정은 영원히 끝나지 않는 과정이다. 정책종결은 영원히 끝나지 않는 정책과정을 어느 시점에서 인위적으로 종결짓는다는 것에 불과하다(허범, 1979).

제 2 절 정책과정의 참여자

1. 정책과정 참여의 의의

정책에 관련된 많은 사람과 기관은 정책과정이 전개되는 여러 단계에서 서로 복잡한 상호작용을 하게 된다. 이와 같이 정책과정에 관여하는 모든 사람과 기관을 정책 참여자라고 한다. 정책 참여자는 매우 다양할 수밖에 없다. 현대 민주국가에서는 민주주의의 원리에 따라 정책을 형성하고 집행하며 평가하는 데 다양한 개인과 집단의 참여가 당연하기 때문이다.

과거 권위주의 정부 하에서는 소수 지배 엘리트의 의사를 중심으로 정책을 형성할 수 있었다고 한다면, 이제 현대 민주국가에서는 시민의 의사, 정책 관련자들을 무시한 정책은 정당성을 잃게 되었다. 이러한 참여민주주의의 이념은 바로 정책과정에서 여러 다양한 정책 관련자와 일반 시민의 의사와 이해 관계를 구현한다는 사상과 다름없는 것이다. 이렇게 볼 때 현대 국가에서 정책과정의 참여 문제는 민주주의 이념을 구현하는 핵심적인 내용이 아닐 수 없다.

2. 주요 참여자의 분류

정책과정의 참여자는 정책의 주체와 기관, 정책의 종류와 내용에 따라 매우 다양하다. 어떤 정책은 특별히 어떤 특정한 범주의 참여자들만이 관여하는 데 비해, 어떤 정책은 널리 국민 대다수가 관심을 갖고 참여하기도 한다. 또 그러한 참여 과정에서도 어떤 이들은 자기 이익을 중심으로 특정 정책(안)에 대해 찬성하는 입장으로 참여하는가 하면, 또 어떤 이들은 반대하는 입장으로 참여하기도 한다. 이와 같이 정책과정에 참여하는 참여자는 다양하고 복잡한 만큼 일률적으로 규정하는 것은 적절하지 않다. 구체적 정책의 내용, 성격, 효과 등에 따라 그 분석 목적에 맞게 규정할 수밖에 없다. 그러나 여기에서는 일반적으로 정책과정에 참여하는 참여자들을 이해하는 것이 목적이므로, 이들 일반적인 참여자를 살펴본다.

1) 일반적 주요 참여자들

정책과정에 참여하는 일반적인 주요 참여기관 및 참여자로는 국회와 국회의원, 행정수반, 행정기관과 공무원, 법원과 법관, 정당, 이익집단, 언론, 대학 및 연구기관, 사회단체·시민단체, 시민으로서의 개인이나 전문가 등이 있다. 이들 일반적 참여자에 대해 간단히 살펴보기로 하겠다.

(1) 국회와 국회의원

입법부인 국회와 그 구성원인 국회의원의 정책과정에서의 역할은 국가에 따라 큰 차이를 보인다. 내각책임제 국가와 대통령 중심제 국가의 차이, 단원제와 양원제의 차이, 그리고 정치문화의 차이 등 여러 가지 요소에 따라 국회와 국회의원의 역할에는 많은 차이가 있다. 일반적으로 정치지도자들은 공공문제를 정책의제화하는 데 중요한 역할을 한다. 또 법률의 형태를 취하는 정책을 의결하는 입법권, 각종 정책의 재정적 도구인 예산의 심의의결권, 국정심사권과 국정조사권, 각종 인사에 대한 동의권 등 여러 가지 권한과 역할을 갖고 있다.

이러한 권한과 역할은 국가마다 다르고, 또 심지어는 동일한 국가라도 대통령과 국회 지도자들 간의 관계에 따라 다르다는 현실을 유의해야 한다. 일반적으로 공산국가의 국회는 공산당의 시녀 역할을 하고, 민주국가의 국회는 행정부의 정책결정에 대한 실질적인 견제와 협조를 비교적 충실히 하고 있다. 또한 독재국가의 국회는 행정부의 정책을 합리화시켜 주는 역할로 전락되는 경우가 많다. 또한 내각책임제보다는 대통령 중심제에서 국회의 권한이 더 강하고 그 역할이 더 활발하다.

(2) 행정수반

대통령 중심제에서 행정수반은 대통령이 되고 내각책임제에서 행정수반은 수상이 된다. 행정수반으로서의 대통령 또는 수상은 행정부를 지휘·감독할 권한과 책임을 가지고 있다. 국가마다 차이가 있으나 대체로 국방·외교정책, 그리고 경제에 관한 비상조치권 등 대통령이 특별한 권한을 갖는 정책이 있는가 하면, 국회의 법률제정권과 같은 국회 고유의 권한 사항에 대해서도 행정수반은 법률안 제안권과 같은 권한을 가지면서 크고작은 여러 가지 정책을 수립하고 집행하게 된다. 특히 정책집행은 행정부의 가장 특징적인 권한이며, 위임입법·골격입법 등으로 상징되는 행정권의 확대·강화 현상을 통해 실질적인 정책의 중요한 내용을 좌우한다. 이 과정에서 행정수반은 행정수반 직속 조직(비서실) 참모진의 보좌와 아울러 행정 각부의 보좌를 받는다.

대체로 선진국에서는 여러 권력기관이나 지방정부, 그리고 이익집단과 같은 다원적인 사회 세력 등이 정책과정에서 대통령이나 수상의 권한 행사에 대해 견제 역할을 담당한다. 그러나 개발도상국에서는 대통령 중심제이건 내각책임제이건 대통령이나 수상의 1인 장기 독재 체제로 변질되는 역사적 사실을 많이 볼 수 있다. 이렇게 되면 정책과정은 완전히 대통령이나 수상 1인에 의해 지배되는 파행적·전횡적인 과정이 되고 마는 것이다. 이와 같이 행정수반의 정책과정에서의 역할은 제도적인 공식적 측면뿐만 아니라, 현실적으로 나타나는 실제적인 모습까지 포함한 분석과 검토가 있어야 정확하게 이해할 수 있게 된다.

(3) 행정기관과 공무원

전통적으로 행정부의 각급 기관은 국회가 제정한 법률과 대통령이 결정한 정책을 전문성에 입각해서 충실히 집행하는 것으로 보아왔다. 그러나 오늘날 거의 모든 국가가 복잡다기한 문제를 안고 있고 또 그 문제를 해결하기 위해 필요한 전문성을 요하고 있다. 이러한 현상은 필연적으로 유능한 행정 관료기구의 필요성을 증대시키고 있을 뿐만 아니라, 행정기관과 공무원들이 정책형성에 관여하고 정책결정에 참여하는 비중과 양태를 크게 바꿔놓고 있다.

어떤 사회문제가 쟁점(issue)이 되었을 때, 이것을 의제(agenda)로 편성할 것인가를 검토하는 데 주도적인 역할을 하는 참여자가 행정관료들이다. 또 문제를 정의하고 목표를 설정하며 목표를 달성하기 위한 실현 가능한 대안(정책안)을 검토하는 일은 결정적으로 전문 관료조직에 의존하지 않을 수 없다. 그리고 여러 정책대안 중에서 정책을 채택하는 정책결정에서도 대통령이나 의회 등이 행정조직의 도움을 받지 않고 하기는 힘든 것이 현실이다. 이와 같이 정책과정에서 행정기관과 공무원의 역할은 상대적으로 증대되고 있는 경향인데, 특히 이익집단, 정당, 언론 등의 비공식적 참여자의 자율성이 미약한 개발도상국에서는 더욱 그러하다.

(4) 법원과 법관

사법부인 법원과 법관이 정책과정에 참여하는 것은 국가마다 차이가 있다. 그러나 보통 구체적 사건에 대한 법령 적용의 해석(재판)을 통해 일상적으로 정책과정에 참여한다. 특수한 경우 사법적 심사의 대상이 된 구체적인 사건과 관련해 국회가 제정한 법률 또는 행정부의 결정·명령이 헌법에 어긋나는가의 여부를 판결하는 소위 사법부의 위헌법률심사권을 통해 정책과정에 참여하기도 한다.[2)]

현대 사회가 복잡 미묘한 정치·경제·사회·문화의 모든 분야에서 발생하고 있는

2) 한국에서는 헌법재판소가 위헌법률심사권을 갖고 있다.

갈등을 해결하는 수단으로서 편의적으로 사법적 판단에 맡기고자 하는 경향을 주목할 필요가 있다. 이러한 사법적극주의(judicial activism)의 경향(Anderson, 1979: 34)은 정책과정에서 사법부의 비중을 과소평가할 수 없게 만들고 있다.

(5) 정당

시민이나 이익집단에 의해 표출된(interest articulation) 다원적 이익을 결집(interest aggregation)하는 기능을 하면서 정권을 잡고자 하는 정치적 결사체가 정당이다. 특히 정당은 다른 어떤 집단 또는 조직보다도 이익 결집을 가장 효율적이고 제도적으로 담당하고 있다. 시민들이나 이익집단이 제기하는 요구가 모두 정책의제가 되지는 못한다. 어떤 요구는 정책기관의 더 많은 관심과 고려의 대상이 되는가 하면, 어떤 요구는 상대적으로 적은 관심을 받거나 거의 무시되기까지 한다. 이때 정당은 시민들이나 이익집단의 각종 요구를 수렴하고 이를 그들의 정강・정책, 공약 또는 정책대안으로 삼을 뿐만 아니라, 이를 정부와 사회에 제기한다. 이러한 과정에서 더 많은 국민의 지지를 받는 정당이 집권하고 또 차후 집권의 기회를 확보하게 된다.

정당은 선거에서 정책기조, 그리고 정책목표와 대안을 제시하고, 국민의 지지를 받아 집권한 때에는 그들의 정책기조, 정책목표, 대안이 현실의 정책으로 구체화되거나 수정되어 나타난다. 따라서 실질적으로 정책과정에서 정당의 역할은 매우 핵심적이다. 그런가 하면 집권하지 못한 야당은 집권당의 정책을 비판하고 대안을 제시하는 역할을 하며 다음 집권을 목표로 하고 정책과정에 중요한 영향을 미치게 된다.

이러한 정당의 역할은 현실적인 제도와 운영의 양태에 따라서 매우 다양한 양상으로 나타난다. 예컨대 사회주의 국가에서 공산당 일당만이 존재하는 경우에는 공산당의 결정이 바로 정부의 정책이 된다. 양당 또는 다수의 정당이 존재하는 국가라도 개발도상국의 경우에서와 같이 일당 독재와 다름없는 형태로 운영되는 경우도 있다. 또 정당제도의 역사가 오래되고 잘 발달된 국가라도 대통령 중심제의 국가와 내각책임제 국가의 경우가 다르다. 주요 양당제 중심의 국가냐 아니면 거의 세력의 균형을 이루고 있는 다당제 국가냐에 따라 정책과정에서 정당의 역할이 달라질 수 있음은 물론이다.

(6) 이익집단

현대 민주국가에서 이익집단은 그 어느 때보다 정책과정에서 중요한 역할을 담당한다. 노동조합, 경제단체, 의사회, 농민조합 등 이익집단은 구성원의 이익을 위해 그들의 요구를 정책과정에 반영하기 위해 정책 담당자나 다른 참여자들에게 여러 가지 압력과 홍보를 전개한다. 이 때문에 흔히 이익집단은 압력집단(pressure group)이라고도 부른다. 그런데 현실적으로 이익집단의 역할은 수많은 요인에 따라 다르게 나타난다. 그 예로서 집단구성원의 크기, 재정적 자원 동원 능력, 응집력, 지도자의 자질, 사회적 위상, 경쟁 집단의 존재 여부, 그리고 사회적 평판 등의 요인에 따라 이익집단의 역할과 영향력은 달라진다.

(7) 언론

신문, 방송 등 언론 대중매체(mass media)는 정책과정에서 매우 중요한 위치를 차지하고 있는데, 다양한 형태의 사회연계매체(social media)의 발달로 과거에 비해 그 영향력은 다소 줄어들었다는 평가도 있다. 민주정치는 여론에 의한 정치이고, 민주국가에서 정책은 여론을 반영한 것이어야 한다면 당연히 언론의 역할은 막중하다고 할 수밖에 없다.

언론은 정책과정의 전반에 걸쳐서 영향력을 미친다. 우선 언론은 여론 형성을 통해 사회문제를 쟁점화함으로써 이를 공공의제로 만들고, 그리하여 정책기관의 정책의제로 편성하게 만드는 중요한 역할을 한다. 또 정책문제의 정의, 정책목표의 설정, 그리고 정책대안을 모색할 때 정책 담당자, 정당, 이익집단, 사회단체, 시민단체, 그리고 개인으로서의 시민이나 전문가 등의 광범위한 토론과 비판의 장을 마련함으로써 바람직한 정책이 형성되도록 유도하게 된다. 또한 채택된 정책의 집행과 평가는 물론 정책의 종결 등의 정책과정 단계에서도 그와 비슷한 역할을 하게 된다. 따라서 언론의 역할은 다른 참여자의 참여를 원활하게 해주는 윤활유와 같은 역할을 한다. 그런 만큼 언론의 자유가 활성화되어 있느냐 없느냐는 정책과정의 합리성, 민주성을 판별하는 중요한 지표가 된다.

현실적으로는 위와 같은 이상적인 역할을 언론이 다하고 있느냐는 국가에 따라 다르다. 민주정치의 기반이 견고한 일부 선진국가에서도 언론의 자율성 · 공정성 · 객관성의 논란이 없는 것은 아니나 대체로 활성화된 언론은 정책과정에서 그만큼 중요한 역할을 하고 있다고 볼 수 있다. 그러나 대부분의 개발도상국가에서는 권력집단이나 대기업 등의 영향력 아래에서 왜곡된 정보를 전달하고 시민을 오도하는 일이 크게 문제시되고 있는 것이 현실이다.

(8) 대학 및 연구기관

대학과 연구기관은 사회의 우수한 인적 자원을 가지고 있는 전문가들의 집합체다. 따라서 이들 두뇌집단이 해당 분야의 정책과 관련해서 공식적이거나 비공식적으로 관여하는 것은 지극히 당연하다. 특히 오늘날 분야별로 점점 더 많은 전문성을 요구하고 있는 추세 때문에 이러한 연구 인력의 참여는 대단히 중요해지고 있다. 따라서 정부기관은 대학과 민간 연구소와 별도로 해당 분야의 전문 연구기관(정부출연 연구기관, 국책연구기관)을 산하에 설립하고, 정책의 개발과 평가, 정책 자문 등에 활용하고 있다.

(9) 시민단체와 사회단체

이익집단이 그들 구성원의 공통 이익을 실현하기 위한 집단이라고 한다면, 시민단체 또는 사회단체는 일차적으로 사회 전체 또는 다수 시민의 이익 실현을 목적으로 한다는 점에서 다르다. 이와 같은 단체들은 현대 사회가 점점 이익집단 중심으로 분화되면서 공익보다는 집단의 특수이익 중심으로 나아가므로, 이를 견제하고 공익을 실현하기 위해 자발적으로 결성되는 것이 일반적인 특징이다. 이익집단과 공공기관과의 결탁에 의한 정책의 편향, 특혜 가능성 등을 감시하고 비판하며 대안을 제시하기 위해 시민들이 그들 스스로의 모임을 만들어 시민운동을 전개하고 있는 것이다.

이와 같이 오늘날 시민운동의 일환으로 민간 부문에서 활동하고 있는 조직, 단체, 기구를 통틀어서 비정부단체(Non-Governmental Organization: NGO) 또는 민간 비영리단체(Non-Profit Organization: NPO)라고 부르고 있다. 이들은 환경감시단체, 기업감시단체, 언론감시단체, 법조감시단체, 선거감시단체, 지방정부의 예산감시단체 등과 같이 점차 분야별로 전문화하는 추세에 있다. 이들은 시민의 손과 발이 되어 감시(모니터링)하고, 국제적 연대 아래 정보를 교류하면서 이를 분석·공표하며, 정책대안을 제시하고 여론을 조성하는 등 그 활동 폭을 크게 넓혀 가고 있다. 때로는 정부에 대한 제도화된 접근 통로(대표의 자문위원회 위원, 공청회나 청문회의 필수적인 참여단체로 인정받는 것과 같이 배제할 수 없는 협의 대상 단체로서의 지위 확보 등)를 가지고, 정책과정의 세부 단계에까지 관여하기도 한다.

한편, 특별히 시민운동단체라고 하기보다는 동일하거나 유사한 관심사의 공유 및 진흥, 정보 교류 등의 목적을 위해 일정한 비영리단체를 만들어 활동하는 사회단체들도 정책과정에 참여해 영향을 미친다. 종교인들의 단체, 적십자사, 주부단체, 체육단체 등이 그 예다. 그러나 시민단체와 사회단체의 성격 구분, 심지어는 이익집단과의 구분이 모호한 경우가 있다.

이들 사회단체와 시민단체의 활동과 역할도 사회에 따라 다르다. 공산권 국가와 같이 단체가 있기는 하되 자율성이 거의 없는 사회가 있는가 하면, 개발도상국은 그보다는 상대적으로 제한된 자율성 속에서 정책과정에 참여하고 활동한다. 그런가 하면 시민운동의 오랜 역사를 가지고 있는 서구 사회에서는 이들 단체의 숫자나 정책과정에서의 활동이 무시 못할 정도로 큰 경우가 많다.3)

(10) 시민으로서의 개인, 전문가

정책과정에서 시민으로서 개별적인 개인의 역할은 제한적이다. 일반적으로는 시민 개개인이 모여서 조직화되어야 큰 영향력을 행사할 수 있게 된다. 그러나 최근 정보통신기술의 발전은 정책과정에서 개인의 영향력을 점점 더 확장시키고 있다. 인터넷, 사회연계매체(social media), 그리고 유투브(YouTube) 등을 통해 정책 이슈의 제기는 물론 정책결정과 평가 등에도 큰 영향을 미치고 있다.

그런데 개별적인 시민의 경우라도 전문가로서의 시민인 경우에는 전혀 그 역할이 다를 수 있다. 어떤 분야의 지식인 · 종교인 · 과학기술인 등과 같이 전문가로서 시민 개인의 경우는 사회문제와 의제의 형성, 정책문제의 정의, 정책대안의 제시, 정책 내용에 대한 비판, 정책결과의 평가 등 정책과정 전반에 걸쳐서 대단히 깊이 참여하고 또 상당히 중요한 영향력을 행사한다. 때로는 전문가로서의 시민이 과학기술과 관련된 정책 분야에 결정적인 역할을 하는 경우도 있다. 과학기술 연구에서 생명과학 연구윤리헌장 및 생명윤리법 제정 · 강화 과정에서 관료, 언론인, 시민단체 및 종교단체뿐만 아니라 시민이면서 전문가인 학자들의 의견이 큰 공헌을 했다고 볼 수 있다. 즉, 이는 시민이면서 전문가인 집단이 정책에서 중요 참여자가 된 사례로 볼 수 있다(권기창, 2006: 50).

3) 서구 각국에서 환경 보전과 핵안전을 기치로 활동하다가 의회에까지 진출한 녹색당이나, 1960년대 말부터 네이더(Ralph Nader)와 그 동료들에 의해 미국 정부의 정책이 대기업의 보호에 치중하고 있음을 고발하고 있는 활동, 그리고 최근 우리나라의 환경 관련 사회운동단체들의 활동이 그 예가 된다.

2) 참여자의 유형

(1) 공식적 참여자와 비공식적 참여자

다음으로 정책과정의 참여자를 분류하는 다른 유용한 방법은 정책과정에 참여하는 사람들이 정책결정이나 집행에 참여할 수 있는 공식적(합법적) 권한의 유무에 따라 공식적 참여자와 비공식적 참여자로 구분하는 것이다. 공식적 참여자는 그 소관 사항에 대해 합법적인 권한과 책임을 가지고 공식적으로 각종 정책과정에 참여하고 정책을 결정하고 집행하는 사람 또는 기관을 말한다. 비공식적 참여자는 정당한(합법적) 권한과 책임을 가지고 공식적으로 정책과정에 참여하지는 않으나, 특정 계층, 이해관계집단 또는 개인이나 일반적인 국민 복지 또는 이익을 위해 비공식적으로 정책과정에 참여하는 사람 또는 기관을 말한다.

정부정책의 경우 공식적 참여자들로는 앞에서 분류한 국회와 국회의원, 대통령 또는 수상, 행정기관과 공무원, 그리고 법원과 법관이 있다. 또한 비공식적 참여자들로는 일반적으로 정당, 신문·방송·통신 등 언론기관, 이익집단, 사회단체, 학생, 개인으로서의 시민 등이 있다. 이러한 공식적 또는 비공식적 참여자의 구분은 획일적인 것이 아니라 정책의 주체와 내용 등에 따라 달라진다.

(2) 동조집단, 관심집단, 관심대중, 그리고 일반대중

어떤 정책 이슈가 있을 때 이를 둘러싼 갈등에 여러 집단이 관여하기 마련이다. 이때 이들 갈등에 관여하는 집단을 직접 관여하는 집단과 직접 관여하지 않고 관망하고 지켜보는 집단(audience or spectators)으로 구분할 수 있다. 이들 갈등에 직접 관여하는 집단이 그들과 관련된 정책 이슈를 다루는 관련된 정책과정에 참여하게 됨은 당연하다. 그런데 정책과정이 진행됨에 따라 관망하고 지켜보는 집단이 정책과정의 어느 단계에 참여하느냐는 정책과정에 대단히 중요한 영향을 미치게 된다.

따라서 이들 집단이 특정 쟁점이나 정책에 대해 관심을 가지고 참여하는 정도·방식 등에 따라 동조집단, 관심집단, 관심대중, 일반대중으로 나눠 살펴보는 것도 유용하다 (Cobb & Elder, 1972: 104-109).

첫째, 동조집단(identification group)이란 대체로 공통의 이해 관계를 토대로 서로의 처지를 동일시하는 집단을 말한다. 이러한 집단 간에는 강한 연대감이 있으므로 동일시하는 집단의 하나가 다른 외부 집단과 어떤 이해 관계의 대립 상황이 발생했을 때, 그 동일시하는 집단에 동조해 가장 먼저 그리고 가장 민감하게 대응한다.

둘째, 관심집단(attention group)은 대부분의 다른 쟁점들에는 무관심하나 어떤 특정한 쟁점에 대해서는 특별히 오래전부터 잘 알고 있고 관심을 가지고 있는 쟁점 관심 공중(issue public)을 말한다. 그리하여 일단 어떤 쟁점이 제기되면 그 쟁점에 쉽게 동원될 수 있는 집단이다. 여기에는 어떤 쟁점에 관계되는 압력집단도 포함된다.

셋째, 관심대중(attentive public)이란 앞의 두 집단과는 달리 일반 대중들로서 일반적인 교양과 사회적 관심을 가진 계층을 포괄적으로 지칭한다. 이들은 교양 있고 소득이 높은 계층이 중심이 되어 비교적 안정적으로 구성되어 있으며, 여론을 선도하는 여론 지도자로 나서서 어떤 쟁점에 대해 사회의 무관심과 대중을 일깨워 주는 역할을 한다.

넷째, 일반대중(general public)이란 어떤 쟁점에 대해 잘 알지 못하고 있고 발언하지도 않으며 관심을 가지지 않는 일반 시민을 말한다. 이들은 좀처럼 행동으로까지 나서지는 않으므로 이들을 행동화하려면, 쟁점이 일반 시민들이 관심을 가질 만하고 그들과 이해 관계가 있음을 알게 하거나 그렇게 상징화되어야만 한다.

(3) 전문가와 보통 시민

개인으로서의 시민들도 정책과정에 참여하는 자격 또는 신분을 기준으로 볼 때 어떤 정책에 대해 그 분야의 전문가로서 참여하는 개인이 있는가 하면, 어떤 정책에 대해 특별한 전문지식이나 기술 또는 정보를 가지지 않고 참여하는 개인도 있다. 이와 같이 일반 시민도 정책과정에 참여하는 양태에 따라 전문가와 보통 시민으로 구분해 나눠 살펴볼 수 있다.

(4) 찬성자(집단)와 반대자(집단)

정책과정에 참여하는 사람이나 기관들은 특정 정책과 관련해 처음부터 각각 일정한 입장과 견해를 가지고 참여하거나 정책과정이 진행됨에 따라 일정한 입장과 견해를 가지게 된다. 특정 정책에 대해 상이한 입장과 견해를 가지게 되는 것은 때로는 이해 관계, 때로는 제3자적 판단 또는 지식·기술에 근거한 전문적 판단에 따른 것이다.

그러나 그 동기와 주장이 무엇이든 견해와 입장은 결국 크게 두 가지로 구분해 살펴볼 수 있다. 그것은 특정 정책의 내용이나 과정에 대해 찬성하는 자(집단)와 그에 대해 반대하는 자(집단)로 구분된다. 이와 같이 정책과정의 참여자는 찬성 또는 반대의 입장에서 다양한 상호작용을 하게 된다. 예컨대 이들 찬성자와 반대자 간에는 갈등이 존재하고, 갈등의 조정을 위한 타협, 협상, 흥정, 회유, 협박, 위협이나 심지어 폭력이 동원되기도 한다. 특히 일반적으로 반대자는 찬성자보다 정책과정에 참여하고자 하는 의지와 활동면에서 더 강하다는 특징이 있다. 결국 이러한 구분은 정책과정의 동태적인 측면을 설명해 주고 이해할 수 있게 해준다는 의미에서 중요하다.

(5) 편익 수혜자(집단)와 비용 부담자(집단)

마지막으로 정책과정의 참여자를 분석하고 이해하는 데 유용한 분류는 편익 수혜자(집단)와 비용 부담자(집단)의 분류다. 정책은 모든 사람에게 편익(이익)과 비용(손해)을 균등하게 배분하는 것이 아니라 항상 편파적으로 불균등하게 배분하는 부분이익 선택성(policy selectivity)의 속성을 지닌다. 이 때문에 정책과정은 정치적으로 복잡한 갈등을 일으키게 된다. 이와 같이 정책의 불균등한 배분은 크게 편익 수혜자(집단)와 비용 부담자(집단)로 구분되는 갈등 상대자(집단)를 형성하게 된다. 그리하여 흔히 정책의 내용과 과정이 이들 편익과 비용의 배분 양상에 따라 특징적으로 결정되는 것을 관찰할 수 있다.[4] 일반적으로 특정 정책의 편익 수혜자는 찬성자, 비용 부담자(집단)는 반대자가 될 가능성이 높으나, 그렇다고 두 분류를 상호 교환적으로 사용하거나 동일시하는 것은 옳지 않다.

4) 예컨대, 편익 수혜 범위가 넓거나 좁게 배분되는 정도와 비용 부담 범위가 넓거나 좁게 배분되는 정도의 조합에 따라 4개의 정책 유형을 만들 수 있다. 그때 각 정책 유형의 특징은 다음 표와 같다 (Wilson, 1980: chapter 16; Anderson, 1979: 154-158).

		편익 수혜 범위	
		넓게 배분	좁게 배분
비용 부담 범위	넓게 배분	1. • 사회보장 · 도로 건설 · 교육 · 국방정책 • 채택 및 지속이 비교적 용이, 갈등 억제, 급격한 변화 가능성	3. • 원호 보상 · 농업보조금 · 병원보조 조세, 가격 인상에 의한 비용 부담 • 비용 부담자의 조직적 대처 미약
	좁게 배분	2. • 공해 규제 · 식품검사 · 산업안정 정책 • 부담 감소를 위한 로비 치열, 부담의 소비자 전가 시도(가격 인상), 부담자의 일시적 공동연합	4. • 노사 관계 정책 • 양측의 지속적 · 조직적 갈등 심화

제 3 절 정책과정의 참여 양태와 이론모형

현대 민주국가에서의 정책과정에는 특정 정책을 둘러싸고 많은 사람과 집단이 참여하고, 이들 사이에 여러 유형의 상호작용이 일어난다. 즉, 정책과정에는 참여자의 성격과 범위, 참여의 방법과 정도, 그리고 상호 관계 등에서 다양한 모습이 나타난다.

먼저, 정책과정에 참여하는 참여자를 참여의 정도와 비중에 따라 제1차적 참여자와 제2차적 참여자로 구분해 분석에 이용할 수 있다. 이 경우 제1차적 참여자는 해당 정책과 관련해 공식적인 권한과 책임을 가지고 직접 참여하는 공식적 참여자나, 직접적이고 밀접한 이해 관계를 갖고 참여하는 비공식적 참여자를 말한다. 또 제2차적 참여자는 해당 정책과 관련해 공식적인 권한과 책임을 가지지만 간접적으로 참여하는 공식적 참여자나, 이해 관계가 그렇게 강하지 않고 간접적으로 참여하는 비공식적 참여자를 말한다. 이와 같이 상대적인 분류이지만, 앞에서 동조집단은 흔히 쟁점이 확산되는 과정에서 쉽게 제1차적 참여자가 되는 현상을 볼 수 있다. 그리고 제2차적 참여자는 다소 진입과 퇴장을 자유롭게 하는 참여자다.

또한 정책 참여자는 특정 정책의 주체와 내용에 따라서 가변적으로 달라질 수 있다. 또 더 나아가서 이러한 정책 참여자의 분류를 다른 분류와 조합하면, 정책의 주체와 내용에 따라 참여자를 가변적으로 파악할 수 있다. 이는 특정 정책의 정책과정에서 나타나는 다양하고 동태적인 참여 양태에 관한 적절한 분석과 대책 마련을 가능하게 해준다. 예컨대, 특정 정책에 대해 이해 관계를 갖는 똑같은 제1차적 참여자라 하더라도 그 정책으로 인해 손해를 보는 비용 부담자와 이익을 보는 편익 수혜자의 참여 양태에는 큰 차이가 있다. 비용 부담자는 현실적으로 당해 정책에 훨씬 민감할 수밖에 없어, 편익 수혜자에 비해 즉각적으로, 그것도 아주 강도 높게 저항하고 반발한다. 따라서 이러한 동태적 양상을 고려해 정책과정의 합리적 기획과 관리가 필요하게 된다.

이상과 같이, 정책과정에의 참여의 구조적 양태는 매우 다양하고 복잡한데, 이러한 다양하고 복잡한 현상을 좀 더 구체적이고 체계적으로 분석하고 설명하기 위해 정책학자들은 여러 이론모형을 개발하고자 노력해 왔다. 그 노력은 주로 국가와 사회를 이원적 관계(state-society relationships)로 놓고, 서구 사회에서 정책과정에 '누가 참여'하고 '어떤 영향력을 행사'하는지, 그리고 그들 '참여자 사이에는 어떤 관계를 형성'하는지 등 정책과정의 구조적 양태에 관해 다음과 같이 설명하는 이론모형들이다(Atkinson & Coleman, 1992: 154-156; Kenis & Schneider, 1991: 27-33).

1. 헌법적 구조에 의한 이론모형

제2차 세계대전 이전까지 정치행정 현상을 설명하는 기본 모형은 입법부, 사법부, 그리고 행정부 및 그 관료 조직, 즉 '국가'의 권력 분립과 분립기관의 공식적 책임 수행을 중심으로 한 공식적·제도적 이론모형이었다. 여기서는 정책과정을 국가기관의 엘리트로서 공식적 참여자들에 의해, 어떤 정형적인 형태로 비교적 단순하게 진행되는 정태적 과정으로 보고, 기본적으로 헌법적 구조(constitutional formulae) 하의 '제도'와 '국가의 구조'를 강조한다. 즉, 국민(주인)의 위임을 받은 선출된 정치인들(대리인)이 국민을 위해 정책을 형성(법률을 제정)하고, 관료들(복대리인)이 이를 집행하는 수직적 계층구조를 띤 정책과정이 그 특징이라고 본다.

2. 다원주의의 이론모형

현실적으로 관찰되는 정책과정은 '국가' 중심이 아니라는 비판과 함께, 제2차 세계대전 이후 나타난 '사회' 중심의 설명 모형(society-driven model)으로서 다원주의(pluralism) 모형이다. 계속 변화하는 복잡한 현실에서 비공식적 참여자들인 '사회'의 강력한 이익집단들이 '국가'에 압력을 행사하고 국가가 이를 수동적이고 타율적으로 수용하는 형태로 정책이 형성되고 집행되는 것으로 이해한다. 여기서 '국가'는 의회의 정치인과 행정관료를 말하는데, 이들은 '사회'의 활발한 조직화된 이익집단과 수직적 계층 관계가 아니라, 수평적 관계를 형성하는 것으로 이해된다. 그리하여 "정책은 사회의 조직화된 이익으로부터 나온다"는 명제로 표현할 수 있을 정도로, 정책과정은 사적 영역인 민간의 강력한 이익집단과 그에 반응하는 정치인, 또 그에 순응하는 관료와의 관계에서 민간의 이해 관계에 따라 좌우되므로 무정형의 유동적인 형태로 전개된다고 본다.

3. 국가론과 공공선택론의 이론모형

다원주의의 '현실성'의 '비현실성'을 비판하면서, 1960년대 말부터 대두해 이후 가장 널리 인정받고 있는 정책과정의 설명 모형이 국가론(state theory)과 공공선택론(public choice theory, 합리적 선택이론)이다. 이들은 방법론적으로나 이념적으로는 다르지만, 결과적으로 국가기관의 자율적 역할에 대한 관심을 복원시킨 점에서는 동일한 설명 모형들이다. 이들은 다원주의자들의 인식, 즉 국가는 민주주의 발달 과정에서 순치된 타성적 실체이고 사회의 강력한 이익에 포획되기 쉬운 존재라는 인식의 오류를 수정하는 것이 필요함을 강조한다.

국가론은 정책과정에서 정당한 이익을 규정하고, 쟁점과 대안을 선별하며, 비공식 참여자들(이익집단)의 제한적 접근을 허용하는 주도적인 역할을 수행하고 있는 것이 국가라고 하면서, 정책과정을 진정한 현실에 맞게 상당히 능동적이고 자율적인 국가 중심으로 되돌려 복원시켜 놓아야 한다(bringing the state back in)는 주장이다. 국가론은 이익집단으로의 조직화와 그 유지의 곤란성, 집단들의 불평등한 성격, 기업(집단)들의 특권적 지위와 같은 다양한 사회 현상의 특성에 주목하고, 이에 대응해 국가가 다양한 능력과 위상을 가지고 대처한다는 '국가' 중심의 이론모형이다.[5)]

공공선택론은 국가 공직자들이 공공의 의사 결정을 할 때, 자기 이익을 추구하는 행동 성향을 지니는 것과 같이, 정책과정에서도 정치인과 관료들이 시민의 이익만큼 또는 그보다 더 자기 이익을 추구한다는 이론모형으로서, 결과적으로 '국가'의 자율성을 옹호하는 계파의 이론모형이 되고 있다.

5) 국가론 계열의 대표적 이론은 1970년대~80년대 초기 라틴아메리카, 스칸디나비아를 포함한 서구 유럽에서 정책과정을 서술하는 데 많이 활용한 조합주의이론(corporatism)이다. 조합주의이론은 기본적으로 권력을 국가와 협력적 관계에 있는 소수의 지배적인 경제, 조합 또는 생산자집단에 집중시키는 사회적 폐쇄(social closure)의 과정으로서, 특히 제한된 소수 이익집단의 역할을 강조하고, 의무적인 회원제를 기반으로 한 집단은 계층제적으로 조직화되어 있다고 본다. 또 단체들 간 및 단체와 정부 간의 연계가 매우 밀접하고, 정점조직(peak organization)을 중심으로 국가와의 협상을 수행하기 위해 자기 규제를 실행하며, 협력과 합의의 대가로 국가 조직에 의해 보호받게 된다고 보는 이론이다.

4. 뉴거버넌스 이론모형

공동체나 집단의 활동을 조정하고 규율하며 해결하는 활동을 거버넌스(governance)라고 한다면, 학문적으로는 1990년대부터 본격적으로 공공 거버넌스(public governance)의 새로운 대안이 모색되고 논의되어 왔다. 수직적인 계층제의 관료제에 의한 통제 중심의 단독적 대응 방식이나 시장의 자율 기제에 방임하는 방식의 '전통적인 거버넌스(old governance)'로는 현대의 변화된 환경에서 나타나는 복잡하고 불확실한 사회문제의 해결에 효율적으로 대응할 수 없다는 인식에 따른 결과다. 즉, 문제 해결 능력이 부족한 관료제와 무책임한 시장 모두를 부정하고 정부-시장-시민사회 등의 다양한 주체가 상호 의존적이되 자율적으로 연결되어 서로 수평적으로 유연하게 공동 협력하는 방식으로 거버넌스에 참여하는 '뉴거버넌스(new governance)'의 국정관리 방식이 필요하게 되었다. 그런 의미에서 뉴거버넌스는 '국정관리' '협치(協治)', '합치(合治)'라고도 한다. 이 이론모형에 따르면 정부는 관료주의적인 주도적 역할이 축소되는 것이 불가피한데, 그 대신 정부-시장-시민사회가 공동으로 참여해 협력하는 방식으로 공공문제를 풀어나가는 데 필요한 '적정 규모의 유연한 정부'가 강조된다(유민봉, 2005: 161-168; 김석준 외, 2000).

5. 정책망(정책 네트워크) 이론모형

사회 중심의 다원주의 관점에 대한 반발로서 1980년대 이후 정책망(정책 네트워크, policy network) 개념이 확산되었다. 현대 사회와 정치공동체가 구조적으로 변화함에 따라 정책과정에서의 구조적 변화가 나타나는데, 정책망 개념을 정책과정에 관한 이론적·경험적 분석에 적용하고 있는 접근 방법이 정책망 이론모형이다(남궁근, 2012: 335-365; Jordan & Schubert, 1992: 7-27; Miller, 1994). 학자에 따라 정책망모형의 발달과정에 대한 이해와 접근 방식이 다르긴 하지만, 오늘날 현대 사회의 정책과정을 분석하는 중요한 이론모형으로 인정받고 있다. 다음에서는 정책망모형에 대해 구체적으로 살펴본다.

1) 정책망의 개념과 의의

특정 정책 영역에서 이해 관계를 중심으로 참여자(참여집단)들이 권력, 전문성, 영향력, 정보 등의 자원을 공유하고 상호 의존하며 서로 연계 관계를 맺고 상호작용하는 참여 관계의 망(복합체 또는 집합)을 형성하고 있다. 이렇게 복수의 참여자들 사이에 존재하는 일정한 형태의 연계구조로서 상호 의존적 작용이 이뤄지는 관계의 집합을 정책망이라고 한다.[6] 정책망의 특징은 정책과정에 공식적 기구와 절차를 통해 수직적 · 계층적으로 참여하는 측면 외에, 실제로 참여하는 자(집단)들의 비공식적 · 수평적(횡적) · 분권적 · 상호 의존적 · 자율적 관계를 강조하는 것이다.

정책망모형은 포괄적(encompassing)이면서도, 다양한 차별성(discriminating)을 가지고 정책과정을 분석한다(Atkinson & Coleman, 1992: 156-157). 여기에서 포괄성이란 정치인과 행정관료 등 공식적 참여자뿐만 아니라, 사회의 다양한 비공식적 참여자를 포함한 관계를 포괄한다는 것이다. 또한 차별성이란 많은 공동체가 특정 정책 영역에 대해 각기 다른 유형의 연계망을 형성하고 있어 그 차이를 비교 · 분석할 수 있다는 뜻이다(Marin & Mayntz, 1991: 19).

2) 정책망의 유형

정책망의 유형은 하위정부모형(subgovernment model), 정책공동체모형(policy community model), 쟁점망모형(issue network model)을 들고 있는 것이 일반적이다(Ripley & Franklin, 1980; Jordan & Richardson, 1987; Marsh & Rhodes, 1992; Smith, 1993: 59-66; 정용남, 1998: 67-69; 남궁근, 2012: 344-358). 구체적으로 살펴보면 아래와 같다.

(1) 하위정부모형

하위정부모형은 각 정책 영역별로 의회 위원회, 행정부 관료, 이익집단 등의 소수 엘리트(집단)들이 철의 삼각형(iron triangle)과 같은 연합을 형성해 상호 지지 속에 협상으로 대부분의 정책을 결정하는 것이 정책결정 구조의 특징이라고 설명하는 모형이다.

---

6) 연계망(네트워크) 개념은 로칸(Stein Rokkan)이 다원주의에 대한 비판적 관점에서 1969년 처음 사용한 뒤, 정책학에서 정책망(정책 네트워크) 개념으로 도입되었다. 사회 현상의 구조적 복잡성(architecture of complexity)과 사회 과정의 인과적 관계를 설명해 주는 과거의 패러다임이 계층 또는 위계(hierarchy)였다면, 이와 대비되는 새로운 패러다임이 연계망이다(Kenis & Schneider, 1991: 25-26, 32).

정책망 개념 중 참여집단의 관계가 가장 견고한 유형이고 엘리트주의 접근 방법(elitist approach)에 해당한다. 그러나 이익집단의 수가 급증하고 종래에는 자발적인 시민단체, 공익단체의 증가와 민주적 요구, 지방정부, 기업 및 대학 등의 참여자들이 증가함에 따라 하위정부모형은 설명력을 잃고 있다. 즉, 정책결정과정에서 다양한 참여자 사이에 경쟁과 견제가 두드러지게 나타나면서, 이제는 복잡해진 미국 정책결정 체제를 적절히 설명하고 예측하는 데 그 타당성이 떨어지고 있다는 것이다(남궁근, 2012: 344-347). 그렇지만 아직도 부분적으로, 특히 미국 의회제도의 특수성과 관련해 적용할 만한 설명력이 있다.

(2) 정책공동체모형

정책공동체모형은 정치인, 행정관료, 이익집단이 주축이 되어 정책을 결정한다는 하위정부모형에, 대학이나 연구소 등의 전문가집단을 추가해 이들이 각 정책 분야마다 정책공동체를 구성해 정책을 개발한다는 모형이다. 즉, 정부의 일정 부문을 중심으로 결속되어 있는 집합체가 마치 상호 신뢰와 확신, 공통의 인식 기반, 그리고 특수한 분위기로 짜인 폐쇄된 공동체와 같다는 뜻이다. 공동체의 구성원들은 관심 사항을 공유하고 접촉하면서, 일종의 정책공동체 또는 정책 하위 체제(policy subsystem)를 형성해 공동체적 합의(협력)와 이견(갈등) 속에 정책을 제안하거나 결정한다(Sabatier, 1988: 129-168). 정부기관으로서는 정부 내에 하나의 정책결정 부서가 중심이 되어, 정책공동체를 통해 참여할 가능성이 높은 이익집단과 제시할 요구 사항, 잠재적인 해결 방안을 알 수 있고, 비교적 안정적인 정책과정의 운용이 가능하므로, 이러한 정책공동체모형을 선호하게 된다.

(3) 쟁점망모형

쟁점망(쟁점 네트워크 또는 이슈 네트워크)모형은 특정 쟁점과 관련해 상당한 전문성을 갖춘 개방적 참여자들로 묶인 일종의 지식공유집단이 정책결정을 주도한다는 모형이다(Skok, 1995: 325-332). 쟁점별로 앞의 전형적인 참여자뿐만 아니라, 쟁점에 관한 사항만 공유할 뿐 서로 잘 모르는 전문성을 갖춘 일반 지식인이나 시민 등이 쉽게 진입·퇴장할 수 있는 접근 가능성이 크고 그 경계가 모호하다는 특징이 있다. 쟁점망모형은 이슈 네트워크 모형이라고도 한다. 그러나 참여자들이 정책과정의 각 단계에서 발휘하는 영향력에는 차이가 있다. 이러한 쟁점망은 합의를 도출하기 어려운 정치적으로 매우 중요한 영역에서 등장하거나, 쟁점이 부차적이어서 정부기관이 독점하고 특정 집단을 배제할 필요성을 느끼지 못하는 영역에서 대두한다. 또 어떤 집단도 지배력을 확보하지 못하는 상황이거나, 특정 집단을 강제적으로 배제할 만한 확립된 제도가 존재하지 않는 상황에 대처하는 새로운 정책 영역에서 나타난다.

3) 정책망의 개념적 요소(변수)

정책망모형의 주요 구성 요소는 참여자 또는 행위자(actors), 연계구조(linkages), 상호작용(interaction) 등이다.

(1) 참여자(정책 행위자)

정책망에서의 행위자(정책 행위자)는 앞에서 보았던 공공 부문과 민간 부문의 참여자, 또는 공식적 참여자와 비공식적 참여자를 말한다. 이들은 정책 분야별로, 일정한 집합으로서의 연계망을 형성하는 구성원이 된다. 하나의 정책망의 구성원이 소관 또는 관심 영역에 따라서는 다른 정책망의 구성원이 되어 이중 또는 삼중으로 겹치는 행위자 역할을 할 수 있다.

하위정부모형과 정책공동체모형의 경우, 구성원의 수는 매우 제한적이고 자주 바뀌지 않아 안정적이다. 그에 비해 쟁점망모형의 경우에는 접근이 개방적이므로 구성원의 수가 상당히 많고, 가변적이며 참여 의식도 다르고 영향력에도 차이가 난다. 또 구성원들의 다양성 측면에서 볼 때, 쟁점망으로 갈수록 상대적으로 다양한 범위의 집단을 포함하는 특징을 띤다(Marin & Mayntz, 1991: 17).

하위정부모형과 정책공동체모형에서는 소수 제한된 집단이 장기간에 걸쳐서 안정적으로 관심 정책 영역에 동의하고, 따라서 그 참여자의 경계가 매우 분명하다. 쟁점망모형에서는 접근 문호를 개방하고 있으므로, 가변적인 참여집단이 공식적이고 제도화된 접촉을 하지 않는 만큼 경계가 불분명하고 시간의 흐름에 따라 변화한다.

(2) 연계구조

연계구조는 참여자들이 소유하고 있는 자원에 관해 참여자들 상호간에 의존하고 교환하는 과정에서 맺게 되는 관계의 틀을 말한다. 참여자들은 하나의 정책망에 관여하면서도 정책의 영역, 대상 집단, 서비스의 내용 등에 따라 그 이해관계를 달리한다. 이해관계가 다른 만큼 참여자들 사이에 권력, 정보, 전문 지식, 영향력, 의사소통 등의 자원에 의존하고 상호 교환하는 것에도 차이가 난다.

연계구조에서 중요한 것은 개방성의 여부다. 대체로 하위정부모형과 정책공동체모형에서는 안정적인 협력 관계의 연계구조를 나타내고, 쟁점망모형에서는 연계 관계가 유동적이며 공개적인 갈등 상황까지도 나타난다. 즉, 연계 관계는 하위정부모형에서 쟁점망모형으로 갈수록 점점 더 복잡해지는 것이다.

(3) 상호작용

정책망 내에서 참여자들은 상호 의존적으로 작용하고 있다. 그렇지만 참여자들 간 상호작용의 빈도, 성격, 영향 관계, 조정과 합의 등에는 차이가 있을 수 있다. 일반적으로 정책공동체에서는 참여자들이 정책의 방향, 목표, 대안 등에 관한 세계관이나 이데올로기(즉, 정책기조 논리)를 공유하거나, 최소한 합의하기 쉬운 공통 감정을 갖고 상호작용하고 있다고 본다. 정책공동체의 참여자들은 자원의 교환을 전제로 하는 협상 여건을 마련할 수 있는 만큼, 그들 사이에 상호작용이 끊임없이 일상적으로 일어날 수 있게 된다. 쟁점망에서는 정책기조 논리의 공유 가능성이 낮고, 또 소유한 자원이 제약되어 자원의 교환이 제한된다고 본다(남궁근, 2012: 358-359). 이러한 여건 때문에 쟁점망의 참여자들 사이에는 그만큼 갈등이 존재하고, 협상 지위에 못 미치는 자문이나 협의의 지위에서 정치적 절충을 가질 필요성이 커진다.7)

---

7) 이상의 내용을 도표화하면 다음과 같다.

〈하위정부모형, 정책공동체모형, 쟁점망모형의 비교〉

유형	참여자 수	주된 참여자	참여의 경계와 접근성	연계구조	상호작용
하위정부 모형	매우 제한적	행정부 관료, 의회 상임위원회, 관련 이익집단(철의 삼각형)	매우 분명, 매우 폐쇄적	매우 안정적, 협력적	높음
정책 공동체 모형	비교적 제한적 (소수)	행정부 관료, 의회, 이익집단, 전문가집단(대학, 연구소)	비교적 분명, 폐쇄적	비교적 안정적, 협력적	비교적 낮음
쟁점망 모형	개방적 (다수)	행정부 관료, 의회, 이익집단, 전문가집단, 소비자단체, 시민단체, 관심 개인과 집단 등 다수	불분명, 매우 개방적	매우 유동적 (갈등 가능)	낮음 (유동적, 가변적)

결국 정책망모형 중 어느 모형이 현실 정책과정의 구조적 양태를 더 적절하게 설명할 수 있을지는 국가, 시대, 분야 등에 따라 달라진다고 보아야 하고, 나아가서는 다원주의모형이나 조합주의 국가론모형 또는 헌법구조적 모형 등의 적용도 배제할 수 없다.

현재 우리나라의 일반적 정책과정은 최근의 연구에서 보여주듯이 이익집단이나 시민단체의 활동이 활발해지고 있는 분야에서는 쟁점망모형에 의한 분석의 적실성이 점차 부각되고 있다. 이는 우리나라에서도 앞으로 정책과정에서 전통적인 정책 참여자들이 주도적으로 행사하던 영향력(통제권)이 다른 많은 참여집단에 분산되어 퇴조 현상을 보여주는 서구 사회의 일반적인 추세와 무관하지 않음을 시사하고 있다(황병상 · 강근복, 2004; 김만배 · 김성제, 2004; 윤석환, 1996; 정용남, 1998).

제 4 절 정책과정의 합리적 관리

1. 정책과정의 합리적 관리의 의의

우리가 지금까지 정책과정과 그 참여자에 관해 논의한 것은 우선 정책과정의 본질을 잘 이해하는 데 목적이 있다. 그 다음으로 우리는 그 이해의 바탕 위에서, 어떻게 하면 좋은 정책을 확보할 수 있는가 하는 실천적 처방에 그 목적이 있다. 그것은 곧 좋은 정책을 형성하고 잘 집행하며 또 적절하게 평가할 수 있도록 어떻게 제반 정책과정을 잘 운용 · 관리할 수 있는가 하는 문제라고 할 것이다. 그러므로 이제 여기에서는 이러한 실천적 목적을 위해, 우선 정책과정의 각 단계에 공통적인 전반적 · 합리적 관리의 요건을 살펴보고자 한다. 그리고 각 단계별 합리적 관리에 관해서는 해당 단계를 논의할 때 더 자세히 살펴보기로 하겠다.

2. 합리적 관리의 요건과 방법

정책과정에서 가장 중요한 것은 어떻게 하면 가장 좋은 정책을 만들고 이를 성공적으로 집행해 의도한 좋은 결과를 얻는가에 있다. 이때 가장 좋은 정책은 인간의 존엄성을 충실히 구현할 수 있는 정책이 되어야 할 것이다. 그 내용과 과정에서 인간의 생명, 인격, 주체성, 자율성, 평등성, 기본적 인권 등 인간의 존엄성을 존중하고 구현하는 한편, 다른 한편으로는 이를 지향하고 고양하는 인간다운 삶을 보장하는 사회를 창조하는 것이어야 한다. 이와 같은 정책의 궁극적인 윤리성을 확보한 정책과정을 운용·관리하기 위해 정책 담당자는 대체로 다음과 같은 정책과정 관리의 일반적 요건과 방법을 유의하고 실천해야 한다.

1) 정책과정의 전반적 정합성 관점의 유지

정책은 어느 한 사람이나 기관만의 단독 경기가 아니라, 본질적으로 정책과정의 여러 단계에서 참여자들과의 조화로운 팀을 요구하는 단체 경기의 산물이다. 정책이 형성되고 집행되며 평가되는 과정에서 참여자도 많지만 거치는 단계도 많다. 이렇게 여러 참여자와 여러 단계가 갖가지 조합을 이루면서 진행되는 결과, 그 전반적인 정책과정의 전개 양상은 참으로 복잡하고 혼란스럽기 마련이다.

이 과정에서 각 단계의 정책 담당자는 스스로 최선의 노력을 기울여야 하겠지만 그것만으로는 부족하다. 정책 담당자는 자신의 소관 단계에만 집착하지 않고, 정책과정 전반이 전체적으로 조화를 이루면서 정책의 목적을 달성하도록 최선의 노력을 기울여야 한다. 말하자면 어느 한 단계에서 자신(소속 기관)만의 부분적·국지적 최적성이 아니라, 정책과정 전반의 전체적 정합성·최적성을 확보하는 안목과 관점을 견지하지 않으면 안 된다. 그런 뜻에서 정책의 형성기관, 집행기관, 그리고 평가기관의 담당자들은 해당 정책의 성공 여부와 관련, 정책과정 전반에 걸쳐서 전체 관련 기관과 참여자 간 공동운명체 의식을 가져야 할 것이다.

2) 종합적 사전 기획과 관리

정책과정은 시계열적인 논리적 배열에 따라서만 전개되지는 않는다. 그러나 그것이 일정한 체계를 무시하고 그때그때 사전 준비도 없이 주먹구구식으로 정책과정을 운용·관리하는 것이 좋다는 뜻은 결코 아니다. 오히려 정책과정을 합리적으로 운용하기 위해서는 각 단계마다 가능한 한 철저한 사전 준비를 갖춰 계획적이고 체계적으로 일관성 있게 정책과정을 운용해야 한다. 이를 위해 정책 담당자는 정책과정의 일정한 단계마다 해당 과정의 내용, 성격, 참여자, 필요 자원, 정책환경, 예상 효과 등을 철저히 파악하고, 이에 대비해 향후 업무상의 전체적 지침이 될 적절한 계획을 작성·활용할 수 있어야 한다.

가장 전형적인 예를 들면, 정책과정 전 단계를 관통하면서 그 이념적 방향과 당위적·규범적 목표를 명시적으로 지향하고 제시해야 한다. 그리고 현실 상황을 정확하게 해석하고 규정하면서, 이를 합리적으로 처방·관리하는 데 필요한 정책기조의 형성과 관리를 합리적으로 기획하는 것이 필요하다. 그래야 전체 정책과정을 일관성 있게 관리해 나갈 수 있다. 또 정책형성 과정을 합리적으로 지도·관리해 나가기 위해 정책형성을 위한 지침을 작성·시행하는 것도 체계적으로 일관된 정책형성 과정을 운용하기 위한 방법이다. 그리고 정책집행 단계에서 집행상의 특수성과 현지성 등을 감안해 기본정책을 구체화한 집행정책을 형성하는 것도 같은 맥락에서 이해할 수 있다.

3) 실질적·절차적 민주성 확보

정책은 인간과 사회의 질적 변화를 일으키는 당위적·규범적인 목표를 내포한 행동지침이다. 그러한 목표 속에는 현존하는 사회를 변화시켜 인간다운 삶을 보장하는 바람직한 사회를 건설하려는 강렬한 미래설계 의식과 사회 변화 의식이 내포되어 있다. 이렇게 사회 변화를 선도하는 일련의 정책과정에 참여하는 모든 사람이, 자신이 지향하는 바람직한 사회의 미래상을 제시하고 주장하는 것은 현대 민주국가에서 너무나 당연하고도 바람직한 일이다. 민주성을 구현하는 민본행정의 이념은 정책과정의 모든 측면에서도 구현되어야 할 가치다. 따라서 정책과정은 실질적인 민주성을 구현하고, 절차적 민주성, 즉 참여민주주의(participatory democracy)를 구현하는 방향으로 운용되어야 한다.

먼저 정책과정은 정책에 관심을 가진 많은 시민, 정당, 언론, 이해관계자, 사회단체 등의 개방적인 참여 하에 전개되도록 해야 한다. 정책과정을 운용하는 담당자는 사회구성원이 자신의 미래상에 관한 주장을 가능한 한 자유롭고 분명히 제시할 수 있도록 해야 한다. 전개되는 모든 정책과정에서 참여자들이 왜곡되지 않은 정보 교류와 의사소통을 통해, 바람직한 미래상을 내포한 가치와 규범을 명시적으로 표현할 수 있도록 조장해야 한다. 그리고 이성적·합리적인 토론을 가능하게 하고, 기존 정통성을 갖는 가치규범에 반대되는 가치 비판적·규범 탐색적 관점의 주장까지도 포용하면서, 설득과 타협에 의해 합의를 형성하고 도출하는 것이 중요하다. 이러한 과정이야말로 합의된 가치와 규범을 전체 정책과정에서 일관되게 구현하고, 합의된 정책의 상·하위 목표를 효율적으로 달성할 수 있는 기반을 제공한다.

한편, 절차적 민주성만 확보한 정책과정의 운용이 실질적인 민주성을 구현하지 못할 가능성에도 유의해야 한다. 특히 조직화된 이익집단이나 기득권 세력이 정책과정에 강력한 영향력을 행사함으로써, 상대적으로 비조직화되고 소외된 사회·경제적 약자의 이익을 경시할 우려가 있다. 따라서 정책 담당자는 형식적인 절차적 민주성의 결함을 인식하고, 이러한 사회·경제적 약자의 이익을 최대한 확보할 수 있도록, 스스로 사회·경제적 약자의 이익을 대표하면서 전체 국민을 위한 균형있는 정책과정을 운용해야 할 것이다.

4) 능률성 확보

현실적으로 복잡하게 전개되는 정책과정을 최소한의 투입(시간, 노력, 비용 등)으로 최대한의 산출(정책의 형성, 집행 또는 평가 등의 과정과 그로 인한 실질적인 민본적·인본적 효과 등)을 확보하는 것이 필요하다. 즉, 능률성을 확보해야 한다. 이러한 능률성의 요건은 위의 절차적 민주성의 요건과 조화를 이루지 않으면 안 된다. 능률성만을 위해 절차적 민주성을 소홀히 해서도 안 되고, 절차적 민주성만을 내세워 능률성을 무시해도 안 된다.

그런데 일반적으로 능률성과 절차적 민주성의 양자가 쉽게 조화를 이루기 어려운 것도 사실이다. 이러한 상황에서 양자의 조화를 위한 판단 기준의 하나는 바로 장기적 관점에서 실질적 민주성의 구현이라고 할 수 있다. 즉, 인간다운 삶을 위한 바람직한 사회의 건설을 장기적 관점에서 파악하고 판단하는 것이다. 그러나 이러한 기준의 모호성, 자의적 판단 가능성 때문에 역사적으로 양자의 비중이 전도된 사례도 많다. 결국은 정책 담당자의 높은 역사 의식과 민본 의식이 관건이 된다고 할 수 있다.

5) 정책 간 연계적 조정

모든 사회문제는 엄밀히 말해서 서로 독립적이거나 고립되어 있지 않다. 따라서 하나의 공공문제에 대해 그 하나만을 위한 정책에 의해 독립적인 해결이 가능하다는 사고방식은 적절하지 않다. 정책문제의 해결, 정책목표의 달성을 위해서 특정 정책과 직·간접으로 연관되는 다른 정책과의 조화로운 연계가 필요하다. 지금 생각하는 것보다 더 나은 해결이 가능하다는 개방적 사고방식에 유의할 필요가 있다. 그러므로 정책과정을 관리할 때도 다른 정책과의 연계와 조화를 고려해야 하는 것은 너무나 당연하다. 이러한 요건을 다른 정책과의 연계적 조정성이라고 할 수 있다.

제 5 장

정책기조의 형성과 관리

이 장에서는 정책기조의 개념과 의의, 구조와 기능 등을 살펴보고, 정책기조 논리의 주요 구성 인자들을 검토한다. 이어서 정책기조의 형성 과정, 그리고 정책기조 형성의 기획과 관리[1]에 대해 설명한다.

제 1 절 정책기조의 개념과 의의

정책기조(policy paradigm)란 '정책을 지배하는 인식의 기본 틀과 방향'이다. 다시 말해서 현실의 구체적인 정책의 유전자로서 정책의 방향, 내용, 성격 등을 규정하고 지도하면서 지배하는 기본적인 인식의 틀과 방향을 말한다. 그리고 정책에 관한 인식의 기본 틀과 방향을 구성하는 여러 가지 논리를 강조할 경우, 그것을 '정책기조 논리'라고 한다. 즉, 정책기조 논리는 정책기조의 논리를 구성하는 사상 · 이념 · 철학 · 이론 · 원리 · 원칙 · 가치 등 정책기조의 논리적 요소를 통틀어 말한다.[2]

사람들은 정책을 형성하기 위해 문제시되는 상황을 인식하고 판단할 때, 여러 가지 지식, 경험, 가치, 규범, 철학, 이념, 사상 등 어느 정도 체계화된 일정한 '관점' 또는 '입장'을 가지고 보고 느끼며 의견을 갖고 판단한다.[3] 이와 같이 정책과정에서 일련의 구체적인 정책들에 영향을 미치는 인식과 판단의 기본 틀과 방향, 그리고 그 틀과 방향을 구성하는 기본적인 준거 가치나 이념은 매우 중요하다.[4] 왜냐하면 정책기조는 정책형성 과정에서 그 전제 또는 가정, 절차, 범위, 맥락 등을 규정하고 한계를 설정해 주면서, 그에 맞는 주제, 내용 또는 성격의 구체적인 개별 정책들－한 무리의 정책군(政策

---

1) 이 부분은 박정택이 책임 집필하면서 발전시켜 이미 개인적으로 발표한 몇 편의 논문(참고문헌 참조)을 토대로 작성된 것을 그 후 출판된 '정책기조의 탐구'(박영사, 2018)를 다소 반영해 요약했다.

2) 이하 '정책기조'는 '정책패러다임'(policy paradigm)과 '정책아이디어'(policy idea)를 포괄해 대표하는 용어와 개념으로 사용한다. '정책아이디어'는 흔히 정부나 지자체에서 공모하는 것과 같은 개별적인 단순한 아이디어를 말하기보다는 일단의 정책들을 포괄 · 지도해 줄 만하게 논리적으로 체계화된 '정책패러다임' 차원의 기본 아이디어를 말한다. 그런 정책아이디어는 엄밀한 의미로는 '정책기조 논리'에 해당되지만, 당초 1993년 '정책기조이론'을 제시하고 정책아이디어 학설의 개척자로 여겨지는 피터 홀(Peter Hall)의 논문에서와 같이, 거의 정책기조(policy paradigm)와 동일시되고 있다.

3) 비커스(Vickers, 1965: 67-74)는 이를 '인식의 틀(appreciative system)'이라고 한다.

4) 홀(Hall, 1993: 279)은 이러한 '해석의 틀(interpretive framework)'을 정책기조라고 한다.

群)－을 형성하게 해주기 때문이다. 또 형성된 정책을 실제 현장에서 집행할 때, 현실적 집행 여건에 맞춰 신축적으로 집행하더라도 정책이 본래의 의도에서 벗어나 표류하지 않게 일관성을 유지해 주고, 정책을 평가할 때 기본적인 준거의 역할을 하는 것이기 때문이다.

지금까지 정책학 이론상으로나 실무적으로, 정책과정에서 유전자의 역할을 하는 일정한 인식의 틀과 방향, 그리고 주요 가치나 이념, 곧 정책기조와 정책기조 논리를 그 중요성에 비해 적절히 취급하지 못해 왔다.[5] 그러나 현실의 정책들을 면밀히 검토하고 분석해 보면, 수많은 구체적 정책을 생성시키고 소멸시키는 배경에는 관념적·추상적이어서 아무런 직접적 관련이 없을 것 같은 정책기조(논리)의 형성과 전환이 근원적인 유전자로서 작용하고 있다는 사실을 알 수 있다.

예컨대, 정책기조 중에서 국가적으로 가장 높은 차원의 정책기조에 속한 것이 대통령이 정립하는 정책기조라고 할 때, 새 대통령이 선출되고 그 대통령당선인이 대통령당선인의 자격으로 새 정부를 인수하면서 가장 먼저 착수하고 가장 중요시하는 일이 새 정부의 요직을 맡을 인사를 선임하는 것과 함께, 새 정부의 각종 정책의 방향, 내용, 성격 등을 규정하는 일정한 인식적 기본 틀과 방향, 곧 '정책기조'를 정립하는 일이다. 그래서 대통령직 인수에 관한 법률 제7조(업무) 제2호에는 "새 정부의 정책기조를 설정하기 위한 준비"라고 명시적으로 규정되어 있고, 정책기조는 공식적인 '법률 용어'의 하나이기도 하다. 그런 만큼, 정책에 대한 '근본적인 생각의 틀과 방향' 혹은 '발상의 전환'이 필요하다고 주장하는 경우, '정책기조' 혹은 '정책패러다임'이란 용어도 어김없이 등장한다. 정부는 인구정책 중 저출산 대책의 패러다임을 '보육 지원'에서 '결혼 지원'으로 바꾸기로 했다든가, '성장과 건설' 위주에서 '사람'을 우선시하는 도시개발 및 교통정책의 패러다임으로 바꾸기 위해 고가도로를 철거하기로 했다든가, '듣는 교육'에서 '말하는 교육'으로, '질문이 없는 교육'에서 '질문을 발굴하는 교육'으로 교육정책의 패러다임 자체를 바꿔야 한다든가, '판결'에서 '조정'으로 패러다임을 바꾸지 않으면 대한민국 사

---

5) 정책과정에서 '정책기조 논리'가 중요한 것에 관해, 우리나라에서는 1974년부터 허범 교수가 국내에 정책학을 소개하면서 '정책형성 체계'에 관한 도표(diagram)를 통해 주장했고, 문헌상으로는 허범(1988: 89; 1993a; 1993b)과 박정택(1995; 1996; 2000; 2001) 등이 있다. 한편, 국외의 문헌으로는 드로(Dror, 1986: 47-48), 홀(Hall, 1990: 53-78; 1993: 275-296), 하울렛(Howlett, 1994: 631-649), 호건과 하울렛(Hogan and Howlett, 2015), 테일러구비(Taylor-Gooby, 2013), 스콕스태드(Skogstad, 2011), 카슨 외(Carson, 2009) 등이 있다.

법의 미래는 없다든가, 국민 생활에 불편을 초래하는 '감량' 위주의 규제에서 '재활용'을 잘하자는 방향으로 폐기물 정책기조를 바꾸겠다는 발표나 주장이 그 예이다(박정택, 2018: 19-20).

제 2 절 정책기조의 구조와 기능

1. 정책기조의 구조

일반적으로 정책기조는 다음과 같이 수직적, 수평적, 내용적 구조로 나눠 분석해 볼 수 있다.

1) 정책기조의 수직적 구조

정책기조는 고도의 추상적 · 관념적 성격을 갖는 것과 더 구체적인 성격을 갖는 것 등의 수직적 구조를 취하고 있다. 이는 다음과 같은 '정책의 목적 체계의 구조'(허범, 1992: 165-187; 1993a: 9-26; Ozbekhan, 1969: 124-131; 김재관, 1992)를 통해 더 분명하게 이해할 수 있다.

정책 담당자가 일정한 정책행동을 취하는 것은 그 행동을 통해 어떤 목표를 달성하고자 하고, 이러한 목표는 그 상위의 어떤 목적을 달성하기 위한 것이며, 이 목적은 궁극적으로 어떤 최상위의 이상적인 가치를 지향하고 있는 것으로 볼 수 있다. 즉, 구체적인 정책행동의 결정과 집행을 통해 계획 목표의 달성, 상위 목적의 실현, 궁극적으로는 이상 가치의 구현이라는 정책행동 → 계획 목표 → 상위 목적 → 이상 가치의 상향적인 정책의 목적 체계를 지향한다. 여기서 계획 목표는 계획 기간 동안에 달성할 수 있는 정책의 목표다. 상위 목적은 대상 계획 기간에는 달성할 수 없으나, 계획 목표를 달성한 뒤에 계속해서 노력하면 장래 달성할 수 있는 목적이다. 그리고 이상 가치는 달성하기에는 현실적으로 너무 어려울 정도로 이상적인 목적 또는 목표로서, 그럼에도 불구하고 구체적인 행동에서 지속적으로 추구해야 할 궁극적인 가치다. 이렇게 정책의 목적구조를 계층구조로 나타내 보면, 정책기조의 차원은 계획 목표보다 위에 있는 상위 목적과 이상 가치에 속한 영역을 말한다. 그리고 정책기조는 단일의 차원으로 구성되기보다는 구체적 정책의 계획 목표가 달성하고자 하는 것보다 그 상위에 있는 상위 목적, 그리고 더 나아가서는 구체적 정책이 지향하는 궁극적 목표로서의 이상 가치까지 포함한다.[6)]

이는 정부의 경우, 정부의 직책 위계질서를 나타내 주는 정부 조직도표(組織圖表)와 일치하는 구조를 보여준다. 즉 중앙정부의 경우, 대통령의 전체 국정기조-각 부(部) 장관의 정책기조-각 청(廳) 청장의 정책기조-각 실장·국장·과장의 정책기조의 순으로 중층적인 수직적 구조를 이룬다.

이렇게 보면, 정책은 정책기조 영역의 상위로 올라가는 전체 체계적 윤리성을 확보하고, 인간 삶의 의미를 발현하지 않으면 안 됨을 알 수 있다. 특정한 정책행동은 언제나 전체 사회의 어떤 부분을 대상으로 하는 한정된 내용으로 구성되고, 그것의 효과도 항상 부분 효과에 지나지 않는다. 그렇지만 정책은 항상 전체 사회적 진보와 조화, 그리고 인간 존엄성과 같은 인간 삶의 의미를 고양하는 이상 가치의 구현에 기여하지 않으면 안 된다. 그래서 궁극적으로 정책이 이상 가치의 방향으로 전체 사회를 밀어올리고 있으면, 그 공동체에 긍정적 기여를 하고 있다고 할 수 있다. 반면에 그 정책이 이상 가치로부터 멀어지게 전체 사회를 끌어내리고 있으면 그 공동체에 부정적 기여를 하고 있는 것이 된다(허범, 1991: 77; Churchman, 1968: 47).

2) 정책기조의 수평적 구조

다음으로 정책기조는 정책 분야에 따라 수평적으로 다양하게 나타난다. 예컨대 외교안보정책기조, 국방정책기조, 경제정책기조, 교육정책기조, 농업정책기조, 보건의료정책기조, 환경정책기조, 노동정책기조, 문화예술정책기조 등이 있다. 이러한 동일 차원의

6) 홀(Peter A. Hall)도 정책목적의 차원에 따른 정책의 수직적 구조화를 인정한다. 즉, 상위의 정책목적(overarching goals), 정책수단(policy instruments), 그리고 정책수단의 구체적 설정(settings of policy instruments) 등의 세 가지 변수에 따라 각각 3차적, 2차적, 1차적 정책변동으로 나누고 있다. 또 사바티어(Sabatier, 1988; Sabatier & Jenkins-Smith, 1993)도 일종의 정책공동체인 '정책주창연합(advocacy coalition)' 개념 중심의 '정책의 하위 체제 변동이론(theory of policy subsystem change)'에서 정책 논의(담론)의 수준을 구조화해, 단순한 특정 쟁점을 대상으로 좋은 논거와 자료가 있으면 쉽게 변할 수 있는 '2차적 측면(second aspects)', 논거의 기준과 개념적 틀 수준의 '준핵심(near core)', 그리고 사회와 인간의 본질에 관한 인식론적이고 윤리적인－변동이 가장 어려운－수준의 '심층 핵심(deep core)'으로 나누고 있다.

정책기조들은 그 내용이 서로 다르다. 물론 이러한 다양한 수평적 정책기조들은 앞의 수직적 구조에서 본 바대로, 궁극적으로 그 근원을 추적해 가면 동일하거나 유사한 뿌리를 가진 것으로 분류할 수 있다.

또한, 어떤 한 분야의 정책을 따로 떼어놓고 보면, 그 분야에서 정책기조는 하나만이 아니라 동일 차원에서 수평적으로 복수일 경우도 많다. 대학입시에 관한 정책기조로서 '고등학교 교육의 정상화'라는 정책기조와 '대학자율권의 존중'이라는 정책기조를 함께 제시할 수 있다. 이러한 경우 정책기조들 사이에 서로 보완적인 관계의 경우도 있겠지만 상충적인 관계를 보일 수도 있다. 상충되는 정책기조들의 경우, 이를 어떻게 조화있게 운용할 것인가 하는 매우 어려운 과제가 제기된다.

3) 정책기조의 내용적 구조

정책기조의 내용을 면밀히 분석해 보면 내용상으로 규범적 기조, 상황적 기조, 처방적(기획론적) 기조로 분류할 수 있다. 그리하여 정책형성의 경우, 정책기조는 정책형성의 전제, 가정, 절차, 범위, 맥락 등을 분명히 하는 것이며, 상황에 적합한 전제 혹은 논리를 기획적 관점에서 개발하고 통합한 것이다(허범, 1988a).

첫째, 규범적 정책기조는 정책과정에서 마땅히 지향해야 할 당위적·규범적인 지향점을 제시해 주는 내용의 정책기조다. 정책의 목적 체계로 보면, 이는 구체적인 정책이 추구해야 할 이상 가치와 상위 목적 등으로 구성된 정책기조다. 이는 정책과정에서 전제와 가정으로 작용하면서 정책의 목적과 목표의 달성을 담보하는 유전자의 역할을 하며, 규범적 성격의 전제와 가정으로부터 일탈이나 표류를 방지하는 이정표의 역할을 하게 된다. 예컨대, 교육정책에서 '인간 존엄성의 구현'이라는 이상 가치로서의 정책기조와 이를 위한 '교육 기회의 균등'이라는 상위 목적으로서의 정책기조를 지향하는 것은 규범적 정책기조의 예에 속한다.

둘째, 상황적 정책기조로서, 정책문제는 현실 상황에 대한 진단과 평가의 산물이다. 현실 세계에서 어떤 상황적 조건이 왜 문제시되며, 중요한 문제로 취급해야 할 이유가 무엇인지, 그리고 그 문제의 근본 원인은 무엇인지를 파악하는 것을 좌우하는 것은 정책 주체의 인식과 판단이다. 이때 이러한 현실 문제 상황에 대한 총체적인 인식과 판단을 뒷받침해 주는 기본적 전제와 가정 또는 논리 등을 상황적 정책기조라고 한다. 예컨대, 현실의 한국 대학들이 선진 외국의 대학들에 비해 크게 뒤떨어져 있는 상황을 '경쟁 메커니즘이 작동하지 않는 대학 교육 상황' 때문이라고 규정하고, '경쟁을 내재화한 대학 육성'의 개혁적 정책기조를 채택하는 것은 교육정책 분야의 상황적 정책기조라고 하겠다.

셋째, 처방적 정책기조로서, 정책문제가 어떤 상황 속에 놓여 있는 문제인가에 관한 판단과, 그것을 어떤 규범적 방향으로 해결할 것인가에 관한 판단을 잘 했다고 해서 그 문제를 잘 해결할 수 있는 것은 아니다. 상황 판단과 규범 판단에 더해 문제를 해결하기 위해 어떤 전략과 방법, 절차 등이 필요한지를 판단하는 처방적 판단이 필요하다. 이러한 처방적 판단(기획론적, 관리적 관점)의 기본 전제와 가정, 또는 논리를 처방적 정책기조라 부를 수 있을 것이다.

또 어떤 구체적 정책은 그 형성, 집행, 평가 등을 둘러싸고 여러 개의 서로 다른 정책기조를 구현하는 처지에 놓여 있는 경우가 대부분이다. 이러한 상황에서 정책기조들 간의 관계를 어떻게 조화 있게 조정 · 운용할 것인가 하는 과제가 제기된다. 예컨대, 수직적 · 수평적 · 내용적 구조의 다차원적 구조를 갖는 정책기조들은 서로 수직적 구조의 차원에 따라 상 · 하위의 관계에 있거나, 상호 동일한 상위 차원의 정책기조 논리를 구현하거나 지원하는 보완 관계, 또는 하나의 정책기조를 구현하고자 하면 다른 정책기조의 구현이 어려워지는 상충 관계에 놓인다. 이러한 상황에서 정책 담당자는 정책 기조의 다차원적 관계의 조화를 확보하고, 상충될 소지가 많은 정책기조 간에는 그 우선순위의 설정과 조화를 확보하기 위해 노력해야 한다.

예를 들어, 서민생활 안정을 위한 '물가 안정' 정책기조와 청년 일자리 창출을 위한 '일자리 확대' 정책기조를 동시에 취할 때 관련 정책들 사이에는 상충적 관계가 형성될 가능성이 크다. 이때 이 두 가지 정책기조 사이의 우선순위 결정 또는 조화를 이룰 방안을 모색하는 것이 필요하게 된다.

2. 정책기조의 기능

주물(鑄物)이나 조각을 만들 때 본이나 틀(template)과 같이 "정책의 근원적인 뿌리가 되는 인식의 본"(Hall, 1993: 284)으로, 현실의 여러 가지 정책의 방향, 성격, 내용, 과정 등 '정책의 유전형질'을 나타내는 원인이 되는 것을 정책기조라고 할 수 있다. 그래서 정책기조의 가장 본질적인 특성은 정책기조가 관련된 모든 정책의 방향, 성격, 내용, 과정 등에 걸쳐 하나의 원형(原型, paradigm) 또는 유전자(gene)로서, 그에 내재하는 주제 의식(허범, 1988a: 89) 또는 음악으로 말하면 주악상(主樂想, leitmotiv)에 해당하면서(Hall, 1993: 292) 그렇게 기능한다는 점이다. 이를 구체적으로 다음과 같이 나눠 설명할 수 있다(허범, 1988a; 1989).

1) 정책의 상위 또는 궁극 목적과 정당성 확보

사람들은 흔히 어떤 특정 정책에 대해 정책이 추구하는 목표(계획 목표)가 주는 직접적이고 가시적인 효과 때문에 정책의 상위 목적이나 이상 가치와 관련한 장기적인 고려를 소홀히 한 채, 정책에 대해 쉽게 찬성이나 반대의 반응을 보이는 경향이 있다. 특히 편익과 비용의 배분 관계 등 대립되는 이해 관계 당사자들은 예민하게 반응하기 마련이다. 이러한 경우 구체적인 개별 정책 자체의 목표(계획 목표)를 넘어서서, 그 정책의 상위 또는 궁극적 목적인 정책기조의 설득력과 호소력에 의존해 정책의 정당성을 확보하는 노력을 하지 않으면 안 된다. 이는 정책기조가 대다수 국민이 동의하고 공감할 지향점(이상적 가치)의 형식과 내용으로 제시되기 때문에 가능하다.

이와 같이 정책기조는 정책과정에서 일련의 정책들을 규정하는 근원적인 유전자로서의 상위 또는 근본 목적의 기능을 수행한다. 그런 만큼 정책기조는 상위 또는 근본 목적을 통해 특정 정책들의 정당성을 국민과 이해 당사자들에게 설명하고 동의와 지지를 확보할 수 있는 좋은 근거가 된다. 예컨대, 과거 북한의 미사일 발사와 핵개발, 미국의 대북 강경정책과 같은 상황에서도 개성공단사업, 대북경협이나 비료 지원 사업, 이산가족 상봉 사업들이 허용되고 계속되었다. 이는 대통령 선거에서 공약을 통해 국민의 지지를 획득했다고 할 수 있는 국민의 정부의 '대북 포용정책'(일명 햇볕정책)과 이를 계승한 대북 정책기조에 바탕을 두고 있었기에 가능했다. 만약 그와 같은 정책기조가 분명히 제시되지 못했다면, 일련의 대북사업(정책)은 돌발적인 사건들로 인해 더 이상 계속되지 못했을 수도 있다.

2) 정책문제의 인지 · 채택 · 범위 설정

하나의 정책기조는 일련의 유사한 정책문제들을 두루 포괄하는 한 묶음의 정책문제군(政策問題群)을 인식하게 해주는 역할을 한다(허범, 1993a: 25). 각 개별적 관련 정책문제의 집합으로서 정책문제군의 유기적 관련성을 밝혀 종합적인 처방으로 대처하기 위해서는, 먼저 정책문제군의 종합적 파악이 필요하다. 여기서 정책기조는 문제들의 총체적 파악을 가능하게 해주고, 그에 따라 해결 방안의 총체적 준비도 가능하게 해준다.

좀 더 구체적으로, 패러다임에는 불가피하게 어떤 현상에 관심을 기울이거나 아니면 가리워 덮어버리는 '패러다임 선택성'(paradigm selectivity) 현상이 뒤따른다(Carson 외, 2009: 153). 따라서 정책기조는 여러 가지 공공문제 중에서 '어떤 문제들'을 정책의제(policy agenda)로 채택하고, '어떤 문제들'을 배제 또는 억제할 것인가에 관한 종합적 판단의 기본 관점을 제공한다(Howlett, 1994: 632). 이는 곧 채택된 일련의 정책의제를 구체적인 정책형성 과정에서, 일정한 범위와 성격의 정책문제들(policy problems)로 채택하고 인식하는 것을 의미한다.[7]

3) 정책목표와 정책대안의 설정과 채택의 기준

정책기조는 구체적인 정책을 형성하는 과정에서, 일정한 방향 감각을 갖고 계획 기간 내에 달성하고자 하는, 실현 가능한 내용과 범위의 정책목표(계획 목표)를 설정하는

---

7) 정책철학 인식론적 관점(정책관)에서 검토해 보면 정책기조의 기능을 더 잘 파악할 수 있다. 전통적인 합리주의(행태주의 혹은 논리실증주의, logical positivism) 정책관은, 가치 · 사실 이원론에 입각하여 정책문제를 '객관적으로 주어진(given) 것'으로 가정하고 '그' 문제들의 합리적 해결에 몰두하는데, 주관적일 수밖에 없는 인식론의 본질(관찰의 이론 의존성) 상 잘못됐다는 비판을 받는다. 이에 그 뒤 등장한 과학철학자 칼 포퍼의 반증주의(falsificationism)에 입각한 '점증주의(점진적 개량주의, incrementalism) 정책관'에서는 정책문제는 '발견하고 창조해야 할 대상'으로서의 '사람이 구성해 만든 것, 즉 인조물(man-made)'이라고, 주관적 가치판단이 개입(구성론)된다는 구성론적 관점을 취하게 된다. 그러나 거기서의 문제정의는 평면적 · 단편적 · 일회적인 데 머무르므로 현실의 문제정의(problem definition)를 서술(기술)하고 설명하기엔 한계를 보인다. 그 한계를 극복할 수 있는 정책관이 구조적 · 입체적 · 복합적 · 연속적인 문제정의의 구성론적 관점을 보여주는 '패러다임 정책관'이다. 즉 평상시 정책활동에서는 기존 패러다임 하에서 큰 폭의 변화가 없는 문제정의가 이루어진다(그래서 '점증주의 정책관'의 문제정의와 별로 다르지 않는 것으로 이해될 수도 있다). 그러나 패러다임 교체기에는 큰 폭의 차이가 나는 문제정의가 이루어진다는 구조적 본질을 드러내주는데, 그 큰 폭이 때로는－공약불가능할 정도로－완전히 정반대의 문제정의까지도 가능한 '정책혁명' 유형이라는 것이다. 그렇지만 패러다임이 대부분 점진적으로 교체되기 때문에(점진적 진화변혁 유형) 한 번의 문제정의로 끝나지 않는 경향이 많다. 꾸준히 기존 패러다임 하의 문제정의와 타협적인(다만, '점증주의 정책관'의 문제정의보다는 더 의미 있게 더 큰 폭으로) 문제정의가 연속적으로 새롭게 이루어져 간다. 그러면서 때로는 그 안에 다소의 정책혁명식의 문제정의도 포함한다(정책혁명과 점진적 진화변혁의 절충 유형). 그리하여 결국에는 의미 있는 정책변혁(significant transformation)의 결과로 귀결될 정도로 혁신적인 문제정의가 이루어지는 구성론적 관점을 보여준다는 것이다. 이와 같이 문제정의를 비롯한 전체 정책과정은 '정책기조'를 중심에 둔 '패러다임 정책관'에 의해 이해할 때만 다양한 구성론적 관점에 대하여 올바로 이해할 수 있게 된다(박정택, 2018: 145-147).

나침반과 이정표의 역할을 한다. 그리고 정책목표를 달성하는 데 필요한 정책대안의 범위를 설정하고, 그 범위 내에서 가능한 정책대안을 개발하고 분석하며 선정하는 데 길잡이 역할을 함으로써, 적절한 정책을 채택(결정)할 수 있게 하는 기능을 한다. 이와 같은 정책기조의 기능 때문에, 정책 참여자들은 정책과정의 전 과정을 통해 끊임없이 자신들이 주장하는 논리와 부합되는 정책기조 논리가 채택되도록 공식적이거나 비공식적인 노력을 다한다.

4) 정책집행과 정책평가의 방향과 기준

정책기조는 정책집행 과정에서 발생할 수 있는 정책표류(policy drift)를 방지한다. 정책표류란 정책집행 과정에서 기본정책의 취지, 방향, 성격 등을 이탈한 것을 말한다. 집행 과정에서는 집행 현장의 상황, 집행기관과 집행 담당자의 여건과 능력, 집행 시기 등과 같이 집행의 신축성을 고려하지 않을 수 없는데, 이 과정에서 자칫 기본정책의 취지나 방향을 왜곡하고 잘못 집행할 가능성을 배제할 수 없다. 이 경우 정책기조가 바로 기본정책의 취지, 방향, 성격 등을 규정하므로 길잡이 역할을 하기에 가장 적합하다고 할 수 있다. 따라서 사전에 정책표류를 예방함은 물론이고, 일시적으로 정책표류 현상이 있더라도, 정책기조가 분명한 경우에는 정책기조에 따라 다른 기관이나 하부 집행기관, 집행 담당자들에게 지침과 기준을 제시함으로써 표류를 방지할 수 있게 해준다.

또한 정책기조는 정책평가에서 가장 중요한 정책평가의 상위 또는 최종적 효과, 그리고 민본적 효과를 판정하는 기준이 된다. 정책을 집행한 정책 효과(policy effect)는 단일 차원으로 끝나지 않는다. 즉, 정책에 의한 직접적 · 단기적 · 계량적 · 1차적 효과로서 정책산출(policy output)이 나타나고, 이어서 2차적 효과로서 정책결과(policy outcome)가 나타나고, 질적 · 장기적 · 3차적 효과로서 정책영향(policy impact)이 나타난다. 여기에서 2차적, 3차적 정책 효과인 정책결과나 정책 영향이 바로 상위 목적이나 이상 가치(최고 목표) 차원의 정책기조에 비춰본 정책평가의 차원이 된다.

5) 복잡한 분석 및 평가 요소들에 대한 단순화

정책기조는 정책과정에서 직면하는 수많은 문제를 몇몇 소수의 핵심적 가치 판단을 요하는 문제로 단순화해 이해하고 선택하게 해준다. 정책과정에서는 문제 및 정책대안에 내재한 장점과 단점들, 편익과 비용들, 우선순위 등 수많은 분석과 판단 요소와 평가 항목들을 인식하고 비교해 체계적 · 논리적으로 이해하고 선택한다. 이 과정에서 정책기조는 소수의 핵심적 가치 판단 항목들로 단순화해 비교적 분명하게 취사선택할 수 있는 기준을 제공하고 합리적 담론의 매개 역할을 한다.

이상과 같은 정책기조의 구조와 기능 등에 관한 논의는 정책결정자의 정책에 관한 리더십과 관련해 많은 것을 시사한다. 무엇보다도 정책결정자는 정책기조를 분명하게 제시하고 공동체나 조직의 구성원이 이를 공유하게 함으로써, 일일이 관여하거나 간섭하지 않고도 구체적인 정책을 형성하고 집행하며 평가하는 데 정책리더십을 발휘할 수 있다. 즉, 정책기조를 통해 효율적으로 조직구성원을 지휘 · 감독하는 등 공동체나 조직의 목표를 달성할 수 있는 정책 리더십을 발휘할 수 있다(박정택, 2007; 2018a).

제 3 절 정책기조 논리의 주요 구성 인자

정책기조 논리의 구성 인자들은 모두 인간, 사회, 세계 등에 대한 인식, 판단, 이상 가치의 지향 등을 내포한 인간의 기본적인 논리, 사고, 신념, 선호 등을 나타내고 있는 점에서 본질적으로는 서로 유사하고 명확히 구분하기 어려운 성격을 지니고 있다. 그렇지만 정책기조의 본질을 이해하는 데 중요하므로 정책기조 논리의 구성인자들을 나눠 살펴보기로 하겠다.[8)]

1. 사상

동서양의 역사를 통해 수많은 사상이 생성, 소멸하면서 널리 인간의 의식과 행동을 포괄적으로 규정하고 지배해 왔다. '사상'이란 인간, 사회, 세계 등에 대한 통일된 판단 체계로서의 포괄적 견해(김민수 외, 1991: 1454)를 말하는데, 이러한 사상은 공공정책 분야에서는 정책기조의 논리를 구성하는 인자로서, 일련의 관련된 정책들의 내용, 과

8) 정책기조와 관련된 문헌을 보면, 본문에서 말하는 사상, 이념, 원리, 이론, 철학, 가치 등의 용어를 많이 사용하고 있음을 볼 수 있다. 예컨대, 데이비드(David, 1985)는 그의 저서 *The IMF Policy Paradigm*의 곳곳에서 ideology, principle, theory, philosophy 등의 용어를 쓰고 있다.

정, 성격, 방향 등을 규정하고 지배해 왔다. 특히 사상은 국가적 차원, 이를테면 국가정책 전체의 지표 또는 지침의 구실을 하는 정책기조의 논리가 되어 왔다. 국가 권력의 원천에 관한 군주 주권 사상과 국민 주권 사상이 그런 예의 하나다. 현대 민주국가에서는 당연히 '국민 주권의 사상'을 헌법에 선언해 놓고, 그러한 궁극적 정책기조 논리에 따라 대의제(대표민주제)와 국민투표제, 다수결 원리, 선거제도, 복수정당제, 정치적 기본권의 보장, 지방자치제의 채택 등과 같은 개별 정책들을 지도하게 되어 있다. 또 오늘날 모든 정책이 국민을 위한 민본적 효과를 목표로 하고 있고, 이를 위해 '참여민주주의'의 기치 아래, 정책이 민주적 · 개방적 · 참여적 절차와 과정을 거치게 되어 있는 것도 국민 주권 사상의 국가적 정책기조를 구현하는 것이다. 또 현대 국가는 '복지국가 사상'의 정책기조 논리의 영향을 받아 생활 무능력자의 국가적 보호, 근로자의 최저임금제 실시, 근로 기준의 제정 및 감독, 근로자의 노동3권 보호, 소비자운동의 보호 등의 정책을 채택하고 있다. 또한 오늘날 유럽인들의 생활 자체를 획기적으로 바꾼 수많은 정책의 근원에는 '유럽 통합' 사상이 자리 잡고 있다.

2. 이데올로기

정책 참여자들은 현상을 인식하고 평가하는 인지적 틀(appreciative system), 그것도 완전히 개인적인 것이 아니라 여러 사람이 쉽게 공유할 수 있는 상호주관적(intersubjective)인 성격의 사회적 인식과 평가의 틀(Vickers, 1965: 67-74, 173-181)을 통해 정책과정에 참여한다. 그리고 이 상호주관적인 인지적 틀은 그 사회를 지배하는 이데올로기를 수용하기 마련이다. 그래서 결국 정책은 정책 참여자들의 인지적 틀을 통해 그 사회의 이데올로기를 반영하는 것이다.[9] '이데올로기'(이념)란, 어떤 집단이 특별한 이성 작용 또는 사유 과정을 거치지 않고, 단순히 진리 또는 당위로 받아들이는 신념 또는 가치체계를 의미한다. 소리 없는 이념 전쟁은 총칼을 사용하는 무력전쟁보다 더 무서울

9) 이데올로기는 인간과 사회의 현상에 대해 일반적으로 조성된 관점, 지식, 소망, 동기, 그리고 태도의 묶음으로서 나타난다(Sargent, 1972: 1-2). 이데올로기를 중립적인 학술적 정의로 "개인이나 집단이 직면하고 있는 사회 · 정치적 상황을 특정한 방향으로 이해시키고 결정을 내리도록 유도하기 위해 복잡한 사회 현상을 단순하게 설명하는 데 사용되는 신념이나 개념의 체계"라고 하기도 한다(Gould, 1966: 315-317). 이데올로기는 하나의 분명한 세계관을 형성해 주고, 이 세계관을 통해 현존하는 세계와 바람직하다고 생각하는 세계를 인식하고 평가하게 해준다(허범, 1989: 11-27).

수 있고, 무력전쟁도 이념전쟁을 앞세우거나 동반시킨다. 과거 조선을 비롯한 중국의 전면 개항을 강제한 이념은 '자유무역주의' 이념이었는데, 심지어 '아편'마저도 '자유로운 거래'라는 미명으로 포장되었다. 구미 선진국은 통상정책에서 '보호무역주의' 이념으로 출발해 경쟁력을 갖춘 뒤, 자유무역주의로 전환해 이를 주창하고 강요하며 자국 이익을 극대화해 나갔던 데서, 올라왔던 사다리를 걷어차 버리고 올라오라고 한 것으로 비유되기도 한다(장하준, 2004; 유용태, 2010: 119).

정치적 이데올로기가 판이하게 다른 미국과 구소련이 그 내용과 성격이 뚜렷하게 다른 정책을 형성하고 집행함은 말할 것도 없다. 그런데 정치적 문화가 상당히 비슷하고 정책 구상의 상호 교환이 비교적 활발히 일어나고 있는 유럽의 여러 나라와 미국 사이에도 그 이데올로기의 미묘한 차이에 따라 정책의 차이가 나타난다. 즉, 미국보다 사회민주주의 이념을 선호하는 서유럽 국가들은 최저 소득과 보건의료 등 복지 서비스를 제공받는 것은 시민의 기본적 권리이고 그 서비스는 사회 책임으로 간주해 제공하고 있고, 사회복지에 지출하는 예산의 비중도 크다. 그에 비해 사회주의 이념을 배척하는 미국에서는 병들고 가난한 사람들에 대한 복지 서비스가 유럽에서는 받아들여질 수 없을 만큼 제한되어 있고, 서유럽 국가들에 비해 사회복지에 지출하는 예산의 비중도 더 작다.10)

미국·일본·한국 등의 보건의료 서비스 공급은 자본주의적 이데올로기를 반영한 사적 의료전달 체제를 채택하고 있어서, 원칙적으로 의료인의 개인 영리적 차원에서 사적 소유의 개인 의료기관을 중심으로 수요자인 환자의 자유 선택에 의해 의료 서비스가 공급되는 체제다. 반면에 중국·북한·러시아·영국 등의 그것은 공적 의료전달 체제를 채택하고 있어서, 원칙적으로 모든 의료 서비스는 사적 소유가 아닌 국가 소유의 의료기관에서 공무원으로서의 의료인에 의해 국민에게 가용한 의료자원 내 우선순위에 따라 배분된다.

우리 주위에서 가장 흔하게 거론되는 이념이 '보수파'(conservative)와 '진보파'(lib-

10) '발전'이 단순한 경제 성장만이 아니라 '인간 자유의 확대'라는 관점에서 빈곤, 복지, 인권 등의 본질을 분석한 공로로 1998년 노벨경제학상을 받은 인도 출신 영국 경제철학자 센(A. K. Sen)은 실제로 20세기 말-오바마 대통령이 의료보험을 다소 확대하기 전-까지 4천만 명이 넘는 미국 사람들은 대부분 경제적인 이유나 보험회사가 꺼리는 이유(현재 건강 상태) 때문에 보험에 가입하고 있지 않으므로 어떤 종류의 의료보호나 의료보험도 제공받지 못한 상태에 있다고 지적했다(Sen, 1999; 박우희, 2001: 129, 132, 160).

eral)의 이념이다. 이는 정치사회적 · 경제적 · 교육적 · 문화적인 여러 분야에서 나타나고 있다. 한 예로 경제적 측면의 이념을 보자면, 대체로 보수는 정부보다 시장을 선호하므로 작은 정부의 효율성, 시장의 자유경쟁, 그리고 자본의 이익(축적)을 선호한다. 진보는 시장보다 정부를 선호하므로, 강한 정부의 민주성, 시장의 공정경쟁, 그리고 노동의 이익(분배)을 선호한다.

3. 철학

'자신의 지식 · 경험 등을 토대로 형성된 기본적인 생각'을 흔히 일상적 의미에서 그 사람의 '철학'이라고 한다면, 정책과정의 참여자들은 어떤 특정 분야의 정책과정에 참여하면서 자신의 철학을 실제 정책에 반영하고자 노력하게 된다. 그래서 정책은 철학의 행동화이고, 철학과 행동의 통합(policy is philosophy in action)이라고 할 수 있다. 조선 시대 말기 쇄국정책은 당시 성리학 유학자들의 독선주의의 철학에서 나온 산물이었다. 흔히 한 국가의 대통령의 국정에 관한 일정한 정책기조를 '국정철학'이라고 말하는 경우가 많다. 그런가 하면 학교의 최고 책임자인 교장이나 총장의 학교 운영의 기본 철학, 곧 '교육철학'은 그 교장이나 총장의 정책기조 논리에 해당한다. 그리하여 오랫동안 교육 분야에 종사해 온 교육자나 교육행정가의 '전인적 인간의 육성(전인교육)'의 교육철학은 학생들이 지 · 덕 · 체의 균형 잡힌 성장을 위해 전체 교과과정의 기본적인 성취를 요구하고 필요한 통제를 가하는 일련의 교육정책과 학교행정을 낳는 교육정책기조 논리를 구성할 것이다. 이에 비해 '적성과 소질의 계발과 발달'의 교육철학을 토대로 한 교육정책기조 논리는 학생의 적성과 소질에 따른 선택권과 자율권을 존중하는 교육정책과 학교행정을 추진할 것이다. 또 '대중 교육'보다는 '엘리트 교육'을 선호하는 교육철학에 바탕을 둔 교육정책기조 논리는 학생들 간 경쟁을 통한 우수한 인재의 발굴과 지원에 큰 비중을 두는 교육정책을 지향할 것이다.

4. 원리 · 원칙

어떤 정책 분야에서 널리 수용되고 있는 기본적인 규칙이나 법칙, 원리와 같은 기본 원리나 원칙에 기초한 정책기조 논리도 있다. 현행 헌법 제121조에도 규정된 '경자유전

(耕者有田)의 원칙'이 그 예라고 할 수 있다. 즉, "국가는 농지에 관하여 경자유전의 원칙이 달성될 수 있도록 노력하여야 하며, 농지의 소작제도는 금지된다"(제121조 제1항). 다만 예외적인 규정으로 "농업생산성의 제고와 농지의 합리적인 이용을 위하거나 불가피한 사정으로 발생하는 농지의 임대차와 위탁경영은 법률이 정하는 바에 의하여 인정된다"(제121조 제2항). 이에 따라 관련 법률 등에서 농지는 원칙적으로 농사를 짓는 농민이 소유하도록 하고, 농민 아닌 사람의 농지 소유 자체를 규제(소유 상한, 취득의 규제 등)해 오고 있다.[11]

또 교육정책의 기조 논리로서 흔히 논의되는 대원칙이 '기회 균등의 원칙'과 '다양한 기회 부여의 원칙' 등이다. 이들 원칙의 교육정책기조는 현실에서 의무교육제도의 점진적 확충 정책이나 다양한 분야의 전문 또는 특수 교육을 위한 정책으로 나타나고 있다. 그 외 남북간 군사적 긴장 상태를 완화하고 통일의 초석을 다지기 위해 '정경 분리 원칙'을 채택해 남북간 경제협력사업을 확대하거나, 경제정책, 교통건설정책, 환경정책 등에서 개발과 환경 보전을 조화시키는 '지속 가능한 개발 원칙'을 채택해 적용하는 것이 원리·원칙에 의한 정책기조의 예다. 하이에크를 필두로 한 경제학이론으로서 신자유주의의 보수적 경제정책기조 논리는 특별히 '시장원리'(market principle)를 강조한다. 또 문화예술정책 분야에서 자주 논란의 대상이 되고 있는 예가 '팔길이 원칙'(arm's length principle)이다. 이는 '정부 혹은 공공기관에서 자금 지원은 하되, 예술창작 행위와 관련하여 간섭하지 않는다'는 원칙이다(김호균, 2014: 18-23).

5. 이론

기존 학설에 바탕을 둔 것이건 또는 자기들 나름으로 생각해 낸 것이건 간에, 정책구성에는 항상 이론이 사용된다(강신택, 1981: 443). 정책문제를 해결하기 위한 정책이 명시적이건 잠재적이건, 또는 체계적이건 비체계적이건, 그런 정책의 구성에 참여하는 사람들은 그 나름의 원인-결과 관계에 관한 '이론'을 가지고 있는 것이다.[12] 그래서 정

11) 그러나 1993년 말 쌀 등 농산물의 수입을 개방할 수밖에 없는 우루과이 라운드 협상의 타결로 농업과 농촌의 피폐화를 우려한 정부는, 급기야 1994년 초 농산 법인의 농지 소유를 허용하거나 농지 취득의 규제 철폐, 농지 전용 제한의 폐지 등으로 완화하겠다고 발표했다. 그러나 그 전면적 전환은 엄밀한 의미에서 헌법 개정 사항이다.

12) 다소 엄격하게 말하면, 이론이란 체계적으로 관련된 일련의 언명으로서, 경험적으로 검증 가능한

책기조 논리를 구성하는 또 하나의 인자로서 이론을 들 수 있다.

그 예로, 현대 한국 역사에서 정책기조 논리로서의 이론의 중요성을 극명하게 드러낸 사건이 1997년 말 소위 'IMF 관리체제'(혹은 신탁통치)였다. 외환 보유고의 부족으로 국가 부도의 위기에 처했을 때, 구제금융을 요청받은－미국이 주도하는－국제통화기금(IMF)이 당시 선진 산업국가의 주류 경제이론에 입각하여, 우리 정부에 외화 대출을 해주는 대가로 혹독한 고금리의 금융정책, 긴축적 재정정책, 금융기관·기업 등의 강력한 구조조정을 요구하였다. 이로 인하여 수많은 은행·기업·자영업자가 도산하고 인수합병(M&A)되면서 일거에 경제계의 지형이 바뀌었다. 수많은 실업자·명예퇴직자·노숙자·자살자·가정 파탄자가 발생하였으며, 국민은 모두 허리띠를 졸라매며 '금 모으기'로라도 힘을 보태려고 안간힘을 썼다. 나중에 IMF는－자신들의 요구가 무리였음을 시인하면서－2008년 미국 발 금융 위기 이후－동일한 상황인데도 우리와는 정반대로－초저금리와 양적 완화(QE, quantitative easing)의 확장적 재정금융정책을 옹호하고 있고, 지금은 전 세계적인 토대 이론이 되고 있다(박정택, 2018: 174-175).

또 다른 예로 교육의 본질과 관련된 이론에 따른 교육정책기조 논리를 들 수 있다. 최근 교사 중심으로 학습자를 가르쳐야 한다고 보는 전통적인 이론을 비판해, 교사의 도움을 받되 학습자가 스스로 학습을 하는 것이 교육의 본질이라는 구성주의(constructivism) 교육이론이 널리 받아들여지고 있다. 이에 따라 정부도 2000년부터 2004년에 걸쳐 초·중·고교에 '학습자 중심 교육정책기조 논리'를 뼈대로 하는 제7차 교육과정을 도입했다(이상구, 2001; 목용해, 2003).

6. 가치

정책과정에 참여하는 자는 누구나 명시적이든 묵시적이든 자신(또는 집단)이 선호하는 가치를 실현하고자 하는데, 이러한 가치가 바로 정책기조 논리를 구성하는 한 인자가 된다. '가치'란 일반적으로 개인이나 집단이 가지고 있는 바람직한 것, 옳은 것 또는

것인데 거기에는 법칙 비슷한(lawlike) 일반론을 포함하고 있는 것을 말한다. 그래서 이론은 실질적으로는 어떤 현상의 규칙적인 사실 관계에 관한 주장이고, 형식적으로는 법칙(일반론)들의 체계화된 연결이라고 말한다. 그런데 좀 더 상식적 의미로 말하면, 이론은 현상의 뒤에 숨겨진 경험적·논리적 규칙성을 설명해 주고 그것을 예측하게 해주는 어떤 실체와 과정에 관한 일반론적인 생각이라고 할 수 있다(Rudner, 1966: 10; 강신택, 1981: 57-58, 442).

좋은 것에 대한 관념으로서, 바람직한 대상 자체를 가리키기도 하고, 어떤 것이 얼마나 바람직한 것인가를 평가하는 기준을 뜻하기도 한다. 1951년 "정책 지향(The Policy Orientation)"이라는 논문을 통해 정책학을 제창한 라스웰은 정책학의 목적이 '인간의 존엄성'이란 최고의 가치를 실현하는 데 있음을 제시했다(Lasswell, 1951: 10; 1971: 4, 34-42). 현실적으로 구체적 가치로 표현된 정책기조도 그 적합성에 관한 논쟁이 벌어질 경우 다시 그보다 상위의 가치 논쟁으로 비화하는 경우가 많다. 예컨대, 운전자의 안전벨트 착용 의무화를 놓고 서구 국가에서는 과거 수년간 지루하리만큼 긴 격론을 벌인 끝에 결국 착용 의무화가 결정되었다. 그렇지만 이 문제는 단순히 '교통사고 시 인명 피해의 최소화'라는 가치를 넘어서서, 개개인의 행복과 안녕을 위해 정부라는 공권력이 어디까지 개인의 생활 영역에 개입해야 하는가라는 논쟁이었다. 즉, '개인의 자유 또는 사적자치'와 '정부 개입의 한계'라는 본질적인 가치를 둘러싼 논쟁이었기 때문에, 그 채택 과정에서 공론화하게 되고 팽팽하게 찬반이 엇갈렸던 것이다. 또 1960년대 미국의 '빈곤과의 전쟁'(War on Poverty)은 그 당시 빈곤이 증가해서가 아니라 케인스 혁명에 따른 경제정책기조의 변화와 함께 빈곤에 대하여 무엇인가를 해야 된다는 요구를 낳은 '가치관의 전환'(a shift in values)의 결과라고 한다(Rose, 1991: 8-12). 또한 동방정책을 당론으로 추진한 서독 사민당은 당내에 동구권 접촉을 전담하는 그룹을 두고 정책을 개발하고 다듬었는데, 그 그룹의 이름이 '근본가치위원회'(Grundwertekommission)였다(Bark and Gress, 2004: 445). 사법부는 법 집행을 책임지고 있는 데서 더 나아가, 사회의 주요 쟁점에 대하여 사회의 근본적 가치선택에 관한 최종적인 판단을 내려주는 이른바 정책법원의 기능을 담당하므로(박시환, 2014), 주요 정책의 정책기조 논리에 큰 영향을 미친다.

제 4 절 정책기조의 형성

정책 당국이 정책과정을 합리적으로 운용하기 위해서는 먼저 구체적인 개별 정책들을 생성시키고 변동시키며 소멸시키는 정책기조의 형성에 관해 올바로 이해하고 이를 토대로 기획하고 관리할 필요가 있다. 정책결정자의 경우에는 정책 리더십을 발휘해 성공적인 지도자가 되기 위한 일련의 과정을 시작하는 첫 출발에 해당하므로 특별히 더 중요하다.

1. 현대 민주국가의 정책기조 형성의 의의

정책기조는 그 사회가 나아갈 미래의 모습을 포함하므로, 사실상 사회나 조직 구성원의 가장 큰 이해 관계를 반영한다. 국가의 경우, 과거 전제군주 시대에는 집권자를 비롯한 집권 세력이 모든 정책의 기초인 기본 가치를 독점적으로 논의하고 그와 다른 이단적 사고를 억압함으로써 정책기조를 독점적·전제적으로 형성해 왔다. 그러나 개방적이고 경쟁적인 정치 과정과 사회 과정에 의해 정책과정이 운용되는 현대 자유민주주의 국가에서 정책기조의 형성은 여러 논의를 분출하면서 서로 자신(자기 집단)의 주장을 정당화하고 관철하고자 노력하는 동태적 과정의 특성을 보인다.

현대 자유민주국가 정부정책의 경우, 정부는 그 공식적 권한에 의해 정부 입장의 정책기조를 제시하면서 국민의 동의와 지지를 구한다. 반면, 정부 입장에 동조하지 않는 집단, 예컨대 야당, 시민단체, 관련 이익단체 등은 정부의 정책기조를 대체하거나 수정할 대안적 정책기조 논리를 제기한다. 정부와 이들은 서로 더 많은 시민의 동의와 지지를 구하고자 하는데, 이때 필요할 경우 서로 연립, 협상, 대결 등의 활동이 다양하게 전개된다. 이 과정은 특히 대중매체와 정보통신기술의 발달과 영향으로 인해 정책기조 형성 과정의 동태성을 증폭시키게 된다. 이렇게 현대 민주국가의 거버넌스(governance)에서는 그 어느 때보다도 대중매체와 정보통신기술의 발달로 정책기조 논리의 공론화가 활발하게 이뤄지고 있고, 마치 법정에서 변론하는 방식의 정책기조에 관한 논증 활동이 두드러지고 있다.

현대 민주국가에서 정책기조의 형성은 국가 차원의 경우, 일반적으로 다음과 같은 특징을 지닌다.[13]

---

13) 현대 민주국가의 정책기조의 형성에 관한 이해는 '국가와 사회의 관계'(state-society relations)에 관한 관점에 따라 의견이 엇갈린다. 우선 그 논쟁을 단순화해 보면 사회 중심적 관점과 국가 중심적 관점으로 나뉜다. 정책결정 현상에 관한 전통적인 '사회 중심적 관점'을 대표하는 다원론자(pluralists)는 이해 관계에 따라 조직화된 이익집단 등에 의한 일련의 사회적 압력이 정부에 가해지고 이때 가장 강력한 연립 세력 중심으로 정책기조 논리가 형성되고 변동한다고 본다. 이는 선거와 같은 제도적 구조(institutional structure)에 따라 선거에서 승리해 집권한 후 그들이 대변하는 이익

첫째, 정책기조의 형성은 궁극적으로 그 성격상 정치적 판단을 요구한다. 정책기조 논리의 채택은 공직자와 전문가의 관점 변화와 논증(논변)뿐만 아니라 정당, 언론, 이해집단, 시장의 압력과 같은 여러 요인을 감안하게 된다. 이때 궁극적으로 특정한 논리의 정책기조의 채택은 선거 과정과 같은 사회적 논의에 반응하면서 정치인들이 주도적인 역할을 한다. 그 최종적인 결정은 예컨대 대통령 후보와 같은 결정권자에 의해 이뤄진다.

둘째, 따라서 정치인들이 누구의 주장을 더 권위가 있는 것으로 받아들일 것인지를 결정해야 하는 과정에서 정책기조의 형성은 서로 대립되는 주장에 관한 '권위의 문제'로 귀결된다. 즉, 정책기조의 형성은 일종의 '정책의 내용과 과정에 관한 권위의 소재'(locus of authority)를 결정하는 과정이라고도 할 수 있다.

셋째, 기존 정책기조를 바꿔 새로운 정책기조를 형성하는 것은, 현실 문제의 해결을 위한 현행 정책들의 시도(정책실험)가 소기의 효과를 창출하지 못하는 '정책실패의 사례'가 중요한 계기가 된다. 또 정책 실패의 사례가 많아질수록 새로운 정책기조를 촉진하는 역할을 한다.

넷째, 이렇게 보면 결국 정책기조의 형성은 권력을 쟁취함으로써 그들의 이익을 반영·실현하고자 한다는 전통적인 '권력 추구'(powering)뿐만 아니라, 언론, 정당 및 정치인, 공직자, 학자 등이 공론화 과정을 통해 공공문제의 해결을 추구하기 위해 아이디어를 찾는 심도 있는 '지적인 탐구 작업'으로서 일종의 사회적 학습 과정이다.[14]

을 구현하는 것과 같은 권력 추구(a struggle for power)의 산물이 정책기조라고 보는 관점이다. 이에 비해, 1970~80년대 이후 자본주의 체제의 지속성을 탐구하면서 크게 대두한 '국가 중심적 관점'을 대표하는 국가론자(theorists of the state)는 입법부, 사법부, 행정부로 대표되는 국가가 사회의 이해집단으로부터 상당한 정도의 독립성과 자율성을 갖고 국가 이익에 입각해서 고위 공직자와 전문가들에 의해 국가 중심적인 정책기조를 형성한다고 본다. 이는 주로 관료정치(bureaucratic politics)와 정책 유산(policy legacy)의 영향력 하에서 정책기조가 형성되고 변동한다는 것이다. 그런데, 홀(Hall, 1993. 275-296)은 '정책기조'와 '사회적 학습(social learning)'의 개념을 중심으로, 국가론의 토대 위에서 위의 두 관점을 절충하는 실증적인 연구 결과를 발표했다. 여기에서는 홀의 견해를 중심으로 간단히 요약한다.

14) '사회적 학습(social learning)' 개념은 처음 헤클로(Heclo, 1974)가 영국과 스웨덴의 사회정책 결정의 연구에서 권력 추구(powering)가 아닌 불확실성 속에서 사회를 위한 집합적 해결 방안의 강구(collective puzzlement), 즉 사회적 학습의 과정으로 정책결정을 이해하면서 정책학에 도입했다. 사회적 학습은 "어떤 한 시점의 정책변동은 분명히 그 이전 시점의 정책과 그 결과의 반응이다"라는 표현으로 대표되는 바와 같이, 공직자와 정책연구기관에서 조언하는 '국가 내부'의 정책의 '전문가들'이 기존 정책에 대한 '경험'에 의해 긍정적이거나 부정적인 반응(환류)을 갖게 되는 학습과, 관련 '정보'의 교류 등에 의한 '지식'의 증가로 정책의 변화를 추진한다는 것으로 이해된다. 헤클로(H.

2. 정책기조 형성의 정책혁명 모델과 점진적 진화 변혁 모델

정책기조의 형성이 중요하고 그에 관한 기획관리 활동의 중요성이 인식되면서, 정책기조의 형성 과정을 구체적이고 경험적 차원에서 분석·평가하고자 하는 학문적 노력들이 나타났다. 그 대표적인 예는 홀(P. A. Hall)이 케인스 학파의 경제정책으로부터 통화주의 학파의 경제정책으로 거시경제 정책기조를 변동(전환)시킨 영국의 '정책아이디어의 변동', 곧 정책기조 논리의 변동사례에 대해 연구한 것을 들 수 있다. 그는 종전의 기조가 통용되는 기간(an old period), 전환 기간(a transitionary period), 그리고 새로운 기조가 등장하는 기간(a new period)을 언급하고, 처음으로 '정책기조의 변동 과정의 모델'(a model of paradigmatic policy change)을 제시했다(Hall, 1990: 53-78; 1993: 275-296). 이를 계기로 '패러다임 정책관'에 대한 관심이 폭증하였고, 경험적인 사례에 관하여 활발하게 연구된 정책기조 변동에 관한 결과(정책기조 변동 이론)는 크게 '정책혁명 모델'과 '점진적 진화 변혁 모델'의 두 가지로 논쟁이 벌어졌는데, 아래에서는 그것을 절충하여, 대체로 점진적 진화 변혁 모델이 주류를 이루고, 특수한 경우에 정책혁명 모델이 발생한다고 보는 '절충 모델'까지 세 가지로 구분해 설명하기로 하겠다.

1) 정책혁명 모델

이는 정책기조의 변동이, 마치 토머스 쿤이 말하는 과학혁명과 같이, '단속적(斷續的, 끊어졌다 이어졌다 하는 불연속적)인 사건'으로서의 '심대한 변동'(profound change as a discontinuous event)이 짧은 기간 동안 간헐적으로 중간에 나타나고, 나머지 긴 기간 동안에는 기존 패러다임의 지배를 받는 '안정된 평상정책'이 지속되는 정책기조 변동의 모델을 말한다. 이는 홀이 정책변동을 질적으로 다른 두 유형, 즉 일상적인 미세조정을 해 나가는 '평상정책결정'(normal policymaking)인 정책변동으로서, ① 장기적으로 안정적인 1차적 변동과 2차적 변동 차원의 '점진적 정책변동'과, ② 단기간의 매우 불안정한 3차적 변동으로 나눈 데서 비롯된 모델인데, 정책기조에 해당되는 3차적 변동의 '급

Heclo)는 실증적 연구를 토대로, "많은 정치적 상호작용은 정책을 통해 표현된 사회적 학습의 과정이다"(Heclo, 1974: 305-306)라고 하면서, 정치적·사회적·경제적 조건보다 더 중요한 것이 '과거의 정책에 대한 정책 유산과 의미있는 대응'으로 보는 입장이므로, 정치인, 정당, 선거, 조직화된 이익집단 등의 국가 외부적 역할을 경시하고, 사회적 압력으로부터 자율적으로 행동하는 국가의 능력과 엘리트들의 해석을 강조한다.

격한 패러다임 전환(paradigm shift)의 정책변동'을 일컫는 것이 정책혁명 모델이다. 홀은 정책변동의 과정을 세 가지 변수, 즉 정책을 지도해 주는 상위의 정책목적(over-arching goals), 정책목적을 달성하고자 이용되는 정책수단(policy instruments), 그리고 정책수단의 구체적 설정(settings of policy instruments)의 변수에 따라, 각각 3차적, 2차적, 1차적 변동으로 나눈다. 정책수단의 구체적 설정과 같은 1차적 변동(first-order change)은 과거의 불만족스러운 정책 효과로부터 학습한 결과로, 예산 편성 때마다 할 수 있을 정도로 자주 변경할 수 있다(예로서 여신금리 수준의 조정). 또 정책수단 자체의 변경과 같은 2차적 변동(second-order change)도 지난 불만족스러운 정책효과로부터 정부의 관계자들이 학습한 결과로, 몇 년에 한번씩 정도로 1차적 변경과 함께 변경할 수 있다(예로서 여신규제제도의 도입과 그에 따른 금리 수준의 변경). 그런데 정책의 전반적 목표의 변경, 이에 따른 정책수단의 변경과 그 구체적 설정과 같은 전반적이고 동시적이며 급격한 전환 방식(radical shift)의 변경과 같은 3차적 변경(third-order change) 과정에 적합한 개념이 바로 '정책기조(policy paradigm)의 변동'이라고 규정하였다. 그리고 그 변경은 정부 관료는 물론, 전문가, 정치인, 관련 민간 집단, 언론 등 전체 사회가 관여하는 일종의 사회적 학습에 의하여 이루어진다고 주장하였다(Hall, 1993: 278-280, 284, 289-291; 박정택, 2018: 201).

홀은 그렇게까지 단계를 구분하여 모형화하지도 자세히 설명하지도 않았는데, 하울렛이 홀의 과정 분석을 단계화해 '정책기조의 변동 모형'(model of policy paradigm change)이라고 부르고, 정책혁명을 6단계로 정식화해 캐나다 원주민 정책패러다임의 변동에 적용했다(Howlett, 1994: 631-649). 그의 6단계 모델은 정책기조의 형성과 안정화 단계, 이변의 누적 단계, 실험 단계, 권위의 단편화 단계, 경쟁 단계, 새로운 정책기조의 제도화 단계였는데, 앞의 6단계 중 처음 두 단계는 '기존 정책기조의 통용 기간'(an old period), 그 다음 세 단계는 '전환 기간'(a transitionary period), 그리고 마지막 단계는 새로운 정책기조가 제도화되고 관련 정책공동체의 구성원들이 그 주도권(hegemony)을 수용하기에 이른 '새로운 기조가 등장하는 기간'(a new period)이라고 하였다. 캐나다 정부의 원주민에 대한 정책기조는 과거의 군사적 보호(protectionist)에서 출발하여, 1860~1930년간에 걸쳐서 동화(assimilation) 또는 통합(integration)이었다가, 1994년까지 자치(self-government)와 평화 공존(peaceful coexistence)이 나타났다고 분석하고, 원주민들이 정책공동체의 한 구성원이기는 했으나, 실질적인 목소리를 낼 수 있는 정책망의 한 구성원이 되는 데 난관이 있었던 요인 때문에 오랜 기간에 걸쳐서 일어났다고 주장했다. 그러나 20여년이 지난 후 하울렛은 많은 경험적 연구로 밝혀진 점진적 진화 변혁 모델을 지지하는 쪽으로 그의 입장을 바꿨다(Wilder and Howlett, 2015). 정책혁명론의 가장 중요한 특징은 '정책기조 A에서 그와 전혀 다른 정책기조 B'로 혁명적으로 한 번에 급격하게 변동된다는 점이다. 여러 학자들은 다음의 점진적 진화 변혁 모델을 지지하더라도, 정책혁명론이 위기 시와 같이 특정한 경우에 한해 일정 부분 타당할 수 있음(절충론)을 인정하고 있기도 하다(Kern, Kuzemko & Mitchell, 2015: 272 등).

2) 정책기조의 점진적 진화 변혁 모델

홀의 정책혁명 모델이 나온 후 많은 학자들이 그동안 많은 후속 연구들을 통하여 보여준 가장 중요한 진전 사항은 패러다임 내 변동(within-paradigm change)에 해당하는 '평상적'(normal) 정책결정과 패러다임 간 전환의 '급격한'(radical) 정책결정 사이의 2분법(dichotomy)에 의문을 제기하고 새로운 사실을 발견해 낸 점이다. 즉 정책이 패러다임 간 전환이란 변동에 있어서도 반드시 서로 양립할 수 없을 정도로 전혀 다르게, 또 급격하게만 변동하지는 않고, 현실 정책세계에서는 점진적인 변동의 형태(more gradual forms of change)의 전환이 많다는 사실, 또 정책기조들 사이에도 서로 충분히 양립할 수 있다는 사실(fully compatible), 그리고 '구조'보다는 '행위자'(agency)의 요인을 더 고려하지 않을 수 없다는 사실을 발견하였다. 이 정책기조의 변동 모델을 '점진적 진화 변혁 모델'(gradual evolutionary transformation) 혹은 '점진적인 변혁적 패러다임 전환'(gradual transformative paradigm shifts)이라고 할 수 있다(패러다임의 전환을 의미하는 '변혁'이 들어가 있으므로 '점증주의'(incrementalism)와는 다름에 유의).

예컨대, 프랑스 사회정책의 개혁 사례 중 연금개혁에서 정책행위자들이 과거 정책에 대한 실패를 진단하고, 가능한 대안으로서 새로운 정책기조 논리를 창안해 다듬은 후, 모호한 합의 하에 기존 정책기조 위에 새 정책기조를 덧붙이는 점진적인 '층화'(덧붙이기, layering) 과정을 거친 결과물이었다고 한다(Schmidt, 2011: 40-42; Palier, 2005). 그것이 호주 건강보험제도에서는 '보편주의 대 선별주의'를 종합한 '보편주의 플러스 선택'(universalism plus choice)이라는 '합성 패러다임'(synthetic paradigm)의 형태로 나타나기도 했다(Kay, 2007: 584). 사실 사회에서는 보통 주도적인 패러다임의 타당성을 두고 경쟁하는 다른 소수파(야당) 프로그램(강령)이 대기하고 있기 때문에 단 하나의 독보적인 패러다임이 존재한다는 것은 드물다고 한다. 또 정책아이디어로서의 패러다임(ideational paradigms)은 결코 통째로 소멸되지도 않고, 전적으로 새로운 것도 드물다고 한다. 또한 어떤 정책기조도 서로 다른 아이디어들을 주장하는 행위자들 사이에 이념, 이익, 원칙, 가치 등에 관한 정치적인 토론・숙의・경쟁의 산물이고, 정책 협상, 선거 흥정, 정치적 타협의 결과이기도 하다. 그리하여 어떤 가시적이거나 즉각적인 영향(impact)을 미치지 않는 것 같은, 외관상으로는 그저 작은 변화에 불과한 정책기조의 변화일지라도 그것이 시간이 흐르면서 쌓여 마침내 기본 철학(basic philosophy)의 변동까지 초래하는 결과를 가져올 수 있다(Skogstad & Schmidt, 2011). 이와 같이 실제로 오랜 기간에 걸친 '중대한 누적적 변동'(significant cumulative change)에 대하여 학자들이 초점을 맞추며 크게 관심을 두게 되었다. 대표적으로 유럽연합(EU)의 식량, 석면, 화학물질, 기후변화, 천연가스, 성평등 등 6개 분야에서 일어난 정책기조의 전환 사례를 분석한 카슨 등 연구자들은 정책기조 전환이 전형적인 '점진적인 진화를 거친 변혁의 과정'임을 발견할 수 있었다고 결론지었다(Carson, Burns & Calvo, 2009: 377-378). 특히 그들은 EU사례분석을 통하여 하나의 정책기조 A에서 다른 정책기조 B로 변동하는 과정, 따라서 새로운 정책기조의 등장 또는 제도화 과정을 '정책기조 A(시기 1) → 정책기조 A/b(시기 2) → 정책기조 B/a(시기 3)'의 형태로 정식화하였다. 이는 쿤 식의 전체 패러다임의 급격한 변동의 관념에 도전하여, '패러다임의 변동 또한 시간을 두고 천천히 일어날 수 있다'는 사실을 주장하고 있는 것으로 요약할 수 있고(Schmidt, 2011: 41), 많은 학자들이 점진적 진화변혁이론을 지지하는 견해를 쏟아내고 있다. 정책아이디어의 변화는 중대하면서도 점진적이고 누적적(significant, yet gradual and cumulative)일 수 있고(Daigneault, 2015: 52), 그런 변동 과정을 설명하기 위하여 많은 역사적 신제도론의 개념들에 의존하고 있다. 즉 현 제도에 새로운 요소의 덧붙임인 '층화'(덧붙이기, layering) 외에, 제도의 역할이나 제도의 핵심 목표를 바꿔 새로운 목표를 채택하는 '변환'(conversion)을 차용하고 있다. 또 사회경제적 변동에 잘못 대처한 정책결정자의 실패로 인하여 제도(패러다임)는 그대로인데 그 영향은 더 이상 동일하지 않는 결과를 빚는 '정책표류'(policy drift)도 있다고 한다.

3) 정책기조 변동의 절충 모델

현실의 정책기조 변동은 이분법적이기보다는 상당히 복합적이다. 그리하여 이제 학계에서는 정책기조 변동의 양상을 혁명과 같은 '정책유턴'(policy U-turn)과 점진적 진화 변혁의 이분법으로만 볼 것이 아니라, 서서히 진화해 가는 것에서부터 극단적인 혁명에 이르기까지에 걸쳐 다양한 형태로 나타날 수 있다는 쪽으로, 그 다양성을 인정하는 데 거의 합의하고 있다고 볼 수 있다. 그렇다면 우리는 이를 정책혁명 모델과 점진적 진화 변혁 모델에 이어서, 그 둘을 부분적으로 포함한 '절충론'을 인정하는 정책기조의 변동 모델을 생각해 볼 수 있다. 절충 모델은 시간 경과로 인한 패러다임의 발전은 하나의 아이디어 내 모든 요소의 급격한 전환이라기보다는 점증적 진화에 의한 중대한 변혁이 일반적인 변동 양태이기는 하지만, 위기 시와 같이 특수한 경우에는 그 과정에서 '대변혁'(great transformation), 곧 정책혁명의 정책기조의 변동이 존재하는 기간을 포함할 수 있다고 본다.

3. 정책기조 형성의 요인과 결과

새로운 정책기조의 형성은 정책공동체 내부에서 내생적으로 또는 외부에서 정책환경의 여러 가지 변동 요인에 의해 잉태되고 현실화된다. 일반적으로는 정치 과정, 사회 과정의 전개에 따라 정책기조의 전환이 여러 가지 요인으로 촉발되어 공론화 현상이 나타나는 등 그에 수반되는 여러 가지 동태적 현상이 발생한다. 다음에서 그 현실적인 사례를 간단히 소개하기로 하겠다.

첫째, 현대 민주국가에서는 대통령 선거나 국회의원 선거, 지방정부의 경우 자치단체장의 선거나 의회 의원의 선거와 같은 선거운동 과정에서 정당이나 후보들에 의해－개별적·구체적 정책 차원의 것은 물론－정책기조 차원의 공약이 제시되는데, 이처럼 '선거'는 가장 일반적이고 주기적인 정책기조 재검토 기제(mechanism)에 해당된다. 이러한 선거에 의해 새로운 정권이 들어서서 그들 공약을 중심으로 새로운 정책기조의 형성이 이뤄지면, 새로운 정책 정통성을 갖는 정책쇄신이 이뤄진다.[15] 또 경우에 따라서

15) 정책쇄신을 주도하는 정책 참여자를 정책선도자 또는 정책창안자(policy entrepreneur)라고 할 수 있다. 정책선도자는 정책결정자(국회의원, 대통령, 장관, 고위 관료 등)나 저명한 학자, 전문가 등이 될 수 있는데, 현대 국가에서는 일반적으로 관료보다는 정치인이 정책선도자가 되는 경우가 많다

는 정권의 교체는 없어도 내각이나 의회에 새로운 인물들이 들어서면서 새로운 정책기조가 형성되기도 한다.

둘째, 국민투표에 의해 새로운 정책기조를 형성하는 경우도 있다. 예컨대 유럽연합(EU)의 각 국가들은 그 통합 방향과 관련해 자국 내에서 그리고 정책결정 체제 내에서, 국가적 독자성을 최대한 유지하는 소위 국가연합(confederation) 방식의 통합 기조를 주장하는 측과, 하나의 국가 내의 연방과 같은 연방국가(federation) 방식의 통합 기조를 지향해야 한다는 측이 팽팽히 맞서 왔다. 이 경우 많은 국가에서는 국민투표와 같은 방법으로 또는 의회 비준 동의 과정을 거쳐 결정했다.

셋째, 시민단체의 시민운동, 집단적 폭동 사태나 시위, 대규모 해난 사고와 같은 대참사나 식수원 오염에 의한 수돗물 파동과 같이 국가적으로나 사회적으로 큰 충격이나 파장을 일으킨 사건이나 사고가 발생한 경우, 기존 정책기조를 수정 또는 전환해 새로운 정책기조를 형성한 경우도 있다. 1945년 제2차 세계대전 직후 미-소 간 로켓 개발 경쟁이 시작된 이후, 1957년 10월 당시 소련이 스푸트니크 무인 우주선을 세계 최초로 우주에 발사하고, 한 달 후에는 개를 태운 스푸트니크 2호를 쏘아 올리는 데 성공했다. 그러자 미국은 과학기술 분야에서 한 발 늦은 데(4개월 여 늦은 1958년 1월 말 익스플로러를 지구 궤도에 올림) 따른 소위 '스푸트니크 충격(Sputnik shock)'을 겪고, 그 이후 기초과학을 핵심적으로 강화한 과학기술정책 분야와 교육제도에서 일대 혁신을 도모하게 되었는데, 이는 국가적 충격 속에서 발생한 새로운 정책기조의 형성의 예라고 하겠다.

넷째, 때로는 국제사회의 변화에 따라 또는 국제사회의 압력에 따라 능동적으로나 수동적으로 새로운 정책기조를 형성하지 않을 수 없는 경우도 있다. 우리나라가 자체적인 판단과 전략보다는 무역 상대국의 시장 개방 압력에 의해, 그리고 1997년 말 외환위기 이후 IMF구제 금융에 따른 IMF의 요구에 따라, 각종 국내 시장을 개방한 부분이 많은데, 이러한 경우 국제적 요인에 따라 새로운 산업정책기조를 형성한 것이라고 하겠다.

다섯째, 사법부, 특히 최고재판소의 판례 변경을 통해 해당 부문의 새로운 정책기조를 형성해야 하는 경우가 발생한다. 고문과 같은 불법적인 증거 수집 방법에 대해 증거능력을 인정하지 않는 대법원의 판결은 형사정책의 기조를 수정할 만한 판례가 된다.

고 한다(Aberbach, Putnam & Rockman, 1981).

여섯째, 새로운 발견, 발명과 같은 과학적 업적 등이 새로운 정책기조의 형성을 초래한다. 핵무기의 발명으로 군사안보 정책기조의 변동을 가져온 경우, 콜레라・소아마비 등의 전염병에 대한 예방 백신의 개발에 의해 치료에서 예방으로 보건의료 분야의 전염병관리 정책기조를 획기적으로 전환한 경우 등이 그 예라고 할 것이다.

일곱째, 새로운 학문적 이론의 출현이 새로운 정책기조의 형성 요인이 되는 경우는 많다. 케인스(John M. Keynes)가 기업 회생과 실업자 구제 등 불황 타개를 위한 처방으로 대규모 공공투자 등 재정지출을 통한 유효 수요의 창출 이론을 제시했을 때, 이에 따라 미국의 루스벨트(Franklin D. Roosevelt) 대통령이 테네시강유역 개발공사(TVA) 등을 설립해 대대적인 뉴딜정책을 수립・집행한 것은 경제산업 부문의 정책기조를 전환한 예로서 유명하다. 또 마르크스(Karl Marx)가 노동자 계급의 독재를 통한 공산주의 사회 건설을 주장한 이론은 20세기를 격동으로 몰고 간 사회주의적 정책기조를 출현하게 했다.

이상의 예에서 보듯이 새로운 정책기조의 형성은 고통, 위험, 불안, 그리고 갈등이 없이 이뤄지는 경우는 오히려 예외에 속할 정도다. 변동에 따른 위험, 모험과 불안은 물론, 기득권층의 저항과 현상 유지 압력으로 인한 대립・갈등의 상황이 조성되는 것이다. 기존 정책기조에 따른 구체적 정책들의 결함이 현저해져도 그것이 구체적 정책의 운용상의 결함인지, 아니면 정책기조의 결함인지는 분명하지 않을 수 있다. 또 정책 실패가 분명한 듯해도 기존 정책기조 및 구체적 정책들의 이해관계자(집단, 지역, 계층)는 수구적 방어 기제를 견고하게 강화시키면서 정책기조의 변동을 거부할 수도 있다. 이러한 상황은 이단적 사고를 억압하는 사회일수록 심하게 나타나고, 그 결과는 시대와 사회가 요구하는 필요한 정책쇄신을 방해함으로써 사회 변동을 가로막는다. 이 때문에 정책기조의 전환에 필요한 사회 분위기는 항상 정책기조의 재검토를 수용할 수 있는 필수적 이단(necessary heterodoxy; Dror, 1986: 146)을 인정하는 분위기가 조성되어야 한다.[16] 때로는 정책기조의 전환 과정에서 불협화음의 비용이 막대해 전환에 따른 희생이 단기적으로는 클 수도 있다. 그래서 결국 정책기조의 전환은 용두사미로 끝날 수

16) 그래서 드로는 그때까지 정통성을 인정받고 있는 기존 정책기조들에 대해 재검토함으로써 그 자리에 정책 이단(policy heterodoxy)의 취급을 받는 대안적 정책기조 논리들이 새롭게 정통성을 인정받는 지위에 이르는 과정을 우상 타파 과정(iconoclastic process)에 비유하고 있다(Dror, 1986: 144-147).

도 있다. 또 단지 구호로서만 변화를 말할 뿐 실질적인 정책기조의 변동은 거의 이뤄지지 않는 경우도 있다.

새로운 정책기조의 형성을 보여주거나 보여주는 것처럼 해주는 징후나 징표는 많다. 의식 전환의 여론 조성을 위한 각종 홍보와 운동, 인사 교체, 법령 개정과 기구 개편 등의 법과 제도의 개편, 구체적 개별 정책의 수립 · 집행 · 평가 등의 광범위한 정책쇄신의 현상 등이 그것이다.

우선 새로운 정책기조의 형성을 감지할 수 있는 신호는 새로운 정책기조를 상징하는 구호성 용어들의 등장이다. 과거 포괄적 국가정책기조로서 '10월 유신'에 의한 '한국적 민주주의'를 비롯해, 문민정부의 '세계화'나 국민의 정부의 '민주주의와 시장경제의 병행 발전', 교육정책 분야에서 '국적 있는 교육'이나 '수요자 중심의 교육', 경제산업정책 분야에서 '중화학공업 육성', '민간 주도 경제', '산업 구조조정', '지식기반산업의 육성', 외교안보정책 분야에서 '북방외교'나 '대북 포용정책(햇볕정책)', 토지정책 분야에서 '토지 공개념'의 예들, 그리고 국가 정책기조로서 '문민정부의 개혁', 국민의 정부의 '제2건국 운동', '신지식인 운동', 참여정부의 '국가 균형 발전', '정부혁신', 그 이후 정부가 내건 '공정한 사회', '창조경제', '소득주도성장' 등이 정책기조의 전환을 예고하거나 의지를 표명한 경우라고 할 것이다. 이러한 구호성 용어들은 정부나 관련 민간단체 등의 홍보 활동을 통해 언론매체를 비롯한 각종 행사 등에서 빈번하게 등장하면서 국민의 의식 변화와 지지를 유도하고 여론을 조성하게 된다. 이와 같은 과정에서 그 구호에 걸맞게 폭넓은 정책쇄신이 이뤄진 경우도 있지만, 그렇지 않고 단지 실체 없이 정치적 상징 조작 차원에 그친 경우도 있을 수 있다.

다음으로 새로운 정책기조의 형성에 따른 정책기조의 변동을 선행하거나 후속하는 징후나 지표로는 인물 교체가 있다. 변동의 주체는 역시 사람이므로 집권자 또는 고위 정책 당국자의 교체는 정책기조의 변동을 가져올 가능성이 크며, 고위 정책 담당 인물의 교체는 정책기조의 변동을 추진할 필요가 있을 경우 가장 흔히 채택하는 방안이 되고 있다. 우리는 집권자, 정당의 대표, 기관의 장 등의 교체 시 대체로 그 교체의 전후로 정책기조 차원의 변동을 느낄 수 있는 경우가 많은 것을 관찰할 수 있다. 정권의 교체 전에 이미 선거공약 중 중요한 기조 논리 속에서 정책기조의 변동을 예측할 수 있고, 평소 현행 정책기조와는 다른 소신을 피력해 온 인사의 발탁에서 또한 정책기조의 변동을 예측하고 목격할 수 있는 것이다.

또 정책기조의 변동은 기조 논리 차원의 헌법이나 법령의 개편, 조직의 개편은 물론 그 구체적인 계획이나 시책의 변화 과정을 통해 좀 더 확실히 나타난다. 이것은 앞의 구호성 용어들의 등장과 인물 교체 등의 후속 조치로서 현실에서 계속 일어나고 있는 현상의 하나다.

제 5 절 정책기조 형성의 기획과 관리

정책과정 전체를 관통하면서 일련의 개별 구체적인 정책들을 낳고 규율하고 지도함으로써 공동체, 조직과 개개인의 삶을 크게 좌우할 만큼 매우 중요한 것이 정책기조다. 그렇다면 정책기조의 형성을 위한 기획관리는 모든 정책과정의 기획관리 사항 중에서도 가장 중요한 것에 속한다. 따라서 정책관리자는 정책기조의 기능과 역할에 대해 철저히 인식하고, '좋은 정책기조'의 형성을 위한 정책 리더십을 발휘하고 합리적인 기획과 관리에 최선을 다해야 한다. 이러한 '좋은 정책기조' 형성을 위한 일련의 기획관리 사항에 관해 검토해 보기로 한다.

1. 인간과 사회, 역사와 정책에 관한 높은 식견과 통찰력의 온축과 활용

정책기조를 채택해 안정적으로 구현해 나가기 위해서는 당연히 먼저 앞으로 오랜 기간에 걸쳐 직면하게 될 많은 비판, 저항, 압력에 대응해 '확고한 논리적 우위를 지속적으로 유지'할 수 있는 '정책기조 논리'를 갖춰야 한다. 이를 위해 오랜 동안 꾸준히 전문적 · 일반적 교양과 지식과 경험을 쌓고, 역사적인 맥락에서 과거와 현재와 미래를 넓고 깊이 조망하며 탐색하고 성찰하는 자세가 중요하고 필수적이다. 정책기조 논리는 어떤 정책을 준비하면서 시작하기보다는 그에 앞서서 사전에 준비해 둘수록 바람직함을 넘어 필수적이기 때문이다.

그리하여 정책기조의 형성에 관여하는 참여자는 그때그때의 필요에 의해 편의적으로 유행 사조에 따라가는 방식으로, 역사 · 사회 · 조직 · 정책 · 인간에 대한 깊은 고뇌와 책임 의식 없이, 함부로 정책기조 논리를 주장하고 결정해서는 안 되고, 그 누구보다도 중요한 역사적 · 사회적 · 기관적 · 정책적 · 인간적 책임 의식을 가져야 한다. 인간과 사회의 존립에 관한 본질적이고 규범적인 사상 · 이념 · 철학 · 가치 · 이론 · 원리 원칙에 관한 식견과 통찰력, 과거 역사의 교훈으로부터 도출한 투철한 역사 의식, 현실을 냉철하게 분석할 수 있는 비판적 문제 의식, 조직의 임무와 역할에 관한 미래 지향적인 목적 의식, 해당 분야에 관한 광범위한 지식과 경험을 쌓고 미래의 규범적 방향을 파악한 전문적 식견과 통찰력을 평소부터 연마하고 갖춰 쌓아나가는 '온축(蘊蓄)'과 사전 '준비'가 절대적으로 필요하다.

흔히 생각하듯 해당 분야에 관한 전문가적 식견과 통찰력만 있으면 충분한 것으로 이해해서는 안 된다. 그런 분야별 전문가적 식견과 통찰력은 그보다 더 넓고 상위에 있는 인간, 공동체, 사회와의 필연적인 연관성 속에서 더 나은 전체 사회와 인류의 삶을 위한 바람직한 미래상과의 관계에 비춰봐도 여전히 타당하고 바람직하지 않으면 안 된다. 단편적이고 편협한 안목 때문에 부분적 하위 분야에서만 타당한 논리는, 그 상위 목적이나 이상 가치의 실현과 무관하거나 방해할 경우 정책기조 논리의 지위와 내용으로서 부적합할 뿐만 아니라 위험하기까지 하다. 따라서 자칫 단편적이고 편협하기 쉬운 전문지식에만 의존하는 것이 아니라, 항상 우리의 온전한 삶을 위해 그보다 더 넓고 깊은 전체적 맥락 속에서 역사적 책임 의식을 갖는 정책기조 논리의 구축 작업이 필요하다. 그런 의미에서 해당 정책 분야에 관한 전문적 식견과 아울러, 우리의 삶을 이루는 세계, 사회, 인간, 정책, 제도에 관한 넓고 깊은 이해, 끊임없는 사유와 성찰을 바탕으로 인간의 온전한 삶 전체에 합당한 전체 최적화(全體最適化)의 기조 논리를 구축해 나가는 자세가 필수적으로 요구된다. 이는 곧 능률성이나 실현성 차원이 아니라, 당위성 차원의 정책윤리성을 인식하고 그에 헌신하는 정책기조 논리를 개발하고 적용하는 것을 의미한다(이는 정책의 윤리성에 관한 제12장을 참조하기 바람).

2. 정책기조 논리의 공론화와 정립

정책기조 논리를 구축하고 정립해 가는 과정에서는 여러 가지 대안적 기조 논리에 대해 가능한 한 광범위하게 의견을 듣고 토론하며, 논증하고 설득하며 여론을 수렴하는 등의 개방적이고 종합적이며 체계적인 공론화의 자세가 필요하다. 비교적 소규모 조직이나 조직 단위에서 비교적 하위 차원의 정책기조는 최고책임자 한 사람의 기조 논리가 특별한 공론화 과정 없이 곧바로 그런 정책기조로서 정립되고 채택되어 시행되기도 한다. 그렇지만 큰 조직이나 국가일수록, 그리고 상위 차원의 정책기조일수록 그런 정책기조의 형성은 민주적인 공론화의 과정을 필수적으로 요구한다. 민주국가에서 국가 지도자의 선거 때 기조 논리를 입후보자의 공약으로 제시하고 공론화 과정을 거친 뒤, 승리한 후보자가 당선자의 자격으로 정책기조를 정립하고 채택하는 것은 대표적인 예다. 그 경우 그런 선거와 공론화의 절차 자체로서 정책기조의 권위를 확보하는 중요한 의미를 내포한다.17) 그런 공론화의 민주적 과정을 거쳐야 하는데 그런 과정을 거치지 않고 채택된 정책기조는 정책 체제의 내부적 · 외부적 변화와 함께 대안적 기조 논리의 도전과 비판을 받으면 쉽게 중심을 잃고 허약하게 표류할 수 있다. 또 그런 정책기조는 상황에 휩쓸려 편의적으로 해석되고 왜곡되며, 구체적인 하위 정책들의 방향타 구실을 해주지 못하고 혼란을 안겨주기도 한다.

이처럼 정책기조 논리를 발안하고 공론화 과정을 관리하며 최종적으로 정책기조로 채택하는 과정을 기획하고 관리하기 위해 흔히 이를 전담하는 조직 · 인력 · 재정자원의 운용에 관한 기획관리가 이뤄져야 한다. 우리나라에서 가장 상위 차원의 정책기조의 형성은 대통령 선거 과정과 새 정부의 인수와 대통령의 취임 시기에 일어난다. 그 때 대통령직 인수위원회가 당선인이 승인하여 제시하는 대통령의 국정기조(정책기조)와 각 부처의 정책기조들과 우선순위별 · 단계별로 추진해야 할 정책과제들은 대통령과 비서관의 점검 자료이자 각 부처 공직자들이 구현해야 할 방향과 과제로 활용되는 정책지침서이며, 국민에게는 새 정부와 대통령의 정책기조를 알게 해 주는 자료가 된다. 이러한 정책기조 형성의 기획관리는 국정 성패를 좌우하는 중요한 작업이고 요소이기 때문에, 인수위원회의 활동에는 대통령 당선자의 리더십 아래 핵심 참모, 수권 정당의 주요 인사, 학계 · 연구소의 전문가, 정부 관료 등이 공식 또는 비공식으로 참여하게 된다. 이 예에서 알 수 있는 것처럼 정책기조 논리를 제시하고 다듬으며 공식적인 정책기조를 채택하는 정책기조의 형성에는 그만큼 다음과 같이 적절한 조직, 인력, 재원, 리더십이

17) 홀(Hall, 1993: 290)은 영국의 동일한 보수당 정부인데도, 1970~1974년의 히스(Edward Heath) 정부와 1979~1983년의 대처(Margaret Thatcher)가 똑같이 임기 중 불경기에 빠지면서 기업인들의 강력한 경기활성화 조치의 요구에 직면하게 된 상황의 타개에서 그 사실을 보여주고 있다. 히스 정부는 경제정책기조를 제시하고 당선된 정부가 아니었으므로 그 압력을 거부하고 최종 의지할 정책기조 논리가 없어 굴복한 데 비해, 대처 정부는 통화주의 정책기조 논리를 분명히 하고 당선되었으므로 그 요구를 거부하고 긴축정책을 일관성 있게 추진해 경제 회생의 기틀을 닦게 되었다.

필요하고 중요함을 알 수 있다.

첫째, 적절한 조직(기구)을 설치 · 운영하고 법령 · 규정을 정비하는 기획관리 사항과 관련해 본다면, 정책기조는 평상시에도 기존 조직에 의해 형성되기도 한다. 조직의 장이 새로 취임하거나, 아니면 어떤 계기에 기존 조직에 개혁을 위한 임무를 부여하고 개혁을 위한 기조 논리를 전담 · 개발하게 할 수도 있다. 그렇지만 정책기조의 형성은 기존 정책기조와 심리적 · 실무적으로 연계되어 있는 기존 정책기조 자체를 원점(영기준)에서 재점검하고 전환할 수도 있는 혁신적인 발상 · 구상을 위해, 그리고 집중적인 점검과 심의 및 기존 조직구성원의 반발과 저항을 극복하기 위해, 기존 조직과는 별도의 정책기조 형성을 전담하는 과제 수행 조직이 구성되고 설치되어 운영되는 경우가 많다.

예컨대, 대통령선거에 출마하는 입후보자가 개인이나 정당 차원에서 만든 임시 자문단이나 공약 전담반, 대통령당선인이 확정된 후 법적으로 구성하게 되어 있는 대통령직 인수위원회, 또 대통령이 임기 중 구성 · 임명하는 교육혁신위원회나 사법개혁심의위원회와 같은 심의위원회나 자문위원회, 또는 개혁을 위한 임시작업반 등이 그 예다.

둘째, 정책기조를 형성하고 구현해 나가기 위해서는 적절한 인력과 리더십이 필요하다. 정책기조는 기존 인력에 의해서도 형성되고 구현될 수 있다. 그렇지만 정책기조의 형성은 기존 정책기조 자체를 재점검하고 완전히 다른 변동을 추구하는 것이 일반적이기 때문에, 새로운 정책기조를 형성하는 리더십은 새 정책기조 논리에 동의하고 헌신하는 인물을 전체 또는 일부 정책기조 형성 작업에 새로 충원해 참여하게 하는 것이 필요하다. 조직의 장이 교체되는 것 자체가 바로 그 조직의 정책기조가 형성되는 계기가 되는데, 그때 조직의 최고책임자 자신이 정책기조 형성의 리더십이자 최고 담당 인력이 된다. 여기에서도 정책기조를 형성하고 구현하며 안정적으로 정착시킬 임무를 수행하는 최고책임자를 쉽게 교체하지 말아야 할 이유가 있음을 알 수 있다.

셋째, 정책기조를 형성하고 구현해 나가기 위해서는 적절한 재정적 자원이 필요하다. 정책기조를 형성하는 데 재정적 고려는 필수적이다. 정책기조는 재정적 자원의 범위 안에서 형성되고 구현될 수 있고, 우선순위의 조정에 의해 기존 예산을 신축적으로 조정함으로써 새로운 정책기조의 구현에 충당할 수도 있다. 그러나 많은 경우 새로운 정책기조로 전환하면서 특별한 재정 수요가 발생한다.

예컨대, 선택적 복지 정책기조에서 보편적 복지 정책기조로 정책기조를 전환시키면 대개 더 많은 재정 수요를 유발한다. 이때 현행 예산만을 생각하면서 정책기조를 형성하는 것은 정책기조의 개념과 기능 등에 비춰 적절하지 않다. 정책기조의 형성 과정에서 제기되는 예산 문제는 구체적인 하위 정책 차원의 일상적인 가용 예산의 제약 문제를 초월하는 차원의 문제이기 때문이다. 물론 이 과정에서 정책기조의 전환에 따른 재정 수요의 규모 추정, 재정 수요 감당의 정당성, 충당 방안 등을 둘러싸고 격론이 벌어질 수 있고 이에 따라 정책기조 전환 여부가 영향을 받을 수 있다.

3. 정책기조의 채택과 합리적 일관성 유지 제도화

정책과정에서는 어떤 정책에 반대하는 측은 물론이고, 그 정책에 찬성하더라도 편의적 · 정략적 · 이기적 목적으로 그 정책의 형성 또는 집행을 수정, 유보, 중단 등을 요구하고 압력을 고조시켜 갈 가능성이 상존한다. 이러한 경우, 고조되는 요구나 압력을 물리치고 정책기조를 안정적으로 정착시키는 데에는 그 권위적 논거(authoritative arguments)로써 논증하고 설득하는 것이 필요하고 합리적으로 일관성을 유지해 나가는 것이 중요하다(Hall, 1993: 290). 따라서 정책기조의 안정적인 정착을 위해서는 새로운 정책기조의 다방면에 걸친 제도화가 중요하다. 정책기조의 제도화를 위해서는 먼저 동기화하는 것부터 시작해야 한다. 정치행정 체제 내부의 공직자를 비롯해, 관련 이해집단과 시민 등 체제 외부의 사람들이 정책기조 논리를 수용하고 협조할 수 있도록, 다양한 방법과 매체를 이용해 설득하고 홍보하며, 정보 지원 활동을 전개해야 한다.

우선 정책기조를 실무적으로 구체화하는 것은 체제 내부의 구성원이다. 그들이 정책기조 논리를 내면화하고, 직무 수행의 발상에서부터 일상 업무의 행동 하나하나에 이르기까지 그에 합당하게 변화를 보여주지 않는다면 정책기조의 안정적 정착은 어렵다. 따라서 이들에 대한 교육 훈련을 비롯해, 조직 계층에 따른 직무상의 변화의 내용을 구체화 · 가시화하고, 순응 여부에 따른 상벌 체계를 확립하는 등의 방법과 절차를 통해, 정책기조 논리의 내면화의 동기와 계기를 부여할 필요가 있다. 그리고 관련 이해집단과 다수 시민 등 체제 외부의 사람들이 정책기조 논리를 수용하고 협조할 수 있도록, 다양한 방법과 매체를 이용해 설득과 홍보, 정보 지원 활동을 전개해야 한다.

다음으로, 정책기조의 제도화를 위해서는 정책기조를 구현하는 법령 · 규칙 · 사업 등의 하위 정책들을 적절하게 수립하고 집행해 나가야 한다. 그리고 이에 필요한 기구를 신설하거나 통 · 폐합하는 등 조직을 정비하고, 적절하게 동기화된 인력을 충원하며,

정책기조 논리의 감독 책임자를 쉽게 교체하지 말아야 한다. 또한, 정책기조의 제도화를 위한 우선순위와 장·단기적 과제를 개발하고 부여하며, 운영규칙과 규정 및 표준운영절차를 제정(법제화)하고, 적절한 평가 및 환류 체제를 설계하고 작동하도록 정비하는 등의 다양한 노력이 요구된다. 결국 정책기조라는 거시적·전체적·추상적 상위개념도 정책 체제 내에서 미시적·부분적·구체적인 하위 제도로 일상화(institutional routines)할 수 있을 정도의 실천 행동으로 연결되지 않으면 안 된다는 것이 제도화의 핵심이다(Hall, 1993: 290).

다만, 정책기조의 일관성 유지가 경직되어, 오히려 합리적 범위에서의 신축성을 전혀 허용하지 않는 것으로 이해되어서는 안 된다. 정책기조에 어느 정도의 신축성을 허용하는 일관성을 유지할 것인지는, 해당 정책기조 논리가 내용상 어느 정도 논리적 짜임새를 지니고 있는가의 정교성(elaborateness), 다른 정책기조 논리와 어느 정도 차별화해서 구별할 수 있는가의 독립 배타성(exclusiveness), 해당 정책기조 논리의 실현을 위해 어느 정도 강력하게 적용해야 하는가의 강제성(forcefulness) 정도 등의 차이에 따라 결정할 필요가 있다. 예컨대, 채택된 정책기조가 상반된 정책기조 논리의 절충적인 성격이 강한 내용적 구조를 띤 경우에는, 상대적으로 정교성, 독립 배타성이 약하므로, 그 절충의 정도에 따라 주(主)부(副)나, 대(大)소(少)나, 강(强)약(弱) 등 일관성 유지의 정도를 결정해 적용할 필요가 있다.

4. 정책기조 변동의 독단적 배타성 극복

앞에서는 새로 형성한 정책기조가 바람직하다는 전제에서 그 제도화까지 논의했다. 그러나 그 반대로, 바람직하지 않는 정책기조가 있고 그에 집착해 제도화를 고수하고 있다면, 이는 오히려 시대와 사회에 맞지 않는 제도화를 상요하는 불행한 사태라고 할 것이다. 위로는 국가의 집권자에서부터 아래로는 작은 조직 단위의 기관장에 이르기까지 무지, 오만, 독선으로 잘못된 정책기조 논리를 강변하고 옹호하는 배타적 의식과 태도를 보이는 경우도 적지 않다. 따라서 정책결정자는 자신의 정책기조 논리를 재점검하고 다른 대안적 정책기조 논리로 전환하는 것까지도 고려하고 수용하는 '건설적인 의미의 회의적 태도'를 잃지 말아야 한다. 이를 위해 정책결정자는 냉철한 분석과 판단력을 갖추고 서로 대립하는 정책기조 논리들을 분별할 수 있는 분별력을 발휘해야 한다. 이는 정책기조의 형성과 변동에 수반하는 정책 리더십이 갖춰야 할 필수적인 자질이라고 할 것이다.

결국, 정책결정자와 참여자들은 정책기조 변동의 본질을 이해하는 바탕 위에서 항상 분파적 · 폐쇄적 · 할거주의적 · 권위적 · 편파적 시각을 경계하고, 사회 내 그리고 조직 계층의 수직적이고 수평적인 의사소통의 폭을 넓혀야 한다. 또한, 분야와 영역의 학문적 · 실무적 경계를 넘어 활발한 논의의 장을 갖도록 하며, 국가사회와 국제사회의 동향 파악과 정보 교류의 폭을 넓혀서, 조직과 사회와 인류가 요구하는 정책기조를 형성하고 구현하는 데 최선의 노력을 경주해야 한다.

제 6 장

정책의제의 형성과 관리

이 장에서는 사회문제들 중에서 어떤 문제가 왜, 어떤 과정을 거쳐서 정책의제의 지위에 오르거나 방치되는지를 살펴본다. 이를 위해 정책의제 형성의 본질, 핵심 설명 요인과 정책의제 형성 과정을 살펴본다. 이어서 정책의제 형성이 억제되는 요인과 방법, 정책의제 형성에 영향을 미치는 요인들에 대해 살펴본다. 이어서 바람직한 정책의제 형성을 위해 정책의제 형성 과정이 어떻게 관리되어야 하는지를 설명한다.

제 1 절 정책의제 형성의 본질

1. 정책의제 형성의 의의

정책의제란 사회문제들 중에서 정부가 정책을 통해 해결할 대상으로 선택한 문제를 말한다.[1] 사회 내에는 사사로운 개인적인 문제부터 사회적으로 큰 영향을 미치는 중요한 문제에 이르기까지 무수히 많은 문제가 있다. 그런데 이러한 문제들 중에서 정부가 개입해 그 해결을 시도하는 문제는 일부분에 불과하다. 정책의제는 정부가 스스로 문제라고 인식해 해결을 모색하거나 아니면 정부 밖의 사람에 의해 제기된 문제들 중에서 정부에 의해 받아들여진 문제를 말한다.

이때 특정의 사회문제가 정책의제로 채택되는 것을 정책의제 형성(policy agenda-setting 또는 policy agenda building)이라고 한다.[2] 이와 같이 어떤 문제가 정책의제의 지위를 얻게 되는 과정을 일컬어 정책의제 형성 과정이라고 한다. 뒤에서 자세히 살펴보게 되겠지만 이 과정에서 잠정적인 해결 방안까지도 모색된다는 점에서 정책의제 형성 과정은 "어떤 갈등과 관심이 정부의 주목을 받게 되어 공공 부문에 의해 행동 방안이 강구되는 과정" 또는 "사회에 존재하는 문제를 정의하고 잠정적인 해결 방안을 모색하는 단계"(Dye, 1981: 348)라고 이해하기도 한다.[3]

---

1) 앞의 제2장 '정책의 본질'에서 살펴보았듯이 정책형성의 주체가 꼭 정부에 국한되는 것은 아니다. 그러나 여기에서는 서술의 편의상 주체를 정부로 한정시켜 설명하고자 한다.
2) 정책의제 형성을 사람에 따라 정책의제 설정, 편성, 채택 등으로 부르기도 한다.
3) 따라서 정책의제는 적극적인 해결 의지가 포함되지 않은 채 단순히 정부에 의해서 취급 의지가 표명된 문제와는 구별된다. 즉, 사회문제들 중에서 정부가 검토 대상으로 올려놓은 문제와, 검토 후 정책적 해결의 대상으로 선정된 문제를 구별해 볼 수 있다. 그런데 개념상으로는 양자를 구분해 볼

2. 정책의제 형성(과정)의 특성

정책과정에서 정책의제 형성(과정)은 다음과 같은 네 가지 측면에서 중요한 의미를 지닌다.

1) 민주정치의 핵심 단계

민주정치란 국민의 뜻과 의사가 반영되어 국민을 위한 정책을 산출하는 정치를 말한다. 이러한 민주정치의 이념에 비춰볼 때 정책의제 형성 과정은 국민들의 문제 해결 요구를 정책결정 체제에 투입하는 과정으로서 민주정치의 가장 중요한 중심을 이룬다(허범, 1979: 314; Lineberry, 1978: 24-25).[4]

원래 정책의제의 형성 과정은 문제 의식의 형성에서부터 시작된다. 그런데 문제 의식은 사람에 따라 상이하게 나타나기 때문에 어떤 사람의 문제 의식이 정책의제에 반영되는가 하는 것은 매우 중요한 일이라 할 수 있다. 원칙적인 면에서 보면 당해 문제에 의해 영향을 받는 사람들의 문제 의식은 정책의제 형성 과정에서 균등한 비중으로 취급되는 것이 바람직하다. 그러나 현실적으로 정책결정 체제에 대한 영향력과 접근력이 불균등하게 배분되어 있는 상황 하에서 균등한 취급은 실제로 거의 불가능하다. 더군다나 정책 담당자들이 '국민을 위한' 정책을 만든다는 당연한 의도를 전제로 국민의 참여를 배제한 상태에서 정책의제를 형성하려 할 때 정책 활동의 민주성 확보는 그 시발부터 불가능하게 되는 것이다. 바로 이러한 측면에서 정책의제 형성 과정은 민주주의 정치의 핵심에 위치하고 있다(허범, 1979: 314).[5] 이렇게 정책의제 형성 과정의 중요성에 비춰볼 때 정책의제 형성 과정이 민주주의 이념에 합치되도록 여건을 조성하고 관리해야 될 필요성이 더욱 절실하다.

수 있을지 모르나 실제로는 그 구별이 명확하지 않을 때가 많다. 특정 문제에 대한 정부의 대응이 취급 의지만을 표명하는 것인지 아니면 해결 의지까지 내포되어 있는 것인지를 밝히는 것은 결코 쉬운 일이 아니기 때문이다. 그리고 검토 대상에 올라 있던 문제가 언제 구체적 해결 의지가 포함된 의제로 전환되었는지를 확인하는 일도 쉽지 않다. 그러므로 이 책에서는 단순히 검토의 대상에만 포함된 문제와 명확한 문제 의식과 구체적 해결 의지가 표명된 문제를 구별해야 할 필요성만을 지적하고 대부분의 학자들이 그러하듯이 정책의제라는 용어로 통일해 사용하고자 한다.

4) 물론 정부 스스로 해결의 필요성을 느끼는 문제도 있다.

5) 따라서 민주주의 체제가 존속하고 혁명적인 사태를 거치지 않으면서 필요한 변화들이 일어나려면 변화를 원하는 집단들이 정당한 절차에 따라 정책의제 형성 과정에 참여할 수 있는 제도적 장치가 마련되어 있어야 한다(Cobb & Elder, 1972: 166; Bachrach & Baratz, 1970: 201-213).

2) 정책과정의 출발점

정책과정은 정책의 내용과 본질, 그리고 정책과정에 대한 이해의 차이에 따라 매우 다양하게 설명된다.6) 그런데 정책과정을 어떻게 나누든 정책의 형성은 해결해야 할 문제를 전제로 하기 때문에 정책의제 형성은 정책과정의 첫 번째 단계가 되며, 정책과정의 모든 단계에서 자신들의 주장을 관철시키려는 활동을 벌이게 될 여러 정치적 세력이 처음으로 등장하는 국면이다. 이 국면에서 관련 집단은 자신들의 주장을 반영하고 자신들의 이익을 보장받기 위해 정부로 하여금 특정 문제를 받아들여 해결하게 하거나 이 문제를 취급하지 못하게 하려고 대단히 복잡한 정치적 조직화와 대표행위, 연합행위, 그리고 정치적 투쟁을 벌이게 된다(Jones, 1977: 27-34).

정책의제 형성은 문제 의식 형성에서부터 비롯된다. 문제 의식은 상이한 관점과 이해 관계를 가진 다양한 개인과 집단에 의해 상이한 내용으로 형성되며, 상이한 전략과 방법을 통해 문제를 제기하고 해결을 요구한다. 특히 특정 문제가 정책의제로 형성됨으로 인해 기득권을 침해당하거나 반사적 손해를 입게 되는 사람 또는 집단의 의제 형성을 억제하기 위한 활동은 정책의제 형성 과정을 더욱 복잡하고 역동적이게 한다.

3) 정책대안의 제안과 범위 설정

정책의제 형성 단계에서는 정책결정 단계에서 고려해야 할 정책대안들이 제시되는 경우가 많다. 원래 특정 문제를 정책의제로 성립시키려는 집단들은 대개 그 문제의 해결 방안을 함께 생각하는 것이 보통이기 때문이다. 상이한 문제 의식은 상이한 문제 해결 방안을 강구하게 하므로 정책의제 형성을 둘러싼 투쟁은 본질적으로 그 문제의 해결 방안을 언제나 염두에 두고 벌어진다고 할 수 있다. 다만 이 해결 방안에 대한 공식적인 검토는 정책결정 단계에 가서야 이뤄지게 된다.

그리고 정책의제의 형성 과정에서 찬성 집단과 반대 집단 간에 타협을 하는 경우가 있는데, 이 경우의 타협은 사실상 문제 해결책에 대한 타협이다. 물론 타협된 해결 방안이 정책결정 단계에서 그대로 받아들여지는 것은 아니지만 정책대안의 정치적 실현가능성을 생각해 볼 때 이 타협안은 우선적으로 고려해야 할 중요한 정책대안으로 취

---

6) 정책과정에 대한 설명은 드로(Dror, 1968: 163-196), 존스(Jones, 1977: 9-12, 26-193), 퀘이드(Quade, 1982: 48-58), 라스웰(Lasswell, 1971: 28-29, 86-97), 앨먼드와 파월(Almond & Powell, 1978: 284), 젠킨스(Jenkins, 1978: 17), 던(Dunn, 1981: 47-48) 참조.

급받게 된다. 이렇게 정책의제 형성은 문제 해결의 방향, 내용 및 수단 등에 대해 개괄적인 합의에 도달하는 것을 의미한다(허범, 1984: 16).

4) 정책과정의 방향, 내용 및 성격의 규정

정책의제 형성 과정의 유형이 어떠하냐에 따라 그 이후의 정책과정이 커다란 영향을 받는다.[7] 특정 문제가 정책의제로 형성되는 것은 당해 문제의 정책의제화를 찬성하는 집단과 반대하는 집단이 있을 때 이들 사이의 싸움에서 찬성 집단이 승리할 경우에만 가능하게 된다.

정부 밖의 사람이나 집단에 의해 문제가 제기되어 사회 과정을 거쳐 정책의제가 형성되는 사회 과정형의 경우에는 관련 집단들 사이의 갈등, 투쟁, 타협과 같은 정치적 활동이 정책의 형성, 집행, 평가의 전 정책과정에 걸쳐 계속되어 일관성 있는 정책의 형성과 집행이 어렵게 된다. 즉, 하나의 정책 안에 상호 모순되고 충돌을 일으키는 정책 내용들이 섞여 있게 되고 집행 단계에서도 계속적인 갈등과 타협 투쟁이 벌어지게 된다. 이는 문제 의식이 다르고 문제에 대한 이해 관계를 달리하는 집단들이 서로 자신의 주장을 정책의 형성이나 집행에 반영시키려고 하기 때문이다.

이에 비해 정부 스스로 문제를 인식하고 정책의제를 형성하는 정부 주도형의 경우에는 정책결정이 좀 더 분석적으로 이뤄질 가능성이 크다. 왜냐하면 이 경우에는 정책의 형성이나 집행이 외부집단의 영향력에 의해 크게 좌우되기보다는 정책 담당자들의 분석적 · 전문적 활동에 의해 주도되기 때문이다.

제 2 절 정책의제 형성의 핵심 요인

1. 정책의제 형성에 대한 관심의 대두

정책의제 형성에 대한 관심은 미국에서 일어난 흑인 폭동이 가져온 충격 때문이었

7) 특정 문제를 정책의제의 지위에 올려놓기를 원하는 집단이 정책결정 체제 내부 또는 외부에 있는가에 따라 동원형, 정부 주도형, 그리고 사회 과정형으로 구별할 수 있다. 이에 대해서는 나중에 자세히 살펴보게 될 것이다.

다. 미국의 정치학자들은 그때까지만 하더라도 국민은 누구나 자기들의 요구를 다양한 경로를 통해 정당하게 정부에 전달할 수 있고 정치 지도자나 정책 담당자들은 그들의 요구에 적절히 대응하게 된다고 믿고 있었다.

그러나 흑인들이 평화적이고 합리적인 방식이 아닌 폭동이라는 가장 극렬한 방식으로 자신들의 요구를 표출시키게 되자, 흑인들이 왜 정상적인 경로를 통해 요구 투입을 하지 않고 그러한 비민주적인 방식으로 문제 해결을 요구했는가에 대한 연구가 본격적으로 시작되었다. 흑인들이 폭동을 일으키게 된 배경을 분석하게 된 학자들은 그 이유가 흑인들이 오랫동안 고통을 받아온 인종 차별 문제를 정부가 정책의제로 다루지 않았기 때문임을 알게 되었다. 이러한 결론은 특정 사회문제로 고통받고 있는 집단이 있다면 당연히 정부가 이 문제를 해결하기 위해 노력할 것이라는 이제까지의 소박한 기대를 무너뜨리는 것이었다. 왜 수많은 사회문제 중에서 일부의 문제만이 선별적으로 정책의제화되는가? 즉 왜 어떤 문제는 정부에 의해 취급되는 반면, 어떤 문제는 정부의 관심 대상에서 제외되어 방치되는가? 어떤 과정을 거쳐서 사회문제가 정책의제의 지위를 획득하는가? 이러한 의문에 대한 해답을 얻고자 하는 것이 정책의제 형성이론이다.

여기에서 다루게 될 정책의제 형성의 핵심 요인은 크게 두 부분으로 나눠 설명하는데, 그 하나는 왜 정부가 사회 내의 모든 문제를 취급하지 못하고 일부의 문제만을 정책의제로 형성하게 되는지(사회문제의 선별적 정책의제 형성)를 설명해 주는 부분이고, 또 다른 하나는 정책의제 형성 과정에서 주도적으로 영향력을 행사하는 계층이 누구인지를 설명해 주는 부분이다.

2. 선별적 정책의제 형성의 핵심 요인

앞에서 살펴보았듯이 사회 내의 여러 문제 중에서 일부의 문제만이 정책의제로 형성된다. 그러면 왜 정부가 사회 내의 일부 문제만을 정책의제로 형성하게 되는가? 그 이유는 크게 ① 인간과 조직의 문제 인식 능력의 한계, ② 인간과 조직(정치체제)의 문제 처리 능력의 한계, ③ 인간과 조직(정치체제)의 선호와 판단, 그리고 ④ 강력한 반대 집단의 활동 등에서 찾아볼 수 있다.[8)]

8) 주로 ①에 대해서는 사이먼(H. A. Simon)류의 의사결정론, ②와 ③에 대해서는 체제이론, 그리고 ④에 대해서는 정책의제 형성의 억제이론이 잘 설명해 주고 있다.

1) 인간과 조직의 문제 인식 능력의 한계

사회 내의 많은 문제 가운데 정부가 나서서 해결할 것으로 기대되는 문제들이 있다. 해결이 기대되는 문제들 중 소수의 문제만이 정책의제로 형성되는 첫 번째 이유는 인간이나 조직체가 갖고 있는 문제 인식 능력(또는 문제에 대한 주의집중능력)의 한계로 설명될 수 있다. 즉, 인간은 하나의 문제를 생각하고 다음에 다른 문제를 생각하고 하는 식으로 문제를 연속적으로 파악할 수는 있으나, 인식 능력의 한계 때문에 여러 문제를 동시에 파악하기란 매우 힘든 일이다(정정길, 1988: 249-250).9) 이렇게 동시에 여러 문제에 대해 주의를 집중하는 것이 어렵기 때문에 여러 문제가 한꺼번에 등장하면 그 중에서 몇 가지 문제를 먼저 고려하게 된다.

정부에서 사회문제에 대한 정책적인 해결을 의도할 경우에도 정책결정자나 정책결정 과정에 참여하는 누군가에 의해 문제 파악이 선행되어야 한다. 이때 정책결정자도 인간이기 때문에 여러 문제를 동시에 파악하고 고려하지는 못한다. 조직체도 인간과 마찬가지로 주의 집중력에 한계가 있으며 정치체제 또한 마찬가지다. 따라서 이러한 이유 때문에 사회문제가 모두 정부의 관심 대상에 오를 수 없게 되고 이들 중에서 정책의제로 형성되는 것은 불가피하게 제한될 수밖에 없다.

2) 인간과 조직(정치체제)의 문제 처리 능력의 한계

다행히 문제가 있다는 것을 인식할 수 있다고 하더라도 정치체제가 그러한 문제를 모두 받아들여 취급할 수는 없다. 이는 정치체제의 문제 취급 능력의 한계 때문이다. 정치체제가 어떤 문제를 해결하거나 요구를 받아들여 이를 충족시켜 주기 위해서는 인적·물적 자원 등이 필요한데, 이 모든 것들이 정치체제에는 부담이 된다(Easton, 1953).10) 그러므로 한정된 체제 능력의 범위 내에서 정치체제의 부담을 줄이기 위해서는 정치체제가 취급하게 될 문제 수, 요구의 양을 제한하는 것이 필요하다. 결국 정치

9) 사이먼(H. A. Simon)은 의사결정 과정의 세 국면을 주의집중 활동, 설계 활동, 선택 활동으로 구분하고, 이 중 선택 활동은 합리적 의사결정론자들이 관심을 가지고 연구한 국면으로서 가장 중요시되었으나, 설계 활동이나 정책의제 형성과 밀접한 관련을 가지는 주의집중 활동은 상대적으로 소홀히 취급되었다고 지적하고, 의사결정이론이 동태적 이론(dynamic theory)이 되기 위해서는 세 국면을 모두 연구 대상으로 삼아야 된다고 주장한다.

10) 이스턴(D. Easton)은 정치체제가 두 가지 측면의 요구들로 말미암아 중압에 직면한다고 한다. 그 하나는 체제 내 권위 당국자들이 요구를 충족시켜 줄 수 없거나 또는 충족시키고자 의도하지 않는 경우이고, 또 다른 하나는 요구의 다양성과 과도한 요구 투입(demand-input overload)이라고 한다.

체제는 과중한 문제 해결 요구의 부담을 피하기 위해 일부의 문제만을 정책의제로 형성한다.[11)]

3) 인간과 조직(정치체제)의 문제에 대한 선호와 판단

그러면 어떤 문제나 요구를 체제 내부로 받아들일 것인지를 결정하는 것은 누구인가? 정치체제에 투입되는 요구의 양을 조절하는, 즉 여러 문제 중에서 일부만을 체제 내로 받아들이고 나머지는 제외시켜 버릴 수 있는 지위에 있는(그러한 역할을 담당하는) 사람, 집단, 기관들(체제를 지키는)이 있다. 이들을 선별자(gatekeepers)라고 부를 수 있는데 이들이 바로 문제를 선별한다(Easton, 1965).[12)] 다시 말해 환경과 정치체제의 경계선에 체제의 문지기가 있어서, 특정 문제나 요구가 정치체제 내로 투입되기 위해서는 이들의 심사를 통과해야만 하는 것이다. 따라서 선별자들은 정책의제 형성 과정에서 핵심적인 참여자들이라 할 수 있다.

그런데 선별자들은 비록 중요한 문제, 정치체제의 능력에 비춰볼 때 충분히 해결할 수 있는 문제라 할지라도 그들이 관심을 가지지 않는 문제, 파악하기 어려운 문제, 잘 이해되지 않는 문제, 자신들에게 불리한 결과를 가져올지 모르는 문제 등은 체제 내 투입을 거부할 가능성이 크다(Braybrook & Lindblom, 1963: 90).

정치체제의 선별자가 구체적으로 누구인가에 대해서는 여러 주장이 있을 수 있으나 대통령, 국회의원, 고위 행정관료, 고위 정당 간부 등 공식적 정치체제 속에서 중요한 역할을 수행하는 사람들이 포함될 수 있을 것이다(Anderson, 1979: ch.2; Hofferbert, 1974: ch.2; 박동서, 1981: 121-129).

11) 체제이론은 투입 과정에 참가하는 자에게만 주로 특혜(output)가 배려된다는 것을 상정하고 있다. 즉, 자신의 문제를 정부에 안길 수 있는 능력을 가진 집단에 대해서만 정부가 반응을 보이고 문제 해결 노력을 기울인다. 투입 과정에 참여할 수 있는 사람들은 상대적으로 사회·경제적 지위가 높은 사람들일 가능성이 크다. 그런데 현실적으로 볼 때 사회·경제적 지위가 높은 사람들보다는 낮은 사람들이 훨씬 더 정부의 도움을 필요로 하는 자들이다. 그런데 이들은 투입 과정에서 소외될 가능성이 많기 때문에 이들의 문제 의식은 좀처럼 정부에 의해서 받아들여지지 않고, 따라서 이들을 위한 정부의 정책 활동(산출)은 기대하기 어렵게 된다. 그러므로 사회·경제적 약자들이 안고 있는 문제를 정부가 받아들이도록 하기 위해서는 그들의 요구가 정당한 절차를 거쳐 정부에 투입될 수 있는 제도적 장치의 마련과 정부의 특별한 관심이 필요하다.

12) 이스턴은 요구와 쟁점들이 정치체제나 그것의 하위 체제에 진입하거나 혹은 진입하지 못하게 하는 과정을 gatekeeping이라 칭하고 있다. 영(O. R. Young) 역시 gatekeeping의 역할이 어떤 정치체제에서나 중추적인 역할이 된다고 지적하면서 gatekeeping의 절차를 거쳐 요구들이 축소 과정(reduction process)에 의해 규제될 수 있다고 한다.

그러면 선별자는 어떤 문제들을 선호해 정치체제로 받아들이는가? 그것은 선별자의 가치관과 선호, 정책기조, 쟁점의 특성, 피해 집단의 크기, 그리고 관련 집단의 영향력 등에 의해 좌우된다고 할 수 있다.

4) 강력한 반대 집단의 활동

정부가 특정의 문제시되는 상황에 대한 문제 의식과 문제를 해결할 능력, 그리고 그 문제를 해결할 의도를 지니고 있으면서도 그 문제를 정책의제로 형성하지 못하는 경우가 있다. 정부가 그 문제를 취급하거나 해결하는 것을 강력히 반대하는 집단의 압력 때문에 정부가 그 문제를 방치해 버리게 되는 경우가 이에 해당한다.[13]

3. 정책의제 형성의 주도 계층

앞에서 우리는 문제에 대한 주의집중 능력과 문제 파악 능력에서 인간과 조직의 한계 때문에, 그리고 문제 해결 능력을 포함한 정치 능력의 한계 때문에 사회문제들 중에서 일부의 문제만이 정책의제로 형성되고 나머지 문제는 방치되어 버린다는 것을 살펴보았다. 그리고 사회문제들 중에서 어떤 문제가 정부에 의해 취급되는지는 정책의제 형성 과정의 핵심적 참여자(정치체제의 선별자)들의 선호와 반대 집단의 활동 등에 의해 크게 좌우된다는 것을 설명했다.

그러면 정책의제 형성 과정의 핵심적인 참여자들(선별자들)이 정책의제로 형성할 문제를 선별할 때 가장 크게 영향력을 행사하는 계층은 어느 계층인가? 이에 대해서는 크게 두 가지의 주장이 있는데, 하나는 엘리트론적 주장이고 또 하나는 다원론적 주장이다.

엘리트론의 입장에 서는 사람들은 모든 문제가 정부에 의해 고려되는 것이 아니라, 소수의 지배 엘리트들이 허용하는 문제들만이 정책의제화될 수 있고, 지배 엘리트들이 자신의 가치관이나 이익에 반하는 문제들은 정치체제에 침투하지 못하도록 막는다고 주장한다. 이와는 달리 다원론에서는 어떠한 사회문제든지 정치체제로 투입되어 정책의제로 형성될 가능성이 있다고 본다(정정길, 1988: 253). 엘리트론자와 다원론자의 논

---

13) 물론 선별자 자신이 특정 문제의 취급을 반대하는 경우도 있다. 이에 대한 설명은 뒤에서 설명하게 될 정책의제 형성의 억제에서 자세히 살펴본다.

쟁은 정치제도와 정책과정을 지배하는 자가 누구냐에 대한 논쟁이다. 그런데 엘리트론자들이 가장 설득력 있는 논리를 전개한 부분이 바로 정책의제 형성에 대한 엘리트 집단의 영향력에 관한 것이며, 정책의제 형성이론 자체도 이들에 의해 많이 발전되었다.

1) 다원론

정책과정에 대한 정치적 다원론자들의 견해는 다음과 같이 요약해 볼 수 있다.

첫째, 정치적 영향력이나 권력은 사회 각 계층에 비교적 널리 분산되어 있다. 즉, 정치체제의 관련자들 사이에 권력이 균등하게 분배되어 있는 것은 아니지만, 정책과정에 영향을 미칠 수 있는 어떤 자원이 부족한 집단은 그러한 자원을 대신할 수 있는 다른 정치적 영향력이 있는 요소를 가지고 있어서 종합적으로 보면 서로 비슷한 정치적 영향력을 나눠 갖고 있다는 것이다(Lineberry, 1978: 52).

둘째, 정책과정에 영향을 미치는 엘리트들이 사회 전반에 걸쳐 영향력을 행사하고 있기는 하지만, 엘리트론에서 주장하고 있는 바와는 달리 그들은 상호 경쟁적인 관계에 있다. 엘리트 간의 상호 관계가 응집(cohesion)된 관계에 있는 것이 아니라 각자 다양한 정책을 추구하는 과정에서 경쟁 관계에 놓이게 된다는 것이다.

셋째, 따라서 엘리트들이 서로 경쟁을 벌이고 있기 때문에 그들을 통해 일반 국민은 자신들의 문제를 정치체제에 투입하고 이익을 정책과정에 반영시킬 수 있다. 왜냐하면 엘리트들은 중요한 정치적 지위에 있기는 하지만 자신의 정치적 지위를 계속 유지하기 위해서는 일반 국민의 요구를 충족시켜 줄 필요가 있기 때문이다. 즉, 이들 소수의 엘리트는 그들 내부에서의 경쟁을 위해 일반 시민들의 요구에 민감하게 움직일 수밖에 없다는 것이다. 정책과정에 대한 이와 같은 입장을 지닌 다원론자들의 주장에 따르면, 정치제도상 중요한 지위를 점하고 있는 자(엘리트)가 공식적인 정책의제 형성 과정에서 권한을 행사하는 것은 사실이지만, 그들이 정치적 지위를 계속 유지하기 위해서는 자기들을 지지해 주는 일반 국민의 요구에 따라 그 권한을 행사하게 된다는 것이다. 만일 시민들의 요구가 상충될 때 공식적 정책결정자들은 중개인(broker)이나 경기장에서의 심판과 같은 역할을 담당하게 된다. 따라서 특정의 정책의제나 공공정책은 이들 공식적 정책결정자의 선호에 의한 것이라기보다는 이익집단의 상대적인 영향력의 차이를 반영한 집단 투쟁의 결과로서의 균형 상태를 나타내는 것이라고 본다(Dye, 1981: 26). 그래서 공식적으로는 소수가 정책과정을 좌우하고 있는 것처럼 보이지만, 실질적으로는 다수에 의한 정치(polyarchy)가 이뤄진다고 한다(Dahl, 1963: 85-86).

이러한 정책의제 형성에 관한 정치적 다원론의 관점은 다음과 같이 몇 가지 점에서 비판의 여지가 있다(Dahl, 1982: 40-53).14)

첫째, 다원론의 주장과 달리 현실적으로는 사회의 모든 집단이 정책의제 형성 과정에 대한 동등한 접근력과 영향력을 가지고 있지 못하다.

둘째, 다원론은 일반 대중의 참여를 강조한다기보다는 조직된 집단의 참여를 강조하고 있다.

셋째, 다원론자들은 권력의 외형적 측면만을 보고 눈에 보이지 않게 행사되는 권력의 비공식적 측면은 간과하고 있다.15)

넷째, 문제가 밖에서 제기되어 해결 요구가 제기될 때까지 기다리는 것이 아니라, 정부가 독자적으로 문제를 탐색·정의하고 정책의제로 형성하는 측면을 경시한다.

다섯째, 공식적 정책결정자들이 상이한 문제 의식을 가지고 상충되는 요구를 제기하는 집단들 사이에서 중개인 또는 공정한 심판관과 같은 역할을 수행한다고 하나, 이는 비현실적인 주장이다. 주장과 이해 관계를 달리하는 집단들 사이에 벌어지는 갈등으로부터 정책결정자가 초연해 엄정한 중립을 지킨다는 것은 거의 불가능하기 때문이다.

여섯째, 상이한 집단 간의 타협, 협상 등에 의한 정책의제 형성 과정을 강조하는 점에서 동태적인 정치 과정을 잘 설명해 주고 있기는 하지만, 엘리트의 주관적인 판단이 정책의제 형성 과정에서 차지하는 비중을 소홀히 취급하고 있다.

2) 엘리트론

정치적 다원론자들이 정책은 이익집단 간의 상대적인 영향력의 차이를 반영한 집단 투쟁의 균형을 나타낸다고 주장하는 데 반해, 엘리트론자들은 공공정책을 지배 엘리트의 선호와 가치의 표현이라고 본다.

엘리트론에서 주장하는 바는 다음과 같이 요약해 볼 수 있다(Anderson, 1979: 19; Dye, 1981: 29-30).

---

14) 달(R. A. Dahl)은 다원적 민주주의의 문제점으로서 정치적 불평등의 지속화, 시민 의식의 변형(deforming civic consciousness), 공중의제의 왜곡(distorting the public agenda), 이기적인 사적 집단에 의한 입법부의 최종적 통제권(final control)의 침식 등을 지적하고 있다.

15) 즉, 문제가 드러나지 않게 하거나 문제 취급을 거부하도록 하는 권력의 또 다른 측면을 무시하고 있다.

첫째, 사회는 권력을 가진 소수와 그렇지 못한 다수로 구성되며 사회의 제반 가치는 소수의 손에 의해 배분될 뿐 대중은 공공정책의 결정에 영향력을 미치지 못한다. 따라서 공공정책은 대중의 요구를 반영하는 것이 아니고 엘리트의 선호를 반영한다(Mills, 1956).[16)]

둘째, 소수의 지배계층은 피지배계층인 대중을 대표하지 않으며, 지배계층인 엘리트의 충원은 압도적으로 사회·경제적 상류 계층에서 이뤄진다.

셋째, 엘리트들은 기본적으로 사회 체제의 기본 가치 및 체제의 유지에 합의하고 있다.

넷째, 적극적인 엘리트들은 무관심한 대중들로부터 별로 영향을 받지 않으며 정책은 대중의 선호가 아닌 엘리트의 선호를 반영한다.

이러한 관점을 가진 엘리트론자들은 소수의 지배 엘리트들이 정책과정의 전 국면을 장악할 뿐만 아니라, 특히 정책의제 형성 과정에서 막강한 영향력을 행사한다고 주장한다. 한편, 정책 담당자들은 공직 수행에 따르는 목적과 자신의 이익을 증진시킨다는 목적을 함께 가지고 있어서 자신의 이익 추구에 도움을 줄 수 있는 집단과 교류하고 그 집단의 편에 서는 경향이 있다는 것이다.

3) 이익집단정치론

한편 정치적 다원론과 엘리트론에서 파생된 고객주의와 이익집단정치론(clientism and interest politics)에 의하면 정책의제 형성 과정에서는 다수 또는 소수가 주도적 영향력을 행사한다기보다는 정부활동의 특수한 고객, 즉 이익집단이 그들과 관련된 특정한 문제에 대해 중요한 역할을 담당한다고 한다. 사회가 분화되고 복잡해짐에 따라 일정한 문제 영역에서 특별한 관심과 이해 관계를 갖는 이익집단이 발달할 수밖에 없다. 이러한 이익집단이 관련된 정부 부서와 결탁해 자신들의 이익과 관련된 문제를 정책의제로 형성한다는 것이다. 이는 로위(T. J. Lowi)가 '이익집단 자유주의론'(interest-group liberalism)(1979: 50-56)으로 설명한 것과 유사한데 그의 이론을 살펴보면 다음과 같다(Linebery, 1978: 54-55).

---

16) 밀스(C. W. Mills)는 미국 사회에서 기업 엘리트, 군부 엘리트 및 정치 엘리트가 권력의 삼두 체제를 구성해 전체 사회를 지배하고 있으며 이들 구성원은 주요 가치의 공유, 자유롭고 빈번한 접촉, 상호 역할의 교환 등의 방법으로 결속되어 있다고 한다.

첫째, 이익집단은 그들이 대표하는 이익집단 구성원들의 공통 이익을 정책에 반영시켜 주도록 정부에 요구한다(집단측). 이때 정부의 임무는 사회의 합법적인(legitimate) 이익을 증진시키는 것이기 때문에 이익집단의 합법적 이익을 공익으로 규정한다(정부측).

둘째, 만일 어떤 집단이 자신의 영향력을 충분히 확보하면, 그들은 자기 이익을 반영시킬 수 있는 기구의 설치와 정책의 형성, 의회 내 소위원회의 구성을 요구한다.

셋째, 결과적으로 정부는 점차 각 이익집단이 추구하는 이익을 증진시키는 일단의 하위정부(sub-government)의 집합체가 되어버리고 소위 '합법적인' 이익이 증진된다. 반면에 정부의 장기적 선택과 계획 능력은 현저히 저하된다.

결국 이러한 설명에 따르면 이익집단, 행정기관(집단과 제휴해 이를 지지하는), 그리고 의회의 위원회 혹은 소위원회(그 구성원이 대부분 특정 이익과 행정기관에 연계되어 있는)로 구성되는 삼자연합(tripartite alliances)에 의해 정책의제가 형성되고 정책형성이 이뤄진다고 볼 수 있다. 이와 같은 논리는 다원론적 관점에서 출발하면서도 결론은 엘리트론의 설명과 매우 유사하다.

제 3 절 정책의제 형성 과정

사회 내 여러 문제가 정책의제의 지위에 오르는 것은 다양한 경로를 통해 상이한 방식으로 이뤄지기 때문에 정책의제 형성 과정을 설명해 줄 수 있는 단일의 모형은 제시하기 어렵다.[17]

---

17) 정책의제 형성 과정에 대한 몇 학자들의 주장을 정리하면 다음 표와 같다.

<table>
<tr><th rowspan="2">학자</th><th rowspan="2">기본 인식
(강조점)</th><th colspan="5">정책의제 형성 과정</th></tr>
<tr><th>문제 의식의 형성 →</th><th>문제의 제기 →</th><th>사회적 쟁점 →</th><th>공공의제 →</th><th>정책의제</th></tr>
<tr><td>Cobb & Elder
(1972)</td><td>쟁점의 창출
과정</td><td></td><td>쟁점의
제기</td><td colspan="3">공중에의 확산/진입</td></tr>
<tr><td>Kendrick
(1974)</td><td>쟁점에의
참여</td><td></td><td>문제의
진술</td><td colspan="2">문제의 전파/조직화</td><td></td></tr>
<tr><td>Cobb,
Ross & Ross
(1976)</td><td>쟁점의 확산</td><td></td><td>쟁점의
제기</td><td>구체화</td><td colspan="2">확산/진입</td></tr>
</table>

정책의제 형성 과정을 유형별로 따로 설명할 수도 있지만, 여기에서는 설명의 편의상 사회 과정형 정책의제 형성 과정을 중심으로 문제가 어떤 과정을 거쳐 정책의제의 지위에 오르거나 방치되는지를 설명하고자 한다. 사회 과정형 정책의제 형성 과정을 이해하면 다른 유형의 정책의제 형성 과정은 쉽게 이해할 수 있기 때문이다.

1. 문제 의식의 형성과 쟁점 생성

사회에서 일어나는 모든 사건과 경향이 저절로 '문제'가 되는 것은 아니다. 그 사건이나 경향, 즉 문제시되는 상황이 어떤 기준에 입각해서 불만스러운 것으로 판단되었을 때 비로소 '문제'가 된다(허범, 1984: 19; Levine, 1975: 427).[18] 다시 말하면 어떤 문제시되는 상황(problematic situation)이 있을 때 주체적 인간이 이를 인지하고(Jones, 1977: 30) 어떤 판단 기준과의 비교를 통해 문제 의식(한완상, 1983: 209-222)을 형성함으로써 비로소 '문제'가 되는 것이다. 그러므로 이러한 문제 의식의 형성에는 규범 판단과 상황 판단이 함께 작용한다(허범, 1979a: 322). 예를 들어, 어떤 사회에 존재하는 소득 분배의 불균형 상태는 그것이 존재한다는 사실만으로 문제가 되는 것은 아니다. 누구도 이를 제대로 인지하지 못하거나 그것을 자연스러운 사회적 현상으로 받아들인다면 그것은 결코 사회문제가 될 수 없다.[19] 사회적 형평성, 평등성 등과 같은 어떤 판단 기준에 비춰보아 부정적으로 평가될 때 소득 분배의 불균형은 비로소 사회문제로 인식되는 것이다.

Jones (1977)	문제의 정부 귀속화 과정	사건의 인지 및 정의		결집 및 조직화/대표화		
Eyestone (1978)	쟁점의 변형 과정		사회 문제	사회적 쟁점	공공의제	공식의제
Nelson (1978)	조직론적 관점	문제의 인지				문제 채택, 문제의 우선순위 결정, 문제의 중요성 유지
Anderson (1984)	문제의 변화	(사적 문제)	공공 문제	쟁점	체제의제	제도(기관)의제

18) 문제란 객관적으로 실재하는 것이 아니라(not necessarily real), 어떤 사건이 사회에서 발생하거나 어떤 문제시되는 상황이 존재할 때 누군가에 의해 특별한 시기에 특별한 방법으로 인지된 것에 불과하다.

19) 물질, 지위, 권력의 면에서 빈곤한 상태에 있다 할지라도 그것에 만족해하거나 무감각한 사람은 조용히 있게 되고 그렇지 못한 사람들만이 정치적으로 저항하게 된다.

그런데 사람은 제각기 상황에 대해 상이한 인식과 판단을 하고(상황 판단, 현실감의 형성), 그것을 상이한 규범적 기준에 입각해 판단(규범 판단)하기 때문에 문제 의식의 내용은 다르게 나타난다(Jones, 1977: 15).[20] 또한 그와 같은 현실감이나 판단 기준은 시간과 장소에 따라서도 달라진다. 비슷한 상황과 경향이라도 사회가 다르고 취급하는 때와 사람이 달라짐에 따라 그것에 대한 문제 의식과 해결 방안이 달라지는 것은 바로 그런 이유 때문이다. 다시 말해서 문제는 객관적으로 '던져지거나 주어진 것'이라기보다는 주관적으로 '만들어지는 것'으로 보는 게 타당한 것이다(허범, 1984: 20-21).

정책의제 형성에서 문제 의식의 형성은 흔히 기대와 현실의 괴리감에서 비롯된다. 정책의제 형성에 작용하는 기대의 내용은 도덕적 기대, 정서적 기대, 그리고 필요적 기대 등으로 나눌 수 있다(허범, 1984: 20; Hodgkinson, 1978: 100-115). 도덕적 기대는 '옳다-그르다'의 가치 판단에서 '옳은 것', 즉 정의의 실현에 대한 바람이다. 정서적 기대는 '좋다-나쁘다'의 가치 판단에서 '좋은 것', 즉 심리적 · 행태적 선호성의 실현에 대한 바람이다. 그리고 필요적 기대는 필요성이 '있다-없다'에 관한 사실 판단에서 '있다', 즉 현실적으로 요구되는 것의 충족에 대한 바람이다.[21] 가장 전형적인 문제 의식은 기대를 충족시킬 수 없는 상황이 전개될 때 형성된다.

대부분의 학자들은 정책의제 형성 과정이 쟁점의 창출(issue creation) 또는 제기(initiation)에서부터 시작되는 것으로 보고 있다(Cobb & Elder, 1972: 85; Cobb, Ross & Ross, 1976: 127). 그러나 정확히 말해서 정책의제 형성 과정은 문제 의식의 형성에서부터 시작된다.[22]

---

20) 경우에 따라서 어떤 사람에게 '문제'는 다른 사람에게는 이익 또는 즐거움의 원천이 될 수 있다.

21) 이 세 가지 유형의 기대는 서로 다른 것들이다. 그것들은 본질적으로 서로 다른 성격을 가지고 있는데, 도덕적 기대가 규범적이라면, 필요적 기대는 인지적이고, 정서적 기대는 이 두 가지 기대의 성격을 혼합해 지닌다. 그러므로 이 세 가지 유형의 기대 사이에 있는 필연적인 갈등은 상황적 여건과 상관없이 문제 의식을 유발시킨다. 그리고 사회가 달라짐에 따라서 이 내재적 갈등의 내용이 다르기 때문에 이로 인해 유발되는 문제 의식도 다르다(허범, 1984: 20).

22) 왜냐하면 구체적인 문제 인식의 내용은 문제가 제기된 후(또는 쟁점이 생성된 후)에야 명백하게 드러난다고는 하지만, 시간적인 순서상 어떤 문제 의식이 생겨남 없이 문제를 제기하거나 쟁점이 창출되는 경우는 없기 때문이다. 더군다나 문제 의식이 형성됐다고 해서 곧바로 문제의 제기로 연결되는 것은 아니라는 점, 사람마다 갖고 있는 상이한 문제 의식 때문에 이 단계에서 이미 정책의제 형성 과정의 전 과정에 걸쳐 전개될 갈등의 소지가 내포된다는 점, 그리고 문제가 제기되기 전에 처음부터 문제 의식조차 생겨나지 못하도록 의제 억제 결정이 이뤄질 수 있다는 점 등(한완상, 1983: 216-222)을 생각해 볼 때, 정책의제 형성 과정은 문제 의식의 형성에서부터 시작된다고 봄이 타당하다.

한편 문제 의식이 생겨났다고 해서 이것이 곧 명시적으로 표출되거나 주위의 관심을 끌게 되는 것은 아니다. 어떤 개인이나 집단(문제 제기자 또는 집단; initiator)이 어떤 계기(촉발 기제; trigger device)를 이용해 정부가 당해 문제에 대해 적극적이고도 진지한 고려를 해야 된다는 의사를 표명함으로써 겉으로 드러나게 된다(문제의 제기).[23]

문제의 제기와 쟁점의 생성은 문제 제기 주체와 촉발 기제(계기)[24] 간의 역동적 상호작용 여하에 달려 있는 것이 보통이다(Cobb & Elder, 1977: 85).

예를 들면, 물고기 떼죽음 사태의 발생 그 자체가 저절로 문제의 제기로 연결되는 것은 아니다. 어떤 주도자(initiator)가 특정한 시기에 발생한 물고기 떼죽음 사태를 계기로 삼아 수질오염의 심각성을 문제로 제기함으로써 쟁점이 생성되는 것이다. 그러므로 문제 의식과 행동 의지를 함께 가진 주도자가 없을 때에는 특정 문제 상황에 대한 문제 제기는 좀처럼 이뤄지기가 어렵다.

문제 중에는 그 성격이나 내용, 해결 방법 등에 대해 관련자들 사이에 의견이 일치되는 것도 있고, 의견이 대립되어 논쟁의 대상이 되는 것도 있다. 후자에 속한 문제를 쟁점(issue)이라고 한다(Eyestone, 1978: 72). 결국 문제들 중 논쟁의 대상이 되는 것만을 쟁점이라고 할 수 있기 때문에 제기된 문제가 모두 당연히 쟁점이 되는 것은 아니다. 그러나 문제의 내용·성격이나 해결 방법을 둘러싸고 관련자들 사이에 완전한 의견 일치를 구한다는 것은 거의 불가능하기 때문에 대부분의 문제는 쟁점화되는 것이 보통이다. 왜냐하면 사회 내에 일어나는 현상은 각각의 개인이나 집단에 의해 상이한 동기와

23) 물론 정책 담당자가 문제 의식을 갖고 있는 경우에는 문제를 공개적으로 표출하지 않고 바로 정책의제로 형성할 수도 있다. 예를 들면, 국방·외교정책 등의 경우 기밀을 유지하는 것이 좀 더 문제해결에 유리하다고 판단될 때 공개적인 문제의 제기 없이 바로 정책의제로 형성될 수 있다.

24) 촉발 기제는 문제제기자(주도자)가 특정 문제를 쟁점으로 부각시키는 데 촉매작용을 하는 것을 말한다. 거스턴(Larry N. Gerston)도 일상적(routine)인 문제를 많은 사람이 공감하고 불만족감을 느끼며 대중적 반응을 보이는 문제(widely shared, negative, public response)로 전환시키는 중요한 발전 계기를 촉발 기제(Gerston, 1983: 24)라고 하면서, 이는 새로운 정책형성 또는 정책 변화가 일어나도록 압력을 가하는 촉매(catalyst)라고 지적하고 있다(Gerston, 1983: 47). 이러한 촉발 기제의 영향력은 범위(scope)와 강도(intensity)에 의해 좌우된다(Gerston, 1983: 25-29). 범위란 촉발 기제에 의해 영향을 받는 사람이나 집단의 수를 뜻한다. 영향을 받는 사람이나 집단의 수가 많을수록 그 영향력은 커지게 된다. 강도란 공중에 의해 인지되는 사건의 심각성 정도다. 어떤 사건의 심각성이 크다고 인식하게 되면 공중의 강력한 반응을 얻게 되어 촉발 기제로서 효과적으로 작용하게 된다. 이러한 촉발 기제는 국내의 촉발 기제(internal triggering mechanism)와 국외의 촉발 기제로 나눠 생각해 볼 수 있으며(Gerston, 1983: 29-46), 국내의 촉발 기제로 자연재해, 기술 혁신, 생태계의 변화, 사회의 진화, 예기치 못했던 사건, 자원 배분에서의 실제적인 불균형과 편파성을, 국외의 촉발 기제로는 전쟁, 간접 분쟁, 경제 대립, 신무기 세력 균형, 세계의 협력 유형의 변화 등을 들고 있다.

방법을 통해 상이한 내용으로 인지·해석되므로 사람마다 제각기 다른 현실감을 갖게 되기 때문이다. 그리고 상이한 경험·가치관 등은 사람마다 각기 다른 규범적 판단 기준을 갖게 하므로 상이한 문제 의식을 갖게 되기 때문이다.

이렇게 문제제기자에 의해 문제가 표출되고 이 문제가 논쟁의 대상이 되는 단계가 바로 문제의 제기와 쟁점의 생성 단계다. 물론 문제 의식의 형성과 문제의 제기는 거의 동시에 이뤄질 수도 있고, 일정한 시차를 두고 이뤄질 수도 있다.

그런데 만일 어떤 문제 의식이 겉으로 표출되어 문제화되는 것을 원하지 않는 집단이 있다면, 즉 어떤 문제가 공개적으로 논의되고 그 문제가 정책의제로 형성되었을 때 기득권을 침해당하거나 반사적 손해를 보게 될 집단이 있다면 그들은 의제 억제를 위한 활동을 벌이게 된다. 애초에 특정 문제 상황에 대해 문제 의식이 생겨나지 않도록 하는 그들의 노력이 실패로 돌아갔거나, 아니면 문제 의식이 생겨난 줄 모르고 있다가 그것이 공개적으로 표출될 가능성이 보이게 되면 그들은 여러 가지 방법을 동원해서 사전에 이를 저지하려 할 것이다. 뒤에서 살펴보는 바와 같이 그들은 기존의 제도적 장치를 통해, 또는 문제를 제기할 가능성이 있는 주동자에 대한 매수, 회유 영입 또는 협박 등의 방법을 통해 그들의 이익이 침해되는 것을 방지하려 한다.

결국 문제 의식의 형성과 문제 제기의 단계에서부터 시작되는 갈등 과정을 거치는 동안에 현상 변화 추구 세력과 현상 유지 지향 세력 간에 어느 쪽이 승리하느냐에 따라 문제가 정책의제의 지위에 오르거나 방치되어 버린다.[25)]

25) 이러한 문제 제기에 대해서는 체제이론의 요구 투입에 대한 설명을 통해 좀 더 쉽게 이해할 수 있다. 정부에 대해 특정 문제의 적극적이고 진지한 고려를 요청하는 것−정부가 문제를 받아 해결해 주길 요구하는 것−은 체제이론에서 이야기하는 투입과 유사한 성격을 가지고 있다. '요구'와 '지지'로 구성된 투입 중에서 우리의 일차적인 관심은 '요구'에 있다. 왜냐하면 만일 요구가 없다면 사회를 위한 구속력 있는 결정을 해야 될 필요가 없게 될 것이라는 단순한 사실로 인해 요구는 하나의 중심 변수라고 생각할 수 있기 때문이다(Easton, 1965: 48). 요구는 정치 과정을 통한 욕구(wants)로부터 발생한다고 한다. 즉, 욕구는 그것과 관련해 권위적 의사결정이 요청될 때 요구로 전환하게 된다(Easton, 1966: 80-96). 그러나 어떤 요구든 그것이 반드시 정부의 관심을 끌게 되는 것은 아니다. 특정 요구가 관심을 획득하고 권위적 의사결정자들의 의제로 상정되는 한 가지 중요한 방법은 쟁점으로의 전환 과정을 통해서다(Easton, 1966: 143-145). 하나의 요구를 어떤 쟁점으로 전환시키는 것은 그 요구의 가시성(visibility)을 증대시켜 주고, 이전에는 관여하지 않았던 사람들이나 집단들을 동원시켜 주며, 따라서 그 요구에 대해 큰 비중을 두게 한다. 바꿔 말하면 요구를 어떤 쟁점으로 전환하는 것은 본질적으로 그 요구를 공공의제의 지위로 올려놓는 것을 의미한다. 그러한 과정에서 반대 요구(counter-demands) 내지 대응 요구 또한 활성화된다.

2. 공공의제의 형성

문제 제기집단은 직접적으로 정부 당국자들과 상대해 쟁점을 정부 체제 내부로 투입시키거나 자신들이 제기한 문제에 대한 정부의 관심을 촉구하기 위해 각종의 방법을 동원해 쟁점을 확산시키려 한다(Cobb, Ross & Ross, 1976: 128-129).[26]

쟁점의 확산이 성공적으로 이뤄졌을 때, 즉 문제로 인한 갈등의 범위가 확대되어 관련 집단과 공중들로 하여금 문제의 심각성과 중요성을 인식케 했을 때 쟁점은 공공의제(public agenda)의 지위에 오르게 된다(공공의제의 형성). 물론 확산에 성공하지 못한 쟁점은 공공의제의 지위에 오를 수 없다.

공공의제는 체제의제(systemic agenda)(Cobb & Elder, 1977: 85) 혹은 토의의제(discussion agenda)(Anderson, 1979: 56), 기회의제(opportunity agenda)(Eyestone, 1978: 82-86)라고도 한다. 이는 많은 사람의 관심이 집중되고 있고 마땅히 정부에 의해 해결되어야 한다고 여겨지는 쟁점을 말한다. 즉, 사회구성원들의 공적인 관심을 끄는 것으로서 정부의 정당한 관리 영역에 포함되는 것으로 인식되는 쟁점을 말한다. 따라서 어떤 쟁점이 공공의제의 지위에 오르기 위해서는 사회구성원들이 널리 관심을 갖거나(shared concern) 적어도 알고 있을 것, 어떠한 조치가 필요하다는 것에 많은 공중이 동의할 것(shared perception), 정부에서 그 문제를 해결하는 것이 마땅하다는 공통된 인식을 가질 것 등의 요건이 충족되어야 한다(Cobb & Elder, 1977: 85-86).

어떤 쟁점이 공중의 관심을 끌기 위해서는 쟁점 지지자들이 대중매체[27]에 대한 접근력, SNS 활용 능력이나 사람들의 마음을 움직이게 하는 데 필요한 자원을 가지고 있어야 한다.[28] 쟁점에 대한 대중의 관심을 획득하는 것 이외에도 쟁점을 해결해야 할 필요성에 대해 많은 사람이 동의해야 한다.

또한 어떤 쟁점이 공공의제의 지위를 획득할 수 있는 성공 여부는 그것이 정부의 정당한 관할 영역에 속하는 것으로 규정될 수 있느냐에 달려 있다. 그러므로 어떤 쟁점이 공공의제에 이르지 못하도록 방해하기 위해 사용될 수 있는 전략 중 하나는 그 쟁점의 취급이 정부의 관할 영역 밖에 있다는 것을 주장하는 것이다.

---

26) 이는 문제의 전파 과정(communication)으로 문제로 인한 갈등의 범위를 확대시켜 관계 공중들로 하여금 문제의 심각성과 중요성을 인식케 하는 활동이다.

27) 신문이나 라디오, TV와 같은 대중매체는 쟁점의 확산과 정책의제로의 진입에 결정적인 역할을 한다.

28) 사회 내에서 광범위하게 수용되는 상징(symbols)을 이용하는 것도 쟁점 확산의 중요한 전략이다.

그러면 확산에 성공하지 못해 공공의제의 지위에 오르지 못한 쟁점은 어떻게 되는가? 이에는 두 가지 가능성이 있을 수 있다. 하나의 경우는 문제가 겉으로 드러나지 못한 채 억압되는 경우를 생각해 볼 수 있다.[29] 또 다른 하나는 공공의제의 지위를 거치지 않고 바로 정치체제로 투입되는 경우다. 쟁점이 공공의제의 지위를 거치지 않고 정책의제로 투입되는 데에는 큰 어려움을 겪게 되는 게 보통이다. 왜냐하면 더 많은 사람이 관심을 가지고 공감하는 문제일수록 정책의제로 형성될 가능성이 높기 때문이다(Cobb & Elder, 1977: 152). 많은 사람의 관심과 동조를 얻지 못해 공공의제의 지위를 확보하지 못한 문제는 그만큼 정책의제로 전환되기가 어렵게 된다. 따라서 이러한 어려움을 극복하고 쟁점을 정치체제로 투입시키기 위해서는 상당한 희생을 무릅쓰고 극한적인 방법에 의존할 가능성이 크다. 그러나 잘 조직되고 정부에의 접근력을 확보하고 있는 집단이 제기한 문제는 공공의제의 지위를 거치지 않고도 비교적 쉽게 정책의제로 형성될 가능성이 큰 것은 물론이다.

그런데 쟁점이 어느 정도 확산되어야 공공의제의 지위에 오르게 되고, 언제 공공의제가 형성된 것으로 볼 것인가를 판단하는 것은 그리 쉬운 일이 아니다. 대중매체들이 기사와 논평 등을 통해 어떤 문제에 대해 집중적인 관심을 표명하는 것은 그 문제가 공공의제의 지위에 올라 있다는 것을 나타내 주는 전형적인 예라 할 수 있다.

3. 정책의제의 형성

정책의제(정부의제)[30]는 기관의제(institutional agenda)(Eyestone, 1978: 84-87), 공식의제(official agenda) 또는 행동의제(action agenda)(Anderson, 1979: 56)라고도 하는데, 이는 정부 당국의 정책결정자들에 의해 적극적이고도 진지한 고려의 대상이 되는 문제를 말한다(Cobb & Elder, 1977: 87-88; Eyestone, 1978: 88).[31] 즉, 정부의 어떤 일

---

29) 이때 그 문제가 영원히 방치되어 버리는 경우도 생각해 볼 수 있으나 대개는 다시 공개적으로 논의될 시기를 기다리며 잠복해 있게 된다.

30) 공공정책을 정부정책에 한정하지 않는 입장에서 보면 모든 정책의제가 정부의 (정책)의제인 정부의제인 것은 아니다. 정부가 아닌 민간 부문에서도 정책의제를 형성할 수 있기 때문이다. 그러나 이 책에서는 주로 정부정책에 관심을 갖고 있기 때문에 정책의제와 정부의제를 구별하지 않고 혼용한다.

31) 정책의제의 형성 과정은 문제가 정부에 귀속(problem to government)되는 과정이라 할 수 있다(Jones, 1977: 17). 정책의제는 보는 이의 관점과 분류 기준에 따라 여러 가지 유형으로 나눠 볼 수

정한 수준에 있는 일단의 의사결정자들이 대처해야 될 것으로 생각하는 쟁점을 말한다. 그러므로 지방정부 또는 국가 차원의 모든 정부기관의 검토 대상에 올라 있는 쟁점은 모두 정부의제다.

그러나 문제 취급에 대한 정부의 태도가 적극적이고 신중한 것인지 아니면 겉으로만 관심을 표명한 것인지, 즉 가의제(假議題, pseudo agenda)를 형성한 것인지를 밝히는 것은 그리 쉬운 일이 아니다. 이러한 가의제의 형성은 정책결정자가 어떤 요구를 '적극적이고 진지하게' 고려하는 것은 아니다. 이는 요구집단의 좌절을 완화시키고 또 그 요구를 받아들이지 못하는 데에서 오는 정치적 부담을 회피하기 위한 것에 불과하다.32)

그런데 정부의제가 편성되었다고 해서 그것이 곧 문제 해결 노력으로 연결되는 것은 아니다. 왜냐하면 정부의제는 정부에 의해서 신중하게 고려하기로 취급 의지가 표시된 쟁점에 불과할 뿐, 그것이 곧 문제의 해결을 위한 정부의 적극적인 행동을 보장하는 것이 아니기 때문이다. 그러므로 새로운 쟁점이 정부의제로 편성된 후에도 그 문제를 해결하기 위한 방안이 만들어질 수 있도록 하기 위해서는 의제의 중요성이 계속 유지되

있다. 우선은 정책결정자의 재량권의 유무에 따라, 즉 정책결정자가 정부의제를 임의적으로 선택할 수 있느냐 없느냐에 따라서 선택된 의제(chosen agenda)와 강요된 의제(pressing agenda: 제도적인 장치에 의해 재량의 여지없이 의무적으로 고려해야 하는 의제)로 분류할 수 있고(Hirshman, 1975: 388-391), 또 정부기관이 표명하는 관심의 기능적 목적(the functional object of consideration)을 기준으로 문제를 정의하기 위한 문제정의의제(problem difinition agenda), 해결책과 관련되어 제기되는 제안의제(proposal agenda), 적극적인 지지가 요구되는 정책적 제안들인 협상의제, 그리고 지속적이고 규칙적인 검토의 대상으로 등장하는 지속의제 등으로 분류할 수 있다(Jones, 1977: 40-41). 과거에 의제로 제기된 경험이 있는지 여부에 따라 신의제와 구의제로 구분할 수도 있다. 여기에서 구의제는 다시 습관적 의제(habitual agenda)와 재현적 의제(recurrent agenda)로, 그리고 신의제는 자동적인 혹은 자발적인 의제(automatic or spontaneous)와 경로화된 의제(channeled agenda)로 나눌 수 있다(Cobb & Elder, 1972: 87-89). 또는 요구되는 결정의 내용에 따라 (정부의 반응 태도를 기준으로) 가치에 관련된 결정을 요하는 (상징적인 반응을 요하는) 상징의제(symbolic agenda)와 정부 자원의 실질적인 배분을 요하는 실질의제(substantive agenda)로 분류할 수도 있다(Gerston, 1983: 52, 59-60).

32) 물론 적극적이고 진지한 고려인지 아닌지를 알 수 있는 명백한 기준이 없기 때문에 정부의제인지 가의제인지, 아니면 그 어떤 것도 아닌지를 식별하는 것은 쉬운 일이 아니다. 그리고 정부의제가 언제, 어떻게 편성되었는지를 확인하는 일도 용이하지는 않다. 다만 정부의 공식적인 발표, 대통령의 시정연설, 법률안에 대한 공청회, 특별조사위원회의 설치 등에서 정부의제 형성을 확인할 수 있다. 어떤 경로와 방법을 통해서든 일단 특정 쟁점이 정부의제로 편성된 후에는 기존의 쟁점들과의 사이에 우선순위가 결정된다. 이때 새로이 정부의제의 지위에 오른 쟁점은 기존의 쟁점들 사이에 단순히 끼워지는 것이 아니다. 즉, 새로운 쟁점의 채택은 정부의제로 편성되어 있는 기존의 쟁점들 중 어떤 것은 전혀 중요성이 없는 것으로 만들어서 제거해 버리거나 기존의 쟁점에 대한 정부의 관심도에 근본적인 변화를 일으키기도 하는 것이다(Nelson, 1978: 21).

도록 하는 노력이 필요하다(Nelson, 1978: 21, 37).

쟁점을 공공의제의 지위에 오르게 하는 데 성공한 문제 제기집단 또는 주도집단은 계속해서 쟁점을 정부체제 내부로 투입시켜 정책의제로 형성되도록 활동을 벌이게 된다. 그러나 모든 쟁점(요구)들이 정치체제 내로 받아들여지지는 못한다. 현실적으로 사회문제가 정책의제로 형성되는 것은 선별적일 수밖에 없다. 물론 정치적 다원론자들의 주장에 따르면 다원적 사회에서는 어떤 종류의 이익도 그 보호자가 있게 마련이므로 거의 모든 문제가 정치체제로 투입되어 정책의제로 형성될 가능성이 있다고 한다(Lindblom, 1959: 84-85).33)

이제까지 설명한 것을 간단히 정리해 보면 [그림 6-1]과 같다.

문제시되는 상황이 존재하게 될 때 누군가가 이를 인지하고 정의함으로써 문제의식이 형성된다(문제 의식의 형성). 이러한 문제 의식이 해결 요구와 함께 겉으로 드러나게 되면 비로소 문제로 등장하게 된다(문제 제기). 그런데 문제 의식의 형성이나 문제의 제기는 반대 집단에 의해 억제되거나 좌절될 수 있다(의제 형성의 억제). 제기된 문제 중에는 의견 합치적인 것도 있지만 대개는 관련 집단들 사이에 논쟁의 대상이 되어 쟁점화하는 것이 보통이다(쟁점 생성). 특정 '문제' 또는 '쟁점'과 관련된 사람이나 집단(세력)은 크게 나눠 변화 추구집단과 현상 유지 지향집단으로 구분할 수 있는데, 문제 제기집단은 전자의 세력들 중에서 핵심적 위치를 차지한다. 양 세력은 상이한 문제 의식과 상이한 이해 관계를 바탕으로 특정 문제의 정책의제 형성 또는 의제 억제 결정을 도모하는 과정에서 상호간 역동적 갈등 관계를 형성한다(물론 동일 집단 내의 하위 집단이나 개인들 사이에도 문제 의식은 다소 상이할 수 있다). 이러한 갈등 관계는 문제

33) 현실적으로 사회문제가 정책의제로 형성되는 것은 선별적일 수밖에 없다. 왜냐하면 쟁점이 정치체제 내부로 투입되어 정책의제로 형성되기 위해서는 우선 정부가 쟁점을 인식(issue recognition)하고 이에 대한 정보(governmental information)를 가지고 있어야 한다(Eycston, 1978: 135). 그뿐만 아니라 쟁점의 취급이 정부의 정당한 책임 영역에 속한다는 것을 의사결정자들이 공통적으로 인식해야 되고, 정부가 이를 취급할 만한 능력과 정치적 의지를 가지고 있어야 하기 때문이다(Eyestone, 1978: 135). 그러므로 정부가 특정 문제를 인식하지 못하거나 문제를 인식했다 하더라도 그것을 해결할 능력이 없는 경우 혹은 문제를 인식하고 또 이를 해결할 수 있는 능력도 갖고 있지만 여러 가지 사정상 이를 취급할 의사가 없는 경우에(자의에 의해서든 외부의 압력에 의해서든) 정책의제는 형성될 수 없다. 더군다나 조직을 편파성의 동원체(mobilization of bias)라고 본다면(Schattschneider, 1975: 71), 한 정치체제에 존재하는 제도·절차·규범 등의 편파적인 성격은 조직화된 집단들 간의 세력 균형을 반영하고 정당화시켜 주기 때문에 정부에 의해 고려될 쟁점의 범위를 제한하게 된다.

그림 6-1 사회 과정형 정책의제 형성 과정

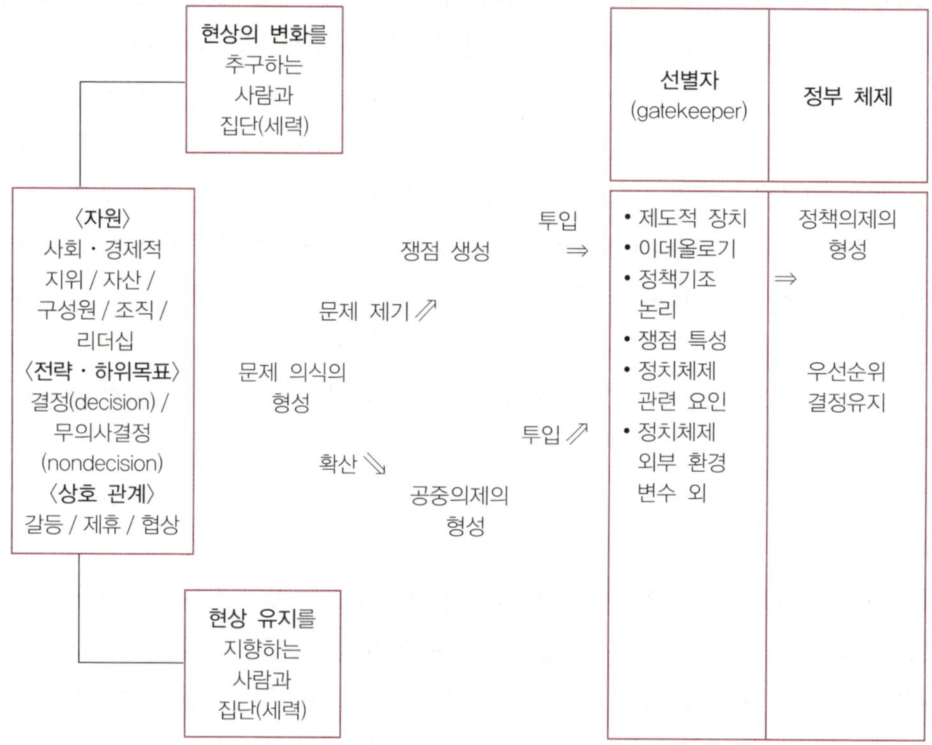

의식의 형성 단계에서부터 정책의제 형성의 모든 과정에 이르기까지, 심지어는 모든 정책과정에 걸쳐 지속된다.

한편, 문제 제기집단은 직접적으로 정부 당국자들과 상대해 쟁점을 정부 체제 내부로 투입시키거나(투입), 자신들이 제기한 문제들에 대한 정부의 적극적 관심과 대응을 촉구하기 위해 각종의 방법을 동원해 쟁점을 확산시키려 한다(확산).

쟁점의 확산이 성공적으로 이뤄졌을 때 확산된 쟁점은 공공의제의 지위에 오르게 되고(공공의제의 형성), 이는 다시 정부 체제의 내부로 투입되어(투입) 정책의제로 형성된다(정책의제의 형성). 확산에 성공하지 못해 공공의제의 지위에 오르지 못한 쟁점은 의제 형성이 억제된 채 방치되어 버리거나, 공공의제의 지위를 거치지 않고 바로 정치체제로 투입될 수 있다. 그러나 모든 쟁점(요구)이 정부 체제 내부로 받아들여지지는 못한다. 쟁점이 정부 체제 내부로 받아들여지느냐의 여부는 정책의제 형성에 영향을 미치는 여러 요인과 정책결정 과정의 핵심적 참여자인 선별자들(gatekeepers)의 선호에 의해 결정된다. 앞에서는 최종 단계에서 정책의제가 형성되는 것은 정책결정 체제의 문지기라고 할 수 있는 의제 선별자들의 역할에 달려 있다고 했다. 그런데 킹던(Kingdon, 1995)은 문제의 흐름(problem stream), 그리고 정책의 흐름(policy stream), 그리고 정치의 흐름(political stream) 세 종류의 독자적인 흐름이 있는데, 기본적으로 문제의 흐름과 정치의 흐름, 특히 정치의 흐름이 변화할 때 '정책의 창'(policy window)이 열려 정책의제가 형성된다고 한다.34)

일단 특정 쟁점이 정책의제로 형성된 후에는 기존 정책의제들과의 우선순위가 결정되고, 의제의 중요성이 계속 유지되어 적극적인 정책적 해결이 우선적으로 요구되는 정책발안이 이뤄지거나, 아니면 정책발안이 이뤄지지 못한 채 유보되거나 의제 억제 결정으로 끝나게 된다.

4. 정책의제 형성 과정의 유형

앞에서 지적했듯이 모든 사회문제가 위에서 본 것과 같은 모든 경로를 거쳐서 정책의제로 형성되는 것은 아니다. 실제의 정책의제 형성 과정은 여러 가지 형태의 변형 과정 또는 혼합 과정의 형태로 나타나는 것이 보통이다. 즉, 여러 단계 중에서 일부가 생략되거나 중첩되기도 하고, 아니면 단계가 뒤바뀌기도 하는 등 정책의제 형성 과정은 다양하게 나타난다. 또한 정책의제 형성 과정은 이러한 활동의 주체가 정치체제의 내부 또는 외부에 있느냐에 따라서 그 유형을 나눠 볼 수 있다.

1) 콥과 로스의 유형 분류35)

콥(R. W. Cobb)과 로스(J. K. Ross & M. H. Ross)는 정책의제 형성 과정의 유형을 외부주도형(outside initiative model), 내부접근형(inside access model), 동원형(mobilization model)의 세 유형으로 구분하고 있다(Cobb, Ross & Ross, 1976).36) 이러한 유형

34) 문제의 흐름은 현실 세계의 문제들과 과거 문제 해결을 위한 정부 개입의 효과에 관한 정보의 흐름이고, 정책의 흐름은 문제 해결 방안에 관련된 정보의 흐름, 그리고 정치의 흐름은 선거, 고위 정책책임자 교체 등의 정치적 사건과 관련된 것이다(Kingdon, 1995).

35) 콥과 로스의 이론은 학자들에 의해 가장 많이 인용되고 있어서 따로 설명한다.

36) 한편 메이(P. J. May)는 콥과 로스의 세 가지 기본 모형에 추가해 새로운 패턴인 공고화모형을 추

분류는 문제의 제기와 의제 형성을 추구하는 주도자가 정책결정 체제 내부에 있느냐 아니면 외부에 있느냐를 기준으로 한 것이다. 내부접근형과 동원형은 그 주도자가 내부에 있으면서도 서로 다른 특성을 갖고 있어서 달리 구분한다.37)

외부주도형은 정부 외부에서 문제가 제기되어 많은 사람에게 확산되고 공공의제의 단계를 거쳐 정책의제로 형성되는 과정을 설명하는 모형이다.38) 이와 반대로 동원형은 정부 내부에서 문제가 제기되어 정책의제로 성립되고 정책 수행의 성공을 위해 공공의제로 확산시키는 과정을 설명하는 모형이며,39) 또한 내부접근형은 정부 내부에서 문제가 제기되어 정책의제로 성립되기는 하나 정부 외부로 (공중에게로) 확산되지 않아서 공공의제의 단계를 거치지 않는 경우를 설명하는 모형이다.40)

2) 정책의제 형성 과정의 유형

〈표 6-1〉은 문제시되는 상황에 따라 어느 누군가에 의해 문제 의식이 형성된 후에 정책의제로 형성되는 다양한 과정을 여섯 가지 유형으로 구분한 것이다. 여기에서는 문제시되는 모든 상황이 반드시 동일한 단계를 거치지 않고도 정책의제로 형성될 수 있다는 것을 보여주고 있다.

첫째, '점진형(숙성형)'은 문제시되는 상황이 정책의제 형성 과정의 모든 단계를 거쳐서 숙성된 형태로 점진적으로 정책의제가 형성되는 과정을 설명한 것이다. 문제시되는 상황에 대해 피해를 입고 있는 집단뿐만 아니라 그 밖의 어느 누군가에 의해 문제 의식이 형성되어 해결 요구와 함께 밖으로 제기되어 사회적 쟁점으로의 전환이 이뤄진다. 이 단계가 이뤄진 후에 일반 대중의 관심이 모아져서 정부가 문제 해결을 하는 것이 정당하다고 인정되는 공공의제화의 과정을 밟은 후 정책의제로 형성되는 유형이다. 이 유형은 문제의 표출이 좀 더 자유롭고 정치 과정에 대한 참여가 용이하게 이뤄지는 다원

가했다. 공고화모형은 이미 대중의 지지가 높은 정책문제에 대해 정부가 그 과정을 주도해 해결을 시도하는 유형이다(May, 1991).

37) 정책의제 형성 억제를 위한 활동과 무의사결정을 혼용하는 경우가 있는데, 이는 똑같은 의미는 아니다. 좁은 의미로 보면, 무의사결정은 특정 문제를 취급하지 않겠다는 결정행위를 말한다. 그러므로 무의사결정의 주체는 정책 담당자라고 할 수 있다. 한편, 정책의제 형성 억제를 위한 활동은 특정 문제를 드러나지 못하도록 하거나 정부가 그 문제를 취급하지 못하도록 하는 일체의 활동을 말한다. 따라서 누구든지 그 주체가 될 수 있다.

38) 정부 외부인사나 집단의 쟁점 제기 → 공중에 확산(공공의제) → 정책의제.

39) 정책 담당자의 쟁점 제기 → 정책의제 채택 → 공중에 확산(공공의제).

40) 정책 담당자의 문제 제기 → 정책의제.

표 6-1 정책의제 형성 과정의 유형

[점진형(숙성형)]	문제 의식 형성	사회적 문제 제기	사회적 쟁점	공공의제	정책의제
[정부 신속 대응형]	문제 의식 형성	사회적 문제 제기	사회적 쟁점		정책의제
[급진 확산형]	문제 의식 형성	사회적 문제 제기		공공의제	정책의제
[폭발형]	문제 의식 형성	사회적 문제 제기			정책의제
[정부동원형]	문제 의식 형성	정부 내 문제 제기		공공의제	정책의제
[정부주도형]	문제 의식 형성	정부 내 문제 제기			정책의제

적이고 민주적인 정치체제에서 많이 나타난다.

둘째, '정부 신속 대응형'은 문제 의식이 형성되어 사회문제로 제기된 후에 문제 관련 집단 간의 논쟁이 벌어지는 사회적 쟁점으로 발전한 단계에서 공공의제의 단계를 거치지 않은 상태에서 정부가 신속하게 정책의제로 형성하는 유형이다. 사회적 쟁점이 공공의제의 지위를 거치지 않고 바로 정책의제로 형성되는 경우는 문제 제기집단의 힘이 강력해 정부에 대한 접근력을 확보하고 있을 때 또는 정부가 문제를 심각하게 인식하고 정책의제로 형성하지 않을 수 없는 경우에 볼 수 있는 유형이다.

셋째, '급진 확산형'은 문제가 제기된 후 많은 사람에게 문제의 심각성이 비교적 빨리 알려져서 정부에 의한 문제 해결의 필요성에 대한 인식이 광범위하게 확산되어 사회적 쟁점의 형성 단계 없이 또는 사회적 쟁점 형성 단계와 동시에 공공의제화된 후 정책의제로 형성되는 유형이다.

넷째, '폭발형'은 세월호 침몰사건과 같은 대규모 인명 참사나 동시 다발적인 광범위한 지역에서의 물고기 떼죽음 사태 등의 대형 사고의 발생, 또는 열악한 근로 조건에 항의하는 노동자 분신 사건 등과 같이 사회적 충격이 큰 사태 발생 시에 정부가 정책의제를 형성하지 않을 수 없는 경우에 나타나는 유형이다. 이는 문제 상황의 발생이나 문제 상황에 대한 문제 제기 형태가 너무나 충격적이어서 이전에 정부의 대응이 없거나 적절하지 못했음을 비판하는 사회 분위기가 형성되는 것이 일반적이다.

다섯째, '정부동원형'은 정부 내부에서 문제가 제기되어 정부 내의 정책 담당자들에 의해 정책의제로 형성된 후에 정부가 의도적으로 그 문제를 사회에 알리고 일반 시민의 문제 의식을 유발하고 정부의 문제 해결 노력을 지원하도록 유도하는 모형이다. 이는 정부가 특정 문제를 정책의제로 형성하는 것에 대해 일반 대중의 동의를 확보하고 성공적인 정책집행을 이루기 위한 전략으로서 정부의 홍보 활동이 이뤄진다. 이러한 유형의 경우, 정책의제로 형성된 문제를 공공의제로 확산시키는 과정에서 정부의 정책 담당자들은 정책의 기본 방침 및 구체적인 내용에 대한 여론을 수렴할 수 있으므로 정책결정을 공공의제화와 동시에 진행하는 것이 바람직하다.

여섯째, '정부주도형'은 정부 내부에서 문제 의식의 형성과 동시에 문제가 제기되고 정책의제로 형성되는 유형으로서 대통령이나 장관 등 최고 정책결정자들이 문제 의식을 갖고 이의 해결을 지시하는 경우에 많이 나타난다. 최고 정책결정자가 아니라도 정부 내의 정책 담당자들 사이에서 이뤄지는 문제 의식의 공유를 통해서도 이러한 유형의 정책의제 형성이 이뤄질 수 있다.

이처럼 정책의제 형성 과정은 정책문제의 유형, 정책 상황, 그리고 정치체제의 특성 등에 따라 상이하게 전개된다.

제 4 절 정책의제 형성의 억제

1. 정책의제 형성 억제의 의의

어떤 사회문제이든지 그로 인해 고통을 입게 되는 집단이 있는 반면에 그것을 방치해 둠으로써 반사적 이익을 누리는 집단이 있기 마련이다. 다시 말하면 어떤 문제를 정부가 정책의제화시켜 이 문제를 해결함으로써 이익을 얻게 되는 집단이 있는가 하면 손해를 입게 되는 집단이 있을 수 있다. 전자의 집단은 특정의 문제를 해결함으로써 현재의 상태를 변화시키길 원하는 현상 변화 추구 세력이고, 후자의 집단은 현재의 상태가 그대로 유지되기를 원하는 현상 유지 지향 세력이라고 할 수 있다. 이때 후자의 집단은 특정 문제가 정책의제의 지위에 오르는 것을 막기 위해 여러 가지 활동을 벌이게 된다. 이러한 활동이 성공을 거두게 되면 정부에 의해 의제 억제 결정(non-decision making)이 이뤄진다.[41]

41) 이렇게 보면 결국 정형적인 정책의제 형성 과정이란 상이한 문제 의식과 목표를 가진 두 부류의 집단 간의 갈등 과정이요, 정책의제 형성(decision)을 위한 활동과 이를 저지(non-decision)하기 위한 활동 간의 역동적 갈등 과정이라고 할 수 있다. 그리고 정책의제가 형성되었다는 것은 이러한 갈등이 일차적으로 종결되었다는 것을 의미한다. 여기서 갈등이 일차적으로 종결되었다는 것은 갈

어떤 문제가 왜, 어떤 과정을 거쳐서 정책의제로 형성되느냐 하는 질문은, 다른 문제가 왜, 그리고 어떻게 해서 정책의제의 지위에 오르지 못한 채 방치되느냐 하는 질문과 본질적으로 같은 내용을 다른 측면에서 바라본 것에 불과하다.

어떤 문제를 방치하게 되는 이유는 크게 두 가지의 경우로 나눠 생각해 볼 수 있다. 그 하나는 어느 누구의 의도도 개입됨이 없이 자연스럽게 문제가 방치되는 경우다. 즉, 문제시되는 상황의 존재나 문제의 심각성을 인식하지 못하거나, 인식했다 하더라도 누군가(문제 제기자)가 문제 의식을 밖으로 표명해 정부로 하여금 그 문제를 해결하도록 요구하지 않는 경우다. 또 다른 하나는 문제의 방치가 의도적으로 이뤄지는 경우다. 즉, 특정 문제를 정부가 해결해 주어야 한다고 주장하는 사람은 있으나, 정부 내부 또는 다른 집단의 반대 혹은 다른 사정으로 인해 그 문제가 정책의제의 지위에 오르지 못하는 경우다. 여기에서 왜 의도적으로 문제를 방치하거나 억제하느냐 하는 질문에 대한 해답을 제공하고자 하는 것이 의제억제결정론 혹은 무의사결정론(non-decision making theory)이다.[42)]

어떤 문제를 정부가 정책의제로 형성한다는 것은 그 문제를 해결하기 위해 무엇인가 정책대안을 마련하겠다는 의지의 표현인 반면에 어떤 문제를 의도적으로 방치시켜 두는 것, 정책의제로 등장하기 위해 애쓰는 문제를 사전에 억제한다는 것은 바로 그 문제를 다루기 위한 어떠한 조치도 취하지 않겠다는 단호한 결정이나 마찬가지라고 볼 수 있다.

바크라흐(P. Bachrach)와 바래츠(M. S. Baratz)는 엘리트론의 관점에서 의제 억제 결정의 측면을 명쾌하게 설명한 대표적인 학자다.[43)] 이들의 설명에 따르면 권력은 두 개의 얼굴(two faces of power)을 가지고 있는데 그 하나는 권력을 가진 집단이 자신들에게 유리한 방향으로 정책결정이 이뤄지도록 하는 측면이고, 다른 하나는 그들에게 불이익을 가져다주거나 바람직하지 않다고 생각되는 특정 쟁점들이 정부 내에서 논의되지

등이 완전히 종결된 것이 아니라 그 단계에서 일단 갈등이 종결된 것으로 볼 수 있다는 것을 말한다. 앞에서 설명했듯이 갈등 관계는 정책과정의 모든 단계에 걸쳐 계속된다.

42) 의제억제결정론은 신엘리트론이라고 부를 수 있는 것으로서(Merelmam, 1968: 451-460) 엘리트들이 자신들의 이익을 위해 일반 대중이나 사회 · 경제적 약자의 주장과 이익을 무시하고 억압하는 것을 전형적인 예로 지적하고 있다(Crenson, 1971: 108-109).

43) 무의사결정에 관한 최초의 체계적 논의는 바크라흐와 바래츠가 1962년에 발표한 "권력의 두 개의 얼굴(Two faces of power)"이라는 논문을 통해서다(Bachrach & Baratz, 1962: 947-952; 1963: 632-642).

못하도록 봉쇄하는 측면이다(Bachrach & Baratz, 1963: 7). 어떠한 사회문제든지 그것을 방치함으로 해서 손해를 보는 계층이 있는 반면에 그것을 해결함으로 인해 피해를 보는 또 다른 계층도 있다. 그러므로 어떤 사회문제가 정책의제로 형성되어 해결책이 모색되고 이 해결책 때문에 피해를 입게 되는 계층이 엘리트 집단일 때는 이러한 사회문제가 정책의제화되지 못하도록 노력할 것이라는 것은 쉽게 짐작할 수 있다.[44)]

이와 같은 두 번째 측면을 '권력의 제한적 측면' 혹은 '권력의 제2측면'이라고 부를 수 있는데(Bachrach & Baratz, 1962: 952), 이 측면에서의 권력 행사가 바로 의제 억제 결정이다.[45)]

한편, 일반적으로 정치적 지도자들이나 조직은 자신들의 존재나 기득권을 위협하는 문제를 정치무대에 받아들이지 않는다고 하면서 정치제도는 정치적 문제를 선택할 때 현상 유지 지향적 집단에게 편파적으로 유리하게 작용한다는 주장도 있다. 그러나 정치제도 자체가 현상 유지 지향적 집단의 이익 보호에 유리하게 제도화되어 있고 운영된다는 주장에 대해 정치적 다원론자들은 다른 견해를 가지고 있다.

앞서 살펴본 바와 같이 정치적 다원론자들은 규범, 관례, 제도 등의 기본 전제는 국민 대다수의 다양한 태도와 신념 간의 상호작용의 결과(molding results)이며 지속적으로 변화할 가능성을 갖고 있는 것으로 본다. 그러므로 어떠한 문제이든 누구의 고충이든 간에 정치체제로 진입하는 것에 대해 제도 자체가 장애 요인으로 작용하는 것은 아

44) 밀스(C. W. Mills)도 미국 사회에서 기업 엘리트, 군부 엘리트, 정치 엘리트와 같은 지배집단이 그들의 권력이나 이익을 위협하지 않는 항목에 대해서만 관심을 가진다고 주장한다.

45) 바크라흐와 바래츠는 "엘리트들이 정치 과정이 자신에게 비교적 해롭지 않은 문제들에만 공적 관심(public consideration)을 갖도록 하는 사회 · 정치적 제도와 제도적 관행들을 만들어내고 강화시키는" 측면에 더 많은 관심과 연구가 필요하다고 한다(Bachrach & Baratz, 1962: 947-951). 그들은 실제의 결정보다도 공동체의 기존 가치나 규범 등이 어떤 유형의 문제들을 정책의제로 진입되는 것을 막느냐 하는 의제 억제 결정(non-decision)이 더 중요할 수도 있다고 한다. 의제 억제 결정은 현상 유지 세력의 가치와 이익에 반하는 잠재적 또는 명백한 도전을 억압하거나 좌절시키는 결정을 말한다. 이는 공동체 내에 현존하고 있는 이익과 특권의 배분 상태를 변화시키고자 하는 요구가 표현되기도 전에 차단되거나 혹은 은폐된 상태로 유지한다. 또는 그러한 요구가 의사결정의 무대에 접근하기도 전에 사장시키거나, 또는 이러한 노력이 실패할 경우 정책의 결정 단계나 집행 단계에서 무력화시키는 것을 의미한다(Bachrach & Baratz, 1963: 7). 거스턴도 무엇을 다루지 않기로 결정하는 것(deciding on what not to discuss) 역시 중요하다고 지적하고 중요한 문제임에도 불구하고 논의에서 배제되는 경우가 있음을 지적했다. 그는 이렇게 정책과정에서 배제되는 문제들을 '숨겨진 의제(hidden agenda)'라고 칭하고 있다(Gerston, 1983: 67-71). 러크스(Lukes, 1974)는 권력의 세 번째 측면으로 이념적 힘(ideological power)을 들고 있다. 이 힘은 사람들의 소망 또는 사고에 영향을 미치는 힘인데, 심지어는 자신들의 이익에 반하는 것까지도 원하게 만드는 힘이라고 한다.

니라는 것이다. 이에 대해 의제억제결정론자들은 규범, 제도 등의 기본 전제 자체가 현상 유지를 원하는 자들에게 유리한 방향으로 작용한다고 반박한다.[46]

결론적으로 의제억제결정론의 핵심은 현상 유지 지향적인 사람이나 집단들이 사회규범, 관례, 그리고 정치제도 등을 활용하고 조직함으로써 자신들에게 '유리하고 안전한' 문제들에 한해서만 논의를 허용하고자 하는 경향을 지적하는 것이라 할 수 있다. 그리고 이제 억제 결정의 개념을 정책의제 형성이론에 도입함으로써 정책과정에서 은폐된 국면의 중요성과 이러한 국면에 대한 연구의 필요성을 지적했다는 점에서 그 의의가 있다.[47] 또한 엘리트론적 관점이나 다원론적 관점 등의 편향성을 극복하고 정책의제 형성 과정을 포괄적으로 이해할 수 있게 해주었다.[48]

---

46) 바크라흐와 바래츠는 이와 같은 입장에서 엘리트이론을 비판하고, 다원론을 옹호한 달(R. A. Dahl)의 경험적 조사 결과를 비판한다. 달은 뉴헤이븐(New Heaven) 시의 정치를 분석해 중요한 정치제도 상의 직위가 특수계층에 의해 독점되고 있지 않을 뿐만 아니라, 정책을 결정하는데서도 특정한 엘리트집단의 영향력이 그리 크게 작용하지 않았음을 밝혀냈다. 그러나 바크라흐와 바래츠는 이 연구가 과거에 결정된 정책들 중에서 누가 어떻게 참여했는가를 조사한 것이므로 오히려 더 중요한 문제임에도 불구하고 정책의제로 형성되지 못해 정책형성으로 연결되지 못한 것들은 분석 대상에서 제외될 수밖에 없다고 비판한다. 이에 대해 데브넘(Debnam, 1975: 905)은 바크라흐와 바래츠가 다원론적 접근법과 의사결정론적 접근법을 혼동하고 있다고 비판한다. 지역사회 권력구조에 대한 연구를 위해 달이 취한 접근 방법이 의사결정접근법(decision making approach) 또는 쟁점분석(issie analysis)이라고 부를 수 있기 때문이다.

한편 이와 대조적인 접근 방법으로서 헌터(F. Hunter)에 의해 시도된 평판접근법(reputational)이 있으며, 그는 그 방법을 활용해 달의 결론과는 달리 애틀랜타(Atlanta) 시가 경제 엘리트에 의해 정치적으로 지배되고 있다는 결론을 내리고 있다(Perry, 1976: 106-118 참조).

47) 그러나 이러한 무의사결정론자들의 주장에 대해 메렐만(R. Merelman)은 엘리트의 보이지 않는 손에 의한 조정을 증거도 없이 인정할 수 없다고 비판하고 데브넘도 실질적으로 경험적인 조사를 실시하기 위해 의제 억제 결정의 개념을 조직화할 수 없기 때문에 그 실천적 유용성은 크지 않다고 비판한다. 이에 대해 바크라흐와 바래츠는 자신들과 메렐만, 데브넘 등과는 무의사결정(non-decision)에 대한 개념상에서뿐만 아니라 인식론적인 면에서 차이가 있다고 반박하고 자신들의 목적은 정치형태에서 권력의 본질과 사용에 대한 이해에 있다고 주장한다(Frey, 1971: 1092; Merelman, 1968: 459; Debnam, 1975: 899; Bachrach & Baratz, 1962: 901, 904).

48) 특정 문제의 등장이나 해결을 저지하기 위한 활동은 정책의제 형성 단계에서만이 아니라 정책과정의 모든 단계에서 일어날 수 있다. 특정 문제가 정부에 의해 취급되는 것을 반대하는 집단은 자신들의 주장에 반해서 정책의제가 형성되었다고 해서 자신들의 주장을 관철하고 이익을 보호하기 위한 노력을 멈추지는 않는다.

사회문제가 공공의제로 전환되고 나면 반대 집단은 그 문제가 정부가 나서서 해결하기에는 적합하지 않은 문제라는 결론을 얻게 되도록 노력하게 될 것이고, 정책의제로 채택된 다음에는 정책발안이 이뤄지게 못하게 하거나 정책결정 단계에서 자신들에게 유리한 정책 대안이 마련되도록 영향력을 행사하게 된다. 정책결정 단계에서 반대집단들은 내용이 없고 상징적인 의미만을 갖는 대안을 채택하도록 정책결정자에게 압력을 가하는 것이다.

2. 정책의제 형성 억제의 요인

정책의제 형성 억제가 이뤄지게 되는 이유(원인)에는 여러 가지가 있다. 여기에서는 그런 이유만이 아니라 정책의제 형성이 억제될 가능성을 크게 만드는 여건에 대해서도 함께 살펴본다.

우선 '권력 엘리트'가 특정 문제의 문제 해결을 요구하는 대중의 의견을 무시할 때 정책의제 형성이 억제된다. 정치 활동이 비공개적으로 전개되고, 정치적 자원이 불균등하게 분배되어 있으며, 정치 권력을 가진 소수집단이 다수를 지배하게 될 때, 이러한 '권력 엘리트'가 생겨난다(Eyeston, 1978: 135, 137-149). 또한 어떤 문제의 취급과 해결이 지배 엘리트(또는 관료)의 기득권을 침해하거나 가치관에 배치된다고 판단할 경우에 그 문제는 정책의제로 형성되지 못할 가능성이 크다. 특정 문제를 해결하고자 하는 것에 대해 엘리트들이 별로 호감을 갖고 있지 않을 것이라고 정책 담당자들이 예상하는 경우에 그 문제는 방치되어 버릴 가능성이 크다(Dye, 1981: 349). 엘리트 집단은 아닐지라도 특정 문제의 취급이나 해결로 인해 반사적 손해를 입게 되는 집단이 강력하게 정책의제 형성을 억제하기 위한 활동을 벌이고 그것이 성공할 때 그 문제의 정책의제 전환은 억제된다.

문제 해결을 위해 필요한 과중한 예산 부담, 기술력의 부족 등 정부가 그 문제를 해결할 수 있는 능력이 부족할 때 정부는 그 문제를 정책의제로 형성하지 못한다. 어떤 경우에는 정부의 능력 때문이 아니라, 그 문제의 성격상 정부가 개입하는 것이 적절치 못하다고 판단되면 정책의제 형성이 억제될 수 있다. 그리고 그 문제를 해결하려다가 더 큰 다른 문제를 유발케 할 가능성이 있는 경우에도 정부는 그 문제를 취급하지 않는

정책결정 단계에서도 정책문제 해결을 원하는 집단이 이기게 되면 정책 대안은 구체적으로 그 문제를 해결하는 내용을 담게 된다. 이때도 반대 집단은 포기하지 않고 정책집행 단계에 가서 그들의 목적 달성을 위한 정치적 활동을 전개한다. 이 경우에 반대집단은 정책집행에 필요한 조직의 마련이나, 인적·물적 자원의 동원을 어렵게 하고 정책집행 담당자를 매수해 집행이 실질적으로 이뤄지지 못하도록 한다. 이는 정책집행 단계에서 이뤄지는 의제 억제 결정이라 할 수 있다. 정책 평가의 단계에까지 가서도 반대 집단은 당해 정책이 부작용을 많이 야기하고, 비능률적이라는 등 정책 종결의 필요성을 뒷받침하는 평가 결과를 제시함으로써 정책 담당자로 하여금 공식적으로 당해 정책을 종결시키도록 압력을 가한다.

요약해 보면, 정책의제 형성 단계에서 등장한 특정 문제의 해결을 원하는 집단과 이에 반대하는 집단, 현상 변화 추구 세력과 현상 유지 세력들 간의 갈등, 투쟁, 협상은 정책과정의 모든 단계에 걸쳐 이뤄지며 정책의제의 형성 또는 억제를 도모하게 된다.

다. 한편 정치 과정이 전적으로 정상적이고 합법적이며 개방적이어서 누구든지 여러 군데에서 의제 변형 과정(issue translation process)을 왜곡시킬 수 있는 경우에 특정 문제의 정책의제 형성이 억제될 가능성이 크다. 왜냐하면 사회문제가 여러 단계를 거쳐 정책의제로 형성되기 때문에 반대 집단은 어느 한 단계에서만 승리해도 의제를 억제할 수 있기 때문이다.[49]

문제를 정치체제에 투입시키기에 충분한 정치 · 경제적 자원과 정치적 경험을 문제 제기집단이 가지고 있지 못할 때에도 정책의제 형성이 억제될 가능성이 크다. 또한 특정 문제에 대한 공중의 관심이 줄어들거나 논쟁이 약해진 경우에도 그 문제는 방치되어 버릴 가능성이 크다. 정치체제 자체가 특정한 부류의 문제는 해결되도록 하고 다른 부류에 속하는 문제의 해결은 저지하도록 구조화된 경우, 정책의제 형성이 억제될 가능성이 있다. 조직 규모가 크고 잘 조직화되어 있으며, 또한 많은 자원을 가지고 있어서 정책 담당자와 접근할 기회가 많은 이익집단의 이익을 그렇지 못한 집단의 이익에 우선해 고려하도록 정치체제가 구조화된 경우에는 선택적으로 정책의제 형성이 억제된다(Schattschneider, 1975: 71; Bachrach & Baratz, 1970: 45-46). 나아가 사회 내의 지배적인 가치와 신념, 즉 정치문화가 특정 문제의 취급에 대해 부정적으로 작용할 경우에 그러한 지배적인 가치와 신념에 비춰보아 어긋난다고 여겨지는 문제 해결 요구는 받아들여지기가 어렵다.

3. 정책의제 형성 억제의 방법

특정 문제의 정책의제화를 반대하는 집단들은 가능한 모든 방법을 동원해 정책의제의 형성을 억제하려고 노력한다. 정책의제의 형성을 억제하기 위한 방법에는 다음과 같은 것들이 있다.

1) 사실의 은폐, 왜곡

사실의 은폐, 왜곡을 통해 정책의제 형성 억제가 이뤄질 수 있다. 사실을 정확히 알지 못하고는 타당한 문제 의식이 생겨날 수 없기 때문에 사실의 은폐, 왜곡은 애초에

49) 이러한 정치 현상을 아이스턴(Robert Eyestone)은 '일상적인 정치(politics as usual)'라고 지칭하고 있다.

문제 의식조차 생겨나지 못하도록 한다. 따라서 이 방법은 특정 문제가 겉으로 드러나지 못하도록 가장 은밀하고 교묘하게 이뤄진다.

2) 가치 체계의 왜곡

문제 의식은 인식된 문제시되는 상황을 어떤 규범적 판단에 비춰봄으로써 생겨난다. 그러므로 규범적 판단의 기초가 되는 가치 체계를 왜곡함으로써 문제시되는 상황을 문제로 의식하지 못하도록 할 가능성이 있다.

3) 문제 제기자에 대한 압력 행사 또는 매수, 회유 영입

문제 의식의 형성을 억제하지 못하여 문제가 제기되거나 제기되려고 할 때 그 문제가 사회 전체에 파급되지 못하도록 문제 제기자 또는 문제 제기집단의 지도자를 위협하거나 처벌한다. 또는 그들을 매수하거나 기존 조직에 흡수해 어떤 지위를 제공함으로써, 더 이상의 문제 제기를 못하도록 억제할 수 있다(Cobb & Elder, 1977: 47; Bachrach & Baratz, 1970: 44). 또한 공포 분위기의 조성은 문제 제기자에 대해 직접적인 강제를 가하지 않고도 특정 문제의 제기를 억제할 수 있다. 이는 문제 의식을 갖고 있으면서도 문제의 해결을 요구할 만한 분위기가 아니라고 느끼게 되면 문제를 제기할 가능성이 적어지기 때문이다.

4) 쟁점의 재규정

어떤 문제를 기존의 것과 유사한 것으로 취급해 버리거나, 문제 제기자들의 문제 의식과는 달리 쟁점을 재규정함으로써 정책의제화를 저지한다. 문제 제기집단이 문제를 정의하는 것과는 전혀 다르게 문제를 정의하고 이를 해결하기 위한 정책의 형성을 공언하는 것은 실질적으로 정책의제 형성을 억제하는 것과 다름이 없다. 또한, 문제 제기집단 이외의 사람들이 그 문제를 제대로 이해하지 못하도록 문제를 기술적으로 재규정함으로써 정책의제 형성을 저지하기도 한다.

5) 문제 확산의 억제

앞에서 살펴보았듯이 특정 문제를 이해하고 그 문제에 대해 관심을 갖는 사람이 많아질수록, 즉 문제 확산이 잘 이뤄질수록 정책의제로 형성될 가능성이 크다. 그러므로 매스컴에 대한 통제를 비롯하여 활발한 의사소통이 이뤄질 수 있는 통로를 차단해 정보의 흐름을 억제하거나 왜곡하고 문제의 확산을 방지함으로써 정책의제 형성을 억제할 수 있다. 과거에는 신문이나 방송과 같은 대중매체에 대한 관여를 통해서 문제, 쟁점의 확산을 통제할 수 있었다. 그러나 지금은 인터넷, SNS 등 정보통신기술의 발전과 활용 확대로 문제 확산을 통제하기가 어려워졌다.

6) 문제의 부정적 성격 강조

문제를 반사회적·반국가적인 것으로 규정해 공중의 관심을 끌지 못하도록 문제의 부정적 성격을 강조함으로써 정책의제 형성을 억제한다. 예를 들어 특정 문제를 '남녀 차별적'이라거나 '국가 안보에 위해적'인 것으로 그 성격을 규정함으로써 정책의제 형성이 억제된다.

7) 지연전략

조직력이 약한 집단의 요구에 대해 연구·검토한다는 미명하에 특별위원회에 회부한다든가, 또는 정치적 압력을 줄이기 위해 그 문제를 검토하는 듯한 인상을 보이는 등의 전략을 취함으로써 특정 문제의 정책의제로의 전환을 저지한다.

8) 제도적 장치의 이용과 개편

기존 제도적 장치를 이용하거나 이를 문제 제기집단에 불리하게 개악함으로써 특정 문제의 정책의제화를 억제할 수 있다. 앞에서 살펴본 바와 같이 일반적으로 기존의 제도적 장치는 문제 해결을 요구하고 현상을 변화시키려는 집단에게 상대적으로 불리하게 되어 있을 가능성이 크다. 그러므로 현상 유지 세력은 이를 그대로 이용하기도 하지만 이러한 제도를 기득권 유지에 더욱 유리하게 개편함으로써 특정 문제의 정책의제화를 억제한다.

제 5 절 정책의제 형성의 영향 요인

정부가 특정 문제에 대해 적극적 대응을 할 것이냐, 즉 정책의제로 형성할 것이냐 또는 이를 방치 또는 억제할 것이냐의 여부는 여러 가지 상황적 요소들, 그리고 특정 문제를 정부로 하여금 해결하기를 원하는 집단과 이를 반대하는 집단들의 역동적 활동에 따라 좌우된다. 정책의제 형성에 영향을 미치는 요인들 중에서 중요한 것들을 살펴보면 다음과 같다.50)

1) 일반적 정치 분위기와 이데올로기

무엇보다도 일반적 정치 분위기 또는 이데올로기가 정책의제 형성의 중요한 결정 요소임에 틀림없다. 예를 들면 정치 분위기가 재분배정책에 유리하게 되어 있는 체제에서는 문제가 재분배적 성격을 가진 것으로 인식될수록 정책의제화가 쉬워진다. 국가에 따라 다르겠지만 실업, 가난, 소득분배의 불균형 등 사회문제들에 대해 정부가 별다른 관심을 가지지 않았던 때가 있었다. 그런데 수정자본주의, 복지국가 등의 이념이 일반적으로 받아들여지기 시작하면서 이러한 문제에 대해 정부가 적극적인 관심을 가지게 되고 이러한 문제를 정책의제로 형성하게 되었다.51)

2) 정부 지도자의 관심과 정책기조

정부 내의 정책결정자는 체제이론에서 말하는 선별자에 속하기 때문에 이들이 관심

50) 특정 문제의 정책의제 형성에 영향을 미치는 요인들에 관해 콥와 엘더는 문제의 성격, 주도집단 두 가지로 정리해 설명하고 있으며(Cobb & Elder, 1977: 82-89), 킹던은 정부문제, 주도집단, 정치적 상황이라는 세 가지 요인이 정책의제 형성에 개별적으로 영향을 미칠 수 있다고 설명한다(Kingdon, 1984: 211). 허시만은 남미의 여러 국가의 정책 실패를 연구하면서 정책의제가 어떻게 채택되었는지를 기준으로 정권 담당자들의 선택, 정치체제 외부의 압력을 언급하고 있다(Hirshcman, 1975: 388-391). 또한 호그우드와 건은 영국을 대상으로 분석해 위기, 특수성, 감정적 측면, 광범위한 임팩트, 권력과 정통성 문제의 개입 여부, 유행성, 의제형성자를 들고 있다(Hogwood & Gunn, 1984: 67-68; 유훈, 1986: 179-181).

51) 한국의 경우 민족 분단과 6·25전쟁의 경험에서 오는 특유의 강한 반공 의식은 사회 현상을 바라보는 시각을 좌·우의 양 극단으로 나눠 단순화시켜 버리려는 경향이 컸다. 따라서 과거에 이러한 정치 분위기 속에서는 노동 이익을 옹호하거나 재분배적 성격의 문제를 제기하는 일은 자칫하면 용공적 성격을 띤 것으로 규정될 가능성이 컸다. 그러므로 이러한 부류의 문제, 이러한 성격으로 규정된 문제는 정책의제의 지위에 오를 가능성이 그만큼 적을 수밖에 없었다고 할 수 있다.

을 갖고 있는 문제가 정책의제로 형성될 가능성이 크다는 것은 쉽게 짐작할 수 있다. 따라서 특정 문제의 정책의제화를 주도하는 사람 또는 집단이 정부 내의 정책결정자인 경우에 그 문제는 매우 쉽게 정책의제로 형성된다.

그런데 다원사회인 선진국에서는 사회 과정형 정책의제 형성이 활발한 반면, 권력과 경제력이 일부 계층에 집중되어 있고 민주주의가 발달하지 못한 개발도상국가의 경우에는 정부 주도형 또는 정부 동원형 정책의제 형성이 상대적으로 활발히 이뤄지는 것으로 받아들여지고 있다. 그러나 선진국의 경우에도 정부 지도자들이 큰 영향력을 행사하기는 마찬가지다. 다만 정부 지도자들 이외의 사람이나 집단의 영향력이 발전도상국가에 비해 더 클 뿐이다.[52]

정책결정권자가 갖고 있는 정책기조 역시 정책의제 형성에 큰 영향을 미친다. 정책기조란 정책형성에서 가장 궁극적인 판단의 근거 또는 기본 논리로서 작용하는 것을 말한다.[53] 그러므로 정책기조에 어긋나는 문제들은 정부의 관심 대상에서 제외될 가능성이 크다. 1970년대 우리나라는 경제 성장과 안보 중심의 정책기조[54]에 어긋난다고 여겨지는 문제에 대해서는 정부가 의제 억제 결정을 해왔다.

3) 정권의 성격과 정치체제 내부의 권력구조

정권의 성격과 정치체제 내부의 권력구조는 정책의제 형성을 좌우하는 중요한 요인이 된다. 행정부, 입법부, 사법부 상호간의 관계, 입법부와 행정부 내부의 권력구조, 중앙정부와 지방정부의 관계 등 정치체제 내부의 공식적 기관들 간의 권력구조가 정책의제 형성에 미치는 영향은 매우 크다. 또한 정권의 성격이 민주적이냐 아니면 권위적이냐에 따라 정부 대응의 양태가 달라진다. 예를 들면 관료적 권위주의 하의 관료들은 사회문제의 '기술적 해결'에만 관심을 두는 경향이 있다. 그러므로 그들은 많은 사람이 중요하다고 여기는 문제에 대해서도 별로 중요성을 인정하지 않는 경우가 적지 않다. 또한 문제의 정의나 문제 해결 방안을 둘러싼 정치적 타협이나 흥정 등은 모두 '합리적'인 문제 해결을 방해하는 것으로 이해하고, 또 갈등을 역기능적인 것으로 인식한다. 만일

---

52) 다원사회인 미국에서도 정책의제 형성에서 의회의 유력한 지도자들과 행정부의 지도자들, 그중에서도 특히 대통령이 가장 큰 영향력을 행사한다는 연구 결과가 있다(Kingdon, 1984: 23-47).

53) 정책기조에 대해서는 제4장 참조.

54) 예를 들면, 3, 4공화국의 경제 발전 중심의 정책기조는 경제제일주의, 정부주도주의, 선성장 후분배주의, 공업발전우선주의, 수출주도주의 등이다.

정책 담당자의 의식이 이러하다면 정부 밖에서 특정 문제를 둘러싸고 벌어지는 논쟁에 대해 비민주적이고 억압적으로 대응할 가능성이 크다.

4) 갈등에 대한 정책 담당자의 태도

사회적 갈등에 대한 정책 담당자의 기본적 태도도 문제에 대한 정부의 대응 태도에 영향을 미친다. 갈등의 불가피성을 인정하고 이를 조정 · 해결하는 것을 정부의 당연한 역할이라고 받아들이는 경우와는 달리 갈등을 역기능적인 것으로 인식해 갈등이 없는 상태가 바람직하다고 여기는 경우와는 사회적 문제 제기에 대한 정부의 대응에 차이가 있게 마련이다.

5) 문제 제기집단과 관련 집단의 힘

정책의제 형성 과정에는 공식적인 참여자 이외에도 정당, 이익집단, 전문가, 학자 등 여러 비공식적 참여자[55]가 관여하게 된다. 어떠한 문제이든 일반 국민들과는 달리 그 문제에 대해 직접적인 이해 관계를 갖고 있거나 특별한 관심을 기울이는 집단이 있게 마련이다. 그들은 문제 해결을 주장하는 집단이거나 이에 반대하는 집단들이다. 특정 문제의 해결을 위해 정부가 적극적으로 개입할 것을 요구하는 집단들은 정부 내의 정책결정자들에게 영향력을 행사함으로써 그 문제를 정책의제로 채택해 해결하도록 노력한다. 물론 이에 반대하는 집단은 의제 형성을 억제하기 위해 정치적 활동을 전개한다. 이런 경우에 그 문제가 정책의제로 채택되어 공식적으로 거론될 수 있는가의 여부는 정책의제 형성을 주장하는 주도 집단이 반대 집단을 누르고 정부의 정책결정자에게 결정적으로 영향력을 행사할 수 있는 정치적 힘을 갖고 있느냐에 달려 있다. 정부 외부 집단에 의해 주도되는 사회 과정형 정책의제 형성의 경우에 가장 중요한 것은 정치적 동의 형성을 확보하고 확대시키기 위해 특정 문제에 관심을 갖고 이의 해결을 지지하는 동조자를 많이 확보하는 것이다. 민주주의 이념에 비춰볼 때 더 많은 사람이 관심을 갖고 해결을 요구하는 문제일수록 그 문제는 정책의제로 형성될 가능성이 크다고 볼 수 있기 때문이다.[56]

---

55) 킹던에 의하면 관료, 의회의 분석전문가, 대통령 비서실, 외부의 전문가 및 이익집단은 어떤 문제를 정책의제화시키는 것보다는 문제 해결을 위한 정책대안을 작성하고 제시하는 데 큰 영향력을 행사한다고 한다(Kingdon, 1984: 23-47).

56) 사람들은 특정 문제에 대해 서로 다른 이유에서 상이한 정도로 관여하게 되고 이러한 차이는 정책

6) 문제의 특성

문제의 성격 자체가 어떠한가에 따라서 정책의제로 형성될 가능성과 그 형성 과정이 달라질 수 있다. 이는 정책문제의 내용상의 특성이 이를 해결하기 위해 만들어지는 정책의 내용을 결정하게 되고 또 정책의 종류가 달라짐에 따라 정책결정 과정의 유형이 달라지기 때문이다.[57]

일반적으로 중요하고 심각한 문제일수록[58] 정책의제로 형성될 가능성이 커지고, 일시적으로 존재하는 것보다는 오랜 시간에 걸쳐 지속적으로 괴로움을 주게 될 문제일수록, 과거에 제기되고 논의된 일이 많은 문제일수록, 단순하고 기술적으로 이해하기 쉬운 문제일수록 정책의제로 형성될 가능성이 크다. 문제의 복잡성 여부는 문제 자체의 성격에도 기인하지만 문제 인식과 문제 정의의 주관적 성격 때문에 문제를 정의하는 형식에 따라 크게 달라지는데, 문제의 내용이나 성격이 누구나 이해할 수 있도록 쉽게 정의되어야 정책의제화를 위한 지지를 얻기 쉽다. 그리고 인간의 감정적인 측면에 호소할 수 있는 문제일수록 정책의제화가 쉬워진다고 볼 수 있다(Hogwood & Gun, 1984: 68).[59]

의제 형성의 가능성에 영향을 미치게 된다. 문제에 관련된 집단은 직접적 이해관계집단, 관심집단, 관심 대중, 일반 대중 등 네 부류로 나눌 수 있는데, 좀 더 수가 많은 집단으로 문제가 확산될수록 정책의제로 형성될 가능성은 커진다(Cobb & Elder, 1977: 104-109).

57) 로위는 정책을 그 특성에 따라 배분적 정책, 규제적 정책, 그리고 재분배적 정책으로 나누고, 정책의 유형에 따라 정책결정 과정이 달라진다고 지적하고 있다. 정책의제 형성 과정도 그 문제의 특성이 배분적 혹은 재분배적인 성격의 것이냐, 아니면 규제적 성격의 것이냐에 따라 달라질 수 있을 것이다(Lowi, 1964: 298-310; 정정길, 1989: 323 참조).

58) 이는 당해 문제로 인한 피해 집단의 규모, 피해의 범위 그리고 피해 내용의 심각성에 대한 인식의 정도에 달려 있다.

59) 특정 문제로 인해 피해를 입는 계층이 일반대중인 전체 관련 문제(collective issues)보다 피해를 입는 계층이 일부에 한정되는 문제(specific issues)가 정책의제로 형성될 가능성이 더 크다는 주장도 있다. 왜냐하면 부분 관련 문제로 인해 고통을 받고 있는 사람들은 집합적 편익을 가져오게 될 전체 관련 문제로 인해 고통을 받고 있는 사람들보다 문제의 심각성을 더욱 강도 높게 인식하고 이의 정책의제화를 위해 더 많은 노력을 기울이게 될 것이 예상되기 때문이다. 이때 전체 관련 문제를 해결함으로써 많은 사람에게 돌아가는 혜택을 집합적 편익이라 하고, 부분 관련 문제를 해결함으로써 일부의 사람에게 돌아가는 혜택을 부분(한정)적 혜택이라고 부른다. 그리고 문제의 해결을 위해 투입되는 비용을 한정된 일부의 사람만이 부담하게 될 때 이 비용을 한정부담비용이라 부르고, 정부의 예산으로 충당되는 것과 같이 결국은 일반 국민 전체가 부담하게 되는 비용을 전체부담비용이라고 부를 수 있다.
공해문제를 예로 들어보자. 공장 공해문제는 일반 국민에게 피해를 주는 전체 관련적 문제이며, 이 문제를 해결하면 집합적 편익을 가져온다. 그런데 집합적 편익은 전체를 구성하는 개개인의 입장

한편, 문제가 추상적이기보다는 구체적인 것일수록 내용이 분명해 좀 더 쉽게 정부 의제화될 수 있다는 주장도 있다. 그러나 문제를 해결하기 위해 설정된 정책목표의 내용이 구체적이게 되면 설정된 목표에 대한 찬성 집단과 반대 집단이 분명하게 드러나게 되어 오히려 정책의제 형성을 어렵게 할 수도 있다. 또한 요구 내용의 범위가 제한적일수록 정부가 그 요구를 적은 비용으로 충족시킬 수가 있으므로 정책의제로 형성될 가능성이 크다. 특히 권위적 정부 하에서는 요구의 내용이 제한적일 때 광범위한 내용의 것을 요구하는 경우보다 정책의제로 형성될 가능성이 더 커진다.[60] 반면에 쟁점의 생성과 확산 과정에서 구체화된 요구 내용이 기존 정권의 존속에 심각한 위협이 되는 것으로 규정될 경우에 그 쟁점이 정책의제로 형성되지 않을 것은 거의 확실하다(신명순, 1982: 38; Gamson, 1975: 46-49 참조).

7) 정치체제의 능력

체제이론에 의하면 정치체제는 두 가지 면에서 자신에 대한 요구로 인해 어려움에 직면하게 된다. 그 하나는 과도한 요구 투입으로 인한 부담(demand-input overload)이고, 또 다른 하나는 체제 내 정책결정자들이 어떤 요구들을 충족시켜 줄 수 없거나 또는 충족시키고자 의도하지 않는 경우에 일어난다(산출 실패)(Easton, 1953: 80, 120-121). 후자의 경우처럼 정치체제가 특정 문제를 해결할 능력이 없거나 있다 하더라도 이를 받아들이기를 거부하는 경우에 정책의제는 형성되지 않는다. 그런데 정부가 국민의 요구에 효율적으로 대응하지 못할 때 관련 집단은 비정상적이고 폭력적인 방법을 동원해 자신들의 요구를 정부 내에 투입하고자 할 가능성이 커진다.

에서 볼 때는 자기만이 이익을 얻는 것이 아니므로 과소평가하거나 내가 아닌 누군가가 문제를 해결하려는 노력을 할 것으로 기대해서 공해문제를 정책의제화하는 데 큰 관심을 가지지 않을 가능성이 크다. 한편 이 문제를 해결하기 위한 상당한 부분의 비용을 공장주들이 부담하게 될 때(물론 대부분의 비용을 국민의 세금으로 충당하는 방안도 생각해 볼 수 있다) 비용을 부담하게 될 공장주들은 모든 방법을 동원해 이러한 문제가 공식적으로 거론되거나 정책의제로 형성되는 것을 저지하고자 한다. 그래서 압력이 강한 쪽의 요구에 좀 더 민감하게 반응하는 정책 담당자들은 이 문제를 정책의제로 형성할 가능성이 적어지게 한다는 것이다. 크렌슨(M. Crenson)은 공해문제, 대중교통문제, 범죄예방문제 등은 전체적 문제라고 지적하면서 이러한 문제들은 정책의제화가 어렵다고 설명한다(Crenson, 1971: Ch.5, 6).

60) 권위적 정권 하에서 정치적 시위의 요구 내용이 일반적인 정치・경제 또는 사회적인 사항일 때보다 시위자 집단에서만 배타적으로 관련된 사항일 때 정부로부터 더 호의적 반응을 얻는다는 연구결과가 있다(신명순, 1982: 39).

8) 촉발 기제

문제를 극적으로 부각시키고 문제에 대한 일반 국민들의 진지한 관심을 불러일으키는 사건(event), 위기, 또는 재난과 같은 것들은 특정 문제를 정책의제화시키는 촉매 또는 점화장치(촉발 기제: trigger mechanism)와 같은 역할을 한다(Gerston, 1983: 24). 촉발 기제란 평범한 일상적인 문제를 많은 사람이 공감하고 불만족을 느끼며 공중의 광범위한 관심을 불러일으키는 문제로 전환시키는 계기를 이루는 것을 말하는데, 이는 새로운 정책형성 또는 정책 변화를 가져오는 계기를 마련해 준다. 예를 들면, 어린이가 학대와 폭력으로 사망한 끔찍한 사고가 발생하고 이 사고가 계기가 되어 어린이 학대 방지를 위한 법률안이 발안되었다면 이 사고는 어린이 학대 문제를 정책의제화하게 만든 촉발 기제의 역할을 했다고 볼 수 있다. 과거에도 어린이 학대 문제가 제기되기는 했으나 정책의제화되지 못하다가 끔찍한 사고 발생이 결정적으로 어린이 학대 문제를 정책의제화하는 데 영향을 미친 것이다. 이러한 촉발 기제가 정책의제 형성에 미치는 영향력은 특정 사건에 의해 영향을 받는 사람이나 집단의 수(범위)와 일반 국민들이 인식하는 사건의 심각성(강도)에 의해 좌우된다.

9) 대중매체와 정보통신기술의 발달과 이용

신문이나 라디오, 텔레비전과 같은 대중매체는 문제에 대한 공개적인 논의와 정책의제의 형성에 매우 중요한 역할을 수행한다. 그러나 발전도상국의 경우에는 대중매체에 대한 정부의 검열과 통제, 정부의 홍보 수단화 등으로 인해 정책과정에서 충실한 역할 수행을 기대하기가 어렵다. 많은 사람이 알아야 할 필요가 있고 정부의 어떤 조치를 요구할 만한 문제라 하더라도 정부가 원하지 않는 것이면 대중매체는 이를 전혀 취급하지 않거나 소홀히 취급하는 경우가 많은 것이다. 또한 발전도상국의 일부 정치 지도자들은 대중매체가 서구 민주주의 국가에서처럼 사회 내 각 부문의 요구를 그대로 표출시켜서는 안 되고 '전체' 국민의 의사를 반영하고 '국가 이익'을 중시해야 된다는 것을 강조하는 경향이 있다(유세희, 1984: 130). 이때의 '전체' 국민의 의사라는 것이나 '국가 이익'이라는 것은 정치 지도자에 의해 자의적으로 규정되기 때문에 자연히 정치 지도자가 싫어하거나 공식적으로 다루고 싶지 않은 요구나 문제들은 대중매체가 취급할 가능성이 그만큼 적어진다.

물론 서구 민주주의 국가의 대중매체들이라고 해서 모든 문제를 항상 공정하고 명백하게 취급하는 것은 아니다. 특히 민영 언론기관의 경우에는 그 자체의 기업적 성격 때문에 그럴 가능성이 크다. 그들은 가급적 많은 독자, 시청자를 확보해야 되기 때문에[61] 논쟁적인 문제, 미묘한 문제 등은 취급을 회피하거나 누구의 견해에 대해서도 공격하지 않음으로써 다수 대중의 지지를 얻으려고 하기 때문이다. 물론 특정한 관점과 입장에서 사회문제를 취급함으로써 특정 계층 또는 집단의 지지를 받는 언론기관도 있다.

그런데 대중매체는 어떤 문제를 다루다가 곧 다른 새로운 문제로 관심을 돌리는 경향이 있다. 이렇게 되는 가장 중요한 이유는 기자들이 특정 문제를 다루는 데 전문가가 아니라는 점과 항상 새로운 것을 찾는 독자나 시청자들의 욕구를 충족시키기 위해 어느 한 문제만을 다루기가 어렵다는 데에 있다. 어떻든 대중매체가 계속적이고 집중적인 관심을 보이는 문제일수록 일반 시민과 정부의 관심을 끌게 되어 정책의제로 형성될 가능성이 크다.

제 6 절 정책의제 형성의 관리

1. 정책의제 형성의 관리 의의

바람직한 정책의제 형성이라는 측면에서 보면 어떠한 유형의 정책의제 형성 과정에서든 정부는 일정한 역할을 수행해야 할 필요성 또는 책임이 있다. 정책학의 처방적 성격에 비춰볼 때 이 점은 특별히 강조된다. 정책의제 형성 과정을 실증적으로 설명하는 것도 필요하지만, 정책의제 형성 과정이 어떻게 되어야만 정책을 통한 인간 존엄성의 실현이 가능할 것인가를 고민하는 것이 중요하기 때문이다.

정부가 밖에서 던져진 문제만을 수동적인 입장에서 취급하거나 사회문제에 대한 적극적인 탐색과 추적을 소홀히 할 때 타당한 정책형성은 기대하기 어렵다. 그러므로 정책의제 형성 과정의 민주성을 확보하고 중요한 사회문제를 적시에 정책의제로 형성하

61) 언론기관은 그들의 명성을 높이기 위해서이기도 하지만 언론기관의 재정적 근간이 되는 광고 수입을 늘리기 위해서도 더 많은 독자, 시청자를 확보해야 한다.

고 이를 해결하기 위해 정책의제 형성 과정의 적절한 관리가 필요하다.

그리고 일단 정책의제가 형성된 다음에도 여러 정책의제 사이의 우선순위를 결정하고 정책발안 시기를 결정하는 등의 정책의제 관리가 필요하다. 정책의제 형성 과정에서 정부의 대응 방식 또는 관리 방식은 수동적·방임적 대응관리와 후원적(조장적)·조정적 대응관리, 그리고 주도적·적극적 대응관리로 크게 나눠 설명할 수 있다(Jones, 1977: 37-39).

2. 수동적 · 방임적 대응관리

수동적·방임적 대응 방식은 외부집단에 의해 문제가 제기되어 정부 내로 투입되기를 기다리고 있다가 투입된 문제에 대해 정부가 수동적으로 대응하는 것을 말한다. 이렇게 정부가 특정 문제의 정책의제화 여부에 대해 수동적·방임적 태도를 취할 경우 정치적·경제적 자원이 불균등하게 배분되어 있는 사회에서는 약자의 이익이나 고충이 정책의제로 채택될 가능성은 낮아진다.

고전적 민주주의 이론가들은 일반 국민들 모두가 그 자신의 정부에 참여할 권리와 능력을 가지고 있고, 정부에 대한 균등한 통제력과 정치 과정에의 접근력을 공유하고 있다는 소박한 신념을 가지고 있었다(Cobb & Elder, 1977: 1-2, 4). 그러나 오늘날에는 현대 민주주의에 대한 가장 낙관적인 해석자들까지도 정부에 대한 통제와 접근력이 국민들 사이에 균등하게 배분되어 있다고 인정하지는 않는다(Dahl, 1956: 72-73). 다시 말해서 이미 정책결정 체제에 쉽게 접근할 수 있는 집단은 용이하게 자신의 주장과 입장을 천명하고 이를 관철시킬 수 있는데 비해, 정치 과정에의 접근력을 획득하지 못한 집단은 그들의 주장을 피력하거나 관철시키지 못하는 경우가 허다하다. 그러므로 정책의제 형성 과정에서 정부가 방임적 태도를 취하는 것은 정치체제가 충분히 다원적이거나, 정부의 문제 취급 능력의 제약 때문이 아닌 한 바람직하지 못하다.

3. 후원적 · 조정적 대응관리

정부는 개인이나 집단이 문제를 규정하고 제기하는 데 정부가 개입해서 그 문제가 부당하게 억압되거나 과장되지 않게 하고, 관련 집단들 사이의 갈등을 조정하는 경우를 생각해 볼 수 있다. 이러한 유형의 정부 대응 방식이 후원적·조정적 대응관리다. 정부는 정책의제 형성 과정에서 어떤 특정의 집단이나 이익만이 편파적으로 반영되지 않도록 하기 위해 필요한 조치를 취해야 한다. 현실적으로 사회 내의 여러 집단 사이에 정치·경제적인 자원의 배분이 불균등하다는 점과 민간 부문에서 갈등을 자율적으로 해결하지 못하는 경우도 있다는 것을 고려한다면 정부는 사회 과정형 정책의제 형성 과정에서 후원적·조정적 대응관리를 할 필요가 있다.

후원적·조정적 대응관리에 포함되거나 이를 위한 전략으로 다음과 같은 것들을 생각해 볼 수 있다.

1) 적절한 법적·제도적 장치의 마련

사회 내의 다양한 집단과 각 계층에서 제기되는 문제들에 대한 정치적 논의가 활발히 이뤄질 수 있는 제도적 장치를 마련하고 이들이 정상적으로 작동할 수 있도록 관리해야 한다. 그러기 위해서는 우선 사회·경제적 약자의 문제 해결 요구가 표출될 수 있는 기회를 부당하게 제한할 우려가 있는 법적·제도적 장치를 개선해야 할 필요가 있다. 법의 적용과 제도의 운용 면에서도 어느 특정 계층이나 집단에 치우치지 않도록 공평성과 형평성을 유지할 수 있도록 노력해야 한다. 또 한편으로 정부는 사회 각 계층에서 제기되는 상이한 내용과 성격의 문제들을 공개적인 정치적 논의의 장으로 끌어들이고, 특히 사회·경제적 지위가 낮은 계층이나 집단구성원들의 요구에 특별한 관심을 기울일 필요가 있다.

2) 갈등관리 기능의 강화

정부는 사회적 갈등 현상의 불가피성을 인정하고 문제 상황과 쟁점을 둘러싼 이견이나 반대가 빚을 수 있는 사회적 혼란에 대해 포용력을 가질 필요가 있다. 사회적 갈등 현상에 지나치게 민감하게 반응해 정부 의지에 반한 의사 표시나 행위를 용납하지 않는 한편, 의견 통일과 절대적 사회 안정만을 고집해 타협과 협상을 통한 갈등의 해소보다 강제력의 행사를 이용한 갈등의 억제를 추구해서는 안 된다. 그러므로 정부는 특정 쟁점을 둘러싼 적정 수준의 갈등을 용인하고 이를 관리·해소하는 갈등관리 기능을 강화시켜야 한다.

3) 관련 집단 참여의 관리

정부는 정책의제 형성 과정에서 특정 문제와 관련된 집단들의 광범위한 참여를 지원하고, 이들이 서로 자유롭고 대등한 입장에서 자신들의 주장을 펼 수 있도록 보장해야 할 뿐만 아니라, 자신들의 이익만을 추구하는 집단적 이기주의를 배제하고 타당한 문제의식을 형성토록 하기 위해 필요한 자료와 정보를 제공하고 건전한 여론을 조성하는 등 적극적으로 정책의제 형성 과정을 관리해야 한다.[62]

4) 체제 능력을 고려한 문제 표출의 관리

사회 내의 모든 문제가 외부의 어떤 힘에 의해 억제되지 않고 자유롭게 표출되도록 조장하는 일만이 정부의 관리 영역에 속하는 것은 아니다. 오히려 그 반대로 정부의 능력과 사회·경제적 여건을 고려해 분출되는 문제 해결 요구를 적절히 조장·관리하는 게 필요하다. 앞에서 살펴보았듯이 사회 내의 모든 문제를 정부가 다 취급할 수 없다고 한다면 해결할 능력도 없으면서 여러 문제를 노출시키기만 하는 것은 현명한 처사가 못 된다. 잠재적인 불만 상태에 있는 것이 아니라 그 문제에 대한 공개적인 또는 공식적인 논의가 이뤄지고 있을 때 정부가 이를 해결하기 위한 노력을 하지 않는다면 정부에 대한 불신과 불만이 증가될 수 있기 때문이다. 또한 서로 자신들의 문제를 먼저 해결하고자 하는 강렬한 욕구는 자칫하면 사회적 혼란을 야기할 우려까지 있다. 그러므로 문제의 중요성과 우선순위 등에 따라 문제의 제기 또는 확산을 관리할 필요가 있다. 그러나 이 경우에 정부의 선택적 의제 형성 관리가 타당한 것이냐에 대한 비판이 있을 수 있으므로 신중하게 대응해야 함은 물론이다.

4. 주도적·적극적 대응관리

1) 적극적인 문제 탐색과 주도적 정책의제 형성

정부는 가만히 앉아서 문제가 제기될 때까지 기다리거나 기껏해야 다양한 문제가 표출될 수 있도록 여건을 마련하고 조장하는 데만 그 역할을 한정해서는 안 된다. 왜냐하

62) 그러나 어느 경우이든 참여의 폭이 넓을수록 좋기만 한 것은 아니다. 그러므로 누구를 어느 정도로 참여시키는 게 좋을 것이냐 하는 것도 신중히 결정할 필요가 있다.

면 전체 사회적 관점에서 중요한 문제이거나 아직은 그 징후가 미미하지만 장차 중요하게 여겨질 문제, 또는 일반 국민들이 문제시되는 상황에 대해 제대로 알지 못하고 있을 때 그에 관련된 문제 등은 정부가 적극적으로 나서서 탐색하고 그러한 문제의 변화과정을 추적하지 않으면 안 되기 때문이다. 이러한 문제들은 정부 외부집단에서 제기되어 정치적 논의에 오르게 될 가능성이 적거나 공개적인 논의의 대상으로 삼기에 적합하지 않은 문제(예를 들면, 외교, 국방문제 등)들이다. 그러므로 정부는 전체 사회 입장에서 사회적 사건과 경향을 검토해 정책적 해결을 필요로 하는 문제들을 적극적으로 탐색해 정책의제로 채택해야 한다. 정부가 적극적으로 문제를 탐색하고 관리해야 할 필요성을 인정할 수 있는 경우를 예시적으로 살펴보면 다음과 같다.

(1) 적극적 사회 변동관리의 필요성

정부는 어쩌다 당면하게 되는 문제만을 취급하는 게 아니다. 현실적 상황에 대한 정확한 이해를 토대로 사회의 바람직한 미래를 설계하고 이를 실현시키기 위한 정책을 형성 집행해야 한다. 그러기 위해서는 현실 세계에 대한 근본적인 문제 의식을 적극적으로 창출하고 이를 정책의제로 형성해야 한다.

(2) 중요한 문제의 우선적 취급

재정이나 기술 등 제반 능력의 한계 때문에 모든 사회문제를 정부가 다 취급하지는 못한다. 그러나 당위적인 면에서 보면 중요한 문제라고 생각되는 것은 가능한 한 우선적으로 정책의제로 형성되어야 한다. 일반 국민들이 문제의 존재 또는 그 심각성을 인식하지 못하고 있을 경우에도 정부는 방대한 정보 수집 능력과 전문적인 대규모 조직을 이용해 지속적으로 문제를 탐색하고 그 변화 과정을 추적해야 한다. 그리고 중요한 문제임에도 불구하고 의제 형성을 반대하는 집단들의 부당한 억제 활동 때문에 표출되지 못하거나 일반 대중의 관심을 끌지 못하는 것들도 정부는 적극적으로 찾아내어 정책의제로 형성해야 한다.

(3) 공개적인 논의가 부적합한 문제의 취급

국방이나 외교 등에 관련된 문제에 대해서는 일반 국민들이 잘 알지 못할 뿐만 아니라 이를 공개적으로 논의하기가 바람직스럽지 못한 경우가 많다. 이런 유형의 문제에 대해서는 정부 밖에서 문제가 제기되기를 기대할 수 없기 때문에 정부가 적극적으로 문제를 탐색해야 할 필요가 있다.

(4) 문제의 조기 포착과 문제 해결의 적시성 확보

무슨 일을 하든지 그 일을 하는 데 너무 늦지도 빠르지도 않는 적절한 시기가 있듯이 문제를 해결하기 위한 노력도 적시에 이뤄져야 한다. 그래야만 문제로 인한 피해를 최소화하고 문제 해결에 드는 비용을 절감할 수 있다. 문제를 조기에 발견하지 못하거나 그 문제를 해결하기 위한 노력이 불필요하게 지연되면 문제로 인한 피해는 점점 커지게 될 것이고 그 문제를 해결하기 위해서는 엄청난 대가를 치러야 되는 사태에 이르게 될 것이다. 호미로 막을 것을 가래로 막게 되는 사태를 야기하게 되는 것이다.[63] 그러므로 정부는 중요한 문제를 조기에 포착하고 이를 적기에 정책의제로 형성하기 위해 적절한 정책결정 체제를 조직하고 기능을 제도화해야 한다.

(5) 사회・경제적 약자의 문제 해결

사회・경제적 약자가 안고 있는 문제를 해결하기 위해 적극적 문제 탐색과 정책의제 형성이 필요하다. 사회・경제적 약자들은 자신의 문제를 잘 표출하지 못하는 경우가 많을 뿐만 아니라, 설령 표출했다고 하더라도 많은 사람의 관심을 얻기 위한 전략을 효과적으로 펴지 못하는 경우가 대부분이기 때문이다. 그러므로 정부는 정치적 무력감 속에서 누군가가 자신들의 문제를 이해하고 해결해 주기만을 기다리고 있는 사회・경제적 약자들을 위해 적극적으로 문제를 탐색하고 이를 주도적으로 정책의제화해야 한다.

2) 적극적 문제 탐색과 정부 주도 의제 형성의 제약 요인과 극복

정부가 적극적으로 문제를 탐색하고 그 문제를 정책의제로 형성하는 것은 그 필요성에도 불구하고 다음과 같은 제약 요인 때문에 실제로는 여러 가지 어려움에 봉착하게 된다는 것을 유념할 필요가 있다.

63) 문제가 정책의제화되었어도 정책결정을 위해서는 정보 및 자료의 획득과 정치적인 협상을 위한 시간과, 정책결정이 이뤄진 후에도 정책집행을 위한 선행 활동으로서 조직의 정비 및 예산의 확보를 위해 상당한 시간이 필요하는 등 문제 해결의 시기를 놓치는 경우가 많다(Hogwood & Gunn, 1984: 69; 정정길, 1989: 250-251 참조).

(1) 체제의 과중한 부담 초래

정부가 적극적으로 문제를 찾아나서서 이를 공개적으로 검토하지 않았더라면 그냥 묻혀 있을 문제의 취급은 정부로 하여금 과중한 부담을 안겨줄 수 있다. 문제에 대한 해결 노력은 정부의 능력을 소모시킨다. 그런데 정치체제의 능력은 한정되어 있어서 기존에 정책의제로 형성된 것 외에 정부 내·외부에서 제기되는 요구와 정부의 적극적인 문제 탐색으로 새로이 표출된 문제들까지 해결하고자 하는 노력을 부담하게 되면 정부는 부담 과중으로 어려움에 봉착하게 된다. 또 방치해 두어도 괜찮을, 감내할 만한 문제들이거나 나중에 천천히 다뤄도 좋을 문제들을 파헤쳐서 다루게 되면 그 문제의 해결을 원하는 집단을 자극, 충동시키고 이에 반대하는 집단과의 불필요한 갈등을 조성할 수도 있다. 더군다나 그 문제가 정책의제로 형성된 후에 실질적인 해결 방안이 마련되지 못하면 문제 해결을 기대했던 집단으로부터의 비난을 모면하기 어렵다(정정길, 1989: 252-253).

새로운 문제를 탐색하는 것 자체가 고도의 분석적 노력을 포함해서 상당한 자원과 노력을 필요로 하는 것이다. 그런데 이미 정책의제로 형성된 많은 문제에 대한 분석과 이의 해결을 위한 대안의 비교, 평가 업무도 상당한 양에 달하는데 새로이 문제를 탐색해서 이에 대한 분석과 해결 방안까지 마련하려면 정부는 과중한 부담에 시달릴 우려가 크다. 그러므로 정부는 정부의 능력과 사회·경제적 여건을 고려해 분출되는 다양한 문제 해결 요구를 적절히 조정·관리하는 게 필요하다.

(2) 정책 담당자의 단기적 시야와 소극적 태도

정책결정자들 중에는 장래에 등장할 중요한 문제, 심각성의 징후가 너무 미미해 일반 국민들이 중요하게 여기지 않는 문제는 소홀히 취급하는 반면에, 현실적으로 당장 해결이 요구되는 문제들에만 관심을 기울이는 경우가 많다. 지금 당장에 직면하고 있는 문제의 해결은 자신들에 대한 평가와 직결된다고 생각하므로 발등에 떨어진 문제에만 관심을 집중하게 되는 것이다. 그리고 비록 중요한 문제라고 하더라도 관련 집단들 사이에 논쟁이 심하게 이뤄질 것으로 예상되는 문제는 피하고 잡음 없이 쉽게 해결할 수 있는 문제에만 관심을 갖게 될 가능성이 있다.

이러한 제약 요인을 극복하기 위해서는 정책 담당자가 장기적 시야를 가질 수 있도록 교육을 실시하고, 특정한 문제를 취급하는 데 따른 외부의 부당한 정치적 압력에서 벗어날 수 있는 여건을 마련하는 게 필요하다. 그리고 사회지표 등의 활용을 통해 자동적인 문제 포착 장치를 제도화함으로써 장기적인 문제, 사회적으로 민감한 문제를 거의 자동적으로 정책의제로 형성하는 방안도 생각해 봄직하다(허범, 1988a: 129).

(3) 강력한 반대 집단의 압력

정부가 어떤 문제를 주도적으로 정책의제화시키려고 해도 정치적 자원을 많이 장악하고 있는 집단이 강력히 반대하면 그 문제가 아무리 중요하다고 하더라도 정책의제로 형성하기가 어렵다. 그러므로 그 문제의 해결을 원하는 일반 국민의 요구가 증대할 때까지 정부는 정책의제 형성을 미뤄야 할지도 모른다. 물론 이 경우에 문제에 대한 검토를 은밀하게 진행함으로써 세력이 강한 집단의 부당한 압력을 배제할 수 있을 것이다.

(4) 문제에 대한 국민의 이해 부족

설령 강력한 집단의 반대가 없는 경우에도 정부가 적극적으로 문제를 찾아내어 정책의제화시키기 어려운 경우가 있다. 일반 국민이 생각할 때 정부가 별로 중요하지 않은 문제, 또는 다른 문제들에 비해 우선순위가 떨어지는 문제를 괜히 많은 예산을 들여서 해결하려 한다고 생각할 때가 그런 경우에 해당한다. 이런 경우에는 정책의제 형성을 전후해서 일반 국민에게 그 문제의 중요성을 이해시킬 수 있어야 한다.

5. 정책의제의 관리와 정책개발

합리적이고 타당한 정책의제의 형성 및 관리는 정부 및 정치 과정에 대한 접근력이 모든 사람에게 균등하게 배분되어 있지 못한 현실의 측면에서 매우 중요한 과제임에 틀림없다. 더군다나 정치적·재정적 여건 등 여러 여건을 고려하면서 중요한 문제의 우선적 취급을 위해서는 정부의 책임 있는 정책의제 형성관리 전략이 필요하다. 현실세계에서 사회적 약자의 주장이 표출될 기회를 갖지 못하고 설령 표출될 수 있다고 해도 부당하게 취급된다고 할 때 사회 정의나 사회의 안정적 발전이라는 측면에서 합리적인 정책의제의 형성 및 관리의 중요성은 강조되는 것이다. 이를 위한 방안으로 다음의 것들을 생각해 볼 수 있다(허범, 1979b; 1995).

첫째, 정책의제를 관리하거나 해결 방안을 마련하게 될 부서를 정해 이들을 수직적 또는 수평적으로 관련 부서에 배분하고 관리하는 전략을 강구한다.

둘째, 특정의 문제를 정책의제로 형성하고 난 후에는 기존의 정책의제들과의 사이에 취급의 우선순위를 재조정해야 한다. 일단 정책의제의 지위에 오른 문제라고 할지라도 계속적인 재검토를 통해 정부가 개입하기에 적절치 않은 문제라고 판단되거나 개입의 시기를 미뤄야 될 것들은 정책의제 목록에서 제외시키거나 따로 유보시켜야 한다.

셋째, 정책의제에 대해 공개적으로 논의를 벌일 것인지, 아니면 은밀하게 또는 한정된 외부 인사의 참여만을 보장한 채 문제를 검토할 것인지를 결정해야 한다. 그리고 정책의제 형성 단계에서 공개할 것인지 아니면 문제를 검토하고 난 후 정책의제의 어느 단계에서 외부에 공개하는 게 좋은지를 결정해야 한다.

넷째, 관련 집단들 사이에 대립이 심한 문제를 정책의제로 형성했을 때나(특히 어느 한쪽의 문제 의식이나 주장을 거의 전적으로 받아들인 경우에) 정부가 주도적으로 정책의제를 형성했을 경우에는 당해 정책의제의 정당화와 국민들로부터의 지지를 확보하기 위한 전략을 수립하고 집행해야 한다.

다섯째, 일단 정책의제의 지위에 오르게 된 문제들에 대해서도 문제시되는 상황의 변화와 규범 판단 및 상황 판단의 변화에 따른 문제의 변화 과정을 추적해 정책의제의 지위를 유지시킬 것인지 아니면 제외시킬 것인지를 결정해야 한다.

여섯째, 정책의제의 형성이 곧 정책개발로 연결되지는 않는다. 그러나 실질적인 문제의식과 해결 의지가 포함된 정책의제의 형성은 거의 자동적으로 정책개발로 연결될 가능성이 크다. 그러나 상당히 많은 경우에 정책의제를 형성하고 난 후 후속 조치가 필요하다. 기존의 목록에 올라 있는 정책의제들과의 우선순위를 결정하고, 언제 정책개발을 할 것인지를 체계적으로 검토해야 한다. 이런 작업은 한 차례에 국한되는 것이 아니라 환경 변화 등에 따라 주기적으로 이뤄져야 한다.

일곱째, 우리 사회의 바람직한 미래상을 설계하고 현재와 미래 여건에 대한 분석과 예측을 통해 중·장기적으로 중요시될 문제들을 발굴하기 위한 체계적이고 지속적인 연구가 필요하다. 이 작업은 매우 다양한 전공 지식을 가진 전문가들은 물론 사회·경제적, 그리고 정책 경험을 가진 사람들로 조직하고 충분한 인적·물적 지원을 하는 것이 필요하다.

제 7 장

정책개발과 정책분석

이 장에서는 정책결정이 정책개발과 정책 채택을 포함하는 것으로 보고 먼저 정책결정의 개념과 의의를 살펴본 다음 정책개발의 내용적 활동을 다루는 정책분석에 대해 설명한다.

제 1 절 정책결정과 정책개발

1. 정책결정의 개념과 의의

일상적으로 정책이란 어떤 주체가 바람직한 것을 실현시키려는 분명한 의지에 따라 의도적으로 선택한 중요한 실천 행동의 지침으로 이해된다. 그러므로 정책은 인간과 인간 조직이 자기 운명의 실질적 주인이 되어 자기 생존과 발전을 조타하고 자기 역사를 관리하는 도구다(허범, 1988a; 2007a: 2-3). 정책의 결정은 어떤 사태가 불만족스럽게 진행되거나 앞으로 그렇게 될 것으로 생각할 때 시작된다. 어떤 사태에 대해 불만스럽게 여긴다는 뜻은 실제 또는 예상하는 상황의 전개가 소망하는 내용과 일치하지 않는다는 것을 의미한다. 이렇게 느끼는 괴리가 다름 아닌 정책문제다.

정책문제를 인지하면, 원하지 않는 상태(문제 상황)를 소망하는 상태(목적 가치)로 이끌어 올리려는 의지를 갖게 된다. 이것이 바로 정책 의지다. 정책 의지에 따라서 원하지 않는 문제 상황을 피하고 원하는 목적 가치를 실현할 수 있는 실천적인 행동 방안을 탐색, 설계, 채택하면 이것이 곧 정책이 된다(허범, 1988a). 정책이 현실적으로 실천할 수 있는 것이 되려면 현실의 여건에 적합해야 한다. 다시 말해서 정책은 돈, 물자, 기술, 인력 등의 여러 자원과 정치적 지지를 확보해야 한다. 그러므로 정책결정을 통해 문제를 해결하려면 목표를 달성하기 위해 현실의 여건 속에서 실천 가능한 여러 행동 방안(정책대안)을 탐색, 설계, 그리고 선택하는 일련의 과정으로 전개된다.[1]

종합적으로 정리하면, 정책결정은 목적가치의 탐색, 과거 경향의 파악, 미래 전망의 예측, 문제 상황의 발견, 정책문제의 정립, 현실 여건의 분석, 행동 대안의 설계, 그리고 최적 대안의 채택 등을 연관시키는 과정이라 할 수 있다(허범, 1988a). 이해를 돕기 위

1) 정책결정이론과 사례연구에 대해서는 박기식(1995) 참조.

그림 7-1 정책결정의 개념 구조

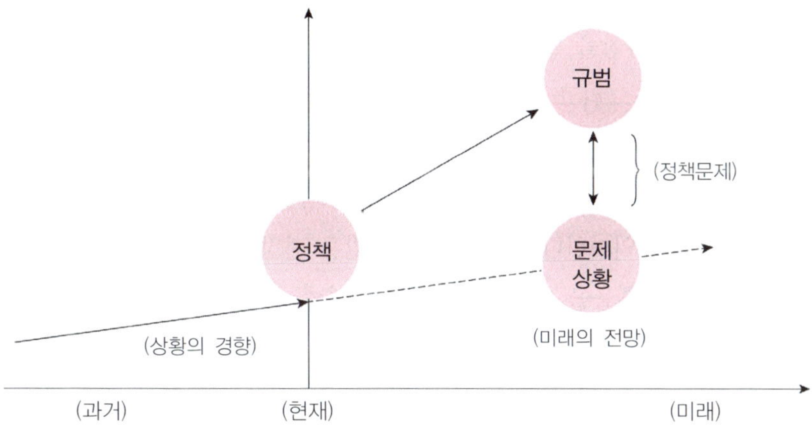

출처: 허범(1988a).

해 이를 알기 쉽게 그려보면 [그림 7-1]과 같다.

정책결정은 대단히 복잡하고 동태적인 과정으로 전개된다. 그것은 항상 복수의 다양한 개인과 집단들이 참여하기 때문이다. 그들이 참여하는 목적과 동기가 서로 다르고 추구하는 가치(권력, 돈, 존경, 명예, 지식, 공익, 봉사)도 서로 다르다. 그들의 참여 통로도 서로 다르고 참여시기도 다르며 동원하는 전략도 다양하다. 그들이 의도하는 변화의 대상과 내용도 다양하고 그들이 초래하는 변화와 영향도 다를 수밖에 없다(허범, 1988a).

정책결정은 정책의 개발과 채택을 포함하는 활동이다. 그러므로 정책결정에서 분석(이성과 증거를 통한 접근)과 정치(권력과 협상을 통한 접근)는 항상 함께 작용한다.[2)]

2. 정책개발의 개념과 의의

정책개발은 정책결정 과정의 일부다. 위에서 검토했듯이, 정책결정을 정책문제의 정

2) 과거에 국내 대부분의 행정학자와 정치학자들은 정책결정(과정)을 다른 관점에서 다르게 설명했다. 대다수 행정학자는 정책결정 과정은 문제 정립(목표 설정), 정보 수집, 대안 탐색과 평가, 그리고 최종안의 선택 등의 단계로 구성된다고 하면서 분석적인 접근을 시도한 반면, 대다수 정치학자는 정책결정 과정의 정치적 측면에 초점을 두고 설명했다.

립과 목표 설정, 정책 대안의 탐색, 설계 그리고 채택으로 이뤄지는 일련의 과정으로 본다면, 정책개발은 채택 이전까지의 선행 단계를 의미한다. 그러므로 정책개발은 정책 내용(목표와 수단)의 착상을 발명하는 탐색, 발명된 착상을 상황에 적합한 정책대안으로 구조화시키는 설계, 그리고 설계된 최적 대안을 정치적으로 채택시키기 위해 이른바 '좋은 이유'를 조직하고 운용하는 설득 등의 기능에 치중하는 일련의 결정 작성이다. 정책개발은 창조적 정책을 강조하는 속성을 보인다. 이런 속성 때문에 정책개발 하면 흔히 창조적 정책개발을 의미한다. 창조적 정책개발은 진정한 의미에서 오늘과 다른 내일을 구현시킬 수 있는 행동을 합리적으로 탐색, 설계, 그리고 설득하는 것을 목적으로 한다(허범, 1995).

정책개발의 경우에 탐색은 곧 발명을 의미하는 것이 보통이다. 다시 말해서, 창조적 정책개발은 바람직한 미래상의 발명을 특별히 강조한다. 발명된 미래상은 적합성의 기준에 따라서 바람직한 미래상을 구현하기 위한 정책으로 설계한다. 이렇게 지적 과정을 통해 탐색·설계된 정책이 정치적 정당성을 확보하기 위해서는 정치 과정을 통해 채택하는 것이 필요하다. 그것이 정치 과정을 거치면서 우선 선호화 및 채택 동기를 형성시키고 마침내는 정치적으로 채택받게 될 때 드디어 정치적으로 정당한 것으로 공인되는 것이다. 이와 같이 분석적 및 정치적 합리성을 확보한 정책을 합리적인 창조 행동으로 실천하기 위해서는 조직화를 통해 관리하는 것이 요구된다. 이 경우에 정책은 관리적 합리성까지 확보할 수 있게 된다(허범, 1995).

정책개발 단계에서 이뤄지는 여러 활동은 정책분석에서 다뤄지고 있으므로 아래에서는 정책분석에 대해 설명한다.

제 2 절 정책분석[3)]

앞에서 설명한 것처럼 정책결정이 이성과 증거를 통한 분석적 접근과 권력 행사, 투쟁과 협상 등이 관여되는 정치적 접근의 혼합 과정이라 한다면, 전자에 주된 관심을 갖고 있는 활동이 정책분석이라 할 수 있다. 물론 정책분석이 꼭 정책결정단계에서만 이

3) 정책분석 부분은 주로 강근복(2000)의 내용을 발췌하거나 요약·수정했다.

뤄지는 활동은 아니다. 정책집행 단계에서도 집행정책의 결정이 이뤄지고 이 과정에서 정책분석이 필요하기 때문이다.

1. 정책분석의 개념

일반적으로 분석은 어떤 판단이나 결정에 필요한 정보 또는 지식을 얻기 위해서 이성과 증거를 활용해 전개되는 활동이다. 여기서 이성이란 논리적으로 사유하는 것을 의미하고, 증거란 사실을 뒷받침할 수 있는 경험적 자료 또는 정보를 의미한다(허범, 2007c).

정책분석이란 특정 정책이 형성, 집행되는 정책과정에서 어떤 판단이나 결정에 필요한 정보 또는 지식을 얻기 위해 이성과 증거를 활용하는 분석 활동을 지칭한다. 이렇게 보면 정책분석은 정책과 정책과정 전체를 대상으로 한다. 그러나 일반적으로 정책분석이란 용어는 바람직한 정책을 형성하기 위한 분석이라는 의미로 더 많이 사용되고 있다.

여기에서 이야기하는 분석적 노력이란 단순한 사전적 의미, 즉 현상을 단순히 쪼개어 나눠 살펴보는 것보다 더 넓은 의미로 사용된다. 단순히 연구 대상을 분할해 접근하는 것에서 더 나아가 대상 전체를 총체적으로(holistically) 접근하는 활동을 함께 포함하는 것이다. 따라서 분석적 활동이란 합리적일 뿐만 아니라 체계적인 접근이라는 의미가 강하게 포함되어 있다. 그러므로 정책분석은 정책 판단의 근거를 질적으로 향상시키는 데 필요하고도 적합한 정보를 창출・조직・제공하기 위해 합리적이고도 체계적인 방법을 동원하는 접근 방법이라고 할 수 있다(허범, 1988a: 91).[4]

이러한 정책분석은 개념상으로 협상과 타협, 그리고 권력적 작용을 그 내용으로 하

---

4) 모든 학자가 위와 같은 정책분석의 개념 정의에 동의하는 것은 아니다(강근복, 2000: 23-25). 어떤 이들은 정책분석을 정책연구와 동일시해 정책과정에서 필요로 하는 모든 정보를 창출하는 활동 또는 정책과정에서 이뤄지는 모든 분석적 활동을 정책분석이라고 한다(노화준, 1989: 17). 그러나 이러한 개념 정의는 정책분석의 범위를 너무 넓게 규정함으로써 정책과정에서 이뤄지는 다른 활동과의 구별을 어렵게 한다. 행태주의적 정책분석은 이미 만들어져 있는 정책에 대한 분석을 정책분석으로 보거나, 아니면 정책(결정)에 대한 사전적인 분석을 하되, 가치 판단을 배제하고 목표를 효율적으로 달성할 수 있는 대안을 탐색하는 것만으로 분석의 범위를 한정시킨다. 이러한 행태주의적 관점은 정책분석과 정책평가의 개념적 구분의 혼란, 또는 주관적, 가치 판단적 정책의 내용에 대한 분석을 배제하게 된다.

는 정치적 접근과는 대비되는 것이다. 정책분석은 정책을 결정할 수 있는 정당한 권한을 가진 사람이나 기관은 직접적으로 정책결정에 필요한 정보를 얻기 위해, 그리고 그 밖의 다른 사람이나 조직은 정책결정에 자신들의 주장을 반영시키기 위한 설득력 있는 주장 이유를 얻기 위해 이뤄진다.

정책분석과 유사한 활동으로 정책평가가 있다. 정책분석과 정책평가는 모두 정책 내용을 주 대상으로 해서 이뤄지는 합리적인 분석(평가) 활동이라는 점에서 그 성격이 유사하다. 차이가 있다면, 정책과정에서의 분석 시점과 직접적 목적을 기준으로 볼 때, 정책분석은 주로 더 나은 정책결정을 위해 이뤄지는 사전적 · 분석적 활동을 지칭하는 경우가 많다. 반면에 정책평가는 정책 내용과 과정의 개선을 위해 정책이 실행되고 있는 도중 또는 실행이 된 이후에 그 결과나 성과에 대한 정보를 얻기 위한 사후적 분석 활동을 지칭한다.

2. 정책분석의 유형

정책분석은 다양한 기준에 따라 다양한 유형으로 분류할 수 있겠지만 그중에서도 정책분석이 이뤄지는 사회적 상황, 합리성의 의미, 인식론적 근거, 정치적 연관성, 그리고 전문가의 역할 등을 기준으로 해서 보면 정책분석을 과학(science)모형, 협의(counsel)(담론)모형, 정책주창(advocacy)모형으로 분류할 수 있다.[5] 과학적 정책분석 모형은 엄격한 합리성에 입각한 가치중립적 · 탈정치적 분석을 지향한다.

담론적 정책분석 모형은 담론 중심의 분석을 지향한다. 그리고 정책주창적 정책분석 모형은 과학적 정책분석 모형에 대립되는 것으로 가치중립적 · 탈정치적 분석의 가능성을 부인하고 명시적으로 가치개입적 · 정치연관적 분석을 지향한다(Jennings, 1987b: 138-139; 허범, 2007c). 정책분석의 주요 유형을 정리하면 〈표 7-1〉과 같이 나타낼 수 있다.

5) 정책분석의 목적과 주체, 그리고 정책분석 과정에서의 정책 관련자의 참여 정도와 역할을 어떻게 보느냐에 따라 정책분석의 유형을 엘리트모형, 민중모형, 그리고 혼합모형으로 나눠 볼 수도 있다(허범, 1988a: 233).

표 7-1 정책분석의 유형

구분 \ 유형	과학적 정책분석	담론적 정책분석	정책주창적 정책분석
분석 목적	과학적 지식과 합리적 방법을 활용, 최적 정책을 탐색, 설계, 제공	정책 관련자들의 이성적 담론을 통해 합의 도출	특정 기관, 정파, 집단의 입장에서 가장 유리한 정책을 탐색, 설계, 주창
전문가의 역할	① 정책전문가 인정 ② 정책결정자를 위한 자문	① 정책전문가 부인 ② 정책 관련자는 모두 정책에 대해 입장을 취하는 당사자로 인정 ③ 정책분석가는 정책담론의 촉매자, 상담자, 비판자, 사회자 역할	① 정책전문가 인정 ② 정책주창
합리성	도구적 합리성	실천이성 담론적 합리성	절차적 합리성
정치 관련성	탈정치적 (협상과 타협 그리고 권력작용에서 탈출)	고전적 정치 지향적 (공공 사항의 지도, 공동사회 목적의 결정, 집행, 평가에 관련된 의도적 노력 지향)	정치 연관적 (협상과 타협 그리고 권력작용에 협조)
접근 방법	가치중립적, 계량분석적 접근 중심	가치·사실·전략판단을 통합하는 논증과 반증의 변증법적 조정을 지향하는 담론, 참여 정책분석 중심	가치개입적, 주관적 판단 중심

출처: 허범(2007c: 3).

1) 과학적 정책분석

과학적인 정책분석은 '과학으로서의 정책분석'(policy analysis as science)을 의미하고 정책 현실에서 주류를 이루는 모형이다. 이 모형은 합리성을 매우 엄격하게 제한적으로 해석하고 합리성과 과학적 지식을 통해 객관적이고 중립적인 전문가에 의해 이른바 '옳은 정책'(right policy)을 설계하고 제안하는 것을 목적으로 한다. 정책분석은 고도의 전문지식을 갖춘 전문가에 의해서만 이뤄질 수 있다고 보는 점에서 엘리트모형이라고 할 수 있다. 이 모형에서 강조하는 정책분석의 엄격한 합리성과 과학성은 정책목적이나 가치에 대한 관심은 배제한 채 주어진 목표의 달성을 극대화할 수 있는 방안을 강구하는 '도구적 합리성'을 특징으로 한다.

과학적 정책분석에서는 우선 기대와 현실 사이의 차이를 문제로 보고 주어진 목표를

그림 7-2 과학적 정책분석 모형

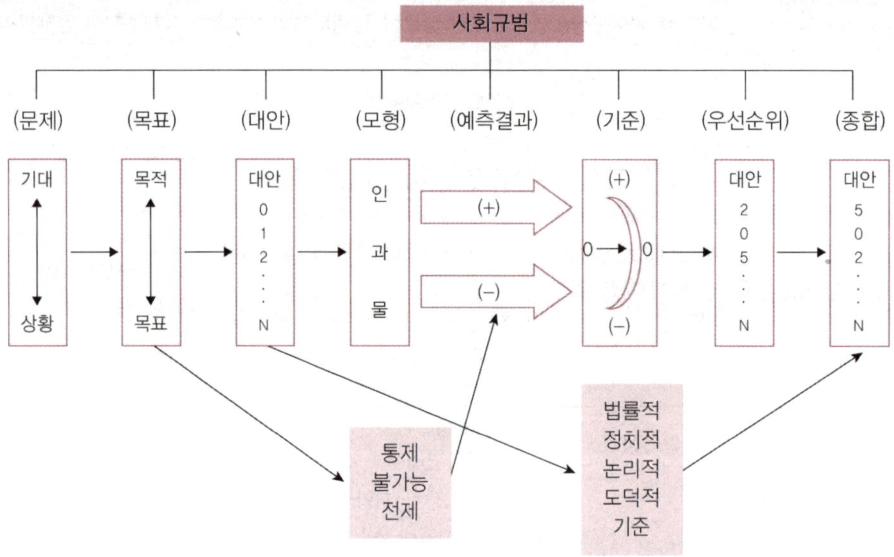

출처: 허범(2007c: 6).

달성하기에 적합한 대안들을 탐색・개발한다. 그 다음에는 목표와 수단 간의 인과관계를 구조화한 모형을 설정해 각 대안이 가져올 결과를 예측한다. 그리고 나서 도덕적 기준, 정치적 기준 등 일정한 기준을 적용해 대안들을 평가하고, 그 결과에 따라 대안간 우선순위를 정하게 된다.[6] 이를 알기 쉽게 나타내면 [그림 7-2]와 같다.

2) 담론적 정책분석

담론적 정책분석 모형은 전문가로서의 정책분석가를 인정하지 않고, 어떠한 정책 주장에 대한 찬성과 반대의 입장을 표명하는 당사자가 있을 뿐이라는 전제를 갖고 있다. 이 모형에서 정책분석가는 정책 담론의 촉매자, 상담자, 비판자, 또는 토론의 사회자 역할을 담당할 것으로 기대한다. 이 모형은 정책분석 과정을 다양한 정책대안의 제안 또는 특정한 정책대안에 대한 주장과 반론을 교환하는 실제적인 대화(practical discourse)의 과정으로 이해한다. 따라서 더 많은 정책 관련자의 참여와 대화, 토론을 통해 정책대안에 대한 조정과 합의를 지향한다. 또한 정책문제를 정의하고 정책목표를 설정하는

6) 과학적 정책분석의 구체적인 내용과 한계에 대해서는 허범(2007c) 참조.

과정에서 발생하는 규범과 가치관적 갈등을 중요하게 생각하며, 관련 집단 간의 합의를 구함으로써 이러한 갈등을 해결하려고 한다. 그러므로 정책분석의 방법도 전문가에 의한 과학적 분석이 아니라 정책에 관련된 사람들 사이에 교환되는 대화와 토론에 사용된 논증의 분석을 중시한다. 즉, 토론에 사용된 정책정보, 주장과 주장 이유의 분석에 초점을 두고 논증분석 방법을 활용한다(허범, 1988a; 2007c).

3) 정책주창적 정책분석

이 모형은 정책분석 전문가의 존재는 인정하나 객관적이고 과학적인 정책분석, 가치를 배제한 정책분석을 부인한다. 오히려 적극적으로 어떤 가치의 실현을 목적으로 정책안을 주창하고 이를 뒷받침할 수 있는 논리 개발과 토론을 중시한다.

3. 정책분석의 차원과 조직화

1) 정책분석의 차원

정책분석은 그 사회적 적합성(social relevance)의 차원에 따라서 당위성 차원의 분석, 실현성 차원의 분석, 능률성 차원의 분석으로 나눌 수 있다. 분석의 차원에 따라 분석 목적, 정보의 내용과 성격, 그리고 분석기법이 달라진다. 이를 살펴보면 다음과 같다(허범, 1988a: 91-94; 2007c: 19).

(1) 당위성 차원의 분석

당위성 차원의 분석은 가치관과 정책의 기본 방향을 설정하며 타당한 정책문제의 정립, 그리고 정책기조 논리를 정립하는 것을 주목적으로 한다. 그러므로 그것은 '어디로(where to)'의 성격을 가진 정보를 창출하고, 분석은 주로 분석가의 주관적인 판단에 의존해서 이뤄진다. 이 차원에서는 정책윤리분석이 이뤄진다.

(2) 실현성 차원의 분석

실현성 차원의 분석은 정책과 관련된 여러 가지의 자원과 실현성을 탐색・개발하고 자원, 목표 등을 최적하게 조직함으로써 한편으로는 바람직하고 실현 가능한 정책목표를 설정하고, 다른 한편으로는 한정된 자원을 서로 다른 정책목표에 합리적으로 배분하는 것을 목적으로 한다. 그러므로 이 차원에서는 '무엇을(what to)'의 성격을 가진 정보를 창출한다. 실현성 차원의 분석은 분석가의 주관적인 판단과 계산의 통합에 의해 이뤄진다. 능률성 차원의 분석에 추가해 이 차원의 분석은 체제분석에 의해 이뤄질 수 있다.

(3) 능률성 차원의 분석

능률성 차원의 분석은 현실 세계에서 실천적인 행동대안을 탐색・개발하고 가장 능률적인 행동을 선정하며, 이것을 합리적인 운영계획으로 조직하는 것을 주요 목적으로 한다. 그러므로 이 차원의 분석은 '어떻게(how to)'의 성격을 가진 정보를 창출한다. 능률성 차원의 분석은 계산에 의존해 이뤄지는데 이러한 차원의 분석은 관리분석에 의해 이뤄진다.

지금까지의 검토를 간단히 요약・정리해 보면 〈표 7-2〉와 같이 나타낼 수 있다.

표 7-2 정책분석의 차원

적합성 차원	분석 목적(초점)	산출정보의 성격	분석 형태	접근 방법
당위성 (should)	정책기조 설정 기본 방향	'어디로' (where to)	판단	정책분석 (정책윤리분석 포함)
실현성 (can)	정책목표 설정 자원 배분	'무엇을' (what to)	판단과 계산	체제분석
능률성 (will)	행동대안 마련 운영계획 수립	'어떻게' (how to)	계산	관리분석

출처: 허범(2007c: 19)의 표를 재구성.

2) 정책분석의 조직화

정책은 타당성, 실현성, 그리고 능률성을 모두 확보해야 한다. 이를 위해서는 당위성, 실현성, 그리고 능률성의 모든 차원에서 분석이 이뤄져야 한다. 이는 어느 한 차원의 분석이 빠지면 그에 해당되는 차원의 적합성이 상실될 우려가 있고, 그에 따라 그 정책은 결함을 가지게 될 것이기 때문이다. 그러므로 정책분석을 구조화하는 데 중요한 점은 당위성, 실현성, 그리고 능률성 차원의 분석을 통합해야 한다는 것이다(허범, 1988a: 93-94).

정책이 사회에 적합하고 좋은 내용을 담을 수 있으려면 우선 그것이 그 사회의 규범에 적합하고(타당성의 확보), 다음으로 실행에 옮길 수 있어야 하며(실현성의 확보), 마지막으로 그것은 능률적이어야 한다(능률성의 확보). 다시 말해서 정책의 사회적 적합성은 타당성 → 실현성 → 능률성의 방향에 따라 계층적으로 구조화되어야 하고 정책분석은 이들을 모두 분석 대상에 포함해야 한다(허범, 1988a; 2007c).

그러므로 정책분석도 정책의 사회적 적합성의 구조화 방향에 따라서 타당성 차원의 분석 → 실현성 차원의 분석 → 능률성 차원의 분석으로 구조화되어야 한다. 정부의 내용에서 정책분석은 타당한 정책 방향의 설정 → 타당하고 실현 가능한 정책목표의 정립 → 합목적적이고 능률적인 행동의 설계라는 우선순위에 따라서 계층 구조화되는 것이 바람직하다. 정보의 성격에 비춰보면 정책분석은 '어디로' → '무엇을' → '어떻게'의 방향으로 계층구조화되어야 한다(허범, 1988a: 93-94; 2007c: 19).

4. 정책분석의 한계와 극복

우리가 수행하는 정책분석은 늘 한계를 갖고 있다. 따라서 정책분석의 불완전함을 인식하고 실제에서 나타날 수 있는 여러 가지 제약적인 요소를 이해하는 것이 필요하다. 정책분석이 갖고 있는 제약의 주요 원인은 정책문제 자체와 정책문제 정의의 성격, 정책 상황의 불확실성, 그리고 인간 능력의 한계성에서 찾을 수 있다(허범, 1988a: 94-95).

그러므로 정책분석가는 이러한 정책분석의 한계를 충분히 인식하고 그것에 대비하는 것이 필요하다. 여기에서는 정책분석이 갖고 있는 한계를 살펴보고 정책분석가가 이러한 한계에 주의해 어떻게 대응해야 할 것인가를 설명한다.

1) 정책분석의 한계

(1) 정책문제와 정책문제 정의의 특성에서 오는 한계

우선 정책문제 자체의 특성과 정책문제 분석과 정의가 갖는 특성 때문에 정책분석이 불완전해진다.

첫째, 정책문제의 정의는 '옳고', '그름'이 분명하거나 하나의 정답이 있는 것이 아니다. 정책문제 정의는 상황 판단과 규범 판단의 결합으로 이뤄지는 주관적 판단의 결과이므로 언제나 판단상의 갈등을 일으킨다. 그러므로 정책분석에서 정책문제 분석과 정의는 완전한 형태로 제시될 수 없다.

둘째, 정책문제는 정책환경, 정책 관련자, 다른 문제, 그리고 관련 정책 등 여러 요소와 직접적 또는 간접적 연관성을 갖고 있다. 그러므로 그 정책문제와 관련된 모든 관련 요소를 빠짐없이 분석한다는 것은 거의 불가능하다.

셋째, 정책문제는 상황의 변화에 따라 그 내용과 성격이 달라진다. 문제시되는 상황에 대한 규범적 판단이 달라져도 역시 정책문제의 내용과 성격은 달라진다. 그러므로 정책문제 정의는 한번으로 끝나는 것이 아니라 계속적으로 문제를 정의, 재정의해야 한다. 그러나 문제 상황의 변화를 상시 추적하고 이에 규범 판단을 적용시켜 계속적으로 문제를 분석해 정의·재정의하는 작업이 완벽하게 이뤄지기는 어렵다.

넷째, 정책문제가 어떻게 정의되느냐에 따라 가치의 사회적 배분이 어떻게 배분될 것인지가 달라진다. 그러므로 정책문제 정의는 항상 사회적 갈등을 일으킨다.

다섯째, 정책문제는 분석 과정에 의해서만이 아니라 정치 과정을 통해 정의된다. 그러므로 정책분석에서 이뤄지는 정책문제의 정의는 그만큼 제한적일 수밖에 없다.

(2) 정책 상황의 가변성과 불확실성에서 오는 한계

다음으로 정책 상황의 가변성, 불명확성이 정책분석의 제약 요인으로 작용한다.

첫째, 정책 상황은 계속해서 변화한다. 특정 시점에서의 상황분석만을 토대로 정책분석을 진행할 수는 없다. 상황의 변화를 계속적으로 추적 관찰해야 하기 때문이다. 가변적이고 불확실한 정책 상황을 완전하게 분석한다는 것은 거의 불가능하다.

둘째, 정책분석에서 취급하는 정책 상황은 분석이 가능한 범위로 한정되고 단순화된 상황이다. 그것은 항상 실제 상황과 다르다. 그러므로 실제 상황과 달리 단순화된 정책 상황에 대한 분석을 포함한 정책분석이 불완전할 수밖에 없다.

셋째, 단순화시킨 정책 상황의 변화 예측도 불확실하다. 예측의 전제나 가정이 부정되는 경우가 많기 때문이다.

2) 정책분석 한계의 극복

앞에서 살펴본 모든 원인은 정책분석을 불완전하게 만드는 요소들이다. 그것들을 완벽하게 극복하기는 거의 불가능하다. 그러나 우리가 노력하기에 따라서는 어느 정도 정책분석의 질을 향상시킬 수는 있다. 그러므로 정책분석을 수행할 때 분석의 한계를 충분히 인식하고 이를 가능한 한 부분적으로나마 극복하기 위한 노력을 기울이는 것이 필요하다. 그러한 노력으로는 다음과 같은 것들을 생각해 볼 수 있다.

첫째, 취급해야 할 정책문제의 내용과 성격에 따라서 그것에 가장 적합한 분석 방법을 개발하고 활용한다.

둘째, 어떤 분석기법을 사용하기 전에 반드시 그것의 적용 가능성과 한계성을 면밀히 검토하고 그것의 적절한 적용 범위와 한계를 설정한다.

셋째, 실제의 정책결정 과정은 항상 분석적 과정과 정치적 과정의 혼합 과정으로 이뤄진다는 사실을 이해하고 분석 활동에서 이를 고려한다.

제 3 절 문제분석

1. 정책문제와 정책목표

정책목표는 정책을 통해 달성하고자 하는 바람직한 상태를 의미한다. 따라서 정책목표를 결정하는 것은 정책을 통해 달성하고자 하는 것이 무엇인가를 결정하는 것이다.

목표 체계에서 정책목표는 이상 목적(이상 가치)-상위 목적-당면 목표(계획목표)로 구조화할 수 있다(허범, 2007c). 이들 중에서 궁극적인 이상 목표를 제외하고는 모두가 상위 수준의 목표를 달성하기 위한 수단도 되면서 동시에 하위 수준의 목표에 대해서는 목표의 역할을 하는 도구적 목표의 성격을 지닌다. 즉, 정책목표는 복수의 목표-수단의 계층구조로 이뤄져 있다.

정책목표를 설정하기 위해서는 먼저 정책문제를 파악해야 한다. 아주 단순히 말하면 정책문제를 해결하는 것이 정책목표이기 때문이다. 정책문제를 정의하고 난 다음에 정책문제를 해결해 얻게 될 효과와 비용, 그리고 문제의 해결 가능성 등을 검토해 정책목표의 우선순위와 달성 수준을 결정한다(정정길 외, 2010: 350). 이를 요약하면 [그림 7-3]과 같다.

그림 7-3 목표 설정 절차

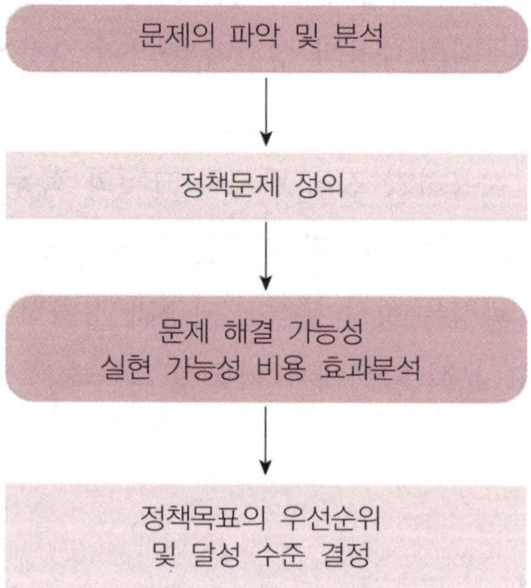

2. 정책문제의 분석

1) 정책문제의 개념

사회의 모든 사건과 경향이 저절로 '문제'가 되는 것은 아니다. 그 사건이나 경향, 즉 문제시되는 상황이 어떤 기준에 입각해 불만스러운 것으로 판단되었을 때 비로소 '문제'가 된다(허범, 1984: 19; Levine, 1975: 427). 문제란 객관적으로 실재하는 것이 아니라(not necessarily real) 어떤 사건이 사회에서 발생하거나, 어떤 문제시되는 상황이 존재할 때 누군가에 의해 특별한 시기에 특별한 방법으로 인지된 것에 불과한 것이다. 다시 말하면, 어떤 문제시되는 상황(problematic situation)이 있을 때 주체적 인간이 이를 인지하고(Jones, 1977: 30), 어떤 판단 기준과의 비교를 통해 문제 의식(한완상, 1983: 209-222)을 형성함으로써 비로소 '문제'로 나타나게 되는 것이다. 그러므로 이러한 문제 의식의 형성에는 규범 판단과 상황 판단이 함께 작용한다(허범, 1979a: 322). 결국 문제란 '바람직하다고 여겨지는 상태와 현실 상태 또는 예측되는 미래 상태와의 차이'로 인식되는 것이다.

사회문제들 중에서 정부가 정책을 통해 해결하려고 채택한 문제를 우리는 정책문제라고 말한다. 그런데, 정책분석을 한다고 할 때 분석의 대상으로 삼는 것은 정책문제에 국한되는 것은 아니다. 모든 사회문제는 정책문제로 전환될 가능성을 갖고 있기 때문에 모든 사회문제가 정책분석의 대상이 될 수 있는 것이다. 그러므로 지금 사회적으로 논의되고 있는 문제만이 아니라, 앞으로 논의될 필요가 있는 문제들도 분석할 수 있다. 다만 그 문제를 분석하는 것이 의미가 있는지를 검토하고 분석 실행 여부를 결정짓는 것은 정책분석의 수행자나 이용자가 판단할 일이다.

그림 7-4 정책문제

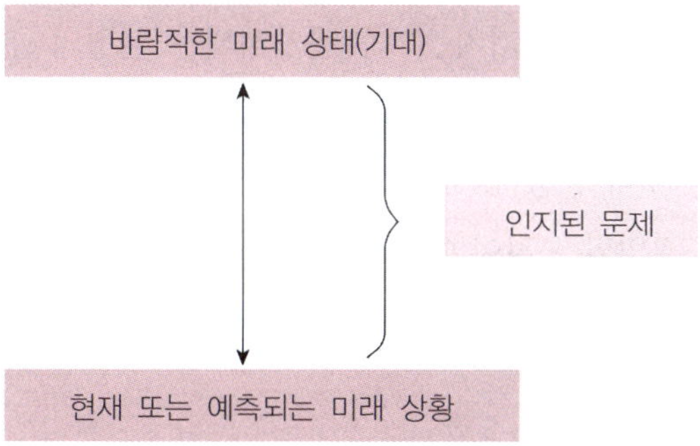

2) 정책문제의 특성

정책문제는 다음과 같은 특성을 갖고 있다.

(1) 주관성 · 인공성

앞에서 살펴보았듯이 문제 정의란 문제시되는 상황을 정확히 이해하고 그 상황의 특성을 밝혀내는 것이라고 주장하는 입장도 있다. 문제 정의에 대한 이러한 인식은 문제가 객관적인 실체, 즉 '저 밖에 존재하는 것'이라고 보는 데서 비롯된 것이다. 그러나 문제는 객관적인 실체로서 존재하는 것이 아니라 현실에 어떤 주관적인 준거틀을 적용해 얻어낸 산출물(인공물)이다(Dery, 1984: 4; Dunn, 1981: 99; Etzioni, 1976: 2-3). 문제는 실존하고 있는 문제시되는 객관적인 상태 그 자체가 아니라, 현실 상황에 대한 판단(상황 판단)과 바람직한 상태에 대한 판단(규범 판단)이 복합적으로 이뤄져 사람의 머릿속에서 구성되는 것이다. 그래서 사람마다 상이한 현실감을 갖고 상이한 가치 판단을 하기 때문에 서로 다르게 문제를 정의한다. 그러나 문제가 본래 객관적인 실체를 갖고 있는 것이 아니라는 것을, 마치 어려움(difficulties)이 객관적으로 존재하지 않는다는 것을 의미하는 것으로 받아들여서는 안 된다. 예를 들면, 특정 시대에 '가난'이 사회적 문제로 인식되지 않는다고 해서 '헐벗고 굶주리는' 어려운 상황 그 자체가 존재하지 않는다는 것을 의미하지는 않는다. 다만 그러한 '어려운 상황' 자체를 사회문제라고 인식하지 않고 있을 뿐이다.

(2) 가치 판단의 함축성

정책문제는 그 정의 속에 가치 판단이 개재되어 있다. 정책문제를 바람직하다고 여겨지는 가치와 불일치된다고 여겨지는, 즉 문제시되는 환경의 부분(Ozbekhan, 1969: 157)으로 정부가 해결을 의도해 공식적으로 채택한 것이라고 볼 때 정책문제에는 가치 판단이 개재되어 있을 수밖에 없다. 이렇듯 정책문제는 단순히 현실적 필요성이나 실현 가능성에만 입각해서 정의되는 것이 아니라, 당위적인 가치관과 연관됨으로써 좀 더 근본적인 문제를 다룰 수 있고 사회의 질적 변개를 도모할 수 있는 것이다.

(3) 상호연관성 · 복잡성

상당수의 문제는 동일한 사건으로 인해 발생하는 경우가 많으며, 다른 문제와 관련되지 않고 홀로 존재하지는 않는다(Dunn, 1981: 99). 어떤 문제든지 그 발생 원인이나 해결 방안, 해결의 영향 등이 다른 문제들과 상호연관성을 갖고 있다. 따라서 어느 특정 문제의 해결은 다른 문제를 악화시키거나 새로운 문제를 발생시킬 수도 있고 또는 다른 정책문제의 해결에 도움을 줄 수도 있다. 어떤 문제 하나만을 따로 떼어놓고 해결하기보다는 오히려 상호 관련된 문제들 몇 가지를 동시에 해결하는 것이 훨씬 쉽고 바람직한 경우도 많다. 그러므로 특정 문제를 분석하거나 이를 해결하고자 할 때는 체제론적 관점에서 다른 문제들과의 연관성을 파악하는 것이 필요하다.

우리가 분석 대상으로 삼게 되는 문제들은 대개 단순한 문제보다는 복잡한 문제인 경우가 많다. 일반적으로 복잡하다는 것은 어떤 것의 구성 부분이 많고 다양한 경우에, 즉 쉽게 이해될 수 없을 정도로 구성 요소들이 복잡하게 서로 엉켜 있고 난해한 경우를 말한다. 복잡한 체제란 단순하지 않은 방식으로 상호작용하는 많은 부분들로 구성된 것으로 그러한 체제에서 전체는 단순한 부분의 합 이상의 것이다. 그러므로 체제를 구성하는 각 부분의 특성과 부분들 간의 상호작용 법칙이 알려져 있다고 하더라도 전체의 특성을 추론하는 것은 그리 간단하지 않다(강근복 옮김, 1990: 98).

(4) 가변성

특정 문제는 항상 일정한 형태와 내용을 지니고 있는 것이 아니다. 상황도 변하고 문제 인식의 기초가 되는 현실에 대한 해석과 바람직한 상태를 결정하는 당위적인 가치판단의 내용도 계속해서 변화한다. 그러므로 지금은 문제가 아닌 것이 시간이 지남에 따라 문제로 인식되기도 하고, 지금은 심각한 문제로 인식되는 것도 시간이 지남에 따라 전혀 문제시되지 않을 수도 있다. 그리고 어떤 문제가 그 이후에도 계속해서 문제로 남아 있는 경우에도 현실과 가치관이 변함에 따라 처음에 정의된 문제와는 전혀 다른 새로운 문제로 정의될 수도 있다. 이러한 정책문제의 가변성 때문에 우리가 정의하고 있는 문제는 항상 불완전할 수밖에 없다. 따라서 정책문제는 정책과정 속에서 끊임없이 새로이 재정의되어야 한다.

(5) 중요성 · 심각성

일반적으로 정책문제는 중요하고 심각하다고 여겨지는 문제다. 즉, 대부분의 정책문제는 정도의 차이는 있지만 그 문제로 인해 피해를 입고 있는 사람이 비교적 많으며 그 피해의 정도가 심하고 다른 문제에 파급성이 큰 문제다. 중요한 것으로 여겨지지 않는 문제는 정책문제로 취급되지 않는 것이 보통이다.

(6) 차별적 이해관계성

정책문제는 서로 다른 사람이나 집단에게 차별적인 이해 관계를 형성한다. 차별적인 성격을 갖는 것이다. 대개의 경우 어떤 문제로 인해 고통을 받고 있는 사람이 있는 반면에 그 문제의 방치로 인해 반사적 이익을 누리는 사람이 있게 마련이다. 그러므로 어떤 문제를 정책문제로 채택해 해결하게 되면, 그것은 관련된 사람들 사이에 이익 또는 불이익을 차별적으로 배분하는 셈이 된다. 여러 집단이 동일한 문제로 인해 고통을 입고 있는 경우에도 어떠한 문제 의식을 정책문제로 연결시키느냐에 따라 어떤 집단에게는 더 큰 이익(손해)을 다른 집단에게는 더 적은 이익(손해)을 배분하는 것이다.

(7) 정치성

정책문제 정의의 과정은 정책의제 형성 과정과 마찬가지로 정치적 과정의 성격을 띠고 있다. 문제 인식 자체의 주관적 성격 때문에 문제 정의가 사람에 따라 다르고, 문제를 어떻게 정의하느냐에 따라 정책목표의 설정이나 문제 해결 방법이 달라지게 된다. 그리고 정책목표나 문제 해결 방법이 달라짐에 따라 관련된 사람들 사이에 이익과 불이익이 차별적으로 배분된다. 그러므로 특정 문제에 대해 상이하게 문제를 정의하는 집단들은 서로 자기들에게 유리한 방향으로 문제 정의가 이뤄지도록 정치적 활동을 벌이게 된다. 이렇게 정책문제가 분석적인 활동에 의해서만이 아니라 정치적 타협과 협상의 과정을 거쳐 정의되기도 하므로 정책문제는 정치적 성격을 갖고 있다고 할 수 있다.

3) 정책문제 분석의 요소

정책문제 분석의 요소에는 다음의 것들을 포함한다(강근복, 2000).

(1) 문제시되는 상황

우선 문제시되는 상황의 과거, 현재의 상태와 조건을 분석한다. 그리고 문제시되는 상황이 과거에서 현재까지 어떻게 변화되어 왔는지에 대해서도 분석해야 한다. 이러한 분석은 문제에 대한 포괄적 이해를 도울 뿐만 아니라, 문제시되는 상황이 앞으로 어떻게 전개되어 나갈지를 예측할 수 있게 해주고 문제 해결을 위한 행동의 시기를 판단하는 데 도움을 준다. 즉, 지금 당장 해결 방안을 마련하는 게 좋은지, 아니면 문제 상황의 변화 추이를 더 지켜볼 것인지를 판단하는 데 도움을 준다.

(2) 관련자들이 추구하는 미래상, 가치

문제는 현재 또는 미래 상태에 대한 인식과 바람직하다고 여겨지는 상태에 대한 주관적 가치 판단에 입각해 정의된다. 그러므로 문제의 본질을 제대로 파악하기 위해서는 문제 해결을 요구하는 관련 집단이나 정책결정자가 바람직하다고 여기는 상태가 어떠한 것인지를 밝히는 것이 필요하다. 물론 이에 대한 분석이 쉬운 일은 아니다. 그러나 문제의 주관적 성격과 문제 정의 속에 포함되는 가치 함축적 의미를 고려해 볼 때 관련자의 가치관을 분석하지 않는다면 문제분석은 그만큼 불완전한 것일 수밖에 없다.

(3) 기존 정책

정책문제와 관련이 있는 정책이 있었는지 여부를 살펴보는 것이 필요하다. 그 정책문제가 이전에는 전혀 문제로 등장하지 않았거나 과거에 그와 유사한 문제를 해결하기 위한 정책이 만들어진 적이 없는 경우도 있지만 그렇지 않은 경우도 많다. 만일 그 문제 또는 그와 유사한 문제를 해결하기 위한 정책이 있었다면 그 정책의 성패를 평가하고 그 원인을 분석하는 것이 필요하다. 과거에 이뤄진 문제분석과 정의의 내용을 검토하고 그를 토대로 모색된 해결 방안에 대한 비판적 분석을 통해 분석의 대상인 정책문제를 좀 더 잘 파악할 수 있기 때문이다.

(4) 정책문제의 원인

문제를 정의할 때 원인과 결과를 나타내는 인과적 개념이 개입되는 것은 문제의 해결 방안을 탐색하는 행동반경을 제한하기 때문에 가급적 인과적 요소를 배제해야 한다는 주장이 있다(노화준, 1985: 64; Bardach, 1981: 165). 그러나 문제를 정확히 이해하고 진단하기 위해서는 문제의 원인을 분석하는 것이 필수적인 작업이다. 왜냐하면 가장 중요한 정책수단은 바로 문제시되는 상황을 발생시킨 원인을 파악해 이것을 제거하는 것이기 때문이다(정정길, 1988: 437).

문제의 원인을 밝혀낸 다음에는 그 원인이 통제(조작) 가능한 것인지 아닌지, 그리고 원인들 간의 관계가 수직적 또는 수평적 관계인지를 분석한다. 수평적 관계의 원인들 사이도 서로 독립적인지 아니면 변동 유발 관계인지를 파악해야 한다. 그리고 그러한 원인과 뒤에서 살펴보게 될 결과와의 인과구조를 파악한다.

(5) 정책문제의 결과적 측면과 중요성 · 심각성 파악

정책문제의 원인을 파악하고 나면 정책문제의 결과적 측면을 분석하는 것이 중요하다. 교통문제의 경우를 예로 들면, 유동 인구의 증가, 차량의 증가, 도로 폭의 협소 등이 문제의 원인이라고 한다면 교통 체증으로 인한 시간 낭비, 물류비용의 증가 등이 문제의 결과적 측면이라 할 수 있다.

또한 이러한 정책문제가 얼마나 중요하고 심각한지를 분석해야 한다. 문제로 인해 피해를 보는 집단이 얼마나 큰지, 정책문제의 파급 범위가 어떠한지, 그리고 문제로 인한 피해가 얼마나 심각한지를 분석해야 한다.

(6) 정책문제 관련 집단의 파악

특정의 문제에는 그것 때문에 피해를 입는 집단이 반드시 있다. 문제로 인해 피해를 보는 집단이나 계층은 정책문제의 측면에 따라 다르다. 문제의 각 측면이 야기하는 피해가 서로 다른 집단에게 상이한 영향을 미치기 때문이다. 한편 그 문제를 방치함으로써 이익을 누리고 있는 집단이나 계층이 있을 수 있다. 특정 문제에 대해 이해 관계를 갖고 있는 관련 집단들은 정책의제의 형성과 억제를 위해, 즉 자기들에게 유리한 정책문제의 정의를 위해 노력한다. 정책문제로 인해 고통을 받고 있는 집단이 누구이고, 반사적 이익을 누리고 있는 집단이 누구인지, 그들 외에 당해 문제에 관심을 갖고 있는 집단은 누구인지, 그리고 그들이 갖고 있는 문제 의식은 어떠한지를 파악하는 것은 정책대안의 마련과 정책과정의 관리전략을 세우기 위해 꼭 필요한 작업이다. 그리고 그 문제의 해결과 관련해 참여하리라고 예상되는 집단과 기관, 그리고 관심 대중의 규모 등에 대해서도 잘 파악할 필요가 있다.

(7) 정책문제의 변화 가능성과 새로운 문제 발생의 예측

문제는 시간이 지남에 따라 변화한다. 지금 중요시되는 정책문제가 앞으로 점점 더 심각해질 것인지, 아니면 시간이 지남에 따라 완화될 것인지에 대해, 즉 문제가 어떻게 변화할 것인지를 예측해야 한다(Dunn, 1981: 125). 그리고 현재 상황의 변화가 새로운 문제를 야기할 가능성에 대해서도 예측할 필요가 있다. 기존 정책문제의 변화와 새로운 문제의 등장을 예측하기 위해서는 질적 예측 방법과 통계적 또는 계량적 예측 방법 등을 활용할 수 있다.

3. 정책문제분석의 중요성

1) 제3종 오류의 방지

문제분석은 해결해야 할 문제를 정확히 파악함으로써 잘못 정의된 문제를 해결하는 어리석음을 피할 수 있다. 즉, 제3종 오류를 범하지 않기 위해서 문제분석이 필요하다. 제3종 오류(Type Ⅲ error)란 문제 정의 자체가 잘못된 경우를 말한다. 한편, 문제를 해결하기에 적절한 정책대안을 적절치 못하다고 잘못 판단한 경우를 제1종 오류라고 하고, 적절치 못한 대안을 적절하다고 잘못 판단한 경우를 제2종 오류라고 부른다.

2) 타당한 정책목표의 설정

타당한 정책목표 설정을 위해서도 정책문제의 분석이 필요하다. 정책목표는 정책 활동을 통해 달성하고자 하는 상태 또는 얻고자 하는 결과를 말한다. 이를 달리 말하면, 정책문제를 해결해 얻고자 하는 어떤 결과라고 말할 수 있다.[7] 이렇게 타당한 목표 설정을 위해서는 문제분석이 먼저 이뤄져야 한다.

'정책목표를 무엇으로 정하는 것이 바람직한가?'라고 하는 질문은 '어떠한 문제 요소를 해결하는 것이 바람직한가?'라는 질문과 같은 의미를 갖는다. 문제시되는 상황의 어떤 부분을 해결하는 것이 바람직한지는 문제에 대한 치밀한 분석이 이뤄진 다음에야 제대로 판단할 수 있다(정정길, 1988: 341). 결국 문제를 정확히 파악하지 못하면 타당한 목표 설정이 불가능하게 되고, 실제로 문제가 되고 있는 것을 제대로 규명하지 못한 채 엉뚱한 문제를 해결하는 오류에 빠지게 된다.

3) 정책대안의 개괄적 파악과 범위 한정

정책문제의 정확한 분석은 정책대안을 개괄적으로 파악할 수 있게 해주며, 정책의 전제, 내용, 성격까지도 규정해 준다(허범, 1984: 15-16). 이는 문제에 대한 진단이 아무리 묵시적인 것일지라도 이후의 행동노선을 결정해 주고(Quade & Boucher, 1968: 35-40), 문제의 정의가 이뤄지면 그 속에 이미 문제 자체에 대한 해결책을 내포하고 있기도 하기 때문이다(Lineberry, 1978: 25).

이러한 의미에서 문제 정의는 일종의 무대를 설치하는 행위(stage setting)라고 볼 수 있다(Mintzberg, Raisinghani & Theoret, 1976: 235-260). 연극이 설치된 무대 위에서만 공연되는 것과 마찬가지로 문제 정의에 의해 규정된 범위 내에서 문제 해결을 위한 대안이 탐색된다. 예를 들면, 환자가 앓고 있는 병이 과연 무엇인지 정확하게 진단해야만(문제분석), 진단 결과에 따라 그 병을 치료하기 위한 방법 선택의 범위가 결정되는 것과 같다.

---

7) 어떤 상황의 변화로 인해 새로운 기회가 제공되었을 때 이러한 기회를 어떻게 활용할 것인가라고 하는 의미에서 정책문제를 해결하는 것도 목표에 포함된다.

4) 정책목표와 정책수단 간의 우선순위 암시

정책문제가 어떻게 정의되느냐에 따라 서로 갈등 관계에 있거나 경쟁 관계에 있는 여러 정책목표와 정책수단 간의 우선순위를 암암리에 나타내 준다. 문제가 분석되면 문제의 중요성이나 심각성, 영향력의 정도, 유발 비용 등 문제와 관련된 여러 가지 측면이 밝혀지기 때문이다. 이에 따라 문제의 어떤 측면이 우선적으로 해결되어야 하고, 어떠한 것은 그 다음에 해결되어야 하는지를 파악할 수 있게 된다. 따라서 문제의 분석과 정책문제의 정의는 정책의 우선순위를 잠정적으로 알 수 있게 해준다(정정길, 1988: 355-356).

제 4 절 정책목표의 설정

1. 정책의 목적구조

정책의 방향과 목표 그리고 정책수단은 정책의 핵심적인 내용을 구성한다. 특히 정책의 방향과 목적은 정책의 본질을 결정한다. 형식적으로도 모든 정책은 정책을 통해서 추구하는 방향과 실제로 달성하려는 목표를 명시적으로 포함한다. 방향 또는 목표가 빠진 정책은 정책의 기본 요건을 갖추지 못했기 때문에 완전한 정책이 못된다. 그러므로 정책 방향과 목표의 설계는 정책개발에서 가장 중요한 부분을 차지한다(허범, 1997). 정책목표는 수준별로 계획 목표, 상위 목표(정책 방향), 그리고 이상 목적으로 구분된다.

계획 목표는 주어진 계획 기간 동안에 실제로 달성하려는 목적이다. 그러므로 계획 목표는 계획된 목표(planned goal)이고 실현 가능성이 중요한 기준이 된다. 계획 목표는 실천 목표이기 때문에 주어진 기간 내에 할당된 자원을 이용해 달성 가능한 목표다. 따라서 계획 목표는 자원의 배분과 실현 가능성을 중요하게 고려하는 전략적 차원의 결정으로 설정된다.

상위 목표(정책 방향)는 계획 목표가 달성하려는 목표다. 그러므로 이 상위 목표는 정책 대상 기간 내에는 달성할 수 없지만 일차적으로 계획 목표를 달성한 뒤에 언젠가는 달성할 수 있는 것으로 설계해야 한다. 제3절에서 설명한 바와 같이 이 상위 목표는 단일의 목표가 아니라 궁극적인 이상 목표를 지향하는 복수의 상위 목표들로 목표-수단의 계층구조를 형성한다(허범, 1997).

비록 실제의 정책분석에서 특별한 경우가 아니면 명시적으로 분석하지 않는 것이 보통이지만, 정책 이상 또는 정책 이념으로 불리는 이상 목적(이상 가치)을 설계해야 한다. 이것은 현실적인 실현 가능성을 넘어서는 궁극적 가치다. 이상 목적은 궁극적으로 달성해야 할 목적, 현실적으로는 실현이 불가능하지만 당연히 추구해야 할 목적 가치다(허범, 2007d).

종합해 보면, 정책목표는 '궁극 목적 → 상위 목적 → 계획 목표'로 구조화되어야 하고, 그 다음으로 '계획 목표 → 정책수단 → 정책행동'의 연관으로 정책을 설계해야 한다. 이를 간단히 요약하면 [그림 7-5]와 같다.

그림 7-5 정책목적의 계층구조

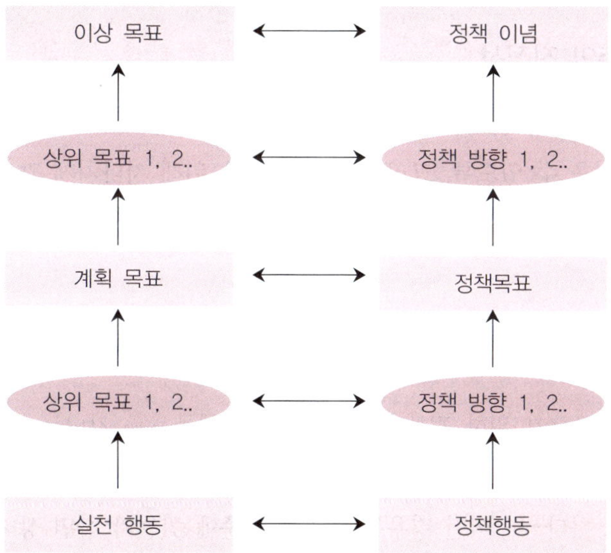

출처: 허범(1997: 35).

2. 정책목표의 설정 기준

바람직한 정책목표는 내용의 타당성과 수준의 적절성, 그리고 목표구조상의 내적 일관성을 확보해야 한다. 또한 정책목표 구조상의 최하위 목표는 구체적이고 조작적으로 설정되는 것이 바람직스럽다.

1) 내용의 타당성

바람직한 정책목표는 그 실질적 내용 면에서 타당성(적합성, appropriateness)을 확보해야 한다. 정책목표의 타당성은 여러 문제 요소 중에서 가장 중요하고 해결이 시급한 문제 요소를 해결 대상으로 삼음으로써 확보된다. 예를 들어, 높은 물가의 해결이 시급한데 실업문제의 해소를 정책목표로 설정하게 되면 이는 타당성을 잃은 목표 설정이 된다. 앞에서 본 제3종 오류처럼 잘못된 문제 정의는 적합성을 잃은 목표 설정으로 직결된다.

2) 목표 수준의 적절성

정책목표의 적절성은 문제로 인해 발생하는 피해를 어느 정도 완화시키거나 일정한 수준의 성과를 얻을 수 있도록, 그리고 목표 달성을 위해 지나치게 많은 희생이나 비용을 부담하지 않도록 목표를 적정 수준에서 결정함으로써 확보된다.

3. 정책목표 간의 조정과 우선순위의 결정

정책문제를 해결하기 위한 정책은 여러 개의 정책목표를 지니는 경우가 많다. 이들 목표는 경우에 따라서 상호 모순 충돌하기도 하고 상호 보완적이거나, 경쟁적이고 때로는 독립적이기도 하다. 또 어떤 경우는 동일한 수준에 있는가 하면 상하관계에 있을 수 있다. 따라서 정책목표를 설정하기 위해서는 정책목표들 사이의 우선순위를 결정하고, 또 그들 간의 비중에 따라 각 목표의 달성 수준을 결정하는 것이 필요하다. 이는 목표 설정 과정의 핵심적 작업에 해당하는데, 이에는 이상적 방법과 현실적 차선의 방법이 있을 수 있다(김신복, 1991: 269-272; 정정길, 1988: 379-386).

1) 이상적 방법

정책목표 간의 우선순위와 각 목표의 달성 수준은 어떻게 결정하는 것이 바람직스러운가? 일반적으로 말해 이는 크게 다음의 네 가지의 요소를 고려해서 결정하는 것이 바람직하다.

(1) 정책 효과의 크기

동일한 자원을 투입했을 때 더 많은 성과를 가져오는 목표를 우선시하는 것이 바람직하다. 정책목표의 달성으로 얻게 되는 효과는 정책문제의 심각성 · 중요성에 따라 크기가 달라진다. 효과가 클수록 그 목표는 좀 더 중요한 목표라고 할 수 있다.

(2) 정책비용의 크기

위의 정책목표 달성으로 인한 효과뿐만 아니라 정책목표 달성을 위해 희생되는 사회적 가치 또는 사회적 비용(정책 비용)의 크기가 함께 고려되어야 한다.

(3) 정책 효과와 정책비용의 사회적 배분

누가 정책 효과를 누리고, 누가 정책비용을 부담해야 하는가를 고려해야 한다. 형평성이나 사회적 정의라는 기준에 입각해 그 문제로 인해 고통을 받고 있는 집단에게 실질적 혜택을 주고, 비용을 부담해야 될 입장에 있는 집단이 비용을 실질적으로 부담하게 될 것인가를 고려해야 한다.

(4) 목표의 달성 가능성

목표의 달성 가능성(문제의 해결 가능성)을 고려해야 한다. 흔히 해결할 가능성이 없는(수단이 존재하지 않는) 문제의 해결을 정책목표로 설정하는 것은 바람직하지 못하다고 한다. 그러나 문제의 해결 가능성이나 목표의 달성 가능성에 대한 판단은 정책수단에 대한 탐색과 평가가 끝난 후에야 이뤄질 수 있기 때문에 성급하게 달성 가능성이 없는 목표라고 논의에서 배제하는 것은 바람직하지 않다. 그리고 현재의 경제적 · 기술적 여건에서는 실현이 불가능하다고 여겨지는 목표라 할지라도 우리의 노력에 따라서는 가까운 장래에 실현될 수도 있고, 또 실현시키려는 노력들을 자극하기도 한다는 점에서 정책목표로서 가치가 있는 경우가 있다.

2) 현실적 차선의 방법

위의 방법들은 말 그대로 이상적이기는 하지만 여러 가지 제약 때문에 현실적으로 그대로 적용하기는 어렵다. 각각의 목표 달성에서 얻게 되는 결과나 이에 따르는 비용을 측정·비교하기가 어렵고, 목표의 우선순위를 판단하는 평가 기준 간에 모순·충돌이 있는 경우 어느 기준에 더 큰 비중을 두어야 할지를 결정하기가 어렵다. 더군다나 여러 목표가 서로 성격이 다른 정책 효과를 산출할 때 어떤 효과가 더 중요한가를 판단하는 것은 쉬운 일이 아니다(정정길, 1988: 382-383).

그래서 이상적인 방법을 적용하는 대신에 현실적으로 적용 가능한 방법의 하나로 생각해 볼 수 있는 것이 여러 목표 중에 일부를 제약 조건으로 취급해서 다른 목표의 달성을 극대화시키는 방법이다(강신택, 1976: 51-55). 이 방법에 따르면 여러 이질적인 목표들의 달성 수준을 각각 어떤 수준으로 하는 것이 좋은가를 결정하려고 하지도 않고, 서로 이질적인 효과를 동일 척도로서 측정하려고 하지도 않는다. 여기에서는 몇 개의 목표를 어느 수준만큼만 달성하도록 하고 그 범위 내에서(나머지의 자원을 들여) 다른 목표를 극대화시키고자 한다. 결국 이는 몇 개의 목표를 제약 조건으로 하여 그 조건의 제약 범위 내에서 다른 목표를 극대화시키는 방법이다. 예를 들면, 물가 안정과 경제 성장이라는 상호 갈등 관계에 있는 목표를 동시에 추구한다고 할 때 물가인상률을 연 5% 이내로 억제하면서 이 범위 내에서 경제성장률을 극대화하는 것과 같다.

그런데 이 방법에서는 제약 조건으로 취급되는 목표의 달성 수준을 어느 선에서 결정하느냐가 어려운 과제로 남는다. 이는 결국 현실적으로 정책결정에 참여하는 사람들의 판단에 따를 수밖에 없다.

제 5 절 정책대안의 분석: 설계와 평가[8)]

1. 정책대안의 설계

1) 정책대안의 개념

일반적으로 대안이란 결정자가 그것을 사용함으로써 원하는 목표를 달성할 수 있을 것이라고 믿는 수단이나 방법을 말한다. 다시 말해서 정책대안은 정책결정자들이 정책문제의 해결과 정책목표의 달성을 위해 채택 가능한 여러 가지 수단(means)을 지칭하는 것이다(Mood, 1983: 5). 정책목표의 달성과 관련해 여러 가지 정책대안이 제안되는 것은 정책목표를 실현하는 관점의 차이, 즉 목표 달성의 방법에 대한 다양한 관점 때문이다. 따라서 문제의 해결에 기여할 수 있는 정책대안은 목표의 달성과 관련해 동일한 기능을 수행하는 것들만이 고려되는 것이 아니라, 대안들 간에 상이한 기능을 수행하면서도 문제의 해결에 기여할 수 있는 대안들까지도 고려된다.

어떤 경우 정책대안의 개념은 정책목표와 정책수단과의 조합으로 이해되기도 하는데, 이러한 관점에서는 정책목표와 이를 실현하기 위한 특정한 정책수단과의 배합을 정책대안이라고 한다(정정길, 1989: 403-404; 남궁근, 2012: 624). 정책목표를 달성하기 위해서 실현 가능한 다양한 정책수단을 채택할 수 있을 때, 정책목표와 이를 달성하기 위한 정책수단들과의 조합 하나 하나를 정책대안이라고 부르는 것이다. 따라서 이러한 관점에서는 정책대안과 정책수단을 구별해 정책수단(policy means)은 정책목표를 달성하기 위한 수단을 지칭하는 것으로 정책목표와 목표-수단의 계층제를 이루며, 정책 담당자들이 정책을 현실로 구체화시키기 위해 채택하는 실행적인 집행 수단이라고 할 수 있다(정정길, 1989: 403-404).

2) 정책대안의 설계

여러 가지 방법을 활용해 정책대안을 설계할 수 있을 것이나 여기서는 기본적인 정책대안의 설계 방법으로서 하나의 예를 설명하고자 한다.

---

8) 이 책에서는 대안 탐색과 평가를 위한 다양한 방법들에 대한 설명은 하지 않는다. 대안의 탐색, 개발과 예측, 비교・평가의 방법 등에 대해서는 강근복(2000)을 참조하기 바란다.

정책대안의 설계는 먼저 대안의 구성 요소를 가급적 포괄적으로 탐색·분류하고, 각 구성 요소의 가능한 내용들을 대안적 내용의 형식으로 분석하고 정리한 뒤에, 모든 구성 요소의 대안적 내용들을 연관시켜 조합하는 순서로 진행한다(허범, 1995; Bardach, 2011).[9)]

통일 후 신의주와 부산 사이의 교통망을 구축하는 정책을 추진하려고 할 때의 대안 설계의 예를 살펴보자. 우선 정책대안을 구성하는 주요 요소로서 (가) 교통 수단, (나) 교통망 구축사업 주체, (다) 교통망 운영 주체, (라) 주 운송 대상 등을 찾아낼 수 있다. 그리고 이들 구성 요소는 각각 대안적 내용으로 다시 세분할 수 있다. 예를 들면, (가) 교통 수단은 ① 고속버스 중심, ② 고속철 중심, ③ 항공 중심 등이며, (나) 교통망 구축사업 주체는 ① 정부, ② 공기업(한국도로공사), ③ 민간기업 등이다. 이렇게 탐색된 정보를 종합해 〈표 7-3〉과 같은 '정책대안 설계표'를 작성한다.

정책대안의 설계는 이들 구성 요소의 대안 내용을 연결시킴으로써 가능하다. 예를 들면 '공기업이 고속철도를 건설하고, 공기업이 고속철도망을 운영하는, 사람과 화물을 함께 운송하는 고속철 중심 교통망을 구축하는 대안(나2-다1-라3-가2)'이라는 하나의 정책대안이 작성된다. 물론 이 경우에 교통 수단 유형(대안) 중 어느 하나의 대안(예를 들면, 항공기 중심 교통망)을 기준 대안으로 먼저 선택하고 난 후에 다른 요소의 대안들의 조합을 설계해 볼 수도 있다.

표 7-3 정책대안 설계표의 예

(가) 교통 수단	(나) 교통망 구축 사업 주체	(다) 교통망 운영 주체	(라) 운송 대상
(가1) 고속버스 (가2) 고속철도 (가3) 항공	(나1) 정부 (나2) 공기업 (나3) 민간기업	(다1) 공기업 (다2) 민간기업	(라1) 화물 (라2) 사람 (라3) 사람과 화물

3) 소수의 중요한 정책대안의 선정

정책대안의 수가 지나치게 많아지면, 현실적으로 그것을 관리하기 어려워진다. 그러므로 대안설계의 다음 단계는 정책대안의 수를 중요하면서도 관리 가능한 3~4개로 줄이는 것이다. 이를 위해 가장 먼저 생각할 수 있는 방법은 대안목록 가운데서 상식적으

9) 이 부분은 주로 허범(1995)에 의존해 작성했다.

로 가장 탁월하다고 생각되는 3~4개의 대안을 선택하는 것이다. 이러한 작업은 정책 관련자들의 토론을 통해 이뤄질 수 있다.

정책대안의 수를 관리 가능한 범위로 줄이기 위해 적용할 수 있는 더욱 분석적인 방법은 설계된 모든 정책대안을 포함해 기타 다른 방법을 통해 탐색할 수 있는 다른 대안까지 전부 망라하는 '정책대안 목록표'를 작성하는 일부터 시작한다. 포괄적인 정책대안의 목록이 마련되면, 규범적 기준(사회 가치관에 합치하고 바람직한가?), 수단적 기준(효율적이며 실현성이 있는가?), 정치적 기준(채택이 가능하고 관련 집단이 수용할 수 있는가?) 등의 세 가지 기준을 적용해 이들 기준에 배치되는 대안들을 삭제시켜 나가는 작업 순서를 따른다. 이 작업은 세 가지 기준의 반복적인 적용에 의해 3~4개의 대안이 남을 때까지 계속한다. 이 작업도 관련자들의 토론을 통해 수행하는 것이 바람직하다.

2. 정책대안의 비교와 평가

1) 정책대안 종합판정표의 작성

탐색된 대안들 중에서 선택된 소수의 중요 대안들에 대한 비교 · 평가는 다음과 같은 '정책대안 종합판정표'의 작성을 통해 이뤄지는 것이 편리하다. 정책대안 종합판정표는 흔히 사용하는 가장 쉬운 도표의 형태로 작성하면 충분하다. 횡축에 대안을 나열하고 종축에 대안의 비교와 평가에 적용할 여러 가지의 기준과 척도를 가급적 포괄적으로 나열한다. 대안판정표의 질적 수준은 정책대안의 우수성, 비교 척도의 포괄성, 그리고 평가 척도의 적실성 등에 달려 있다. 그러므로 여기서 적용하는 기준은 다원적이고, 척도는 평가 대상에 적합한 자연 척도가 바람직하다.

표 7-4 정책대안 종합판정표

대안 / 기준	1안	2안	3안
경제성 안전성 수송효율성 환경보호성 …			

2) 평가 척도의 설계와 적용

정책대안을 비교하는 척도가 포괄적이기 위해서는 여기에서 적용하는 기준이 다원적이어야 하는데, 다원 척도를 포괄적으로 설계하는 방법은 우선 평가 영역을 크게 나눠 분류하고 각 평가 영역별 평가지표를 선정해 평가 항목으로 세분류하는 것이다. 이 세분류된 평가 항목이 평가 기준이 된다.

두 도시 사이의 기본 교통망 구축정책의 예에서 탐색된 교통 수단 요소의 대안에서 비행기, 고속버스, 또는 고속철 등의 대안이 다른 요소의 대안들과 조합을 이뤄 1안, 2안, 3안, 4안이 대안으로 제안되었다. 이 네 가지 대안을 채택했을 때 각각 예상되는 투입 요소와 실행되었을 때 가져오리라 예상되는 결과를 비교하기 위해 대안평가 영역을 나누고(예를 들면, (가) 수송 효율성 영역, (나) 안전과 환경 보호 영역 등으로), 영역별 대안평가 지표를 선정해 적용한다. 예를 들면, (가) 수송효율성 영역에 수송 능력, 교통비, 여행 소요 시간 등을 (나) 안전과 환경 보호 영역에서 안전도와 환경 파괴 위험도 등을 평가 기준으로 선정해 볼 수 있을 것이다.

평가 척도는 평가 기준에 따라 내용이 달라지는 자연 척도로 설계해야 한다. 편익/비용분석의 경우와 같이 화폐 단위로 된 공통 척도는 유용한 측면도 있지만, 중요하고 복잡한 정책의 결정에는 제한적일 수밖에 없기 때문이다.[10] 그래서 예를 들어, (가) 수송효율성 영역의 경우에 ① 수송 능력의 척도는 '명/년', ② 교통비는 '원/편도', ③ 여행 소요 시간은 '시간/편도' 등으로 예상되는 대안 결과를 측정해 볼 수 있다. 그리고 (나) 안전과 환경 보호 영역에서는 '사고율', '인명 피해/연간', '물적 피해/연간' 등으로 측정되고, 환경 피해는 '철새 도래지 파괴' 등으로 예상 결과를 기술할 수 있다.

정책대안 종합판정표의 완성을 위해서는 정책대안별로 다원 기준과 자연 척도에 따라서 수집된 평가값을 부여해야 한다. 이 작업은 상당한 인력과 시간을 요구한다. 정책대안 종합판정표가 완성되면, 이를 토대로 검토와 정책토론을 진행할 수 있다. 정책대안의 최종적인 선정은 합의에 의한 종합판정의 형태로 이뤄지게 된다.

10) 물론 계량화와 공통 척도에 근거한 대안 결과의 예측이나 평가가 필요없다는 것은 아니다. 계량화가 가능하고 공통 척도로 대안 결과를 예측해 볼 수 있다면 대안의 비교・평가가 용이해질 수 있기 때문이다. 그러나 계량화와 공통 척도 이용을 무리하게 추진함으로써 결과 예측과 평가의 왜곡이 일어나는 것을 경계해야 한다.

제 6 절 정책분석에서의 정책토론과 정책논증

1. 정책분석과 정책토론

1) 정책토론의 의의

정책분석은 정책결정에 필요한 정책 판단의 질을 향상시키기 위해 정책결정에 직접 또는 간접으로 관여하는 사람과 집단에 의해 수행되거나 제안되고 활용된다. 정책분석은 실증주의적 접근에 의해서도 이뤄지지만 담론식, 토론식, 시민 참여식 접근에 의해서도 수행될 수 있다. 후자의 경우 정책분석의 핵심은 문제분석과 대안분석을 둘러싼 정책토론이라 할 수 있다. 정책토론이란 정책에 관련된 주제에 관해 자기 나름의 의사를 표현하고 다른 사람의 의견과 비교하는, 즉 대립적 주장의 비교 행위요, 또 다른 한편으로는 합의 도출을 위한 과정이라고 할 수 있다. 그리고 합리적 정책토론이란 자신의 주장과 다른 사람의 주장에 대한 반박이 이성과 증거에 입각한 논리의 전개를 통해 이뤄지는 정책토론을 말한다. 정책분석 과정에서의 토론은 참여 전문가들 사이, 참여 시민 또는 이해관계자와 전문가 사이, 또는 참여 시민 또는 이해관계자들 사이에서 이뤄질 수 있다. 참여자들은 상이한 가치관, 상이한 관점과 지식, 상이한 경험과 정보를 갖고 정책토론에 참여한다. 이들 사이의 정책토론을 통해 참여자들은 정책문제와 대안에 대한 다양한 관점과 정보, 지식을 비판적으로 교환할 수 있고, 정책문제 분석과 대안분석에서 지혜로운 합의에 다다를 수 있다. 따라서 바람직한 정책결정에 기여할 수 있는 유용한 정보를 창출하기 위해서는 합리적 정책토론이 이뤄질 수 있도록 제도와 방법을 설계하고 운용하는 것이 필요하다.

2) 합리적 정책토론의 전제 조건

합리적 정책토론은 이성과 증거를 토대로 체계적이고 개방적이며 자유롭게 이뤄지는 토론을 말한다. 합리성의 범위를 확대한 복합적 합리성의 개념을 도입한다면 합리적 정책토론은 다음과 같은 유형의 합리성들을 포괄하는 토론이다. 즉, 경제적 효용성의 극대화를 지향하는 공리주의 합리성(utilitarian calculation), 공리적 이익 충족의 극대화를 추구하되 다른 사람들의 권리를 존중하고 그만큼 자신의 이익 충족을 자제하는 것을 이성으로 보는 자유주의 합리성(liberal rationalism), 그리고 구체적으로 존재하는 현실을 그것의 이상적인 영상과 연관시켜 접근하는 것을 이성으로 여기는 실천 이성적 합리성(practical reason) 등이 그것이다(허범, 2012: 426; 2016: 20).

합리적 정책토론이 이뤄지기 위해서는 복합적 합리성에 대한 이해와 수용, 상이한 가치관, 지식과 경험, 이해 관계 등에 대한 용인, 정책토론 주제와 토론 참여자의 분리 인식, 토론 주제에 대한 충분한 지식과 정보, 상대방 존중과 경청, 이성과 증거에 토대를 둔 주장의 교환 등이 전제되어야 한다(강근복, 2000).

2. 정책논증의 구성과 활용

합리적 정책토론은 이성과 증거를 토대로 한 토론이고 이러한 토론은 정책논증의 구성과 활용을 통해 가능하다. 정책토론 참여자는 자신의 주장을 지지해 주는 적절한 정책 관련 정보와 그런 정보를 토대로 자신의 주장을 뒷받침해 주는 타당한 이유를 제시함으로써 정책토론 과정에서 자신의 주장을 설득력 있게 전달하고 상대방을 설득하게 된다. 이때 활용될 수 있는 것이 바로 정책논증이다. 정책분석 과정에 등장하는 여러 정책 주장 중에서 주장을 뒷받침하는 활용 정보가 충분·정확하고 주장 논거가 타당할수록 그 주장이 받아들여질 가능성이 크다. 정책 주장의 설득력은 주장 내용의 타당성과 주장 전개의 논리성에 달려 있다. 정책논증은 정책 주장 전개의 논리성을 강화함으로써 정책토론에서 상대방에 대한 설득력을 높일 수 있다. 정책논증에 대한 자세한 설명은 다음 장에서 하기로 한다.

제 8 장

정책의 채택

이 장에서는 정책 채택의 본질과 영향 요인을 살펴보고, 정책 채택을 위한 과정에서 이용되는 방법을 살펴본 다음 주요한 정책결정모형에 대해 설명한다.

제 1 절 정책 채택의 본질

1. 정책 채택의 개념

정책 채택은 합법적인 정책결정자가 정책문제 해결을 위해 건의된 여러 가지 대안 중에서 하나를 선택해 공식적으로 정책을 결정하는 것을 의미한다. 정책결정자는 건의된 특정 정책안을 원안 그대로 채택하거나, 내용의 일부를 수정하거나 또는 몇 개의 대안을 절충해 채택하기도 한다. 경우에 따라서는 건의된 대안들을 모두 거부하거나,[1] 제안된 대안들과 전혀 다른 새로운 대안을 채택하기도 한다(허범, 1988a: 91).

정책결정 과정에는 시민 개개인들이나 관련 집단들이 참여해 자신들에게 이로운 대안이 채택되도록 다양한 노력을 경주한다. 그러나 특정 대안을 채택해 정책으로 결정하는 공식적인 권한은 대통령, 장관, 국회(의원), 법관 등 법적 권한이 부여되어 있는 사람(기관)에게 주어져 있다. 이렇게 선택·결정된 정책은 법률 또는 시책·대책 등의 형태를 지닌다.

정책은 합법적이고 공식적인 채택·결정 과정을 거침으로써 정당성과 강제성을 부여받고 집행에 필요한 조직, 인원, 재원 등의 자원을 배정받게 된다. 이러한 의미에서 볼 때, 정책 채택은 정책안을 개발하고 분석하는 정책개발 단계와 구별되고 선택에 관한 의사 결정이라는 측면에서 앞의 부분을 정책형성이라고 부르고, 이후 단계의 활동을 정책결정이라고 부르기도 한다(허범, 1988a: 91).

---

1) 아무런 채택이나 결정도 이뤄지지 않을 가능성은 항상 존재한다. 특히, 대안의 분석 결과가 불만스럽거나 모순될 때, 어떤 행동을 하는 것이 하지 않는 것보다 정치적으로 부담스러울 때, 문제를 더 악화시킬 위험이 있거나 그 결과가 불확실하다고 판단되면 무의사결정을 하게 될 가능성이 있다(Brewer & deLeon, 1983: 16-17).

2. 정책 채택 과정의 의의

1) 정책분석과의 차이

정책결정자가 정책을 채택하는 경우, 그 이전 정책분석 단계에서 이뤄진 문제의 내용, 정책목표, 그리고 구체적인 행동의 예상 결과에 관한 비교·평가 등에 관한 분석적 작업의 결과들이 중요한 정보로 활용된다. 그러나 정책결정자들이 반드시 합리적인 분석작업의 결과들에만 의존해서 정책을 채택하는 것은 아니다. 정책 채택에는 합리적·기술적 정보뿐만 아니라 정책에 관련된 개인이나 집단들의 상이한 이해 관계와 가치관 등 다양한 요인이 작용한다. 그러므로 정책 관련자들의 정책에 대한 요구, 동기, 이해관계 등의 많은 요소에 대한 고려가 필요하다. 이러한 요소들은 수시로 변화하고 상충되기도 한다(허범, 1988a).

정책문제와 관련된 다양한 요소와 관점들을 조화하고 문제 해결에 가장 적합한 선택과 결정을 내리는 일은 매우 복잡하고 고도의 판단을 필요로 한다. 바로 이러한 활동이 정책결정자의 가장 중요한 역할이다. 이처럼 정책개발(형성) 과정에서의 정책분석과 정책 채택, 또한 정책분석가와 정책결정자의 기능과 역할은 차이가 있다.

요컨대, 합리적인 정책분석의 결과에 기초해서 특정 대안을 건의하는 것과 정책결정자가 그러한 정보와 건의를 활용하고 수용하느냐는 서로 다른 차원이다. 정책형성을 위한 분석은 정책 판단에 필요한 정책 관련 정보를 생산하는 활동으로 그 근본적인 성격이 지적이고 합리적인 과정이다. 반면에 정책결정은 정책에 관련된 상이한 개인과 집단들이 다양한 동기와 가치 그리고 이해 관계를 가지고 특정 대안의 채택을 위해 온갖 권력적 수단과 방법을 동원하는 정치 과정이다(Dunn, 1981: 30).

그러므로 합리적인 정책분석과 정책을 결정하는 정치적 행동 사이에는 자주 긴장이 발생한다. 이러한 긴장은 분석 결과의 활용 여부보다도 분석의 사회·정치적 의미에 대한 이견에 기인한다. 정책분석가들은 분석에 근거를 두고 목표의 명확한 설정과 그것을 달성하기 위한 행동의 우선순위의 결정을 중요시한다.

그러나 이러한 분석 결과는 정책결정 과정에 참여한 상이한 집단과 개인들에게 서로 다른 의미를 지닌다. 또한 정책결정자 자신도 자신의 선호를 지니고 있다. 이러한 상황에서 정책결정자는 다양한 정책 관련자들의 이해 관계의 조정을 위해, 그리고 나아가서는 국회 입법 과정의 안전한 통과를 위해 정치적 연합을 구성하고 이견을 보이고 있는 관련 당사자들에 대한 설득과 협상을 통한 조정과 타협을 모색한다(허범, 1988a).

2) 정치 과정으로서의 정책 채택(과정)

합리적인 의사 결정을 위한 분석적인 활동과 함께 결정 과정의 정치적 관련성은 공공정책의 본질적인 특성이다. 정책은 합리적인 분석과 함께 정치적 관련성을 통해 형성되고 집행된다. 이것은 정책과정에서 정치와 분석은 항상 통합되어 있다는 것을 의미한다(허범, 1988a: 88).

정책과정 중에서도 특히 정책의 채택 단계에서 정치적 연관 관계는 더욱 복잡해진다. 그것은 서로 다른 이해 관계나 가치관을 지닌 다양한 사람과 집단들이 자신들에게 유리한 정책의 채택을 위해 다른 단계에서 좀 더 적극적으로 활동하기 때문이다. 그 결과 정책 관련 집단들 사이에 특정 대안을 정책으로 채택시키기 위한 복잡한 정치적 조직, 연합, 대표, 설득, 협상, 압력, 그리고 강요 등이 복합적으로 전개된다. 그러므로 공공정책의 채택 단계에서는 정책 내용의 내적 장·단점에 대한 분석적 검토의 결과도 중요하지만, 그보다 정책을 둘러싼 권력적 관계와 사회적 균형에 대한 정치적 판단과 결단이 더욱 중요하다(허범, 1988a).

정책은 다양한 요인이 복합적으로 작용해 결정된다. 합리적 분석은 그러한 요인들 중의 하나에 불과하다. 실제로 공공정책의 채택은 정치적 결정에 의해 이뤄진다. 그렇기 때문에 채택된 정책은 정치적 합의의 표현이며 합의를 전제로 존재한다. 정책이 이처럼 정치적 합의를 전제로 하기 때문에 건의된 복수의 대안들 중에서 하나의 대안이 그대로 채택되는 것은 아니다. 보통 몇 개의 대안이 관련 집단들 간의 정치력에 따른 협상 결과에 따라 다양한 형태로 절충되어 채택되기 마련이다.

제 2 절 정책 채택의 고려 요소

정책결정자들은 결정을 하기 전에 의식적이든 무의식적이든 정책에 관련된 다양한 요소를 고려한다. 정책문제의 맥락, 정책결정자의 가치, 정책 대상 주민의 이익, 정당 및 권력적 관계, 문제의 중요성, 여론, 정보의 이용 가능성 그리고 정책 참여자들의 개성 등이 정책 채택에 영향을 주는 요소들이다. 이들 요소 중에서 어떠한 요소가 선택에 결정적으로 작용하는가는 분명하지 않다. 그러나 다양한 요소가 각각 독립적으로 영향을 주기보다는 주어진 결정 상황에 따라서 복합적으로 작용한다고 볼 수 있다. 정책결정자들이 어떤 선택을 하기 전에 고려해야 할 요소들을 구체적으로 검토하면 다음과 같다(Brewer & deLeon, 1983: 191-203; 허범, 1983).

1. 문제의 맥락

정책결정자는 정책문제와 문제 해결을 위해 제안된 대안과 관련된 전체적인 맥락에 대해 고려를 한다.

첫째, 해결해야 될 문제가 어떻게 정의되고 환경과의 관계에서 어떻게 제한되는가에 관한 고려가 필요하다. 정책결정자는 추구하는 가치 혹은 궁극적인 목적이 무엇이고, 이것을 달성하기 위해서는 정치·사회·경제적 환경 속의 다른 개인이나 집단들과 어떤 상호작용이 필요한가를 결정해야 한다.

둘째, 환경적·규범적·기술적·정치적 제약은 무엇인가를 고려해야 한다. 그러나 모든 환경적인 요소를 분석에 포함할 수는 없다. 따라서 문제를 실질적이고 현실감 있게 정의하기 위해서 문제를 한정하고 분석의 범위를 제한해야 한다.

셋째, 언제 어떻게 결정을 내려야 하는가 하는 시기의 문제도 아주 중요한 고려사항이다. 시간이 경과함에 따라 문제 상황의 전체적인 맥락이 변한다. 그렇게 되면 문제와 대안을 다시 정립해야 한다. 특히 위기 상황에서는 시간의 경과에 따라 문제가 아주 급격하게 변한다.

넷째, 참여자는 누구이고 결정의 규칙은 무엇인가에 관한 고려가 중요하다. 정책결정자는 문제에 적합한 분석의 수준을 선택하고 정치문화를 고려해야 한다. 문제 해결을 위해 개인, 집단 또는 제도, 문제가 발생한 체제, 상위 체제 등에서 하나 또는 이들의 조합 중에서 분석 수준을 선택한다. 정치문화는 정책결정자가 그 안에서 활동하는 일반적인 게임의 규칙을 정의하는 데 도움을 준다. 그리고 '다수결의 원칙' 등과 같은 보편적인 결정규칙도 고려해야 한다.

다섯째, 결정이 기초하고 있는 준거 또는 선례는 무엇이고 현재의 조건과는 어떤 관계가 있는가를 고려해야 한다.

2. 권력적 관계

정책을 결정하는 경우 정책결정자는 문제 해결 또는 제안된 정책대안을 집행하는 데 필요한 권력 또는 영향력의 소재를 반드시 고려해야만 한다. 이것은 구체적으로 정책결정자가 조작 가능하고 실제로 적용할 수 있는 변수에 대해 고려를 해야 한다는 것을 의미한다. 이것을 거겐(K. J. Gergen)은 '지렛대 작용점(points of leverage)'이라는 용어로 표현하고 있다(Gergen, 1968: 182).

여기서 조작이란 힘에 의한 위협과 유인 가능성 두 가지를 포함한다. 실제로 결정 행위에는 쟁점의 양극 각각에 집단의 구성원과 그 집단을 대변하는 대표자가 있어 보통 최소한 네 개의 작용점 또는 이해 관계가 관여된다. 이 경우, 네 작용점 모두의 이해 관계와 목표 사이에 괴리가 있으면 두 개의 작용점 간의 관계에서 발견할 수 없는 타협과 조정의 가능성이 있게 된다. 그 결과 다양한 수단을 발굴하고 사용함으로써 선택의 범위는 더욱 다양해진다. 더구나 이러한 지렛대 작용점들의 집합은 고정되어 있지 않고 시기와 상황에 따라서 다양해진다.

문제가 전통적인 수단에 위배될 때 정책결정자는 이러한 지렛대를 증가시킬 수 있다. 그러나 다른 행위자 혹은 요소들에 의해 문제가 효과적으로 중화될 경우[2] 정책결정자가 사용할 수 있는 지렛대는 제한된다.

3. 문제의 중요성

정책결정자는 특정 문제가 얼마나 중요한지 그리고 여러 가지 해결책의 비용은 얼마인지를 반드시 계산해야 한다. 문제의 우선순위는 자원의 효과적인 배분을 위해 중요하다. 정책결정자는 이러한 문제의 우선순위가 정해진 후에야 정치적 비용-효과분석을 할 수 있고, 그 후에 전략과 전술을 고려할 수 있게 된다. 그러나 특정한 정책문제의 중요성에 관한 판단은 문제의 다양성과 복잡성 때문에 구체적인 규칙은 없다.

---

2) 이것을 갤브레이스(J. K. Galbraith)는 'countervailing power'라고 한다(Galbraith, 1952).

4. 정보의 이용 가능성

정책결정자가 어떤 결정을 내리기 위해서는 다양한 정보나 자료에 의존할 수밖에 없다. 그러므로 정보의 이용 가능성과 신뢰성은 중요한 고려 사항이 된다. 정보의 원천이 모호할 경우 잘못된 해석을 할 수 있다. 그러나 정보의 원천을 믿을 수 있고 신뢰할 만한 자료를 가지고 있는 경우에도 인식과 해석에서 잘못을 범할 수도 있다. 정책결정자는 실제로 중립적인 정보는 없다는 사실을 알아야 한다. 거의 모든 정보가 자신의 목적과 부합된다는 보장 없이 처리되고 해석되고 평가되기 때문이다. 심지어 기술적 정보도 주먹구구식 방법에 기초하고 있는 경우가 자주 있다. 어떤 상황에서는 비록 중요한 정보를 지니고 있지만 사용할 수 없는 경우도 있다. 이것은 정보의 원천이 드러나게 되는 행동을 취하는 것보다 정보의 원천을 보호하는 것이 더 중요하다고 판단되는 경우다.

5. 참여자의 성격

정책결정에는 참여자들의 성격도 중요하게 고려해야 한다. 정책결정자의 정책 채택에 영향을 주는 성격은 동기 요소, 모험, 인지 유형 등 세 가지로 구분할 수 있다(Costello, 1970: 163). 어떤 참여자의 개성, 작업 습관 등은 정책결정자와 충돌할 수 있고 그 결과 그들 사이의 업무 관계를 악화시킬 수 있다. 정책과 참여자의 성격의 관계가 아직 명확하지는 않지만 카리스마가 정책결정자의 영향력에 중요한 작용을 한다는 것은 분명하다. 그리고 긴장과 위기의 상황에서 개인과 집단들이 상이한 반응을 보인다는 것도 이미 잘 알려진 사실이다. 따라서 정책결정자들이 이러한 차이를 관찰할 수 있고 이를 위기 상황에 적용할 수 있다면 관련된 문제를 인식하고 적절한 결정을 하는 능력을 향상시킬 수 있다.

제 3 절 정책 채택을 위한 방법

정책의 채택 단계에서 가장 흔히 사용되는 기술(arts)은 협상과 설득 그리고 명령 등이다. 실제의 정책 채택 과정에서 협상, 설득, 그리고 명령은 선별적으로 사용되기보다 혼합적으로 사용되는 것이 보통이다. 이 혼합의 비율에 따라서 작게는 정책 채택 단계, 그리고 크게는 정책과정의 정치적 성격이 달라진다(허범, 1988a: 96-97).

1. 협상[3)]

1) 협상의 개념

협상은 정책 채택의 권한 또는 영향력을 가진 둘 이상의 참여자들이 비록 각자에게 최상의 대안은 될 수 없으나 관련 당사자들이 함께 수용할 수 있는 행동 경로(정책 내용)를 도출하고 공식화하기 위해 부분적으로 일치하지 않는 그들의 목표를 상호 조정하는 과정을 의미한다. 따라서 협상은 갈등이 노출된 특정 사안에 대해 다양한 전략을 통해 상호 수용 가능한 상태에 도달하기 위해 벌이는 일종의 흥정이다.

조직 내의 상급자와 하급자들 사이에도 상하의 명령·복종 관계가 아니라 협상관계가 형성된다. 즉, 정책에 관해 많은 결정 권한을 갖고 있는 상급자도 자신의 결정에 대한 전폭적인 지지를 얻기 위해서는 하급자의 제안을 일부 받아들여 자신의 주장을 일부 수정하는 등 하급자와 협상을 하게 된다. 일반적으로 조직 내에서 하급자들은 상하 계층적인 명령 복종 관계를 될 수 있으면 협상 관계로 바꾸려 한다.

정책 채택의 방법으로 이러한 협상을 중요시하는 정도는 사회나 정치 체제의 유형 그리고 정책문제에 따라서 다양하다. 특히 협상이 지배적인 의사 결정의 양식으로 통용되는 사회는 다음 두 가지 요소를 전제한다(Anderson, 1984: 66). 하나는 상호 의존적이면서 부분적으로 자율성을 지닌 다양한 집단이 존재하는 다원주의 사회다. 둘째는 정치 권력을 다양한 결정점으로 분산시키는 데 기여하는 권력 분립의 제도적 관행의 존재다. 협상은 다원화된 사회·정치 체제에서 가장 일반적이고 특징적인 의사 결정 유형이다.

협상에 의한 정책결정은 수많은 다양한 이해 관계들이 정책과정에 쉽게 접근할 수 있는 기회를 제공한다는 장점이 있다. 그러나 다양한 관점과 이해 관계를 조정해야 하

3) 협상을 영어로는 bargaining 혹은 negotiation으로 표기하고 있는데 두 단어의 의미 구별에 대한 견해는 일치되지 않고 있다. 그러나 대체로 bargaining은 개인 간의 협상 또는 암묵적인 협상을 의미하고 negotiation은 집단 간의 협상 또는 공식적인 협상을 의미하는 것으로 사용한다. 여기서는 이 두 가지의 의미를 모두 포함하는 것으로 사용한다.

기 때문에 쉽게 어떤 결정에 도달하기가 어렵다는 단점도 있다.

2) 협상의 형태

협상은 명시적 또는 묵시적으로 이뤄진다. 명시적인 협상의 경우 협상자들은 오해의 가능성을 최소화하기 위해 그들의 합의 사항을 명백한 용어로 나타낸다. 그러나 협상은 성격상 암묵적으로 이뤄지는 경우가 더 많다. 이 경우 당사자들 사이의 합의 사항은 '장래의 지원', '호의적인 처분' 등과 같이 모호한 용어로 흔히 표현된다.

협상의 가장 일반적인 형태는 교환적 타협(log-rolling)과 분배적 타협(compromise)이다(허범, 1988a: 96). 교환적 타협은 서로 다른 두 개의 사안에 대한 지지의 상호 교환을 의미한다. 정책의제의 모든 항목이 당사자 모두에게 똑같이 흥미를 끄는 것은 아니기 때문에 교환적 타협은 일반적으로 널리 행해지는 협상 형태다. 분배적 타협은 단일한 사안의 이익 분배 비율에 대한 합의 방식이다. 분배적 타협은 명시적 협상에 관련된 것으로 보통 단일 논제를 둘러싸고 이뤄지며 다소 이익 배분의 문제와 관련된다.

3) 협상의 구성 요소

협상은 몇 가지 핵심적인 요소를 지니고 있다. 협상이 이뤄지기 위해서는 협상자가 기꺼이 협상에 응할 용의를 가지고 있어야 하며, 협상할 대상이 있어야 하고, 협상 당사자는 상대방이 필요로 하는 자원을 가지고 있어야 한다(Anderson, 1984: 66). 이러한 요소들은 협상 구조나 과정에 대한 처방적 연구, 즉 효과적이고 현명한 협상의 전략을 모색하는 데 유용한 분석 대상이 된다.4) 이러한 요소들을 구체적으로 살펴보면 다음과 같다.

첫째, 둘이나 그 이상의 의사 결정 주체 및 당사자를 요소로 갖는다. 당사자가 개인이든 집단이든 또는 조직이든 간에 그 내부의 역동적인 다양성에도 불구하고 협상은 둘 이상의 상호작용이 특징이다. 이와 관련해 당사자들 간의 관계가 임의적이며 대부분 일시적이라는 점도 특징이라 할 수 있다.

둘째, 상호간에 가치, 이해, 요구 등의 사안들이 집단적으로 선택되어야 하는 성질을 갖는데, 보통 이해가 상반되나 전체적으로는 협상을 통해 공동 관심사를 해결하는 것이

4) 이달곤(1989: 305-306)은 공통되는 이익을 배분하기 위해 명시적으로 구체적인 제안을 교환하는 좁은 의미의 명시적 협상을 대상으로 하고 있다.

당사자 모두에게 유리한 경우가 대부분이다. 이렇게 공동으로 해결해야 할 문제는 협상이 필요한 근거로 작용한다.

셋째, 협상 결과는 상대편에 의존되는 결과 의존이라는 성질을 갖는다. 협상 관계는 자원의 분배와 교환을 둘러싸고 형성되는데 그 자원은 경제적인 유형의 가치뿐만 아니라 자존심, 명예, 원칙, 신뢰, 대표성 등의 무형의 가치도 포함된다.

넷째, 협상 과정은 불완전한 정보 속에서 동시적 또는 순차적으로 상대의 입장을 탐색하는 상호 관련된 움직임을 그 요소로 하는 정보 의존을 특징으로 갖는다. 따라서 상대방의 정보를 수집하려고 노력하고 자신에게 관련된 정보는 통제해 조절하려고 한다.

마지막으로, 상호작용 과정에서 자신의 이해 함수에 관한 정보를 통제하고 상대가 자신이 의도한 방향으로 관련된 가치를 평가해 나가도록 유도하는 힘이 결과에 큰 영향을 준다. 힘, 즉 권력을 어떠한 자질이나 관계로만 보지 않고 인과관계에 관련된 지식 능력으로 파악하는 것이다. 이것을 협상력 또는 교섭력이라고 하는데, 의도된 협상 결과를 만들어낼 수 있는 능력으로 얼마나 효과적으로 협상 자원을 동원해 협상 목표에 연결시키는가와 관련된다.

4) 협상의 평가 기준과 진행 단계

(1) 협상의 평가 기준

협상이란 한마디로 상대방으로부터 내가 바라는 것을 얻어내기 위한 기본적인 수단이다. 다시 말해서 상대방과 어떤 문제에 관해서는 공통된 이해 관계를 가지지만, 다른 문제에 대해서는 상충되는 이해 관계를 가질 경우 합의에 도달하기 위해 서로 의사소통하고 이익을 주고받는 과정이다. 따라서 바람직한 협상이란 효과적이고 우호적으로 현명한 합의를 도출하는 것이다. 이것은 만약 협상이 가능한 경우라면 현명한 합의가 되어야 하고, 효율적인 것이어야 하며, 당사자들 사이의 관계를 증진시키거나 적어도 악화시키지는 않아야 한다.

요컨대, 현명한 합의란 각 당사자들의 정당한 이해 관계에 가능한 한 부합하며, 이해 관계의 상충을 가능한 적은 비용으로 잘 해결하고 또한 사회 전체의 이익을 고려한 협상이다.[5]

---

5) 이하의 협상에 관한 일반이론과 전략에 관한 내용은 하버드대 협상센터에서 출간한 *Getting to Yes*(Fisher, Ury & Patton, 1991)를 참고한 것이다.

(2) 협상의 진행 단계

협상은 두 단계로 진행된다. 첫째 단계에서는 실질적인 문제, 즉 실제 이해 관계와 관련된 쟁점들에 초점을 두고, 두 번째 단계에서는 그러한 실질적 문제를 다루기 위한 절차에 초점을 맞추는 것이다. 이것은 대부분 묵시적으로 결정된다. 예컨대, 약사법 개정안에 관한 협상의 경우 첫 번째의 협상은 의약분업에 관한 것이고, 두 번째의 협상은 당사자들이 이러한 실질적인 문제를 어떻게 교섭해 나갈 것인가에 관한 것이다. 이것은 협상 절차로서 게임에 관한 게임, 즉 메타게임(meta game)이다. 현명한 합의를 효율적으로 또 우호적으로 이루기 위해서는 이 두 가지 측면에 주의를 기울일 필요가 있다.

5) 협상전략

(1) 입장협상 전략

협상의 실제 전개 과정을 보면, 대부분 당사자들이 자신의 입장만을 고집하고, 자신의 처지를 상대방에게 이해시키고자 하고, 자신의 주장에 따를 때 최선의 협상결과가 가능하고 또 자신의 주장이 정의로운 해결이라고 믿는 전략을 택하는 경우가 대부분이다. 이러한 전통적인 협상 자세를 입장협상(positional negotiation)이라 한다. 이러한 입장협상은 계속해 어떠한 입장을 취했다가 이를 버리는 것과 같이 연속적으로 입장을 바꿈으로써 이뤄진다. 입장협상은 유연한 협상(soft negotiation)과 강경한 협상(hard negotiation) 두 가지로 구분된다.

유연한 협상은 상호간의 우호적인 관계를 해치기 않기 위해 개인적인 충돌을 피하려 하고 합의에 도달하기 위해 쉽게 양보한다. 이러한 협상 자세는 우호적인 해결 방안을 원하는 경우에 사용되지만 흔히 이용을 당했다거나 또는 궁극적으로 쓰라린 패배감을 맛보게 되는 경우가 많다고 알려져 있다.

한편, 강경한 협상은 보는 상황을 의지의 싸움으로 보고 극단적인 입장을 취하면서 좀 더 오래 버티는 당사자가 유리할 것이라고 생각하는 유형이다. 이러한 자세는 승리를 원하지만 결과적으로는 상대방의 강경한 반향을 불러일으키게 되고, 결국에는 스스로를 탈진 상태에 이르게 하며, 나아가 상대방과의 관계마저 해치는 결과를 가져온다.

그 밖의 입장협상의 기본 전략들은 모두 강경과 유연의 중간 방식으로, 바라는 바를 상대방으로부터 얻어내면서 상대방과 원만히 지낼 수 있는 상호 교환(trade-off)의 시도를 주된 내용으로 한다.

결국 입장협상은 유연한 방식이든 강경한 방식이든 모두 현명한 합의를 도출하지 못하고 비능률적이며 지속적인 상호 관계를 위태롭게 할 가능성이 크다. 더구나 일반적으로 막연하게 알고 있는 것과는 다르게 협상에서 유연함도 능사가 아니라는 것을 알 수 있다.

(2) 원칙협상 전략

원칙협상(principled negotiation)은 하버드대학 협상 프로젝트에서 입장협상 방식에 대한 대안으로 개발한 것이다. 효과적이고 우호적이면서도 현명한 결과를 산출하기 위해 의도적으로 고안된 협상 방법이다. 이것을 실질 문제에 관한 협상(negotiation on the merits)이라고 부르기도 한다. 원칙협상 전략은 다음의 네 가지로 요약할 수 있다.

① 사람: 사람을 협상 대상 문제와 분리시킨다.
② 이해 관계: 입장이 아니라 서로의 이해 관계에 초점을 맞춘다.
③ 선택: 상호 이득을 위한 창조적 대안을 개발한다.
④ 기준: 궁극적인 결과는 객관적인 기준에 입각해서 얻어야 한다.

이 네 개의 요점은 거의 모든 상황에서 사용될 수 있는 간단한 협상 방법을 제시하고 있다. 각 요점은 협상의 기본 요소와 협상을 어떻게 할 것인가에 관한 지도 원리를 제시한 것이다. 이러한 요점들을 구체적으로 검토하면 다음과 같다.

① 사람과 협상 대상 문제의 분리

협상의 상대방은 단순히 상대 집단의 대표자가 아니라 개인적인 감정과 가치관 그리고 그 나름의 의견을 가지고 있는 예측하기 어려운 인간이다. 모든 협상 참여자들은 협상 대상인 문제와 우호적인 상호 관계 유지라는 두 가지 요소를 가지고 있다. 그러나 이 두 가지는 자주 혼동되는 경향이 있다. 특히 입장협상 전략은 이 두 가지를 충돌시킨다.

현명하고 우호적인 협상을 위해서는 협상 대상인 문제와 상호 관계라는 사람의 문제를 분리시켜야 한다. 정확한 이해, 명확한 의사소통, 적절한 감정 표현, 그리고 앞을 내다보는 안목으로 우호적인 상호 관계의 기초를 세우도록 해야 한다. 그러나 사람의 문제는 협상 문제와 다른 별개의 문제로 다뤄져야 하며, 문제의 실질에 관해 양보함으로써 사람의 문제를 해결하려 해서는 안 된다. 즉, 사람을 인간으로 대하기는 하되, 협상 대상 문제에 초점을 맞춰 행동해야 한다.

② 이해 관계에 초점을 둠

현명한 해결 방안을 찾기 위해 각자의 입장이 아니라 이해 관계에 초점을 맞춘다. 협상의 목적이 당사자들의 이해 관계를 충족하는 데 있기 때문이다. 따라서 이해 관계에 대해서는 타협을 하되 입장에 관해서는 타협을 하지 않는다. 그러나 각자의 입장을 결정하는 것은 언제나 이해 관계다. 이해 관계에 관해 서로가 상대방과 충분한 의사소통을 하는 경우, 목적 달성의 가능성은 증대된다. 그러므로 각자의 이해 관계를 분명히 하는 것은 매우 중요하다.

오렌지 하나를 사이에 두고 서로 차지하려고 싸우는 두 자매에 관한 서양 속담은 협상에서 이해 관계의 중요성을 잘 시사해 주고 있다. 오랜 시간이 지나도 서로 양보를 하지 않자, 마침내 그들은 오렌지를 반쪽씩 나눠 가지기로 합의했다. 합의 후 언니는 오렌지 반쪽을 받아 알맹이는 먹고 껍질은 버렸다. 한편 동생은 알맹이는 버리고 껍질만 과자를 굽는 데 사용했다. 두 자매가 서로 오렌지를 독차지하려는 입장의 뒤에는 이처럼 서로 다른 이해 관계가 있었다. 이 경우 '너는 왜 오렌지를 원하느냐?'고 묻기만 했어도 언니는 알맹이 전부를, 동생은 껍질 전부를 차지할 수 있었을 것이다. 이처럼 협상에서 상대방의 이해 관계에 초점을 맞추지 못함으로써 합의에 이르지 못하거나 더 만족할 만한 합의가 될 수 있는데도 그렇지 못한 경우가 많이 있다.

③ 상호 이득을 위한 창조적인 대안의 개발

협상에서 가장 현명한 결과는 서로의 이득을 증대시키는 것이다. 따라서 협상 당사자들에게 모두 유리한 대안을 개발하는 것이 중요하다. 1978년 캠프 데이비드(Camp David)에서 맺어진 이집트와 이스라엘의 평화협정에서 이스라엘은 시나이반도 일부를 계속 점유할 것을 고집했고, 이에 반해 이집트는 시나이반도의 모든 영토를 즉시 반환하라고 주장했다. 이들의 입장은 서로 조화되기 어려워 보였다. 그러나 이 회담에서 이집트의 사다트 대통령과 이스라엘의 베긴 수상은 시나이반도를 이집트에 완전히 되돌려 주는 한편, 그중에서 이스라엘에 접경한 넓은 지역을 비무장화함으로써 이스라엘의 안전을 보장해 주는 계획에 합의했다. 이것은 이스라엘의 안전과 이집트의 주권 회복이라는 양 당사자들의 이해 관계에 초점을 두고 이 두 가지를 동시에 충족시키는 새로운 대안을 개발한 결과였다. 그러나 대부분의 협상에서 참여자들은 오렌지를 놓고 싸우는 자매와 같은 결론을 내린다. 이처럼 협상에서 충분한 선택 대안을 만들어내기 어려운 것은 성급한 판단, 한 가지 대안만을 찾는 것, 파이의 크기가 고정되어 있다는 전제 때문이다.

상호 이득을 증가시킬 수 있는 창조적인 대안을 찾아내기 위해서는 다음과 같은 것이 필요하다.

첫째, 협상 타결을 위한 대안을 창안하는 행위와 그 대안을 판단하는 행위를 분리한다. 판단이 상상력을 무디게 하기 때문에 창의적인 아이디어 개발과 그것에 대한 비판 및 선택 과정을 분리한다. 현안 문제를 해결하기 위한 창조적인 아이디어의 개발을 위해 브레인스토밍(brainstorming)을 하는 것도 하나의 방법이다. 이 경우 기본 원칙은 착상에 대한 모든 비판과 평가를 일단 뒤로 미루는 것이다.

둘째, 기존에 제시된 대안 중에서 하나를 선택하려고 하기보다는 협상 테이블 위의 선택의 폭을 넓힌다. 이것은 협상할 대상의 범위를 넓히는 것이다. 일반적인 대안 개발 절차에 따라 가능한 대안의 수를 증가시킨다. 그럼에도 불구하고 합의가 불가능하게 보이는 경우에는 강도가 약한 대안을 제시함으로써 가능한 대안의 수를 증가시킬 수도 있다. 또한 실제 문제에 대해 합의할 수 없더라도 절차에 관해서는 합의할 수도 있다. 그러면 잠정적인 합의라도 이끌어 낼 수 있다. 잠정적인 합의를 통해 가장 중요한 문제에는 합의에 도달할 수 없더라도 그 다음으로 중요한 사항에는 합의할 수 있다. 이것은 당사자들이 동의하지 않는 것이 무엇인지에 합의함으로써 서로가 논쟁 중인 문제와 핵심이 무엇인지를 알게 한다. 합의의 강도뿐만 아니라 그 범위를 변화시킴으로써 대안의 수를 증가시킬 수 있다. 이 경우 합의는 부분적이 될 수도 있고 소수의 당사자들을 관련시키고 단지 선택된 주제만을 취급하며, 특정한 범위에만 적용시키고, 한정된 기간에만 효력을 한정시킬 수도 있다.

셋째, 상호 이익을 모색하는 것이다. 창의적인 문제 해결에서 장애가 되는 것은 고정된 크기의 파이, 즉 상대편의 몫이 적어지면 자신의 것이 많아진다는 제로섬(zero-sum) 가정이다. 이것은 잘못된 가정에 불과하다. 오히려 양 당사자는 현재의 상태보다 모두 더 나쁜 상황에 처할 수도 있다. 그러나 제로섬 가정에서 한 걸음 더 나아가면 거의 언제나 상호 이익의 가능성이 존재한다. 이것은 서로에게 유익하고 창의적인 해결 방안을 통해 각자의 이익을 만족시킴으로써 가능하게 된다.

공통의 이해 관계는 모든 협상에 잠재해 있게 마련이다. 다만 명백하게 드러나 있지 않을 뿐이다. 공통의 이해 관계가 존재한다는 것은 협상 당사자들에게 주어지는 기회다. 이것을 이용해서 창의적인 대안을 개발해야 한다. 그리고 공통된 이해 관계를 강조함으로써 협상의 분위기가 더 부드러워질 수 있다. 합의는 흔히 의견의 불일치를 바탕으로 한다. 그러나 오렌지 하나를 두고 싸우는 자매들의 경우에서와 같이 서로 다른 이해 관계를 잘 연결함으로써 서로의 이득을 증가시킬 수도 있다. 따라서 적은 대가를 치르면서 상대편에게는 큰 이익을 주는 방안을 찾아보아야 한다. 서로 간의 차이는 이해 관계, 생각, 시간에 대한 가치, 예측 및 위험에 대한 태도의 차이 등인데 이것들은 모두 협의 가능한 것들이다. 창조적인 합의란 서로 간의 차이를 인식하되 의견의 합치에 이르게 될 수 있다는 것을 보여주는 것이다.

마지막으로, 결정을 쉽게 내리는 방법을 찾는 것이다. 이것은 상대방의 선택을 변화시켜서 그들이 나에게 만족스러운 결정을 내릴 수 있는 선택 방안을 만들어내야 한다는 것을 의미한다. 상대방의 마음을 끌 만한 선택 방안을 제시하지 않고는 결코 합의가 이뤄질 수 없다. 따라서 상대방이 '예스'라고 할 수 있는(getting to yes) 제안을 생각해 내는 것이 중요하다.

④ 공정한 기준의 사용

협상에서 이해 관계가 상충하는 경우 이를 의지로 해결하려면 많은 대가를 치르게 된다. 반면에 의지와는 무관한 객관적인 기준을 사용하면 우호적이고 능률적이며 현명한 합의를 가져올 수 있다. 따라서 협상에 앞서 객관적인 공정한 기준을 개발하고 이를 협상에서 사용하는 것이 중요하다.

공정성, 효율성, 그리고 과학적 가치 등의 기준을 사용할수록 좀 더 현명하고 공정한 합의를 가져올 가능성이 커진다. 선례나 관례도 좋은 기준이 된다. 선례에 합치하는 합의는 비난받을 위험이 적기 때문이다. 협상 당사자들의 수가 많아 입장을 둘러싼 흥정이 어렵거나 불가능할수록 공정한 절차, 기준의 설정이 협상 진척에 효율적이다. 예컨대, 두 아이에게 케이크를 나눠 줄 때, 한 아이가 자르면 다른 아이가 선택하도록 하는 방법과 같은 절차를 사용한다. 이 경우 불공평하게 나눴다고 불평할 수 없다. 그 밖에 '서로 교대하기', '제비뽑기', '제3자로 하여금 결정하게 하기' 등도 고려할 수 있다.

표 8-1 입장협상과 원칙협상의 비교

입장협상	원칙협상
• 당사자들은 친구나 적이다.	• 당사자들은 문제를 풀려는 사람들이다.
• 목적이 합의 또는 승리다.	• 목적이 효율적 · 우호적으로 현명한 합의를 이루는 것이다.
• 관계 유지와 양보를 연결시킨다.	• 문제로부터 사람(관계)을 분리시킨다.
• 사람과 문제 양쪽에 똑같이 유순하거나 완강하다.	• 사람에게는 유순하고 문제에는 완강하다.
• 상대를 단적으로 불신하거나 믿는다.	• 신뢰와는 상관없이 협상을 진행한다.
• 입장을 고수하거나 변동시킨다.	• 입장보다는 이해 관계에 초점을 맞춘다.
• 제안을 하거나 위협을 한다.	• 이해 관계를 분석한다.
• 최저선을 협상에 이용한다.	• 최저선을 되도록 가지지 않는다.
• 일방적으로 얻거나 잃는다.	• 상호 이익을 얻는 대안을 개발한다.
• 의지의 경쟁이 주요 관심사다.	• 의지와는 별개의 기준들에 의한 합의를 유도한다.
• 압력에 굴복하거나 압력을 행사한다.	• 이성에 따르고 합리적인 논의를 하며 압력이 아닌 원칙에 따른다.
• 합의를 고집하거나 입장을 내세운다.	• 객관적인 기준을 사용한다.

출처: Fisher & Ury(1991).

요컨대, 원칙협상 방법은 입장 흥정과는 달리 기본적인 관심사, 상호 만족할 만한 창의적인 해결 방안, 그리고 공정한 절차 또는 기준에 초점을 둠으로써 현명한 합의에 도달하려는 전략이다. 이 방법은 입장을 맹목적으로 고수하는 데 따르는 비용을 지출하지 않고 효과적으로 공동 결정을 향한 점진적인 합의에 이르게 한다. 또한 사람을 문제와 구별하면, 상대방을 한 인간으로서 직접적으로 공감을 가지고 대하게 되고 그 결과 우호적인 합의가 가능해진다. 이러한 원칙협상의 주요 내용을 연성 및 강성의 입장협상과 비교하면 〈표 8-1〉과 같다.

(3) 연합 형성

협상력은 협상 주체의 사회적 지위, 정치적 영향력이나 경제적 자원 등 여러 요소에 의해 좌우되는데 연합 형성(coalition building)은 협상력을 키우는 데 큰 도움이 된다. 그러므로 연합 형성은 또 하나의 협상전략이기도 하다. 연합 형성은 공통의 이해 관계를 가진 집단이나 개인들이 약간씩 다른 이해 관계를 가진 집단이나 개인들과 연대하는 것이다. 연합은 정책 채택이라는 공동의 목표 또는 이해 관계에 관해서만 상호간의 합의 아래 하나로 행동한다. 그러므로 연합은 언제나 깨질 수 있는 불안한 상태에 놓여 있다. 이 연합 형성 과정에서도 협상이 중요한 역할을 한다. 연합이 성공하려면 협상이나 조정에 의해 서로 합의를 구축해야 한다.

정책 채택을 위한 연합의 가능성과 형태는 쟁점의 수나 중요성에 따라서 달라진다. 정부의 취급을 필요로 하는 구체적인 쟁점의 수가 상대적으로 적고, 비교적 많은 수의 정치단체가 그 쟁점의 중요성을 높게 인식할수록 합의된 연합을 형성할 가능성이 있게 된다. 그러나 반대로 사회적 쟁점의 수가 많고, 쟁점들의 대부분이 중요성이 낮다고 인식되면 합의는 위축되고 연합이 깨지며 따라서 효과적인 정부의 관리 가능성은 시들어진다. 쟁점의 수와 중요성 그리고 합의, 연합, 정부의 지배 등의 관계를 요약하면 〈표 8-2〉와 같다(Brewer & deLeon, 1983: 214-215).

표 8-2 쟁점의 수와 중요성: 합의, 연합, 지배

		쟁점의 수	
		소수	다수
쟁점의 중요성	낮음/분산	• 합의: 묵시적, 잠정적 합의 • 연합: 확정적이 아닌 소수연합 • 지배: 비가시적 명목적 지배	• 합의: 약하고 깨지기 쉬운 합의 • 연합: 많은, 다루기 힘든, 불안정한 연합 • 지배: 문제 있는, 부적당한, 가시적 지배
	높음/집중	• 합의: 강한 의존적인 합의 • 연합: 쉽고 안정된 연합 • 지배: 효과적, 가시적 지배	• 합의: 부서지기 쉽고 긴장된 합의 • 연합: 과도한 연합 • 지배: 무질서, 권위적 지배

2. 합리적 정책 주장과 설득

정책결정 과정에서 설득(persuasion)은 특정 정책안의 채택을 위해 한 참여자가 정책결정자 또는 다른 참여자에게 자기 주장의 타당성과 우수성을 확인시킴으로써 상대방으로 하여금 자기의 주장을 수용하도록 만들어 가는 활동이다.

그러므로 설득을 위해서는 특정한 주장을 하는 '좋은 이유'(good reasons)를 제시하는 것이 무엇보다 중요하다. 제시된 주장 이유의 설득력은 주장 내용의 우수성과 논리 구조의 합리성에 좌우된다. 이러한 점에서 설득은 정치 과정에서 활용되는 일종의 분석적 접근 방식이라고도 할 수 있다. 정책 주장의 좋은 이유, 즉 주장의 적실성과 타당성을 상대방에게 설득하기 위해서는 증거와 논거로 논증을 구성해야 한다. 논증을 구성하

는 차원, 논리, 구조는 매우 다양하고 복잡하다. 설득이 간결, 정확하고 강렬한 호소력을 얻으려면 적합한 논증의 차원과 구조를 선택하고 분명히 제시하는 것이 중요하다. 아래에서 논증의 차원과 구조를 설명한다.

1) 정책논증의 차원

정책 주장은 다양한 인식의 차원에서 이뤄진다. 정책 논쟁[6]의 다양한 인식론적 근거를 이해하는 데 사회적 규범은 좋은 출발점이 된다.[7]

사회적 규범을 중심으로 해서 두 가지의 가치 판단, 즉 규범 탐색 가치 판단(norm-seeking value judgement)과 규범 적용 가치 판단(norm-oriented valuation)이 정책 논쟁을 전개시킨다.

규범 탐색 가치 판단은 가치 비판적 관점에서 새로운 규범을 발명, 선택하기 위해 사회적 규범과 그것의 상위 가치 체계 차원에서 토론을 유발시킨다. 이 토론의 주요 대상은 가치 체계, 문화 체계 또는 이데올로기, 그리고 이상 가치 또는 바람직한 미래상 등이다. 그러므로 이 가치 판단이 유발시키는 실제적 대화는 윤리적 관련성에서 가치 최적화에 기여한다. 규범 적용 가치 판단은 규범 지향적 관점에서 기존 규범의 실현을 위해 규범과 행동의 차원에서 토론을 유발시킨다. 그러므로 이 가치 판단이 유발시키는 실제적 대화는 윤리적 관계의 균형화와 기존의 윤리적 관련성의 유지에 기여한다(허범, 1983: 35-36).

2) 정책논증의 차원별 논리

다원적인 인식 차원에서 전개되는 정책 논쟁은 각 차원마다 나름대로의 적합한 논리

6) 논증(argument)은 어떤 결론이나 주장이 추론되는 과정을 의미하고, 논쟁(argunmentation)은 특정 쟁점에 관한 찬성과 반대를 위한 논증을 상호 교환함으로써 진행되는 토론 과정을 의미한다. 그러나 정책과정을 실제 대화로 보는 관점에서는 정책 주장을 정당화하려고 개별적으로 논증을 구성하는 경우도 가능한 비판과 반대를 미리 고려한다는 것을 전제하기 때문에 논증은 논쟁과 같은 구조를 갖는다. 여기서는 가급적 개별적인 주장을 위해 구성하는 것을 논증으로, 상호 토론의 경우에는 논쟁이란 용어를 사용하겠지만 그 구조는 동일하다. 따라서 상호 교환적으로 사용하기도 한다.

7) 사회적 규범은 평소에는 가치 체계 속에 묵시적으로 혼재되어 있으나, 특정한 상황에서 그 상황과 관련된 사람들에 의해 구체적으로 해석되고 일반적으로 동의되는 상황 지향적인 가치다(Vickers, 1973b: 103-111). 그러므로 사회적 규범은 "특정한 가치관적 전망과 현실적 문제 상황을 합치시켜 주는 것"(Ozbechan, 1969: 140)으로 인식되며, 또한 정책 논쟁 속에서 실제적 대화의 바탕이 되기도 하고 합의된 결론으로 귀결되기도 한다(허범, 1983: 32-34).

가 있다. 정책 주장에 대한 평가는 복수의 논증의 차원과 논리로 구성된 중층구조를 통해 이뤄진다. 정책 주장에 대한 평가와 논증은 정책의 목적 또는 내용에 적합한 하나 또는 여러 개의 차원을 선택하고 그 차원에 적합한 논리를 찾아 적용한다(허범, 2007c: 19). 이러한 평가 논리 구조에 관해 테일러(P. W. Taylor)의 비공식 평가 논리(the informal logic of evaluation)는 유용한 틀을 제공해 준다(Taylor, 1961; Fisher, 1980).

테일러는 모든 유형의 평가논증의 비공식 논리, 즉 특정한 판단을 정당화시키기 위해 이유를 제공하는 방법을 설명하고 있다. 그는 모든 유형의 평가에 적용되는 논리로서 실증화(verification), 타당화(validation), 제도화(vindication), 그리고 합리적 선택(rational choice)을 제시하고, 이것을 1차적 토론(실증화-타당화)과 2차적 토론(제도화-합리적 선택)에 의해 하나의 방법론적 틀로 발전시켰다. 1차적 토론은 기존 가치 체계 안에 고정되어 있는 원칙에 따라서 이뤄지는 정책 논쟁에, 그리고 2차적 토론은 원

그림 8-1 정책논증의 차원과 논리

설득 논리	평가/논증 차원	내용
	현실 상황 (상황 인식)	시간, 공간, 사건의 통합으로 이뤄진 정책 상황의 내용과 여건
적실화 ➡	↓ ↑	
	정책 (행동 지침)	행동 지침으로서 실질 정책
실증화 ➡	↓ ↑	
	정책 목적 (규범)	상황 속에서 일반적으로 동의한 구체적인 가치 해석의 내용 또는 제도 체계의 특정 부분
타당화 ➡	↓ ↑	
	정책 관점 (가치 체계)	정책 목적의 규범성이 근거하고 있는 가치 관점의 내용 또는 제도 체계의 특정 부분
제도화 ➡	↓ ↑	
	체제 질서 (문화 체계)	사회 속에서 일반적으로 당연시되는 생활 양태, 관습, 이데올로기, 헌법 및 법규, 가치 및 제도 체제 등을 포함하는 문화 체계
이성화 ➡	↓ ↑	
	이상 가치 (비판 가치)	문화 체계와 생활 양태를 초월하는 탈제도적 가치의 내용

출처: 허범(1992b: 61).

칙에 대한 결정을 통해 새로운 가치 체계를 선정하는 정책 논쟁에서 일어난다. 이렇게 볼 때, 전자는 규범 적용 가치 판단에 후자는 규범 탐색 가치 판단에 적용된다.

테일러의 논리를 정책논증에 적용하면 정책을 정당화하기 위한 논증은 '현실 상황-정책행동-정책목적-정책 관점-제도 체계-이상 가치'의 전체 또는 일부 차원에 걸쳐 이뤄진다. 따라서 정책 주장이 설득력을 가지려면 이성을 전제로 적합한 논증의 차원과 논리를 선택하고 이것을 설득을 위한 논증을 통해 제시해야 한다(허범, 1992b). 정책평가 논리의 구조를 요약하면 [그림 8-1]과 같다.

[그림 8-1]에 나와 있는 차원별 설득 논리를 설명하면 아래와 같다(허범, 2007c: 20).

(1) 적실화

적실화는 특정한 정책 상황의 내용과 여건, 기존 정책의 존재 여부, 그리고 정책이 존재하는 경우에는 그 정책의 상황적합성, 그리고 만약 정책이 존재하지 않는다면 특정 정책의 필요성 여부에 초점을 맞춰 평가하는 논리다.

(2) 실증화

실증화의 논리는 정책 행동이 규범 또는 정책목표를 달성할 수 있다는 것을 경험적으로 증명하고 이를 근거로 정책 주장을 평가하는 것이다. 그러므로 이 논리는 정책행동과 정책목적 사이의 인과관계를 실증적으로 증명하고 이를 근거로 정책 주장을 정당화하는 데 초점을 둔다.

(3) 타당화

타당화는 사실 판단에 사용된 규범적 기준 또는 목적이 그것이 근거하고 있는 관점이나 가치 체계에 적합한 것임을 근거로 정책 주장을 평가하는 논리다. 그러므로 타당화는 정책의 목적이 가치 체계에 유익하다는 것(효용성의 원칙)을 국민들의 일반적인 인식에 입각해(보편성의 원칙) 증명하고 이를 통해 정책 주장을 정당화시키는 데 초점을 둔다.

(4) 제도화

제도화는 정책이 근거하는 정책 관점과 체제 질서 또는 생활 양태와의 연관성에 입각해 정책 관점 또는 정책 가치를 평가하는 논리다. 그러므로 이 논리는 주로 어떤 관점 또는 가치 체계가 문화 체계에 관해 수단적인 관계 또는 기여적 관계에 있음을 증명함으로써 그것이 한 사회의 기본적인 생활 양식이나 이데올로기 또는 문화 체계에 합당한 것임을 옹호하는 데 초점을 둔다.

(5) 합리적 선택

정책이 기존의 체제 질서를 비판, 부정 또는 초월하는 내용을 담고 있을 경우에, 즉 새로운 가치관 또는 바람직한 미래를 발명·선택할 때 그와 같은 가치 비판적 내용을 정당화시키려는 논리다. 이 경우에 정당화의 논리는 인간의 이성이다. 그러므로 합리적 선택 또는 이성화의 논리는 기존의 가치를 비판하는 정책의 선택이 자유롭고, 공평하고, 지적인 과정을 통해 이뤄졌음을 증명함으로써 정책 주장을 합리화시키는 데 초점을 둔다.

위와 같은 논리에 의해 합리적 정책 주장이 조직되고 다른 정책 주장들과 변증법적으로 관련됨으로써 정책토론을 형성시킨다. 이것은 두 가지의 가치 판단 과정에 의해 전개된다. 먼저 규범 탐색 가치 판단은 합리화 → 제도화 → 타당화 → 실증화의 정책 논쟁을 형성시키고, 다른 한편으로 규범 적용 가치 판단은 실증화 → 타당화 → 제도화 → 합리화의 정책 논쟁을 형성한다. 이 두 가지의 가치 판단은 상호작용(causativeness)하기 때문에 하나의 정책 논쟁으로 통합된다. 그리고 여기에 사용되는 네 개의 논리도 상호작용한다. 이러한 이유로 정책 논쟁은 주장의 설득력에 근거한 실제적 합의를 지향하게 된다(허범, 1983: 36). 따라서 정책 주장이 설득력이 있으려면 이성을 전제로 적합한 논증의 차원과 논리를 선택하고 이것을 설득을 위한 논증을 통해 제시해야 한다.

3) 정책논증 구조

(1) 정책논증의 요소

특정 정책 주장을 위한 논증은 지지, 정당화, 반론 등의 관계로 구조적으로 연결된 명제들로 구성되어 있다. 툴민(S. E. Toulmin)의 논증구조모형은 논증(논거)의 불명확한 원리, 지지되지 않는 주장, 추론의 순환성, 가능한 공격, 그리고 하위 논증들 사이의 구조적 관계를 밝혀주고 있다(Toulmin, 1958; 허범, 1983: 30). 논증구조모형은 정책 관련 정보를 어떤 정책 주장에 대한 지지로 해석하는 데 사용하는 가정인 논거, 보충 논거 그리고 그러한 정책 주장이 받아들일 수 없는 상황 또는 조건을 제시하는 반박을 구체적으로 밝혀준다.

또한 논증모형은 하나의 논증(혹은 반론)에 사용된 동일한 정보가 그 주장과 모순되는 결론에 도달하게 만드는 논증에 의해 어떻게 반박되는가를 보여줌으로써 논증 연쇄를 전개시킨다. 이러한 의미에서 논증분석이란 논증의 계층 또는 구조를 구체적으로 밝히는 것이다. 정책논증은 여섯 가지 요소로 구성되어 있다. 툴민의 논증모형의 구성 요소를 정책에 관련시켜서 차례로 설명하면 다음과 같다(Goldstein, 1984: 302).

① 정책정보

정책정보는 모든 정책논증의 출발점이다. 정책정보는 다양한 방법을 통해 과학적 자료부터 상식에 이르는 다양한 근원에서 얻게 되는데, 이것은 정책 주장의 근거가 된다. 이것은 어떤 주장을 하는 사람이 그 주장에 관한 증거(evidence)로서 제시하는 사실 또는 의견으로 이뤄지며 사실적 진술(statements)이나 다른 논증으로부터 도출된 주장들일 수도 있다.

② 정책 주장

정책 주장은 정책논증의 논리적인 결과 혹은 결론이며 우리가 입증하고자 하는 것이다. 이것은 정책정보의 논리적 결과이긴 하지만 동어 반복이 아닌 한 완전히 확실하거나 필연적으로 참이거나 정당한 것은 아니다. 정책 주장은 논증에 의해 만들어진 명백한 호소이며 언제나 논란의 여지가 존재한다. 만약 정책결정자가 그러한 주장을 확신하지 못하면 정책결정자는 그 주장에 대한 이유를 요구하게 되고 따라서 그 주장의 근거에 관한 조사가 시작된다.

③ 주장 논거

주장 논거(warrant)는 정책정보와 정책 주장 사이의 교량적 역할을 하는 규칙, 원리, 전제, 추리 등을 의미한다. 이것은 어떤 정보를 주장에 대한 지지(support)로 해석하는 것을 정당화해 주는 논증 속의 가정이다. 또한 주장 논거는 정보가 주장으로 전환되는 사고의 도약(mental leap)을 정당화시켜 주는 주장에 관한 이유인 것이다. 일반적으로 주장 논거는 보편적 가설 진술의 형식을 취한다.

④ 보충 논거

보충 논거(backing)는 논거가 액면 그대로 인정되지 않을 때, 논거를 지지(support)하는 데 사용되는 추기적인 가정 혹은 논증들이다. 외견상 아무리 강력해 보이는 논거라도 당연하게 여겨지는 자명한 배경 진리나 가정에 항상 근거를 두고 있다.

따라서 논거에 나타난 가정이 의문스러운 경우나 상대편이 논거를 액면 그대로 인정하려고 하지 않을 때, 그리고 어떤 주장을 인정하기 위해서 더 깊은 근본적 이유가 요구될 때, 보충 논거는 논거 속에 내재된 가정을 확인하거나 정당화시키고 그 밖에 논거를 뒷받침할 수 있는 경험적 기초, 이론적 근거, 사회적 가치관, 신념 등을 밝히는 역할을 한다.

⑤ 반론

반론(rebuttal)은 원래의 주장이 받아들여질 수 없거나 혹은 조건부로만 인정될 수 있는 상황을 진술하는 2차적인 결론, 가정 또는 논증들을 의미한다. 반론은 논거와 주장이 인정될 수 없는 조건이나 상황을 열거함으로써 안전판(safety valve)의 기능을 한다. 다른 한편으로는 논증의 반대자, 다른 정책의 주창자 혹은 다른 이해 관련자들로부터 제기되는 도전과 반대를 지적하는 기능을 한다.

바로 이러한 반론으로 말미암아 어떤 정책 주장을 둘러싼 복수의 정책 관련자들 사이에 토론 형식의 정책 논쟁이 비로소 전개된다. 반론의 중요한 기능 가운데 하나는 논증에 제한을 가하고 신뢰성(plausibility)을 평가하는 데 중요한 관건이 된다는 점이다. 만약 강한 반론이 인용될 수 있으면 그 논증은 상대적으로 약하게 평가되고, 반대로 비교적 약한 반론만이 인용될 수 있으면 논증은 상대적으로 강하게 평가될 것이다.

⑥ 한정어

한정어(qualifier)는 정책분석가들이 정책 주장에 대해 가지고 있는 확신 정도를 나타내는 것으로서 보통 확률을 표현하는 부사를 사용한다. 한정어가 필요한 이유는 모든 논거가 타당하거나, 주장을 정당화시키는 힘이 완전하지 못하기 때문이다. 따라서 이러한 한정어 관념은 논증의 예외 조건이나 반론에 대한 이해, 논거의 입증 혹은 보충 논거에 대한 이해를 필요로 한다. 이러한 확률의 개념은 본질적으로 정보와 논거의 속성에 기초를 두고 있다. 요컨대, 한정어는 어떤 특정한 사건이 발생할 개연성을 뜻하며 상대적인 척도, 논리적 가능성 혹은 개별적 확률에 기초하고 있다. 어떤 경우이든지 한

그림 8-2 정책논증의 구성 요소

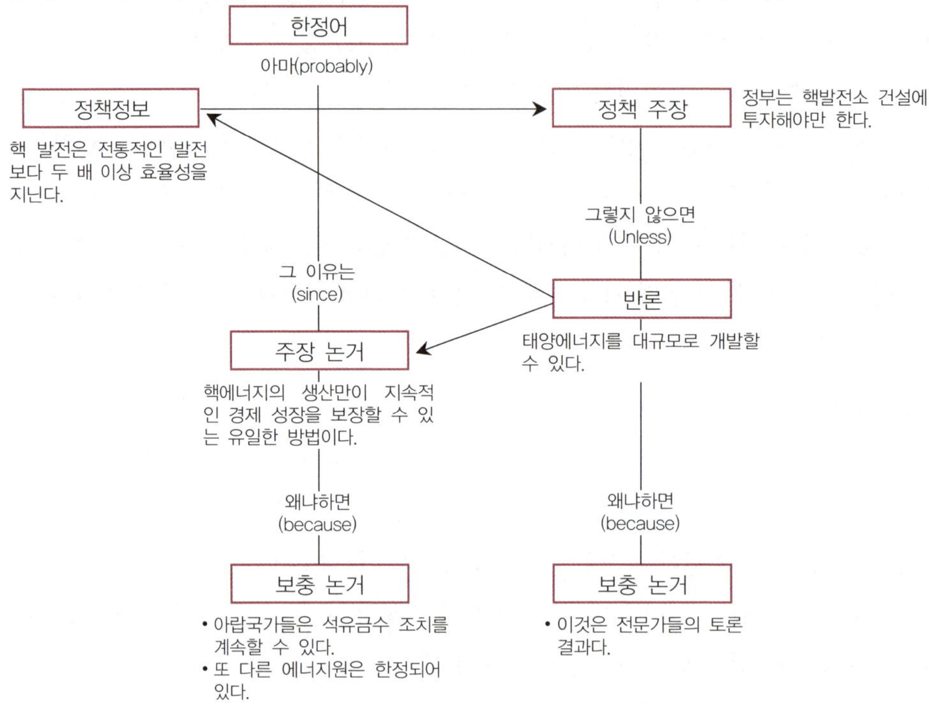

출처: Dunn(1981: 43).

정어는 논증의 내부적 논리로부터 도출되는 것이지 외부적 고려에서 도출되는 것은 아니다. 이러한 사실은 주장의 확률과 논증의 신뢰성 간의 중요한 차이를 말해주고 있는 것이다.

(2) 정책논증의 구성

정책논증모형은 정책분석가들이 정책문제의 해결책을 주창하기 위해 이성과 논증을 어떻게 활용하고 있는지를 알 수 있게 한다. 정책논증의 구성 요소들 사이의 관계는 또한 정책정보가 상이한 집단들의 이데올로기나 세계관 등에 따라서 어떻게 서로 다르게 해석되는가를 보여준다. 앞의 [그림 8-2]는 정책논증의 구성 요소들이 어떻게 구조화되는지를 보여준다.

3. 명령

협상과 달리, 명령(command)은 권력적으로 우세한 참여자가 열세한 참여자에게 자기의 주장을 받아들이도록 강제하는 과정이다. 따라서 참여자들의 관계는 계층적이고, 명령의 가장 기본적 방법은 권력적 작용이다. 상급자는 그들의 결정을 강제하기 위해 보상과 처벌의 형태를 취하는 제재를 사용한다. 명령은 그 계서적 특성으로 인해 민주사회보다는 독재사회, 그리고 민간조직보다는 군대조직의 의사 결정 과정의 특징으로 볼 수 있다.

제4절 정책결정이론 모형

정책은 정책 방향, 정책목적, 정책수단 등에 관한 결정과 같이 서로 다른 차원에서 상이한 성격의 의사 결정을 통해 형성된다. 또한 정책의제 형성부터 시작해 형성, 집행, 평가, 종결에 이르는 정책과정의 각 단계마다 수많은 의사 결정이 이뤄진다. 이처럼 하나의 정책은 여러 단계와 여러 차원에서 발생하는 수많은 의사 결정을 통해 결정되고 집행된다.

그런데 순수합리적 정책결정모형 같은 경우는 정책개발 과정을 함께 포함하는 모형이기 때문에 정책결정모형을 정책채택모형으로만 한정시킬 수는 없다. 그러나 정책결정모형을 이야기할 때 '정책결정'은 주로 정책안을 선택하는 것을 의미하는 경우가 많다. 그러므로 정책결정에 관한 이론이란 최적의 정책대안을 선택해 가는 의사 결정 과정을 설명할 수 있는 기술적인 지식(실증적 · 경험적 모형)과 그러한 지식에 근거해서 좀 더 바람직한 결정을 합리적으로 할 수 있게 하는 방법이 무엇인가에 관한 규범적인 지식(규범적 모형) 두 가지를 모두 대상으로 한다.

정책결정을 정책대안의 선택이라는 좁은 의미의 의사 결정으로 보기 때문에 정책결정이론은 대부분 의사 결정에 관한 이론이나 모형을 원용하고 있다.

의사 결정에 관한 이론모형은 초기에는 그 초점을 개인적 차원의 의사 결정에 두었으나 이론의 발전 과정에서 점차 조직적 · 집단적 차원으로 옮겨갔다. 이론의 전개에서

그림 8-3 정책결정이론 모형의 위치

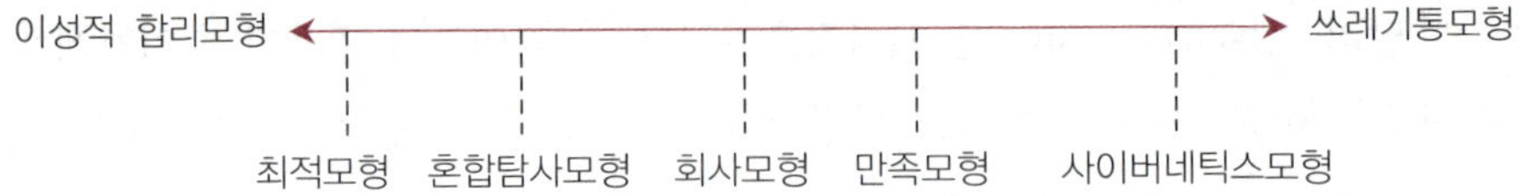

는 처음에는 인간의 완전한 합리성을 전제하는 합리모형으로부터 출발했다. 그러나 현실적으로 인간의 완전한 합리성 확보는 불가능한 것이기 때문에 합리모형 이후의 대부분의 모형은 합리모형을 비판하고 수정하는 형태로 발전했다. 정책결정에 관한 이론모형은 합리성 정도를 기준으로 해서 [그림 8-3]에서와 같이 완전한 합리성을 전제하는 모형과 합리성을 완전히 부정하는 모형을 양극으로 하고, 그 중간에 혼합탐사모형을 위치시킬 수 있다. 그리고 그 밖의 모형들도 합리성을 인정하는 정도에 따라 연속선상의 한 곳에 위치시킬 수 있다.

앞에서 살펴본 것처럼 정책문제와 의사 결정 상황의 복잡성 때문에 하나의 특정한 이론모형만으로 모든 정책 선택을 설명하고 이해하기에는 불가능하다. 각 이론모형들은 특정 맥락에 있는 정책결정을 설명하는 데 부분적인 장점을 가지고 있기 때문이다.

정책결정은 본질적 특성이 사회적 · 정치적 과정이며, 그 정책이 미치는 영향도 다양하다. 따라서 연합학문적 접근 방법과 다양한 차원의 관점을 통합해서 접근할 필요가 있다. 그러나 지금까지의 의사 결정에 관한 접근 방법들은 모두 분석과 결정을 필요로 하는 각각의 모든 정책문제가 저마다 독특한 특성을 지니고 있다는 점에 대한 관심이 부족했다. 문제와 결정 상황에 따라서 이론모형을 달리 선택해 설명하거나 처방해야 한다. 이는 이론적 접근 자체가 문제를 정의하지는 않기 때문이다(Brewer & deLeon, 1983: 227).

이러한 전제 아래 지금까지 널리 알려진 정책결정모형들의 핵심 내용과 비판을 중심으로 간략하게 설명하기로 한다.

1. 합리모형

1) 내용

합리모형은 의사 결정이 인간의 이성과 합리성에 근거해 합리적으로 이뤄진다고 가정하는 이론이다. 즉, 의사결정자는 문제와 관련된 모든 대안에 대해 고려할 수 있는 능력이 있으며, 주어진 목적 달성을 극대화하기 위해서 최대한 합리적으로 노력한다는 합리적 인간을 전제한다. 합리모형은 정책결정이 실제로 어떻게 이뤄지고 있느냐보다는 가장 바람직한 결정이 어떻게 이뤄져야 하는가를 설명하는 규범적 성격을 지니고 있다.

합리모형에 따르면 정책결정자가 정책문제를 해결하기에 가장 적합한 대안을 선택하려면 다음의 다섯 가지 단계를 의식적으로 밟아야 한다.[8] 우선 해결해야 할 문제나 달성하고자 하는 목표를 명확히 정의하고, 문제를 해결하거나 목표를 달성할 수 있는 모든 대안을 탐색하며, 대안들이 가져올 모든 결과를 예측하고, 대안의 모든 결과를 평가하고 대안별로 비교하며, 목표 달성을 극대화하는 최선의 대안을 선택한다.

2) 비판

합리모형에 대한 비판의 내용은 다음과 같이 주로 인간의 완전한 능력을 부정하고 합리성이 제약받는 현실적인 여건을 들 수 있다.

첫째, 정책결정자도 인간(아니면 인간의 집합체)이고 인간은 불완전한 존재다. 따라서 사실을 인식하고 판단하는 것이나 평가하는 것도 불완전하다. 그러므로 목표 달성에 기여할 수 있는 모든 대안을 탐색하고, 대안이 가져올 모든 결과를 정확히 예측하는 것은 거의 불가능하다. 대안평가의 기준도 적용하기에 명확하지 않고 대안 결과를 비교하는 것도 어느 기준에서나 가능한 것이 아니다. 그러므로 (순수)합리모형은 실제로 가능하다고 여겨지는 모형이 아니라 의사 결정의 논리적 흐름을 반영한 다른 모형과 대비를 위해 제기된 모형이라고 볼 수 있다.

둘째, 정책결정자가 해결해야 하는 정책문제는 매우 다양하고 복잡하며 역동적인 성격을 지니고 있기 때문에 명확히 규정하기가 어렵다.

---

8) 각 단계에서 지적인 작업이 어느 정도 필요한가에 따라서 완전분석과 불완전분석으로 나누기도 한다.

셋째, 매몰비용(sunk cost)의 문제가 있다. 기존의 정책이나 사업에 이미 상당한 투자가 이뤄져 있는 경우 그보다 더 합리적인 대안이 있다 하더라도 이미 투자된 비용 때문에 기존의 정책이 시행될 수밖에 없다(Anderson, 1979: 11).

넷째, 인간의 주관적 합리성에도 한계가 있다. 현실적으로 인간은 주어진 목적달성의 극대화를 위해 최선의 노력을 하기보다 여러 가지 제약 요건 때문에 최선이 아닌 대안을 선택할 수밖에 없다.

2. 만족모형

1) 내용

만족모형은 마치(J. G. March)와 사이먼(H. A. Simon)이 개인적 차원의 의사결정 행태에 관해 제시한 모형이다(March & Simon, 1958). 이 모형은 합리모형이 지닌 완전한 합리성, 특히 객관적인 사실 판단을 하는 데 인간의 한계를 지적하고 그 대신 좀 더 현실성 있는 인간의 제한된 합리성(bounded rationality)을 전제하고 있다. 인간은 합리성이 제한되기 때문에 완전무결한 최적의 대안을 탐색하기보다는 현실적으로 만족할 만한 수준에서 대안을 선택한다는 것이다.

이 모형은 인간의 인지적·정서적 요소를 많이 고려함으로써 좀 더 실제에 적합한 이론모형을 개발했다는 점과 의사 결정이 실제로 일어나는 상황에 대한 실증적 연구를 창도하는 데 공헌했다는 점에서 큰 의의를 찾을 수 있다. 만족모형에 따른 의사 결정의 특성을 설명하면 다음과 같다.

첫째, 정책결정자는 대안을 탐색하고 그 결과를 예측하는 데 사실 판단, 즉 인지(cognition)상의 제약을 받는다. 따라서 이미 관심을 가지고 있는 것에 대해서만 선별적으로 인식한다.[9)]

둘째, 정책결정자는 이러한 인지상의 제한, 즉 제한된 합리성 때문에 모든 가능한 대안 중에서 최적의 대안을 선택하는 것이 아니라 만족할 만한 또는 그 정도면 괜찮다고 생각되는 대안을 찾으면 그 대안을 선택하고 더 이상의 대안 탐색을 중지한다.

9) 사이먼(H. A. Simon)은 인식은 비이성적이며 주관적인 측면을 의미하며 이것을 이성적 측면이 강한 인식과 구별하고 있다(Simon, 1957: 309-314 참조).

셋째, 따라서 대안을 탐색하는 경우도 모든 대안을 탐색하지 않고 주위에서 쉽게 찾을 수 있는 대안들 가운데에서 무작위적이고 순차적으로 몇 개의 대안만을 탐색한다. 탐색된 대안의 결과에 만족하지 못하면 이러한 탐색을 반복하지만 탐색된 대안의 결과가 만족할 만한 수준에 이르면 대안 탐색을 중지한다.

넷째, 정책결정자는 인지상의 한계를 알고 있기 때문에 외부의 복잡한 상황을 단순화시켜 인식하며 자기와 관련된다고 느껴지는 일부분만을 관심의 대상으로 삼는다.

2) 비판

첫째, 어느 정도 심리적으로 만족할 만한 수준의 대안이 발견되면 대안 탐색을 중지한다고 하는데 그 만족의 정도를 결정할 객관적인 기준이 없다.

둘째, 최선의 대안이 아니라 만족할 만한 대안을 찾은 후에 대안 탐색을 중단하게 되면, 미처 탐색되지 않은 대안 중에서 훨씬 더 좋은 대안을 포기하게 된다.

셋째, 일반적이고 가벼운 의사 결정인 경우에는 무작위적이고 순차적으로 탐색하겠지만 이례적이고 중대한 의사 결정에서는 좀 더 분석적인 탐색이 이뤄질 가능성이 크다. 또한 이 모형은 개인적인 차원의 의사 결정을 설명하려는 의도에서 출발하고 있기 때문에 정부의 의사 결정을 설명하는 것은 무리다.

3. 점증주의모형

1) 내용

점증주의(incrementalism)는 합리모형이 현실의 정책결정에 적용되기 어렵다는 점을 지적하고 현실에서 실제로 이뤄지고 있는 정책결정을 설명하기 위해 주장된 것이다(Lindblom, 1959; 1968; Willdavsky, 1964). 이들은 사이먼, 마치, 사이어트(R. M. Cyert) 등이 지적한 인간의 인지상의 제약과 현실에서 이뤄지고 있는 정책결정 자체의 정치적 성격 및 그것으로 인한 제약을 지적한다. 이를 근거로 합리모형이 전제하고 있는 완전한 합리적 분석은 불가능하며 실제로 정책은 점증적으로 결정된다고 주장한다. 심지어 정책을 점증적으로 결정하는 것이 바람직하다고 주장하고 있다.

린드블롬(C. E. Lindblom)은 점증주의적 정책결정을 다음과 같이 설명하고 있다

(Braybrooke & Lindblom, 1963: 83-131). 첫째, 대안분석에서 기존의 정책과 크게 다르지 않는 몇 개만을 추출해 선택한다. 둘째, 대안의 결과를 예측하고 평가하는 경우, 정보가 충분한 몇 개의 대안에 국한시킨다. 셋째, 각 대안이 가져올 모든 결과를 예측하는 것이 아니라 중요한 몇 가지에 한정시켜 분석한다. 넷째, 목표는 수단의 탐색과 선택 과정에서 설정되거나 수정된다. 다섯째, 대안의 탐색 평가 과정에서 나타나는 새로운 정보를 지속적으로 활용한다. 여섯째, 정책결정 과정에서 분석·평가 작업은 반복적이고 연속적으로 행한다. 일곱째, 정책은 행정부나 정부가 독자적으로 만드는 것이 아니라 사회를 구성하고 있는 여러 구성 단위에 의해(disjointed) 분석되고 평가된다. 요컨대, 정책결정자의 능력의 한계 및 시간과 비용 등이 제한된 현실에서는 기존의 정책에서 소폭적인 변화만을 대안으로 고려해 정책을 결정하고, 시간이 흐름에 따라 환류되는 정보를 토대로 기존의 결정을 수정·보완해 가는 식으로 연속적인 결정을 하는 것이 현실적이면서 바람직한 정책결정의 방법이라고 주장하는 것이 점증주의모형이다.[10)]

2) 비판

점증주의는 현실의 정책결정을 설명하는 데 유용한 기술적·분석적 결정이론이다. 하지만, 실제로는 점증주의가 린드블롬이 생각했던 것만큼 널리 적용되지 않는다고 평가되기도 한다(Hayes, 2007: 39, 43-48).

첫째, 점증주의는 점진적 대안 탐색의 기준이 되는 과거 정책의 합리성과 정치 권력의 분산 등을 전제로 삼고 있다. 그러므로 과거 정책의 불합리성과 관계 집단 간 정치 권력의 불균형이 일반적인 사회에서는 설명력이 떨어진다.

둘째, 현존하는 정책의 소폭 변화만을 고려할 때, 얼마만큼을 소폭이라고 해야 하는지 불분명하다.

셋째, 점진적 정책결정은 큰 변화를 원하지 않는다는 점에서 보수적이고, 개혁적인 변화 상황에서는 적용이 제약된다.

10) 린드블롬은 1979년에 점증주의를 정치와 분석으로 구분하고, 다시 점증주의 분석을 단순한 점증주의 분석, 분할된(disjointed) 점증주의 분석, 그리고 전략적 분석이라는 세 가지로 나누고 있다. 그런데 전략적 분석은 복잡한 문제를 단순화시키기 위해 신중히 선택된 대안만을 분석하는 것으로 이것은 결국 과거의 점증주의 분석에서 합리모형 쪽으로 이동하고 있음을 의미한다(Lindblom, 1979: 517-526).

4. 혼합탐사모형

1) 내용

혼합탐사모형(mixed scanning model)은 에치오니(Amitai Etzioni)가 합리모형과 점증주의모형의 단점을 제거하고 장점만을 취한 변증법적 통합모형이라고 주장하는 것이다(Etzioni, 1967: 385-392). 에치오니는 합리모형의 경우 그것이 전제하고 있는 완전한 합리적 · 분석적 결정의 비현실성 때문에, 그리고 점증모형은 근시안적이고 보수적인 경향을 지니고 있기 때문에 두 가지 모형 모두가 바람직한 정책결정 전략이 될 수 없다고 주장한다.

에치오니는 혼합탐사모형을 통해 정책결정의 내용을 크게 근본적 결정과 세부적 결정으로 나누고, 이 두 가지의 결정을 혼합해 사용해야 한다고 주장하고 있다.

첫째, 근본적인 결정은 전반적이고 근본적인 방향을 올바르게 설정하기 위해 합리모형에 따라 중요한 대안을 포괄적으로 고려한다. 그러나 합리모형의 지나친 엄밀성을 극복하기 위해 대안들의 중요한 결과만을 개괄적으로 분석한다.

둘째, 세부적 결정은 근본적 결정의 구체화 내지 집행에 해당하는 것으로 근본적인 결정이 설정한 맥락 안에서 소수의 대안만을 고려하되(점증주의) 그 결과에 대해서는 세밀한 분석(합리모형)을 한다.

에치오니는 이 모형을 인간의 미시적 결정 행태뿐만 아니라 사회지도 체계(societal guidance system)의 조직 원리로 발전시키고 있다. 즉, 합리모형은 전체주의 사회 체제에, 그리고 점증모형은 민주적 사회 체제에 적합하고, 혼합탐사모형은 능동적 사회(active society)에 적합한 전략이라고 주장한다.

2) 비판

혼합모형에 대한 일반적인 비판은 이 모형이 새로운 것이 아니라 합리모형과 점증모형을 절충 혼합한 데 불과하다는 것이다.

5. 최적모형

1) 내용

최적모형(optimal model)은 선택이라는 의사 결정 국면에 초점을 두고 있는 다른 모형과 달리 질적으로 더 나은 정책을 산출하기 위한 정책결정 체제의 운영에 초점을 두고 있다(Dror, 1964: 153-157; 1968). 즉, 드로(Yehezkel Dror)의 최적모형은 정책형성 체제의 최적화를 달성할 수 있는 합리적인 운영 방법에 관심을 두고 있다. 특히 드로는 최적의 정책을 선택하기 위해서는 합리성뿐만 아니라 직관, 판단, 창의성과 같은 초합리적 요인을 동시에 고려해야 한다고 주장하고 있다. 이 모형의 특징을 요약하면 아래와 같다.

첫째, 최적화는 정책 체제의 산물인 정책 결과가 투입보다 큰 상태를 말한다. 이러한 의미에서 최적모형은 경제적 합리성에 기초하고 있다. 그러나 최적치가 동원 가능한 투입물과 예상되는 산출물과의 관계를 의미하고 이러한 투입물의 각 단계에 대한 효율적인 배분, 특히 정책결정 체제 자체의 개선을 위한 투입도 경제적 합리성에 포함시키고 있다. 따라서 최적치란 양적인 것만을 의미하는 것이 아니라 질적인 개념을 포함하고 있다.

둘째, 동태적인 정책과정의 질적 최적화를 위해서는 합리성뿐만 아니라 직관, 판단, 창의성과 같은 초합리적 요인도 활용해야 한다.

셋째, 드로는 넓은 의미의 정책결정을 크게 상위 정책결정 단계, 정책결정 단계, 정책결정 이후 단계로 나누고 이들을 다시 18개의 국면으로 세분한다. 그리고 이러한 단계에 따라 정책을 결정하면 최적화에 이를 수 있다고 주장한다. 특히 이 중에서도 '정책결정을 위한 정책결정', 즉 정책결정의 전략에 관한 상위 정책형성(metapolicy making)을 중요시한다. 이러한 의미에서 최적모형은 규범적·처방적 모형이라고 할 수 있다.

2) 비판

최적모형은 정책결정에서의 초합리성의 중요성, 인간이 노력하면 최적의 결정에 이를 수 있다는 점, 그리고 상위 정책결정과 환류를 강조한 것 등은 높이 평가할 수 있다. 그런데 최적모형은 정책결정 체제 전반을 내용으로 하는 일종의 정책학의 내용을 다룬 것이라고 할 수 있다. 그러다보니 최적의 의미가 불분명해지고 또한 초합리성을 강조하고 있지만 그것의 이용 방법이나 합리성과의 관계가 모호하다는 비판을 받고 있다.

6. 회사모형

1) 내용

회사모형(firm model)은 연합모형(coalition)이라고도 하는데, 이 모형은 사이어트와 마치(Cyert & March, 1963)가 개인적 차원의 의사 결정에 초점을 두는 만족모형을 발전시켜서 조직의 집단적 차원에 적용시킨 것이다. 회사모형은 기업이 합리모형에 따라서 의사 결정을 하는 것으로 전제하는 고전 경제학적 전제에 대한 비판에서 출발해 회사 조직의 의사 결정 행태를 조직의 구조 및 목표의 변화, 기대의 형성과 욕구 수준, 갈등의 준해결, 불확실성의 회피, 조직체의 학습 등 여러 측면에서 설명하고 있다.

회사모형은 기업을 단순히 계층적으로 구조화된 유기체 조직이 아니라 아주 복잡한 연합체 조직으로 본다. 현실에서 기업들은 이윤 추구를 포함한 복수의 목표를 가지고 있으며, 제한된 합리성 때문에 목표 달성의 수준을 극대화하려고 하기보다 만족할 만한 수준의 목표 달성을 지향하는 것으로 본다. 회사모형은 갈등의 준해결, 문제 중심의 탐색, 불확실성의 회피, 조직의 학습과 표준운영절차 등의 개념으로 기업의 의사 결정 행태를 설명하고 있다. 회사모형의 특징을 요약하면 아래와 같다.

첫째, 회사조직은 서로 다른 목표를 가지고 있는 하위 조직체들의 느슨한 연합체(coalition)다. 따라서 이들 간에는 상호 모순·충돌되는 목표를 가지며, 이러한 갈등은 전체 목표라는 단일 기준에 의해 해결되기보다는 협상을 통해 잠정적이고 부분적으로 해결되는, 즉 준해결(quasi-solution)에 머물고 만다.

둘째, 문제를 적극적으로 탐색하기보다 회사에서는 문제가 발생한 경우에 비로소 탐색 활동을 시작해 문제 해결책을 찾으려 한다(문제 중심 탐색).

셋째, 회사모형은 기업의 환경을 매우 유동적인 것으로 보기 때문에 대안이 초래할 결과에 대해서도 불확실하게 생각한다. 따라서 장기적인 전략보다는 변화에 즉각 반응할 수 있는 단기 계획을 선호하고 적극적으로 환경을 통제하거나 타협함으로써 이를 회피하고자 한다.

넷째, 조직도 인간과 같이 과거의 경험을 통해 문제를 해결하고 갈등을 해결하는 방법을 학습한다. 이렇게 장기적인 경험을 통해 학습된 행동규칙으로 표준운영절차를 마련한다. 그리고 이 표준운영절차는 단순하고 단기적인 의사 결정 절차와 방식을 지배하고, 관리자의 입장에서는 조직구성원을 통제하는 도구가 된다.

2) 비판

첫째, 조직 내의 의사 결정 중에는 회사모형에서 설명하는 것보다 훨씬 더 비합리적인 경우도 있다.

둘째, 조직 내의 수평적 하위 조직들 간의 관계를 주로 취급하고 있기 때문에 상급자와 하급자 사이에 나타나는 의사 결정의 권력적 측면을 소홀히 취급하고 있다.

7. 쓰레기통모형

1) 내용

쓰레기통모형(carbage can model)은 대학과 같은 조직이나 집단의 응집성이 아주 약한 상태, 즉 '조직화된 혼란 상태 또는 무정부 상태(organized anarchies)'에서 이뤄지는 비합리적인 의사 결정의 측면을 강조하는 모형이다(Cohen, March & Olsen, 1972: 1-25). 이러한 상태에서는 의사 결정이 체계적이고 합리적이기보다는 우연한 계기에 불합리한 방식으로 이뤄진다는 것을 설명하는 모형이다. 이 모형의 특징을 요약하면 다음과 같다.

첫째, 조직화된 혼란 상태란 참여자들 간에 합의된 선호가 없거나 또는 참여자 개인이 자신의 선호를 정확히 모르는 경우(불확실한 선호), 목표와 수단의 인과관계가 명확하지 않은 경우(인과관계의 불명확), 의사 결정 과정에 관련자들이 일시적 · 단절적으로 참여하는 경우(참여의 단절적 일시성)를 전제로 한다.

둘째, 의사 결정에는 해결해야 할 문제, 해결 방안, 참여자 그리고 의사 결정의 기회 등 네 가지 요소가 있는데, 이들은 서로 아무런 관계없이 독자적으로 움직인다. 이들 요소(쓰레기에 비유)가 우연히 동시에 한 곳에서 만날 때 의사 결정이 이뤄진다고 설명한다.

셋째, 극적인 사건이나 정치적 사건이 발생했을 때 위의 네 가지 요소가 합쳐진다. 이 경우 의사 결정의 전형적인 방식은 진빼기 결정(choice by flight)과 날치기 통과(choice by oversight)다.

2) 비판

쓰레기통모형이 가정하고 있는 조직화된 무정부 상태가 모든 조직에서 나타나는 현상은 아니다. 따라서 일부의 조직 또는 일시적으로 나타나는 혼란 상태에서의 의사 결정 행태를 제한적으로 설명할 수 있을 뿐이다.

8. 앨리슨모형

1) 내용

앨리슨모형(Allison model)은 쿠바 미사일 위기[11]에 대응한 미국 케네디 행정부의 정책결정을 설명하기 위해 도입된 것이다(Allison, 1971). 쿠바 미사일 위기에 대응해 케네디 정부가 취한 정책결정을 위에서 설명한 어느 하나의 모형만으로는 설명할 수 없다고 보고 앨리슨(G. T. Allison)은 다양한 관점에서 이 사례를 분석하면서 세 가지 유형의 정책결정모형의 결합을 통해 이 정책결정 과정을 설명할 수 있다고 주장했다.

앨리슨은 정책결정에 참여하는 집단의 응집성을 기준으로 정부를 잘 조정된 유기체로 간주하는 합리적 행위자 모형(모형Ⅰ), 정부를 독립적인 하위 조직들이 느슨하게 연결된 집합체로 여기는 조직 행태 모형(모형Ⅱ), 서로 독립적인 정치적 참여자들의 집합체로 보는 관료정치 모형(모형Ⅲ)으로 나눠 설명했다. 이를 좀 더 살펴보면 다음과 같다.

11) 쿠바 미사일 위기는 1962년 10월 16일부터 28일까지 13일간 미국과 소련이 전쟁 위기까지 갔다가 멈춘 사건이다. 1962년 7월 미국은 소련이 쿠바로 미사일을 수송하고 있다는 것을 알았고, 10월 14일에는 쿠바의 미사일 기지에 소련의 탄도 미사일이 배치된 사실이 보고되었다. 이에 미국 정부는 즉각적으로 군사 대응을 할 것인지, 외교적 노력을 할 것인지 등을 고심하던 끝에 쿠바에 대한 해상 '격리' 조치를 결정하고, 10월 22일 케네디는 해상 격리 조치를 발표했다. 일주일 후 10월 28일 소련의 흐루시초프는 쿠바의 미사일 기지 건설 중단과 쿠바로부터 미사일을 회수할 것을 미국에 통보했고, 11월 20일 미국은 격리 조치를 해제했다. 이로써 냉전 관계의 절정에서 핵전쟁의 위기가 해소되었다(남궁근, 2012).

(1) 합리적 행위자 모형(모형Ⅰ)

합리적 행위자 모형(rational actor model)에 의하면 정부는 전략적 목표를 가지고 있고, 정책결정 참여자들은 일관된 선호, 목표의 공유, 명확한 대안 평가 기준을 가지고 있다. 그리고 정책결정은 합리적 행위의 원칙에 따라 목표 달성을 극대화할 수 있는 방향으로 이뤄진다(Allison, 1971: 32-35).12)

(2) 조직 행태 모형(모형Ⅱ)

조직 행태 모형에 의하면, 정부는 느슨하게 연결된 하위 조직들의 집합체(연합체)이며, 정부 지도자는 집합체의 정상에 있지만, 정책결정은 전문성을 가지고 있는 하위 조직에 의해 좌우된다는 것이다. 이유는 정책문제가 다면적인 성격을 갖고 있어서 정책문제가 정부 내의 다양한 하위 조직에 의해 동시에 취급되는데, 정책결정에 참여하는 하위 조직의 행위자들은 국가적 관점과 목표보다는 자신이 속해 있는 하위 조직의 목표를 우선시하고 조직 내부의 의사 결정 방식에 따라 정책대안을 선택한다는 것이다(Allison, 1971: 78-76).13)

---

12) 쿠바 미사일 위기를 합리적 행위자 모형의 관점에서 분석하면 다음과 같다. 당시 케네디 행정부는 쿠바 미사일 기지 설치 중단을 정책목표로 설정하고, 여섯 가지의 대안을 고려했다. 미국의 정책결정자들이 고려한 대안은 ① 아무 대응책도 마련하지 않는 무대응, ② 쿠바의 카스트로를 비밀리에 만나 소련과 관계를 단절하도록 설득하는 방안, ③ 공식 외교 교섭을 통해 소련에 압력을 가하는 방안, ④ 공군의 공중 폭격으로 쿠바 미사일 기지를 폭파하는 방안, ⑤ 쿠바를 무력으로 전면 침공하는 방안, ⑥ 해상 봉쇄를 통한 간접적 군사행위 방안 등이다.
우선, 무대응은 소련의 군사적 움직임을 과소 평가한 것으로 기각되었고, 카스트로를 설득하는 방안은 실질적 통제권이 소련에 있어 실효성이 없다는 이유로 기각되었다. 공식적인 외교 채널을 통해 소련에 압력을 가하는 방식은 미국의 자존심이 상한다는 이유로 기각되었고, 쿠바 미사일 기지 폭파 방안은 완전 파괴가 어렵다는 이유로 기각되었으며, 쿠바의 전면 침공은 소련과 군사적 충돌이 우려되어 기각되었고, 해상 봉쇄는 예상되는 손실보다 이득이 클 것으로 평가되어 해상 봉쇄 방안이 채택되었다(남궁근, 2012: 451).

13) 쿠바 미사일 위기를 조직 행태 모형의 관점에서 보면, 마지막 단계까지 경합했던 두 가지 대안은 미 공군에 의한 공중 폭격 방안과 해상 봉쇄 방안이었다. 최종적으로 공중 폭격 대신에 해상 봉쇄를 선택한 것은 대규모의 조직이 사전에 구축한 역량 때문이었다. 공군은 케네디가 원했던 방식의 폭격을 할 수 없었다. 즉, CIA는 쿠바 상공에 대한 특별 정찰을 지시했으나, 미 공군은 비행 관할권을 두고 갈등을 벌여 특별 비행 조사를 지연시켰다. 또한 미 공군의 군사편람에 따르면 쿠바에 설치된 중거리탄두미사일은 미 공군의 공중 폭격을 통해 제거하기 어렵다고 되어 있었다는 것이다(남궁근, 2012: 452).

(3) 관료정치 모형(모형Ⅲ)

관료정치 모형은 정책결정 참여자들을 정부나 하위 조직으로서의 부처들의 연합체가 아니라 독립성을 가진 개개인이라고 본다. 정책결정 과정의 참여자들은 각자 상이한 관점과 이해 관계, 목표를 가지고 있으면서 서로 갈등하고 투쟁하며 협상하는 과정을 거쳐 정책결정이 이뤄진다. 결국 정책은 정책결정 과정에 참여하는 관료들 사이에 전개되는 정치 과정의 산물인 셈이다(Allison, 1971: 162-181).[14] 이처럼 정책결정은 다양한 이해 관계를 갖는 참여자들의 정치적 타협의 산물로 이해될 수 있다는 것이다.

2) 비판

이 모형은 정책결정 과정을 분석하기 위한 단일 모형 적용의 한계를 지적하고 복수의 모형을 적용해야 설명력을 증대시킬 수 있다는 점을 잘 보여주고 있다. 그러나 다른 유형의 정책결정에 대한 분석에서도 이 모형이 설명력을 가질 수 있을지는 의문이다. 왜냐하면 쿠바 미사일 위기 대응 정책결정과 다른 유형의 정책결정에 대한 분석은 앨리슨모형에 포함된 모형들과는 달리 다른 모형들의 결합에 의해 더 큰 설명력을 가질 수 있을 것이기 때문이다.

14) 쿠바 미사일 위기를 정부정치 모형의 관점에서 보면, 주요 참여자는 케네디 대통령, CIA 책임자 매콘(Jone MaCone), 국방장관 맥나마라(Robert S. McNamara), 국무장관 케네디(Robert Kennedy), 대통령 특별보좌관 소렌슨(Theodore C. Sorensen) 등이었다. 대안 선택과 관련해 국방장관, 국무장관, 대통령 특별보좌관은 온건파로 외교적 해결을 선호했다. 케네디 대통령은 강력한 대안, 즉 공군에 의한 공습을 선호한 것에 반해, 최종 선택은 케네디 대통령이 반대파인 온건파의 연합 주장에 굴복해 위험성이 상대적으로 적은 해상 봉쇄 방안을 채택했다는 것이다(남궁근, 2012: 452-453).

제 9 장

정책의 집행

이 장에서는 먼저 정책집행의 의의, 정책집행 과정의 단계와 집행 주체를 설명하고 집행정책의 형성에 대해 설명한다. 그 다음에 정책의 행동화와 수정관리에 대해 살펴보고, 마지막으로 성공적인 정책집행의 기준과 요건에 대해 설명한다.

제 1 절 정책집행의 의의[1)]

1. 정책집행의 개념

정책집행이란, 일반적이고 광역적이며 개괄적인 맥락에서 결정된 기본정책을 특정적이고 지역적이며 구체적인 집행 상황과 정책 대상집단(주민)의 제반 특성을 반영해 구체화하고 특정화하며, 이를 실제 집행 현장에서 행동으로 옮겨 적절하게 실현하고 목표를 달성하려는 일련의 활동을 말한다.[2)] 한편 이러한 활동이 성공적이기 위해서는 정책 대상집단의 협조를 전제로 한다. 가령, "쓰레기 수거"가 성공적으로 집행되기 위해서는, 주민이 올바른 분리수거 방식으로 적정한 지역에 쓰레기를 두는 등의 협조가 원할하게 이루어져야 한다. 한편, 정책집행 과정에서 이렇게 협조적 행동은 개념적으로 '순응'(compliance)과 '수용'(acceptance)의 두 가지로 구분될 수 있다. 이때 '순응'은 대상집단이 정책의 목적과 취지에 동의하지 않더라도 집행요구에 따르는 것을 의미하고, '수용'은 정책의 목적과 취지에 대한 공감과 동의에 기반하여 집행요구에 따르는 것을 의미한다. 민주화된 국가의 민본적인 정책은 궁극적으로 '수용'의 영역 혹은 민과 관 사이의 믿음과 공감의 영역을 확장해 가는 사회적 기반을 토대로 수월한 정책집행이 이루어지는 것이라고 볼 수 있겠다.

---

1) 이와 같은 정책집행의 본질과 의의 등 정책집행론의 많은 부분은 허범(1988a: 97-101, 제3장 공공정책의 형성과 집행)을 참조해 재구성했다.

2) 정책집행의 정의의 예로서, "정책결정과 정책평가 단계 사이에서 이뤄지는 실천적 단계로서, 권위 있는 정책 내용을 구체화하기 위한 실현 활동"(권기헌, 2008: 293), "정책에 포함된 목표 혹은 내용을 구체적으로 달성하는 행위"(Pressman & Wildavsky, 1973: 8), "공공문제 해결에 관한 구체적인 제안인 프로그램을 실천에 옮기기 위한 활동"(Jones, 1977: 139) 등을 참고할 수 있다.

2. 정책집행의 의의

이와 같은 정책집행은 다음과 같은 중요한 의의를 가진다.

1) 민본행정의 핵심적 영역

국민(주민)의 입장에서 볼 때, 정책에 대해 생활 현실에서 구체적이고 직접적으로 실감할 수 있는 단계는 바로 정책집행 단계가 된다. 그러므로 정책집행이야말로 국민의 입장에서 보면 민본행정, 위민행정의 이념을 실현하는 행정 현장으로서의 의의를 지닌다.

2) 민과 관의 상호 접촉 영역

정책집행은 공공행정이 국민의 요구와 기대에 실질적으로 대응하고, 최저 계층을 대표하며, 민과 관의 상호 협조와 상호 조정을 확보하고, 국민이 정부정책을 마음으로 수용하게 하는 민과 관의 상호 접촉 영역이다. 그러므로 정책집행이 성공적으로 이뤄지면 행정의 책임성, 신뢰성, 그리고 민주성이 확보된다.

3) 정책의 실질적인 존재 의의 확인

정책형성 과정을 거쳐 산출된 정책과 그 정책목표, 정책수단 등이 아무리 좋아도, 그것이 실제 현실에서 실천되지 않으면 정책으로서의 진정한 존재 의의가 없다. 그런 만큼 정책집행의 단계는 바로 정책의 의도, 목표, 수단 등 정책의 존재 의의를 실질적으로 확인할 수 있는 단계다. 우리는 현실에서 집행할 의지나 능력도 거의 없으면서 화려한 미사여구로 가득 채운 정책을 찾아볼 수 있다. 결국 정책집행 과정을 통해 이러한 과장되고 허황된 정책과 진정한 정책이 드러나게 된다.

4) 기본정책 내용의 구체화와 정책 의도의 실현 단계

정책집행은 단순히 이미 수립된 정책을 실천하는 것만이 될 수 없다는 것은 명백하다. 정책형성 과정을 거쳐 결정된 정책은 전체적 · 추상적 · 개괄적인 맥락을 특징으로 한 기본정책이다. 따라서 정책을 집행 현장에서 실천하기 위해서는 독특하고 구체적이며 부분적인 집행 상황과 정책 대상집단(주민)의 욕구 · 기대 등을 고려해 더 구체적이며 실질적인 내용을 포함하고 재구성하지 않으면 안 된다. 그리고 재구성된 구체적 집행정책을 집행 현장에서 실제로 실천함으로써, 정책집행은 기본정책 결정 시의 정책 의도를 현실적·구체적으로 실현하는 단계라는 의의를 지닌다.

5) 지방정치의 활성화

정책집행은 일상생활의 차원에서 실질적인 의미를 가지는 행정 효과를 국민들에게 분배하는 행정 과정이기 때문에, 국민들에게 가장 민감한 관심 영역이 된다. 또 그것은 지방정부에 의해 수행되는 분야가 매우 많다. 그러므로 정책집행 과정은 많은 경우 실질적 이해 분배를 둘러싸고 능동적으로 전개되는 지방정치 과정이다. 국민들은 일상적인 관심과 실질적인 지식을 가지고 이 과정에 적극적으로 참여한다. 이렇게 보면 성공적 정책집행은 지방정치를 생활화 또는 활성화시키는 의의를 지닌다.

3. 정책집행에 대한 관점

정책집행의 본질을 정확하게 이해하기 위해서는 정책집행에 대한 관점이 어떻게 변화되었는가를 알아야 한다. 이를 위해 고전적(전통적) 정책집행의 관점과 현대적 정책집행의 관점을 각각 살펴보면서 비교하기로 하겠다.

1) 고전적 정책집행의 관점

고전적인 행정의 관점(고전적 집행관)은 베버(Max Weber)의 관료제모형에 의해, 상부 결정기관(결정자)의 구체적인 지시명령이 있고, 하부 집행기관(집행자)은 이를 능률적이고 충실하게 실천하고 이행하는 합리적인 계층적 조직관의 관점에서 이해했다.[3] 또 고전적 행정의 관점은 윌슨(Thomas, W. Wilson)의 정치행정이원론에 입각해 정치가 정책의 형성에 관한 것이라면 행정은 이의 실천(집행)에 관한 것으로서, 행정을 정치로부터 완전히 구별할 수 있고 구별해야 한다고 이해했다. 이러한 관점은 군주주권론에 대항해 국민주권론을 확립하는 과정에서, 의회 입법권의 우월과 그에 종속된 법치행

3) 고전적 집행의 관점을 받치고 있는 다른 하나의 이론으로서, 행정의 객관적인 합리성과 능률성을 추구하기 위해 과학적인 관리가 필요하다는 테일러의 『과학적 관리론』을 추가하기도 하지만(권기헌, 2008: 314-315), 넓게 볼 때 이는 베버의 관료제이론에 포함시킬 수 있다.

정의 이념을 강조하던 소위 19세기 입법국가 시대의 행정에 대한 관점이었다.

이와 같은 고전적 행정의 관점에서는, 정책집행에 대해 이미 결정된 정책을 정책집행기관이 단순히 기계적 · 자동적 · 하향적으로 이행하는 활동에 불과한 것으로 본 것이므로, 별로 중요한 과정으로 볼 이유가 없었다.[4] 즉, 입법부에 의해 제정된 법률이나 상급 정부에 의해 결정된 정책의 목표를 달성하기 위해, 행정부나 하급 정부와 같은 집행 담당기관(집행자)은 결정된 정책 내용을 결정자의 의도와 동세에 따라 그대로 단순히 행동으로 옮기는 중립적이고 기술적인 활동에 지나지 않는 것으로 보았다. 이렇게 정책결정만을 강조하고 집행기관과 집행자의 활동을 단순히 '행동화'하는 측면이나 활동에만 초점을 맞춰 국한시킨 수동적인 고전적 관점은 몇 가지 중요한 한계를 지닌다.

첫째, 정책집행의 고전적 관점은 정책목적을 단순히 '주어진 것'으로 고정시키고 있다. 이것은 정책집행 과정에서 정책이 재해석되거나 변화한다는 사실을 인식하지 않는 것이다(정책목적의 고정 불변성).

둘째, 정책집행의 고전적 관점은 정책집행을 기능적으로 '행동화'에 국한시킨다. 이것은 정책형성과 정책집행을 기능적으로 각각 결정과 행동으로 완전히 분리시키는 것이다. 또한 이것은 실제의 정책집행에서 수행되고 있는 집행기관과 집행자의 많은 '결정'의 기능과 재량의 여지를 모두 부인하는 것이다(결정과 집행의 엄격한 분리 및 배타성).

셋째, 정책집행의 고전적 관점은 정책집행을 정책형성의 단순한 후속 과정으로 종속시킨다. 이는 정책형성이 이뤄지면 정책집행은 하나의 방향성만을 갖고 기계적 · 자동적으로 뒤따르는 것으로 본다(일방향성, 단순성, 기계적 자동성). 이와 같은 이유로 정책형성은 대단히 중요한 것이고 정책집행은 중요한 것이 아니라는 잘못된 인식을 갖게 만든다.

2) 현대적 정책집행의 관점

20세기에 들어와서 사회적 상황은 날로 복잡 다기화되고 사회문제의 해결에는 전문적이고 조직화된 지식, 능력, 경험 등을 요구하게 되었다. 그에 덧붙여 적어도 이념적으로는 국민 주권의 이념이 확립되었다. 이에 따라 소위 입법국가 시대에 입법부가 주도하던 정책형성의 기능이 이제는 전문성, 능률성, 지속성을 특징으로 하는 행정부에 의

4) 고전적 행정의 관점과 정책집행에 관한 자세한 검토는 나카무라와 스몰우드(Nakamura & Smallwood, 1980: 7-12) 참조.

해 주도되는 소위 '행정국가'의 시대로 변화되었다. 이러한 배경에서 정치행정이원론이 퇴조하고 정치행정일원론이 등장했다.

이제 현대 국가는 위임입법, 골격입법으로 상징되듯이 입법부의 역할과 비중이 상대적으로 저하되고, 실질적으로 행정부가 정책 내용 및 정책과정을 주도하고 있다.[5] 이렇게 정책이 행정의 핵심적 과제로 등장하면서 정책의 형성과 집행은 밀접하게 상호 연결되고 작용하는 의미를 갖게 된다. 이에 따라 현대 행정에서, 일단 정책이 만들어지고 나면 그 집행은 별다른 문제 없이 이뤄진다는 고전적 정책집행의 관점은 더 이상 적합하지 않다. 이는 실제 정책집행의 사례들을 분석한 연구에서도 확인됨으로써 충격을 던져 주었다.[6] 현대의 정책집행의 본질을 바르게 이해하기 위해서는 정책집행의 전제 요소들을 찾아내어 면밀히 검토하는 것이 필요하다.

정책집행기관은 적어도 다음과 같은 전제 요소들을 가지고 정책집행에 착수한다. 앞으로 특정화, 구체화, 행동화할 개괄적·전체적·추상적 수준에서의 기본정책, 구체적인 특수한 집행 상황, 그리고 주민 등 정책 대상집단의 요구·기대 등의 제반 특성이다. 정책집행의 업무를 실제로 수행하려면 정책집행기관은 이 세 가지 전제 요소 가운데서 어느 것 하나도 결코 간과할 수 없다.

정책집행기관에서 보면 기본정책은 넓은 지역과 제도적 맥락을 포괄하는 개괄정책이기 때문에 그것을 바로 행동으로 전환시키기에는 여러모로 곤란하다. 더구나 그것은 현지성을 띤 다른 두 가지의 전제 요소들, 즉 구체적인 집행 상황과 주민 등 정책 대상집단의 욕구와 기대를 거의 반영하지 못한다. 그런데도 만약 이 두 가지 전제 요소를 무시한 채 기본정책을 행동으로 전환시킨다면, 그것은 현지성에 부적합한 정책집행이 될 것이고 그만큼 좋은 결과를 기대할 수 없다.

그러므로 실제에 적합한 정책집행의 본질은 '기본정책의 단순한 행동화'가 아니라, '기본정책과 현지성의 통합을 통한 행동화'에서 찾을 수 있다. 여기서 새로운 정책집행

5) 그러나 정책의 내용과 과정에 대한 입법부 또는 행정부의 영향력은 한 나라의 정치 체제, 정치문화의 성격에 따라 다르기 때문에 일률적으로 그 영향력의 정도와 비중을 단정하기는 어렵다. 한국의 경우 2015년을 기준으로 해서 보면 과거에 비해 국회의 영향력이 점점 더 커지는 추세에 있다.

6) 특히 1970년대에 들어와 현대적 정책집행론이 논의되었는데, 미국 경제개발처(Economic Development Administration: EDA)가 오클랜드(Oakland) 주 지역에 2천 3백만 달러를 투입해 2,200여개의 일자리를 창출한다는 대규모의 도시지역 실업자 구제사업을 입안해 집행했는데, 3년 후 평가에서 겨우 3백만 달러의 투자에 10여개의 일자리만 생긴 데 불과하다는 충격적인 실패 사례를 분석한 프레스만과 윌다브스키(Pressman & Wildavsky, 1973)의 『집행론』이란 저서의 공헌이 크다.

의 관점이 등장하게 된다. 정책집행은 개괄적인 기본정책, 구체적인 집행 상황, 그리고 특정한 정책 대상집단의 욕구와 기대를 실천적 행동의 전환으로 모두 통합하는 것이다.

그런 의미에서 현대적 정책집행의 관점(현대적 집행관)을 요약하면, 다음과 같은 중요한 의미를 내포한다.

첫째, 정책집행은 정책형성 과정의 연장이라는 성격을 지닌다. 정책형성 단계에서 형성된 정책은 개괄적 · 일반적 · 전체적인 맥락에서 결정된 기본정책이므로, 이 정책은 구체적인 집행 상황과 특정한 정책 대상집단(주민)의 기대와 욕구에 적합하도록 재해석되고 특정화할 필요가 있다. 이러한 기본정책의 재해석 과정은 비록 기본정책의 테두리 안에 제한되는 정책형성이지만, 이것도 성격상 일종의 정책형성에 속한다(정책형성 과정의 연장선 속에서의 연속성, 순환성).

둘째, 정책집행은 정치적 과정으로서의 성격을 아울러 지닌다. 정책집행 과정은 정책을 능률적으로 실천하는 기술적 과정의 성격을 지니고 있으나 그것만이 아니다. 정책집행 과정은 가치를 실제적으로 배분하는 과정이다. 그런데 이 가치 배분의 과정에서 혜택을 보는 사람과 손해를 보는 사람이 발생하게 된다. 따라서 개인 또는 다양한 집단이 자신의 의사를 정책집행 과정에 반영시키려고 하고 이를 위해 정치적 과정, 즉 주장 · 지지 · 반대 · 투쟁 · 타협 · 협상 · 설득 · 조정 등의 방법이 동원되고 일어난다. 이는 정책집행 과정이 전형적인 정치적 과정의 성격을 지닌다는 것을 말해준다(전문기술성, 정치성, 사회과정성).

셋째, 정책집행 과정은 구체적인 특정의 집행 상황과 집행 대상 국민(주민)의 욕구 · 기대 등 복잡한 특성을 고려해야 하므로, 집행 담당자의 적절한 재량권을 중요시한다(복잡성, 재량성). 고전적 정책집행의 관점은 재량권의 여지가 없을수록 좋은 엄격한 행동화를 강조한다. 그러나 현대적 정책집행의 관점은 필연적으로 구체적이고 특수한 집행 현장의 복잡한 상황과 정책 대상집단(주민)의 기대와 욕구를 반영한 집행정책의 형성, 정책의 수정관리, 그리고 이의 실천적 행동을 강조한다. 그러므로 집행 담당자의 적정한 범위 내의 재량을 인정하는 것이 불가피하다.

4. 정책집행의 접근 방법

1970년대 이후 정책과정에서 정책집행의 중요성에 대한 관심이 높아지면서 많은 연구가 이뤄졌고 그 성과도 많이 나왔다. 이러한 연구는 정책집행에 대한 고전적 관점의 문제점과 한계를 부각시키면서, 이를 수정하고 보완하는 관점의 변화라고도 할 수 있다. 이렇게 대두한 새로운 관점을 통틀어서 현대적 정책집행의 관점이라고 일컫는다. 그런데 현대적 관점에서 정책집행에 대한 관심과 연구도 모두 한 가지의 단일한 방향으로 이뤄진 것이 아니다. 어떤 연구자는 정책집행의 중요성을 새롭게 발견하기는 했으되, 그것을 전통적인 정책형성기관과 정책결정자의 시각과 관심에 부응하는 방향에서 연구했다. 또 다른 연구자는 새롭게 정책집행기관과 집행자의 시각과 관심에 부응하는 방향에서 연구했다. 전자를 '하향적 접근 방법'이라고 한다면, 후자를 '상향적 접근 방법'이라고 할 수 있다.

그렇다면 현대적 집행관의 핵심은 바로 고전적 관점을 완전히 부정하는 것이 아니고, 고전적 관점이 지나치게 경시하거나 무시한 부분을 복원시켜 그 문제점과 한계를 보완함으로써, 정책집행에 대한 적실하고 균형 있는 관점과 접근을 가능하게 한 데서 찾을 수 있다. 이는 곧 정책집행 연구에서, 고전적 관점이 지나치게 강조됨으로써 문제가 되는 '하향적 접근 방법'의 장점과 필요 부분, 그리고 고전적 관점이 경시한 '상향적 접근 방법'의 장점과 필요한 부분을 발전적으로 통합하는 '통합적 접근 방법'으로 나가야 한다는 것을 의미한다. 다음에서는 정책집행에 대한 올바른 이해와 연구가 통합적 접근 방법에 있음을 전제로, 이를 올바로 이해하기 위해 그 변증법적 정(正)과 반(反)에 해당하는 하향적 접근 방법과 상향적 접근 방법을 각각 살펴보고, 합(合)에 해당하는 통합적 접근 방법으로 이를 종합하기로 한다.

1) 하향적 접근 방법

하향적 접근 방법(top-down approach)은 정책결정자의 입장과 시각에서, 정책결정에 의해 채택된 정책목표를 하부 또는 하층 집행기관이 충실히 달성하는 데 주된 관심을 갖는 접근 방법이다. 따라서 정책결정자의 정책목표가 성공적으로 달성되고 정책 의도가 충실히 구현되기 위해 관심을 가져야 할 집행 과정상의 요인들을 추출해, 정책결정자에게 제시해 주는 데 관심을 갖는다. 이 접근 방법에서는 성공적인 정책집행을 위한 이상적인 조건으로 다음과 같은 것을 제시하고 있다(권기헌, 2007: 321-322).

첫째, 정책결정의 내용이 타당한 인과이론에 바탕을 둔 것이어야 한다. 즉, 정책목표, 정책수단, 그리고 정책 효과 사이에 어느 정도 긴밀한 인과관계의 타당성(기술적 타당성, technical validity)이 있는가 하는 것이 중요하다. 그 세 가지 사이에 인과성이 부족하면, 그만큼 본래 의도된 정책목표는 달성될 수 없다.

둘째, 정책목표의 설정과 정책목표 간 우선순위의 명확화, 집행기관의 선정과 집행기관에 대한 재정적 자원의 충분한 제공, 정책 이해관계자의 참여 기회 보장 등 정책 내용이 명확해야 한다.

셋째, 유능하고 헌신적인 집행자가 집행을 담당해야 한다. 집행 성과를 원래 의도한 정책목표와 비교하고 평가한다.

넷째, 정책결정자의 의도에 대한 명확한 진술, 기대되는 자질과 필요 정보와 자원, 강력한 리더십이 있어야 한다.

다섯째, 정책환경이 안정적이어야 한다.

이러한 관심을 강조하는 하향적 접근 방법의 유용성은 많은 사례연구를 통해서 확인되고 있다. 그런 만큼 정책결정자와 정책형성기관은 이들 사항을 미리 점검하고 대비하는 체크리스트로서 활용할 필요가 있다(정정길 외, 2010: 675). 그러나 이 접근 방법은 역시 상층 정책결정자와 정책형성기관 위주로 접근하다 보니 집행 현장의 변수들이 충분하게 고려되지 못할 가능성이 높다.

2) 상향적 접근 방법

상향적 접근 방법(bottom-up approach)은 실제로 정책을 집행하는 정책집행기관과 집행자의 입장 및 시각에서, 일선 현장 집행기관의 조직·인력·예산, 집행자들의 사고방식, 의도와 목적, 전략과 전술, 권한과 재량 범위, 필요 자원, 실제 행태, 이에 영향을 미치는 정책 이해집단 등의 상호 관계 등에 주된 관심을 갖고 접근하는 연구 방법이다. 이 방법의 연구에 의하면, 정책집행 과정에 가장 큰 영향력을 행사하는 집단은 명목적인 지휘와 통제를 담당하는 정책결정자와 정책형성기관이 아니라, 그 나름대로 전문성, 지식, 정보를 가지고 실제 현장에서 정책문제 해결에 나서는 집행기관과 집행자라고 보고 거기에 초점을 맞춘다. 당연히 정책집행 과정에 대한 올바른 이해는 이들 집행기관과 집행자의 사고와 행태를 제외하고는 가능하지 않다고 본다. 또 분명하고 일관된 정책목표를 중시하고 거기에 초점을 맞춰 통제하는 하향적 접근 방법의 관심과는 다르게, 이 상향적 접근 방법은 정책목표를 달성하는 실제 현장의 집행 과정상 문제가 무엇이고 어떻게 해결해야 하는가에 초점을 맞춘다.

이 접근 방법은 집행 현장에서 참여자들이 활동하는 과정에서 발생하는 여러 가지 요소와 집행 과정을 둘러싸고 전개되는 연결망을 분명하게 파악할 수 있게 해준다. 그러나 집행 현장에서 고려해야 할 요소는 너무나 많고, 거기에 매몰되면 전체적인 정책 집행 과정을 소홀히 하거나 정책목표 자체의 달성을 간과하기 쉬운 한계가 있다.

3) 통합적 접근 방법

초기의 정책집행에 대한 연구로서 하향적이거나 상향적인 접근 방법은 그 나름대로 정책집행에 대한 많은 연구 성과를 산출했다. 그러나 각각의 접근법이 지닌 문제점과 한계로 말미암아 전체적이고 균형적인 조망과 시각을 갖게 해주지는 못한 것이 분명해졌다. 또 각 접근 방법은 각각 연구의 범위와 분석의 초점이 다르다. 하향적 접근 방법은 기본적으로 명확한 정책목표의 설정과 정책목표의 달성 여부가 중요한 연구 범위이고, 정책결정자에 의한 효과적인 집행 과정의 통제 방법 모색이 분석의 초점이었다. 그에 비해, 상향적 접근 방법은 정책목표의 달성 대신 특정 집행문제의 해결이 중요한 연구 범위이고, 정책집행 문제의 해결이 분석의 초점이었다(권기헌, 2007: 325-326). 이에 1980년대 중반 이후 각 접근 방법이 지닌 관심, 초점 및 장점을 살리고, 단점과 한계를 보완해 양 접근 방법을 변증법적으로 통합하고자 하는 학문적 노력이 등장하게 되었다. 이를 통합적 접근 방법이라고 한다.

통합적 접근 방법(synthesizing approach)의 예로서, 집행 현장과 다양한 공·사적 집행 관련자들을 분석 단위로 한 상향적 접근 방법과 사회경제적 조건 및 법적 수단이 집행자들의 행태를 일정한 방향으로 제약한다는 것에 초점을 둔 하향적 접근 방법을 비교 우위적으로 종합하는 시도가 나왔다(Sabatier, 1988; Sabatier & Mazmanian, 1983: 143-169). 또 정책결정자들이 정책설계를 할 때 하향적 접근 방법에 의해 전방향적으로 정책목표를 결정하되, 정책수단을 선택할 때는 가장 집행 가능성이 높은 것을 선택하는 후방향적인 상향적 접근 방법을 취함으로써, 양 접근 방법을 상호 교류적·가역적으로 활용하는 방안을 제시하는 통합을 시도하기도 했다(Elmore, 1979: 601-616; 1985).[7] 또 모호성과 갈등의 수준을 두 차원으로 나눠 관리적 집행, 정치적 집행, 실험적 집행, 상징적 집행 등 네 가지 집행 상황을 설정하고, 각 접근 방법이 어떤 조건에서

7) 엘모어(Elmore, 1979; 1985)는 하향적 접근 방법으로서 전방향적 집행(forward mapping), 상향적 접근 방법으로서 후방향적 집행(backward mapping)을 주장한다.

더 잘 적용되는지, 그리고 중요한 집행 변수가 무엇인지를 탐색하기도 했다(Matland, 1995).

결국, 통합적 접근 방법은 정책집행에 대해 개괄적이고 전체적인 맥락에서 형성된 기본정책을 특정한 구체적 집행 상황과 일정한 정책 대상집단(주민)의 욕구・기대를 고려해 행동화하는 것으로 본다. 이는 하향적 접근 방법과 상향적 접근 방법을 모두 포괄함을 알 수 있다. 즉, 정책집행에는 우선 집행 담당기관의 관점에서 기본정책이 집행 상황과 조화롭게 실천될 수 있도록 재해석되고 구체화되는 과정이 존재한다(이러한 '집행정책의 형성'은 후술한다). 이것은 분명히 정책집행에서 집행기관의 적절한 역할과 기능을 인정하고, 그에 합당한 일련의 과정을 강조하는 상향적 접근 방법의 관점이다. 그러나 그것은 어디까지나 기본정책의 테두리 안에서 이뤄지는 것으로서, 그것은 곧 기본정책의 목표를 달성하기 위한 집행기관과 집행자의 재량권의 한계를 의미한다. 이는 하향적 접근 방법의 관심과 초점을 반영한다.

또한 정책집행에는 집행 대상인 국민(주민)의 관점에서 기본정책의 내용이 적절하고 충분히 수용될 수 있는가 하는 것을 계속적으로 검토・점검하는 과정이 존재한다. 이것은 정책집행에서 집행 대상인 국민(주민)의 민주적인 위치와 역할을 인정하고, 그에 합당한 계속적인 환류적 반응(feedback response) 과정을 강조하는 것이다. 이는 당연히 하향적 및 상향적 접근 방법의 관심과 초점을 통합하는 것을 의미한다.

이처럼 정책집행은 단순히 일방적이고 하향적인 과정이 아니다. 정책집행은 정책형성(결정)기관과 집행기관 간, 그리고 집행기관과 국민 간, 더 나아가 정책형성(결정)기관과 국민 간을 연결시켜 주는 쌍방적이고 상호 협조적이며 복잡한 과정이라는 것이 본질적인 특징을 이룬다.

이제 정책집행에 대한 연구는 단순한 사례분석을 넘어 그 다양성, 복잡성, 동태성, 순환성을 인정하고 이를 전제로 다양하고 복잡한 정책집행의 현상을 분석하기 위한 다양한 분석틀과, 더 나아가 정책집행에 영향을 미치는 변수들의 인과적 복잡성을 설명하는 이론을 개발하는 단계로 나아가고 있다.[8] 다양한 종류의 제도를 분석 대상으로 삼

8) 고긴(Goggin, 1990) 등은 1970년대 이후 20여년의 연구에서 많은 성과가 있었지만 이론이 충분히 축적되지 못한 데 대해 비판을 제기하면서, 특정 집행 사례의 상세한 서술에 초점을 맞춘 '제1세대 연구'에서, 다양한 사례의 복잡한 현상을 분석하기 위한 분석틀의 개발에 역점을 둔 '제2세대 연구', 그리고 다양하고 동태적인 정책집행에 영향을 미치는 변수들의 인과적 복잡성을 이해하기 위한 더 과학적인 접근 방법을 모색하는 '제3세대 연구'로 나아가야 한다고 주장했다(권기헌, 2007: 318-

고 집행 주체, 그리고 집행 주체와 집행 대상집단과의 관계를 제도적 측면에서 분석하는 제도분석이론(institutional analysis), 정책이 진화해 가는 국정관리(governance)적 구조와 과정의 설계 및 그 운영 방법, 그리고 정책과정 참여자의 다양한 참여와 역할을 연구하는 새로운 거버넌스 연구(new governance study), 그리고 정책집행 과정에 참여하는 다양한 이해관계자 등 집행 체제의 다양성 · 복잡성 · 순환성 등을 이해하기 위한 도구로서 정책 참여자 사이의 서로 연계되어 유형화된 상호작용을 연구하는 연계망이론(네트워크이론, network theory)이 그 예다.

제 2 절 정책집행 과정과 집행 주체

1. 정책집행의 단계 구분

정책집행 과정도 정책의 내용, 종류, 성격 등에 따라 복잡하고 다양하게 전개되기는 하지만, 현실의 정책집행 과정을 분석하고 이해하며, 더 나아가 바람직한 집행 과정의 관리를 위해서는 정책집행 과정을 일반적으로 중요하고 의미있는 일정한 몇 단계로 구분할 필요가 있다. 오늘날 정책집행 과정의 중요성과 여러 가지 동태적 특성 등을 고려할 때, 정책집행 과정은 집행정책 형성, 정책의 행동화, 정책수정관리 활동이 전개되는 과정으로 구분할 수 있다.[9] 여기에서는 이들 정책집행의 각 단계를 우선 간단히 소개한다.

---

319).

9) 현대적 집행론에서는 '행동화' 외에, 집행을 위한 구체적인 기획, 그리고 중간의 환류 활동을 중요하게 보고 몇 단계로 구분하고 있음을 알 수 있다. 그 단계 구분의 예로서, 지침 개발(guideline development), 자원 배분(resource distribution), 감시 과정(oversight process)의 3단계(Rein & Rabinovitz, 1978: 315-321) 구분과 자원 확보, 해석 및 기획, 조직, 혜택 · 제한의 4단계(Ripley & Franklin, 1986: 4-5) 구분, 정책기획, 자원 확보, 실현 활동, 점검평가의 4단계(권기헌, 2008: 306-313) 구분 등을 참고할 수 있다. 그런데 인력 · 조직 · 장비 · 법규적 근거(구체적 권한 행사의 범위 등) 등의 자원 확보는 집행의 전체 단계에서 계속적으로 이뤄져야 한다고 볼 때, 이 책에서와 같은 구분이 적절하다고 보겠다.

1) 집행정책의 형성 단계

정책의 집행을 위해서는 먼저 정책집행기관이 개괄적인 기본정책을 구체적인 집행 상황과 특정한 정책 대상집단(주민)의 제반 특성과 요구에 맞춰 실천적으로 재해석하고 구체화하며 특정화시키는 과정이 필요하다. 이와 같이 기본정책을 구체적인 집행 상황 및 특정한 정책 대상집단(주민)의 제반 욕구·기대 등에 적합하도록 재해석하고 구체화하며 특정화시키는 것을 집행정책 형성이라고 한다.

2) 정책의 행동화 단계

집행정책을 형성한 집행기관은 이를 구체적인 행동을 통해 실천하게 된다. 이를 정책의 행동화라고 한다. 따라서 정책의 행동화 단계에서는 정책을 구체적인 행동으로 실현하는 집행 담당자의 '순응'과, 정책에 의해 영향을 받는 국민(주민)의 정책집행에 따른 '수용'이 중요하다.[10]

3) 정책의 수정관리 단계(정책변동관리, 정책전이관리 단계)

그런데 구체적인 정책의 행동화 과정에서는 집행 상황이 변화하고, 특정의 정책 대상집단(주민)의 요구가 발생하는 등 정책환경이 변화될 수 있는데, 이에 대해 적절히 대처하지 않으면 안 된다. 즉, 정책의 행동화 과정에서 집행 상황 등의 변화를 반영(환류, feedback)해 집행정책을 여러모로 수정할 필요가 발생한다. 정책집행 과정에서 이와 같이 집행정책의 내용을 수정하고 보완할 필요가 있을 때, 기본정책의 테두리를 벗어나지 않으면서 이를 적절하게 수정하는 일련의 환류 활동을 정책의 수정관리, 변동관리 또는 전이관리라고 한다. 그리고 정책을 수정한 후에는 다시 이를 실천하게 되는 과정, 즉 정책의 행동화 과정으로 이어진다.

한편, 정책집행 과정을 정책 당국과 국민(주민, 집단)의 대면 관계에서 분석해 보면, 크게 다음과 같이 두 단계로 구분해 살펴볼 수 있다.

(1) 정책결정기관과 정책집행기관 간 내부적 관계의 단계

이는 기본정책의 의도와 기조, 목적, 목표, 수단 등이 정책결정기관과 정책집행기관

---

10) 여기에서 '순응'과 '수용'은 다르며, 이는 정책의 행동화를 설명할 때 자세하게 설명한다.

상호간에 적절하게 전달되고 공유되어 행동화되고 있는가 하는 측면으로, 정책 담당기관들 상호간의 집행과 관련된 내부적 관계의 단계를 말한다. 이 단계에서 중요한 것은 집행행동이 정책기관들 상호간의 내부적 '순응'이 확보되면서 이뤄져야 한다는 점이다.

(2) 정책집행기관과 국민 간 외부적 관계의 단계

정책집행기관과 집행의 대상인 국민(주민) 간의 외부적 관계인 수용 단계가 있다. 이는 정책집행 활동 중에서도 가장 핵심적인 과정, 즉 정책이 실질적으로 국민에게 구현되고 수용되어 소기의 정책 효과를 거두고 있는지가 드러나는 단계를 말한다. 이 단계에서 중요한 것은, 집행행동이 국민에 의해 '수용'되어야 성공적인 집행이라 할 수 있다는 점이다.

이와 같이 정책집행 과정을 구분하면 성공적인 정책집행의 조건과 방법들에 관해 의미있는 분석을 할 수 있다. 즉, 이는 집행행동이 정책기관들 상호간의 내부적 순응이 확보되어 이뤄져야 할 뿐만 아니라, 그 집행행동이 국민에 의해 수용되어야 성공적이라고 할 수 있음을 말해준다. 그러므로 정책집행 과정을 올바로 이해하고 정책집행 과정을 성공적으로 관리하기 위해서는 이상의 과정을 모두 살펴봐야 한다.

2. 정책집행 과정의 동태성

정책집행 과정은 실질적으로 국민에게 이익을 주거나 손해를 발생시키는 과정이므로 정책형성 과정에 못지않은 동태적인 특성을 지닌다. 다음에서 그 중요한 동태적인 특성만을 요약한다.

1) 넓은 사회과정성

정책집행 과정은 넓은 사회과정성을 특징으로 한다. 정책집행 과정에서는 많은 개인, 집단 그리고 집행과 관련된 기관들이 참여한다. 따라서 이들 관련자와 관련집단, 그리고 관련 기관이 매우 다양하고 복잡하게 상호작용을 하게 되고, 그 관련성이 넓은 사회과정성을 특징으로 한다.

2) 기술적 측면과 정치적 측면의 혼재성

정책집행 과정은 기술적 측면과 정치적 측면이 혼합된 과정을 특징으로 한다. 정책집행 과정은 전문성, 능률성을 가지고 최대의 정책 효과를 가져오도록 하는 기술적 측면이 강하다. 그러나 다른 한편으로는 거의 대부분 정치적 측면, 즉 협상, 타협, 설득 그리고 때로는 강제력을 갖는 권력적 작용을 포함한다. 그러므로 정책집행 과정은 기술적 측면과 정치적 측면이 혼합된 과정이라는 특징을 지닌다. 왜냐하면 정책 관련자들이 정책집행 과정에서도 자신들의 이해 관계나 주장 등을 반영하기 위해 노력하는 과정에서 정책 관련자들 사이에 정치적 관계가 형성되기 때문이다.

3) 가변적 정책환경의 대응성

정책집행 과정은 가변적인 정책환경의 변화를 상정하고 이를 내재화하고 있다. 거의 모든 정책은 정책과정을 거치면서 여러 가지 이유로 불가피하게 변화한다. 그런데 정책집행 과정은 국민(주민)과의 직접적인 접촉 영역이므로 특별히 그 과정 내에 많은 변화의 상황과 변화의 요구를 수용하고 이를 적절히 관리하는 내재적 장치(메커니즘)를 지니지 않으면 안 된다. 이러한 이유로 정책집행 과정은 앞에서 보듯이 정책의 수정관리라는 본질적인 과정을 그 구성 요소로 하고 있다.

4) 환류적 반응성

정책집행 과정은 환류 활동을 본질적인 특징으로 하고 있다. 앞에서 정책수정관리 과정이 정책집행 과정의 내재적인 과정이라고 하는 의미는 정책집행 과정에서 활발한 환류 활동이 필수적임을 말해준다. 다시 말해서 집행 과정에서 발생하는 각종 다양하고 복잡한 집행 상황과 조건을 무시하지 않고 적절히 집행 과정에 반영하는 것이야말로 정책집행의 성공을 보장하는 길이라고 할 수 있다. 이와 같이 집행 현장의 상황과 조건을 적시에 적절히 반영하는 활동과 체제, 즉 환류 활동과 환류 체제는 정책집행 과정의 독특한 동태성을 말해주는 증거다.

3. 정책집행의 기관과 담당자

정책을 집행하는 주체는 집행을 담당하는 집행기관과 집행 담당자가 된다. 그렇다면 정책집행을 분석하고 이해하거나, 성공적인 정책집행을 위해서는 이들 집행기관과 집행 담당자를 잘 살펴보는 것이 필요하다(Edwards Ⅲ, 1980; 정정길, 1989: 제10장). 그러므로 이와 같은 집행 주체와 관련된 여러 가지 측면을 검토하면서 정책집행의 본질, 과정, 그리고 동태성을 충분히 이해해야 한다.

1) 정책집행의 구체적 담당기관과 담당자

우리가 주된 논의 대상으로 삼고 있는 정부정책의 경우, 정책의 집행은 정부의 행정기관, 또는 공·사 영역이 중첩되어 있는 공공기관 등이 담당한다. 그리하여 실제 정책상황과 정책의 내용 또는 성격에 따라서 집행을 담당하는 기관이 구체적으로 결정된다. 이를 좀 더 살펴보면 다음과 같다.

먼저, 정부는 공공문제에 대해 직접·간접의 해결자로서의 역할을 담당하지 않을 수 없다. 사회적 가치의 배분을 둘러싸고 전개되는 다양한 이해 관계 속에서 개인과 사회공동체의 유지·발전을 위해 때로는 지원자·조장자적 기능, 때로는 조정자·심판자적 기능, 또 때로는 규제자·감독자적 기능을 담당해야 한다. 정부기관은 이러한 정부의 기능을 대체로 분업적으로 분담해 수행한다. 그리하여 주로 기본정책을 형성하는-많은 경우 중앙, 본부나 본청, 또는 상부 등의-정책형성기관이 있고, 각급 지방자치단체와 중앙정부기관의 일선기관은 주로 그 기본정책을 구체화시켜 집행을 담당하게 된다. 이것이 정부정책의 가장 전형적인 모습이다.

다음으로, 현대에는 공적 영역과 사적 영역이 연계·중첩되는 공공 부문(public sector) 또는 제3부문(third sector)[11]이 많이 등장했다. 소비자단체·시민단체 또는 각종 공사 등이 그 예다. 이에 따라 이들 제3부문이 정책집행에 참여해 집행기관이 되기도 한다. 예컨대, 이들을 포함한 정책과정에서는 정부가 정책을 형성하고, 사회의 공익단체 혹은 공공기업이 집행을 담당하고, 민간기업이 참여하게 된다. 주택정책에서 기본정책 형성은 국토교통부에서 하고, 이 정책의 집행은 LH공사에서 담당하면서 민간기업이 참여하는 형태를 취하는 것이 그 예다. 현대에는 이러한 공·사 영역이 중첩되는 공공 부문이 집행기관이 되어 독특한 정책집행의 기능을 수행하는 경우가 많아지고 있다.

11) 이들과 집행의 중간매개집단(intermediary group)에 관한 논의는 나카무라와 스몰우드(Nakamura & Smallwood, 1980: 47-48) 참조.

2) 정책집행기관의 구조와 기능

정책집행기관의 일정한 구조와 기능은 정책의 집행 과정을 특징적으로 규정하고 제약한다. 그 중요한 측면을 예시적으로 간단히 살펴보면 다음과 같다.12)

(1) 정책 체제의 성격

중앙집권적인 정책 체제에서 집행기관의 행동은 자율적인 영역이 매우 제한되고 규제된다. 고도로 중앙집권화된 체제에서는 자율성이 제약된 일선 정책집행기관은 기본정책을 재해석하고 구체화하는 재량권을 행사할 여지가 적으면서 기본정책을 강력하게 수행하는 역할만을 강요받는다. 이 경우 정책 의지를 강력하게 실천할 수는 있으나, 그것이 국민의 기대나 요구를 잘 반영하고 있다고는 볼 수 없는 경우가 많게 된다. 이와 대조적으로 연방제 국가와 같이 각급 지방정부의 자율성을 크게 존중해 주는 지방분권적인 정책 체제에서는 상대적으로 정책집행기관의 권한과 역할은 매우 중요하다. 이렇게 볼 때 정책집행기관의 전체 정책 체제와의 구조적 연관 관계, 그리고 집행기관 자체의 조직구조는 정책집행 과정에서 대단히 중요하다.

(2) 정책집행기관의 자원

또 정책을 합리적으로 집행하기 위해서는 집행기관이 적절한 인적 · 물적 자원을 확보해야 한다. 집행기관의 전문적이고 풍부한 인적 · 물적 자원의 확보, 그리고 이에 의한 자율적인 인사권, 예산의 편성 및 집행 권한은 성공적인 집행정책 형성과 정책의 행동화에 직결되는 관계를 갖는다. 그런데 집권화된 정책 체제에서 집행기관이 지방자치단체인 경우에는 인적 · 물적 자원의 동원 권한과 능력이 매우 제약되므로 정책집행의 자율성을 확보하기 어렵다.

(3) 의사소통 체제

의사소통이란 정보 · 생각 · 감정을 말이나 글로써 상호 교류하는 과정이다. 원활하고 바람직하게 정책이 집행되기 위해서는 의사전달이 명료해야 될 필요가 있고 막힘없이 교류될 수 있도록 의사전달 체제의 상 · 하 관계와 횡적 관계가 열려 있어야 한다. 그러나 원활한 의사전달 체제를 확보하기가 어려운 경우도 많다. 그 대표적인 예로 정

12) 집행조직의 특징에 관한 이론과 사례연구로는 황덕수(2003) 참조.

책결정기관과 정책집행기관 상호간의 구조적 문제에서 발생하기도 하고, 정책집행기관의 자기 역할에 대한 인식의 잘못에서 발생하기도 한다.

정책결정기관과 정책집행기관 상호간의 구조적 문제란 정책집행기관이 재정적·인적 자원 측면에서 정책결정기관에 과도하게 의존하고, 아울러 조직 운영의 권위주의적 방식에서 오는 관행과 운영 규범 때문에 상의하달식의 수직적 의사전달 체계가 지배하는 풍토를 만드는 경우를 말한다.

한편, 정책집행기관의 자기 역할에 대한 인식의 문제는 정책집행을 보는 시각의 문제다. 정책집행을 기본정책의 단순한 행동화라고만 보게 되면, 상대적으로 집행 상황의 현실과 현지성이 배제되면서 의사전달 체계는 상명하복식으로 강화된다. 이와 같이 의사전달이 수직적으로 지배하게 되면 정책행동화 과정은 형식화되고 만다.

(4) 집행 관련 기관의 협조

정책집행 과정은 관련 기관 간 협조 관계가 매우 중요할 때가 많다. 이것이 잘 이뤄지지 않을 경우 집행은 표류하게 되고 시기를 놓침으로써 소기의 효과를 거둘 수 없다. 대부분의 정책은 단일기관 혹은 단일조직에 의해서만 집행되지는 않는다. 그러므로 항상 특정 정책을 위해서는 관련된 기관 간 협조가 필요하고 조정이 요구된다. 그런데 수평적 관계에 있는 기관들이 정책집행에서 상호 협조적 태도를 취해야 하는데 각각의 입장을 지키려고 하는 할거주의(sectionalism)에 빠지다보면 어려움이 뒤따른다.

(5) 집행 절차

집행 과정에서 집행 절차가 어떠하냐에 따라 집행의 성공 여부를 좌우한다. 정책이 적절하게 제도화된 절차에 따라 합리적으로 집행되느냐, 아니면 임기응변적이고 필요 이상으로 오랜 시간 동안 까다롭고 복잡한 문서주의(red tape)에 의해 집행되는 관행에 지배되느냐 여부는 집행의 결과를 크게 좌우한다. 정책이 의도한 효과를 발생하기 위해서는 적기에 행동화되어야 하고, 그 집행 절차가 필요한 최소한에 그쳐야 기대한 효과를 가져올 수 있다. 예컨대, 중소기업 진흥정책의 일환으로 중소기업진흥조정자금을 마련해 놓고도, 이 자금을 융자받을 수 있는 기업의 조건을 심사하고 승인하는 데 많은 종류의 서류를 제출해야 하고, 수개월이 걸리는 까다롭고 복잡한 집행 절차를 거치게 한다면, 그러한 정책의 효과는 의문시될 수밖에 없는 것이다.

3) 집행 담당자의 가치 · 규범, 전문성

정책집행은 중앙정부와 자치단체의 행정기관, 그리고 제3부문의 공공기관의 구성원들이 담당한다. 따라서 정책의 집행은 최종적으로 이들 집행 담당자의 행동과 역할에 따라 좌우된다. 그런데 이들의 행동과 역할은 독특한 행태와 전문성을 가지고 일정한 규범 속에서 수행된다.

이와 같이 집행 담당자는 국민과 접촉 · 대응하면서 국민의 요구와 기대를 집행정책 형성에 반영시키고 이를 행동화하는 입장에 있다. 이때 집행 담당자의 가치관, 태도, 행태는 그 집행 과정에 직 · 간접으로 투영된다. 예컨대, 상부 지향적 혹은 상의하달식 관계에 익숙한 권위주의적 집행 담당자의 행태는 정책집행 과정에서 국민의 기대와 요구에 대응하는 반응성(responsiveness)이 미흡하고 주로 상부의 지시에 따라 행동하게 된다. 이렇게 되면 정책이 국민의 내면에 수용될 수 있도록 집행되기가 어려워진다. 이와 같이 집행자의 가치, 규범, 행태 등은 집행 과정에서 매우 중요하다.

한편, 구체적인 집행 상황을 파악하고 현지성의 감각을 갖기 위해서는 집행 담당자의 전문적 지식과 경험이 중요하다. 따라서 정책집행 담당자는 바람직한 집행을 위해 전문적 지식을 갖춰야 한다. 예컨대, 환경오염 방지정책의 집행에서, 집행자가 오염의 종류별 성질에 관한 전문성이 없으면 그 정책을 성공적으로 집행할 가능성은 희박하다.

정책집행자의 역할과 그 동태성을 이해하는 방법으로 실제 집행 상황에서 정책집행자가 어떠한 집행 태도를 보이는가를 이해할 필요가 있다. 그 한 예로서, 다음과 같이 집행자가 정책결정자와 어떠한 관계에 있는가 하는 측면에서 집행자의 유형을 살펴보기로 하겠다(Nakamura & Smallwood, 1980: 111-144).[13)]

(1) 고전적 기술관료형

고전적 기술관료형(classical technocrats)은 정책결정자가 결정한 정책을 정책집행자는 단순히 기술적으로 행동화하는 유형의 집행자 유형이다. 그리하여 정책결정자는 집행자에게 강력한 통제력을 행사하고 집행자는 약간의 기술적 재량만을 가지고 정책을 집행하는 유형이 이에 해당된다.

---

13) 이 밖에 맥로린(MacLaughlin, 1976)은 정책결정자와 집행자의 관계에 대해 상호 적응(mutual adaptation), 적응적 흡수(cooptation), 부집행(nonimplementation)으로 나눈다.

(2) 지시적 위임자형

지시적 위임자형(instructed delegates)은 고전적 기술관료형과 같으나, 정책결정자가 각종 관리적 조치를 취할 수 있는 일반적 권한을 위임하기 때문에 집행자가 많은 재량을 행사하는 점이 다르다.

(3) 협상자형

협상자형(bargainers)은 앞의 두 유형과는 달리, 정책결정자와 집행자 사이에 정책목표와 수단 등이 합의되지 않고, 집행자는 정책결정자에 대해 집행을 하지 않겠다거나 따르지 않겠다고 위협함으로써 정책목표와 수단 등의 협상 조정을 통해 집행이 이뤄지는 유형이다.

(4) 재량적 실험가형

재량적 실험가형(discretionary experimenters)의 정책집행은 정책결정자가 집행자에게 광범위한 재량권을 위임해 집행이 이뤄지게 하는 유형이다. 이러한 위임의 이유는 상황의 불확실성이 높거나 정책결정자의 지식 부족, 국민의 요구・기대에 민감하게 대응해야 할 필요성 등 때문이다. 이 유형의 집행자는 정책결정자를 위해 정책목표와 수단을 명백히 제시해 준다.

(5) 관료적 기업가형

관료적 기업가형(bureaucratic entrepreneurs)은 집행자가 정책결정자의 권력을 빼앗아 정책과정을 지배하는 경우를 말한다. 그리하여 집행자가 정책목표와 수단을 좌우하고 이를 정책결정자에게 받아들이도록 설득하는 유형이다.

제 3 절 집행정책의 형성

1. 집행정책 형성의 의의

집행정책이란 개괄적, 전체적, 광역적 성격이 기본정책을 집행행동으로 전환할 수 있을 만큼 구체화, 특정화시킨 정책을 말한다. 그리고 집행정책 형성이란 개괄적, 전체적, 광역적 성격의 기본정책을 구체적인 집행 상황, 정책 대상집단의 제반 특성, 그리고 국민(주민)의 기대와 요구 등을 반영해 실천적으로 재해석하고 구체화시키며 특정화시키는 일련의 활동을 말한다.

이와 같은 집행정책 형성은 정책과정의 전반적 관점에서 볼 때, 다음과 같은 의의를 가지고 있다.

1) 기본정책의 보완성

집행정책의 형성 과정은 우선 무엇보다도 기본정책이 집행행동으로 전환되기에는 아직 불완전한 측면을 보완하는 의의를 지닌다. 즉, 기본정책의 내용이 개괄적이고, 전체적(또는 전국적)이며, 일반적인 맥락에서 작성되어 있기 때문이다. 그러므로 이를 집행하기 위해서는 개별적이고 부분적(또는 지역적)이며, 특정한 집행 상황과 관련된 제반 요소를 구체적으로 반영・보완하는 것이 필요하다. 바로 이와 같이 기본정책의 불완전한 측면을 보완하는 과정이 집행정책의 형성이다.

2) 집행기관의 전문성과 책임성 확보

정책집행 과정에 대한 합리적 관리의 측면에서 볼 때, 집행정책의 형성은 일선 집행기관의 집행상의 전문성, 특수성, 자율성 등을 존중하고, 아울러 그 책임성을 확보하고자 하는 의의를 지닌다. 아무리 잘 만들어진 기본정책도 성공적으로 집행되지 않으면 정책 효과를 충분히 거둘 수 없다. 이러한 관점에서 집행정책의 형성은 특히 정책집행 과정의 합리적 관리를 위해 집행담당기관과 관료의 전문적 지식, 경험, 판단 등을 존중하고 그 역할과 기능을 강조하는 과정이라고 할 수 있다. 즉, 집행정책 형성은 중앙행정기관 등의 정책결정기관이 집행기관을 배려한다는 소극적 의미보다는, 구체적인 집행의 상황과 특정 정책 대상집단의 요청에 부응키 위해 하부 집행기관에게 기본정책의 실질적 내용과 절차를 구성하게 하는 자율적 권한과 책임의 부여를 통해 성공적인 정책집행을 도모하는 적극적 의미가 내포되어 있는 것이다.

3) 상하 접점에서 쌍방적 정책형성의 강조

정책형성이 그 정책 의도를 실현하려고 하는 목적 때문에, 정책형성 과정도 지방보다는 중앙, 하부보다는 상층부의 관점과 논리에 지배되지 않을 수 없는 측면이 강하다. 이렇게 불가피하게 하향적·일방적인 관점과 논리에 지배되어 형성된 정책에 대해, 집행정책의 형성 과정은 상향적·쌍방적인 성격을 통합해 보완하는 특징을 지닌다. 왜냐하면 집행정책 형성 과정은 정책형성 과정과 반대로 본질적으로 최일선의 집행 현장의 제반 사정을 고려하는 과정이기 때문이다. 이러한 속성 때문에 집행정책은 집행 현장의 상향적 상황 파악을 토대로 정책결정기관의 하향적 정책 의도를 구현하고자 하는 접점에서 형성되는 정책이다.

4) 좋은 정책의 지향

집행정책 형성은 좋은 정책(right or good policy)과 관련된다. 정책은 궁극적으로 국민을 위해 만들어지고 집행되는 것이다. 그런 의미에서 집행정책 형성은 직접적으로 국민과 정부가 접촉·대응하는 관계에서 국민이 기대하고 요구하는 것을 더욱 현실적으로 반영하고자 하는 좋은 정책의 필수적인 요건의 하나다.

5) 지방자치의 실질적 구현

집행정책 형성은 지방자치와 지방정치를 활성화시켜 준다. 정책집행은 일상생활의 차원에서 실질적인 이익과 손해를 배분하는 과정이다. 그런데 집행정책 형성의 단계는 많은 경우 자치단체를 통해 이뤄진다. 그리하여 자치단체는 지방적 특수 사정과 지역주민의 이해 관계를 적절하게 수렴하고 반영해 가장 일상적이고 삶의 현장에 가장 가까운 곳에서 가장 적절하게 민주주의를 실현하는 기본적 집행기관이고, 이를 둘러싸고 지방정치가 전개된다. 따라서 집행정책 형성은 바로 지방자치와 지방정치를 활성화시킨다. 이것은 역(逆)의 관계에서 지방자치와 지방정치가 활성화되고 있는 체제에서 집행정책 형성이 활발하고 실질적으로 이뤄진다고 할 수 있다.

2. 집행정책 형성의 기능

그러면 구체적으로 집행정책 형성은 정책집행 과정에서 어떠한 기능을 하는가? 집행정책 형성은 정책집행 과정에서 다음과 같은 기능을 하기 때문에 중요하다.

1) 현실 상황 논리의 구체화에 의한 균형화 기능

집행정책 형성은 성격상 실질 정책형성의 연장이라고 했다. 그리고 그 정책형성은 마땅히 지향할 바로서의 규범 논리, 그리고 집행 현장의 상황과 현실을 인식한 바로서의 상황 논리를 실천적·구체적으로 결합하는 과정이다. 특히 앞으로 전개될 집행 과정에서 구체적인 현실의 상황 논리를 반영함으로써, 규범 논리와 상황 논리가 균형을 이루면서 정책의 목적을 달성할 수 있도록 해준다.

원래 기본정책을 형성할 때에도 당위적 관점뿐만 아니라 집행 현장의 현실 상황을 어느 정도 고려하는 것은 물론이다. 그러나 기본정책에 내포된 당위성에 근거한 가치관적 판단은, 현실에서 좀 더 적절하게 실천될 수 있는 현실성의 발판을 얻어야 한다. 그것은 가장 일선에 있는 주민이나 대상 집단과의 직접적인 접촉·대응 관계에서 예상되는 구체적인 현실 상황을 충분히 반영하지 않으면 안 된다. 이러한 구체적인 현실성의 발판이 집행정책 형성에서 더 확고하고 구체적으로 마련되는 것이다.

2) 정책 행동화의 구체적 지침 기능

집행정책 형성은 정책집행 관리자(감독자)와 집행행동 담당자에게 기본정책의 집행과 관련해 무엇을 해야 하는지, 그리고 어떻게 해야 하는지를 명확히 제시해 주는 구체적인 정책 지침의 기능을 한다. 집행기관과 집행자는 정책 지침(policy guideline, directives)에 포함된 내용, 절차, 방법에 따라서 기본정책을 실천하고 행동화하게 되는데, 집행관리자(감독자)는 그 지침에 따라서 충실하게 수행되었는지를 감독·점검·시정 등의 통제 활동을 하게 되고, 일선 집행 담당자는 그 지침에 따라 행동할 수 있게 된다.

3) 집행관리자(감독자)의 리더십 확보 기능

집행정책 형성은 집행관리자(감독자)의 리더십을 적절히 확보하게 해주는 기능을 한다. 정책집행기관은 집행과 관련한 필요한 모든 정책을 결정하고 이를 실천할 수 있어야 한다. 이를 위해 정책집행기관의 관리자(감독자)들은 그들의 리더십을 확립할 필요가 있다.

이와 같이 집행관리자들의 리더십을 발휘하고 확립할 수 있도록 해주는 기회와 방법의 하나는 바로 집행정책의 형성과 수정과 관련된 활동이다. 따라서 집행정책을 잘 만든다는 것은 그 정책의 집행을 지도·감독할 집행관리자들의 리더십의 질을 향상시켜 준다는 말과 같다.

3. 집행정책의 형태

집행정책은 집행기관의 계층, 성격, 종류, 업무 내용 등에 따라 매우 다양한 형태로 존재한다. 또 정책의 수준에 따라 기본정책이 되기도 하고 집행정책이 되기도 한다. 그리하여 때로는 법규 형태로 외부에 공포되는 것이 있는가 하면 내부 지침의 형태로만 존재하기도 한다. 또 문서의 형태로 존재하는 것이 보통이지만 구두의 형태로도 존재한다. 또한 하나의 기본정책을 집행하기 위해 여러 다른 형태의 집행정책들을 필요로 하고, 이에 따라 여러 형태의 것들이 혼합되어 있기도 하다.

여기서는 이들 다양한 형태의 집행정책을 이해하기 위해 일반적으로 채택하고 있는 집행정책의 형태를 몇 가지 유형별로 살펴보기로 하겠다.

1) 법규적 형태와 비법규적 형태

집행정책이 법률이나, 법률과 같은 형태로 존재하는 경우 법규적 형태라고 하고, 그와 같은 법규정의 형태가 아닌 다른 형태로 존재한 경우 비법규적 형태라고 할 수 있다. 법규적 형태의 집행정책은 국회가 제정한 법률(이 경우의 기본정책은 헌법이나 선언, 외교 관계 수립의 결정 등이 됨), 법률의 위임 범위 내에서 그 법률의 시행을 위해(그러므로 이 경우의 기본정책은 법률임) 제정·공포된 시행령(대통령령), 시행규칙(각 부령), 시행세칙, 규정, 규칙, 고시, 준칙, 예규, 훈령 등과 지방자치단체의 조례, 규칙 등을 말한다. 법률 형태의 기본정책에 대한 집행정책의 가장 전형적인 형태는 대체로 이와 같은 법규적 형태라고 할 수 있다.

그런가 하면, 집행정책은 집행기관의 집행과 관련해 펴낸 편람, 요강(요령), 안내서,

지침서 등의 명칭을 갖는 형태의 것, 집행기관 내부결재에 의한 지시・명령 등의 내용을 포함한 공문의 형태, 특정한 계획문서(○○계획, ○○사업계획, 또는 ○○시행계획)의 형태, 브리핑 차트(briefing chart), 그리고 구두지시(이를 정리한 메모 포함) 등의 다양한 형태로 존재한다. 이들을 총괄해 비법규적 형태의 집행정책이라고 할 수 있다. 하나의 기본정책을 수행하기 위한 집행정책의 형태는 각각 법규적 형태이거나 비법규적 형태로 존재하기도 하고, 때로는 두 가지 형태를 모두 활용하기도 한다.

2) 내용 규정 형태와 절차 규정 형태

집행정책이 개괄적・전체적・일반적인 내용의 기본정책을 집행 상황에 맞춰 수행할 수 있도록 구체적・한정적・지역적인 내용을 규정한 경우, 이를 내용규정 형태의 집행정책이라고 할 수 있다. 그런가 하면 기본정책의 집행을 위해 구체적인 절차를 중심으로 규정한 형태의 것을 절차 규정 형태의 집행정책이라고 할 수 있다. 그렇지만 흔히 이들 두 개의 형태가 복합적으로 규정되는 경우가 많다.

3) 일회적 형태와 상용적 형태

특정 기본정책의 집행을 한 번 수행하는 것으로 끝내는 내용의 집행정책을 일회적 또는 단용적 형태의 것이라고 할 수 있다. 그런가 하면 기본정책의 집행이 계속 반복되어야 할 경우 집행 내용, 방법, 순서 등을 구체화시켜 놓고 계속 적용할 수 있게 한 표준적인 기준, 즉 표준운영절차(standard operating procedures: SOP)를 설계・작성하게 되는데 이를 상용적 형태의 집행정책이라고 할 수 있다. 앞에서 본 법규적 형태의 집행정책은 대체로 이와 같은 상용적 형태의 집행정책의 전형적인 예다.

4) 문서 형태와 구두 형태

집행정책은 보통 문서 형태로 존재한다. 그러나 긴급한 사정, 비밀리에 수행해야 할 경우 등에는 예외적으로 구두 형태로 전달된다. 구두 형태의 것도 추후 문서형태로 보완되어 작성・지시되기도 한다.

4. 집행정책 형성의 방법

집행정책 형성은 집행이 이뤄지는 구체적 집행 상황, 정책 대상집단(주민)의 제반 요소, 그리고 집행기관의 집행 능력 등이 현실적으로 재인식되는 과정에서 이뤄진다. 즉, 집행정책 형성의 방법은 가장 일선에 있는 주민이나 대상 집단과의 직접적인 접촉·대응 관계를 전제로, 어떻게 기본정책의 테두리를 벗어나지 않고 정책의 목적을 달성할 것인지를 모색하는 것이다. 그리하여 거시적으로는 그 정책집행의 결과에 따라 영향을 받는 국민(주민)의 입장에서 국민이 느끼는 행복감의 증대 또는 삶의 질(quality of life)을 향상시키는 데 기여해야 할 것이다. 집행정책을 형성하고자 할 때는 여러 가지를 고려해야 하겠지만, 대표적으로 집행기관의 관점에서 다음과 같은 두 가지 시각을 고려해야 한다. 집행정책의 형성기관은 이와 같은 두 가지 시각을 인식한 바탕 위에서 합리적인 집행정책을 형성해야 할 것이다.

1) 정책 의도의 실현 요구 관점과 대상 집단의 기대 관점의 통합

집행정책을 형성할 때 고려할 두 관점 중 하나는 기본정책을 형성, 결정한 정책형성기관이 그 정책 의도를 실현하고자 정책집행기관에 요구하는 관점이고, 다른 하나는 최종적으로 정책의 집행에 의해 정책 효과의 영향을 받는 주민 또는 정책 대상집단이 정책집행기관에 기대하는 관점이다.

정책형성기관의 관점은 일단 공식적·합법적으로 채택된 정책은 집행기관에 의해 행동화되어야 한다고 본다. 정책형성기관으로서는 정책문제에 대한 강력한 정책 의지를 갖고 정책을 발안했고, 여러 과정을 거쳐 정책으로 채택했으므로 이를 쉽게 포기할 수 없다. 그뿐만 아니라 정책형성기관은 그가 채택한 정책의 성공적 집행을 정책형성기관의 업적과 성과로서 인정받으려고 생각하는 것이 기본적 인식이다. 한편, 국민(주민)의 입장은 정책 당국이 보는 업적과 성과의 측면에 의해서가 아니라, 그 정책의 집행이 다양한 자신의 생활, 이해 관계에 얼마나 긍정적인 결과를 가져다 주는가, 그리고 나아가서는 최종적으로 삶의 만족도를 얼마나 높여주느냐 하는 측면에서 보게 된다.

그런데, 문제는 기본정책의 형성을 통해 정책 의도를 실현하고자 하는 정책형성기관의 시각과, 정책의 집행을 통해 구체적으로 자신의 삶의 질을 향상시킬 것을 요구하고 기대하는 국민(주민)의 시각이 때로는 갈등·대립될 경우도 있다는 데 집행정책 형성의 어려움이 있다. 정책 당국이 해당 정책에 의해 편익을 제공하는 경우에는 그 편익 분배의 형평 등과 같은 문제로 두 가지 시각의 갈등이 있을 수 있지만, 대부분 그렇게 심각하지 않고 많은 부분 일치할 가능성이 높다. 반면에, 집행 과정에서 제한, 규제, 의무 이행 요구, 강제 등과 같이 불가피하게 불편과 불이익이 수반되는 정책의 집행에는 그 두 가지 시각이 갈등·대립될 경우가 많다. 예컨대, 악화되는 치안 상태를 개선하기 위해 중앙치안 당국은 방범순찰과 검문 검색의 강화, 철저한 범인 검거, 범죄 사실의 철저 수사와 처벌 등 강력한 치안정책을 형성해 일선 경찰서의 집행을 요구했다고 가정해 보자. 이런 경우, 시민들은 일상생활에 불편을 끼치거나 위압감을 주고 인권을 침해할 소지가 많은 내용의 정책을 무리하게 집행하는 강압적인 방법에는 반대하고, 그런 방법이 아니면서도 정책 의도를 살릴 수 있는 적절한 방법에 의한 집행을 원할 것이다. 이렇게 되면 집행기관인 일선 경찰서는 갈등을 갖는 두 가지 시각 사이에서 어떻게 합리적인 집행정책을 형성할 것인지를 고민하지 않으면 안 된다.

이러한 시각의 교차점에 있는 집행기관이 합리적인 집행정책을 형성하는 방법은 기본정책의 형성을 통해 정책 의도를 실현하고자 하는 정책형성기관의 시각과 정책의 집행을 통해 구체적으로 자신의 삶의 질을 향상시킬 것을 요구하고 기대하는 국민(주민)의 시각이 조정되고 연결되도록 모색하는 것이 된다. 우선, 두 가지 시각이 대체로 일치한 경우에는 비교적 집행정책을 형성하기 쉽다. 이러한 경우 집행정책의 형성은 정책형성기관이 의도한 기본정책의 취지와 골격을, 구체적인 집행 현실과 집행 능력 등 현실성을 적절히 반영해 구체화하고 특정화함으로써 국민(주민)을 위한 좋은 정책이 되도록 하는 것이 될 것이다. 반면에, 집행 과정에서 제한, 규제, 의무 이행 요구, 강제 등과 같이 불가피하게 불편과 불이익이 수반되어 그 두 시각이 대립되기 쉬운 경우 그 두 시각의 합치점을 찾는 과제를 안게 된다. 이러한 경우 집행정책을 형성할 집행기관으로서는 그 두 시각을 어떻게 조정하고 연결할 것인지를 심사숙고해서 그 두 가지 시각의 합치점을 탐색·설정해 집행정책을 형성해야 한다.

2) 거시적 사회관리의 시각과 부분적 특수성의 반영 시각의 통합

다음으로 집행정책을 형성할 때 고려할 하나의 시각은 정책형성기관이 전체적·거시적 사회관리 또는 전체 체계적 관점의 전국적·전체적 조화와 균형을 확보하고자 요구하는 시각이다. 반면에 시민(주민 또는 정책 대상집단)은 부분적·지역적 특수성을 최대한 반영할 것을 요구하는 상반된 시각을 가진다.

정책형성기관이 기본정책을 결정할 때 갖는 기본 시각은 전체 체계적 균형과 발전을 확보하고자 하는 거시적 사회관리의 요구다. 이는 주로 중앙 정책 당국이 전국적 또는 전체적 조화를 목표로 정책형성에서 중앙집권화하려는 성향과 그 맥락을 같이한다. 한편, 흔히 시민(주민 또는 정책 대상집단)은 정책집행 과정에서 부분적·지역적 특수성을 최대한 반영해 줄 것을 요구한다. 이는 주로 시민(주민)이 부분적 또는 지역적 특수성을 최대한 반영하고자 정책집행에서 지방분권화하려는 성향과 그 맥락을 같이한다.

이러한 시각의 교차점에 놓여 집행정책을 형성해야 할 집행기관으로서는, 어느 것을 취하고 어느 것을 버릴 수는 없다. 합리적인 집행정책을 형성하기 위해서는 여기에서도 거시적 사회관리 또는 전체적 균형의 필요성, 그리고 부분적·지역적 특수성의 동시 확보 또는 조화를 고려해야 한다. 이는 바로 집행정책 형성의 어려움이기도 하지만, 이를 통해 기본정책과 집행행동을 연계시키는 집행정책의 정당한 몫이기도 하다.

이렇게 해서 집행정책을 합리적으로 형성하고 그것을 성공적으로 행동화하면, 그것은 전체적 사회관리의 정책 의도를 갖고 기본정책을 형성한 정책형성기관의 성과와 업적으로 인식될 것이다. 그뿐만 아니라, 지역적 또는 부분적 특수성을 가급적 많이 반영해 집행한 결과, 그 정책이 가져온 효과 즉 국민(주민)의 삶의 질을 향상시킨 효과를 느낀 국민(주민)의 만족을 가져오게 될 것이다. 이로써 두 시각이 조화되고 합치될 수 있는 집행정책이 형성되어, 정책 본래의 목적을 달성한 것이므로, 정책집행기관의 역할과 공헌이 그 성과와 업적으로 인정받게 된다. 다만 여기에는 다음에서 보게 될 정책의 행동화라는 마지막 집행 단계까지도 성공적으로 운용할 것을 전제로 함은 물론이다.

제 4 절 정책 행동화

1. 정책 행동화의 의의

정책의 행동화란 집행정책을 구체적인 행동으로 실천하는 것을 말한다. 구체적인 정책 행동화의 의의를 살펴보면 다음과 같다.

1) 구체적 · 가시적 · 직접적 행동 단계

정책의 행동화는 정책집행기관의 구체적이고 가시적이며 직접적 · 물리적인 행동이 발동되는 단계다. 지금까지 집행정책 형성 단계까지는 주로 정책을 행동화할 내용, 방법, 절차 등을 논의하고 계획했다면, 정책의 행동화 단계에서는 그러한 행동화 방안을 직접 실제 행동으로 전환하는 단계가 된다. 그러므로 구체적 행동의 효과를 직접 확인할 수 있는 단계이기도 하다.

2) 정책의 긍정적 · 부정적 측면의 노출

정책의 행동화 과정에서는 그 이전 단계까지 진행된 정책과정의 적실성 등 좋은(바람직한, 기대한 그대로의) 측면과 아울러 결함, 오류, 취약점 등 좋지 않은(바람직하지 않은, 예상하지 못했던) 측면이 어느 정도 구체적으로 드러나게 된다. 그러한 정책의 긍정적 또는 부정적 측면은 행동화의 시간이 진행될수록 더욱 뚜렷하게 드러나게 된다. 또한 관련 대상집단들 사이에 이익과 손해가 배분되고 이를 느끼게 된다. 그러므로 정책의 행동화 단계에서는 단순히 행동만 있는 단계가 아니라, 그 행동 과정의 모든 효과를 평가하고 이를 집행정책에 반영(환류)해 수정 · 보완하는 일이 필요하다.[14)]

3) 민본행정 이념의 구체적 확인

정책의 행동화 단계는 민본행정의 이념을 구체적으로 확인하는 중요한 단계다. 국민(주민)들이 가시적 · 체감적으로 정책 당국(정부)의 민본행정의 이념을 확인하고 이에 반응하는 단계는 바로 정책 행동화 단계라고 할 수 있다. 그러므로 이 단계는 일련의 정책과정 중에서도 국민에 대한 정부의 신뢰성, 책임성, 민주성 등과 직결되는 단계이므로 국민의 반응에 민감하게 대처해야 할 단계다.

2. 정책 행동화의 유형과 특징

집행정책을 구체적인 행동으로 실천하는 정책의 행동화의 형태는 매우 다양하다. 정

14) 정책의 행동화 단계는 집행정책의 내용을 실천하는 구체적인 행동이 있을 뿐만 아니라, 여러 가지 요인에 의한 정책의 수정관리라는 중요한 측면을 내포하고 있다. 따라서 이에 관한 논의는 별도로 정책의 수정관리 항목에서 논의할 것이다.

책의 행동화를 이해하기 위해 그 구체적인 형태를 살펴볼 필요가 있다.

1) 정책 행동화의 구체적 형태

정책 행동화의 형태는 각종 서비스 제공 활동, 감독·규제 활동, 조장·지원 활동, 부과·명령 활동, 결정·심판 활동 등 집행기관의 활동이 모두 포함된다. 좀 더 구체적으로는 주민등록등본 발급, 방범순찰, 허가·인가·면허, 상수도 공급, 쓰레기 수거, 세금 부과 징수, 공공요금 결정, 도로 포장, 보건소의 환자 치료, 학교교육 실시, 여권 발급, 불공정 거래행위 판정(재정), 선거투표 관리, 재판 등의 다양한 형태를 취한다.

그런데 이들 집행행동에 대해 다음과 같은 점을 유의할 필요가 있다.

첫째, 정책 행동화의 구체적 형태는 대체로 법률의 집행 형태를 취하는 것이 많다는 점이다. 특히 국민의 직접적인 권리 의무와 관계되고 그 이행·준수와 관련해 처벌·규제 등의 벌칙과 불이익을 주는 감독·규제 활동과 부과·명령 활동의 영역은 그 엄격한 법적 근거를 요구하므로 집행행동은 더욱이 법집행의 성격을 지닌다. 위의 예에서 각종 허가·면허나 세금 부과·징수, 여권 발급 등이 모두 해당된다.

둘째, 그러나 법적 근거가 매우 추상적이어서 그것이 거의 문제되지 않는 경우나 아예 없는 집행행동도 많다. 특히 처벌을 유보한 규제·의무의 부과가 아니라, 정부의 고유한 활동 영역으로 인정되고 있고 국민에게 편익을 제공하는 분야에서는 그 법적 근거가 없어도 정책을 수립해 이를 집행할 수 있다. 예컨대 공원 조성, 도로 건설 등은 관련법이 없다 하더라도 특정 지역의 특정 장소나 도로를 선택해 공원을 조성하거나 도로를 개설할 수 있다. 또 농·축산물 수입 개방 협상 등과 같이 외국과의 통상 관계 교섭 활동, 정부의 국정 운영 홍보물 배포 등도 그 예라고 하겠다.

셋째, 구체적인 집행 활동에는 집행기관의 단독적 행동으로 끝나기도 하지만 대부분 그에 수반된 국민(개인, 기업 등)의 대응 행동이 있다. 예컨대, 국민 개개인이 집행기관과 직접 접촉해서 이행, 준수, 신청, 신고, 수령 등의 대응 행동을 하게 된다. 그리하여 외형적으로는 개인이나 기업의 단독 행동인 것처럼 보이지만 실질적으로는 정책집행기관의 집행행동에 따른 개인이나 기업의 행동인 것도 많다.

넷째, 정책의 행동화는 행정부의 활동이 대부분이 입법부나 사법부의 활동도 포함된다. 예컨대, 국회가 법률을 제정하고 국회운영규칙에 따라 구체적인 의사 진행, 청문회 개최, 청원서 접수 활동 등을 하며, 사법부가 재판 진행 및 등기 업무 등을 각각 수행하는 것이 그 예다.

2) 정책 유형별 정책 행동화의 특징

정책 행동화 과정도 역시 다양한 관련자, 관련 집단, 관련 기관 등의 참여와 상호작용 속에서 이뤄진다.[15] 그리고 행동화 과정은 정책의 성격과 내용 등에 따라 다르게 나타난다. 예컨대, 정책문제에 대해 정부가 어떤 방법으로 해결하려고 하는지, 이 해결 과정에 참여하는 사람 또는 집단이 누구인지, 그리고 그 참여하는 사람 또는 집단과 정부와의 관계가 어떠한지에 따라서 정책의 행동화 과정과 내용이 달라지는 것이다. 그래서 어떤 경우에는 집행행동이 간결하고 원만하게 이뤄질 수도 있고, 어떤 경우에는 복잡하고 다양하게 전개될 수도 있다.

이렇게 보면, 정책 행동화의 구체적 내용은 수많은 변수와 상황에 따라 다르므로 간단히 말할 수 없는 동태적인 점을 특징으로 하고 있다. 따라서 정책의 행동화를 좀 더 깊이 이해하기 위해서는 구체적인 경우와 관련된 여러 가지 복잡한 변수와 상황을 놓고 분석해 봐야 한다. 다만, 여기에서는 정책 행동화의 동태성의 예로서 정책의 유형별 정책 행동화의 특징을 살펴본다.

그런데 정책의 유형에는 여러 가지 분류가 있지만, 흔히 인용되고 또 그만큼 분류의 의의도 있다고 볼 수 있는 로위(Lowi, 1964: 677-715)가 분류한 분배정책, 규제정책, 자기규제정책, 재분배정책을 중심으로 살펴보기로 하겠다.

(1) 분배정책과 정책 행동화

분배정책은 특정의 개인, 집단, 지역주민 등과 국민의 일부분에 이익과 서비스를 분배하는 정책을 말한다. 도로·항만의 건설, 가족계획 서비스의 제공, 수출 지원 등이 그 예다. 따라서 혜택을 받는 사람과 그렇지 못한 사람이 구분되지만 그렇다고 혜택을 받지 못하는 사람에게 불이익이나 어떤 비용을 부담시키는 것은 아니다. 왜냐하면 분배정책의 재정이 납세자들이 내는 국고에 의해 충당되기 때문이다.

이러한 분배정책은 서비스나 재화 등 공공재를 공급하기 때문에 집행 과정에 주로 개인, 집단, 지역주민이 개입한다. 그리고 수혜자와 비수혜자 간의 갈등이 심각하지 않다. 따라서 이와 같은 성격 때문에 분배정책의 행동화는 상대적으로 매우 원만하고 안

15) 집행 행동화 과정 관련 이론과 사례연구로는 김종숙(2014) 참조.

정적으로 이뤄질 가능성이 높다. 수혜자가 되기 위한 경합과 갈등마저도 어떤 의미에서는 집행정책의 형성 과정에서 거의 결정이 나기 때문이다.

(2) 규제정책과 정책 행동화

규제정책은 개인이나 집단의 활동 행태에 제한을 가하는 정책을 말한다. 예컨대, 노사 간의 안정에 의한 경제 활성화를 위해 일정한 노동운동을 규제하거나 소비자를 보호하기 위해 불공정 거래 기업주를 규제하는 것과 같다. 규제정책에서는 손해를 보는 규제 대상집단이 있으며, 규제에 의해 반사적인 이익을 얻는 수혜집단도 존재한다. 그러므로 이들 두 집단은 정책과정에 매우 활발하게 개입하고 활동하며 갈등이 치열하게 드러난다.

피규제집단은 규제정책의 집행, 행동화 단계에서까지 계속 저항하고 규제를 완화·축소하려는 활동을 확산시키면서 집행 담당기관에 압력을 행사한다. 반면에 수혜집단은 규제를 주장·찬성하고 확대시키려고 한다. 따라서 규제정책의 행동화과정은 매우 복잡하게 얽혀 있고, 이 때문에 규제정책의 행동화는 매우 어렵고 마찰을 피할 수 없게 된다. 또한 집행 상황의 변화에 따라 집행정책의 보완·수정 후 재행동화할 가능성도 커진다.

(3) 자기규제정책과 정책 행동화

자기규제정책은 규제정책과 마찬가지로 특정 집단에 제한된 통제를 부과하지만, 규제정책과 달리 대상 집단의 자기 이익을 보호하는 방편으로 일정한 규제를 요구하고 지지하는 정책을 말한다. 예컨대, 의사, 변호사 등 전문직업의 면허제도, TV·라디오·방송권 허가, 고속버스 운행 허가 등이 그것이다. 이 유형의 정책은 대체로 명백한 피해집단이 존재하지 않으므로 정책을 둘러싼 갈등도 심각하지 않다. 그리고 이 정책의 행동화에도 상대적으로 큰 어려움이 없는 편이다.

(4) 재분배정책과 정책 행동화

재분배정책은 정부가 소득, 재산, 부(富), 권리 등을 여러 계층과 집단에 가급적 널리 그리고 평등하게 재분배하기 위한 정책을 말한다. 예컨대, '가진 자'는 피해계층이 되고, '가지지 못한 자'는 수혜계층이 된다. 따라서 이들 양 계층 간의 심한 대립과 갈등이 존재하며, 특히 피해계층의 저항이 거세기 마련이다. 재분배정책은 가치(권력과 재화)의 몫을 다시 할당하려는 것이므로 정책의 형성과 집행 모두 복잡하게 전개된다. 재분배정책을 둘러싸고 이념 논쟁으로까지 전개되어 대단히 복잡해지면, 결국 재분배정책의 행동화에 저항하고 반대하는 세력이 결집되어 원활한 행동화가 어렵거나 중단될 수도 있다.

이상에서 보듯이, 분배정책이나 자기규제정책의 행동화는 다른 정책에 비해 상대적으로 매우 안정되고 원활하게 이뤄질 수 있다. 그러나 규제정책이나 재분배정책은 피해집단과 반대집단의 반발・저항, 수혜집단과 찬성집단과의 마찰・갈등 때문에 집행을 매우 어렵게 하고 불안정하게 만든다. 그러므로 특히 규제정책이나 재분배정책의 집행정책 형성 시에는 좀 더 원활하고 안정적으로 정책을 행동화할 수 있도록 이 점을 충분히 예상하고 적절히 고려해서 반영(환류)하지 않으면 안 된다.

3. 정책집행기관의 순응

정책 행동화 과정을 정책 당국과 국민(주민)의 관계에서 분석해 보면, 크게 두 단계로 구분해 살펴볼 수 있다고 앞에서 언급했다. 즉, 하나는 정책집행과 관련해 정책결정기관과 정책집행기관 상호간의 내부적 단계가 있고, 다른 하나는 정책집행기관과 집행의 대상인 국민 간의 외부적 단계가 있는 것이다. 정책집행을 이해하고 합리적으로 관리하기 위해서는 이 두 단계에 관해 충분히 이해할 필요가 있다. 그러므로 먼저 그 첫 단계인 정책집행기관의 정책 행동화 과정에 관련된 순응에 관해 살펴보기로 한다.

정책의 행동화는 결국 기본정책의 기조・취지・목적을 실현하는 데 의의가 있다. 그렇다면 기본정책을 집행기관이 행동화하는 일련의 과정에서 제기되는 문제는 과연 집행기관이 기본정책의 기조・취지・목적에 합당하게 집행하는가 하는 것이다. 집행기관이 기본정책의 기조・취지・목적에 합당하게 집행했을 경우에는 기본정책에서 기대한 일정한 성과(정부 성과)를 확보하게 된다. 그러나 만약 집행기관이 어떤 이유로든 기본정책의 기조・취지・목적을 벗어나 집행했을 경우에는 기본정책에서 기대한 성과를 확보할 수 없거나 다른 결과를 산출하게 된다.

이와 같이 정책의 행동화 과정은 기본정책의 기조・취지・목적에 적합하게 행동화하는가 하는 것이 중요한 문제가 된다. 이를 정책집행에서의 순응(compliance)의 문제라고 하며, 정책의 실패 또는 정책 성공의 중요한 요인으로 인식되고 있다.

1) 순응의 개념과 의의

순응이란 집행기관(담당자)이 기본정책의 기조·취지·목적에 적합하게 집행하는 것을 말한다. 이와 반대로 집행기관이 기본정책의 기조·취지·목적을 이탈해서 집행하는 것을 불응(non-compliance)이라고 한다.16)

현실의 정책 상황을 생각해 보면, 정책이 본래의 기본정책의 취지와 목적대로 집행되기도 하지만, 이를 벗어나서 집행되는 경우도 얼마든지 발생할 수 있다. 예컨대, 지방정부가 중앙정부의 기본정책을 집행할 때 의도적으로 그 기조·취지·목적을 왜곡해 집행하거나 거부함으로써 정책표류(policy drift) 현상이 발생해 정책 실패의 결과를 낳을 수 있는 것이다. 이러한 사례는 실제로 1960~70년대에 걸쳐 미국에서 많은 사회입법이 제정되었으나 그 집행이 불만족스럽거나 실패한 원인을 규명한 경험적 연구 결과에 의해 밝혀지면서 큰 관심을 끌게 되었다. 즉, 미국 연방정부가 실업자 구제, 흑백 통합교육 등의 기본정책을 결정하고 주정부 등으로 하여금 집행하도록 자금을 지원했으나, 지방정부가 지원자금을 다른 용도로 전용하거나 집행을 거부함으로써 정책표류 또는 정책 실패를 경험하게 되었다.

이와 같이 정책의 행동화 과정이 기본정책에서 이탈해 이뤄질 때, 즉 순응이 확보되지 않으면 아무리 좋은 정책도 소기의 성과를 거두지 못하게 된다. 이것은 어떤 의미에서 지방자치가 활성화될수록 발생할 가능성이 더 커지므로 지방자치를 확대하고 있는 우리나라 행정의 중요한 과제의 하나가 될 것이다.

---

16) 순응의 주체는 정책집행기관 내부의 주체에 한정되고 정책집행기관 외부의 국민을 포함하지 않는다. 국민은 순응의 주체가 아니라 수용의 주체다. 흔히 순응을 수용과 구별하지 않고 혼용하고 있으나 적절하지 않다고 할 것이다. 왜냐하면, 순응의 주체를 국민에게까지 확대 적용하게 되면, 그러한 순응의 개념은 자칫 국민을 수동적인 위치로 전락시킬 위험이 다분하고, 이는 국민이 주인이고 국민을 위한 행정이 되어야 한다는 민주행정, 민본행정의 이념과 정면으로 배치되기 때문이다. 따라서 이 책에서는 이를 엄격히 구별하고, 수용에 대해서는 정책의 효과와 관련해 자세히 살펴볼 것이다. 순응과 수용을 구별하지 않고 사용한 예는 국내의 많은 문헌과 외국의 영(Young, 1979: 4-5), 앤더슨(Anderson, 1979: 100-108) 등이 있다. 그러나 던컨(Duncan, 1981: 192)은 순응을 외면적 행동이 일정한 행동규정에 일치하는 것이라 하고, 수용은 외면적 행동의 변화만이 아니라 내면적 가치 체계와 태도의 변화까지를 의미한 것으로 구별한다. 그러나 그는 민주행정·민본행정의 본질과 연결시킨 인식을 보여주지는 못하고 있다.

2) 순응의 결정 요인(불응의 원인)

그러면 기본정책에서 의도한 일정한 성과를 확보하려면 집행기관의 순응이 중요하다고 할 때, 이를 어떻게 확보하느냐 하는 과제가 제기된다. 이것은 다른 말로 하면, 정책집행기관의 불응의 원인이 무엇이고 이를 어떻게 규제하느냐 하는 과제와 동일하다.

이와 같은 과제를 해결하기 위해서는, 먼저 순응(또는 불응)을 좌우하는 요인부터 밝히는 것이 필요하다. 그런데, 현실의 정책 상황에서는 순응을 결정하는 요인이 매우 다양하고 복잡하므로, 구체적인 정책 상황에 따라 합당한 결정 요인을 추출해야 한다. 그러나 여기에서는 분석 목적상 일반적인 관련 요인을 중심으로 살펴보기로 하고, 크게 정책 자체와 관련된 요인과 집행기관(집행담당자)과 관련된 요인으로 나눠 검토한다 (Young, 1979; Coombs, 1981).

(1) 정책 자체와 관련된 요인

정책 자체와 관련된 순응의 결정 요인으로는 정책 내용의 당위성, 실현성, 명료성, 일관성, 합법성, 편익성 등을 들 수 있다.

① 당위성

집행기관과 집행 담당자는 우선 정책의 내용 등이 당위적으로 바람직한가를 보고 순응하기도 하고 불응하기도 한다. 예를 들면, 겨울에 무허가 판자촌을 철거하도록 하는 정책 내용에 대해 집행기관은 불응할 당위성을 주장할 수 있게 된다.

② 실현성

집행기관은 경제적·재정적 가용 자원, 조직과 인력의 적절성, 정치적 저항 가능성, 기존 가치·규범·종교와의 조화 등 실현 가능성 여부를 기준으로 순응 여부를 결정한다.

③ 명료성

정책목표, 정책수단, 시간, 절차 등의 정책 내용이 모호한가 명료한가의 여부도 당연히 순응을 좌우한다.

④ 일관성

시간적, 공간적, 절차적, 인적·물적 요인 등 정책 내용이 일관성이 있느냐의 여부는 중요한 순응의 결정 요인이다.

⑤ **합법성**

정책이 다른 법령들과 모순되느냐 여부, 그리고 일련의 정당하고 합법적인 절차와 방법 등을 통해 결정되었느냐의 여부도 순응을 좌우하는 중요한 요인이다.

⑥ **정책의 성격**

정책 내용이 대상 국민에게 편익을 주는 배분정책인 경우 집행기관도 순응의 가능성이 높아진다. 반면에, 대상 국민에게 피해 또는 비용 부담이 되는 규제정책에 대해서는 소극적으로 순응한다거나 불응의 현상이 나타날 가능성이 높아진다.

(2) 집행기관(담당자)과 관련된 요인

집행기관(집행 담당자)이 정책의 집행에 대해 순응하거나 불응하는 요인은 여러 가지가 있다. 일반적으로는 집행기관의 능력, 의욕과 태도, 상벌의 유무, 자체의 이익 여부 등에 의해 순응 또는 불응하게 된다고 할 것이다.

① **집행기관의 능력**

정책집행기관의 조직, 인력, 물적 자원, 기술, 지식 등의 능력은 순응 또는 불응요인이 된다. 위 여러 요인은 하나 또는 복합적으로 작용하면서 순응 또는 불응의 명분으로 작용하게 된다.

② **집행기관의 의욕, 태도와 인식**

집행기관이 적극적인 의욕과 태도를 가지고 있느냐의 여부는 순응·불응을 좌우한다. 특히 규제정책의 경우 규제에 의욕을 보이느냐 여부가 가장 중요한 순응적 집행의 변수다. 또 집행기관의 구성원들이 가지고 있는 사회 의식, 가치 인식, 그리고 정책결정기관에 대한 신뢰성, 정통성이 복합적으로 작용해 순응·불응 등을 좌우한다.

③ **상벌의 유무**

정책결정기관이 해당 정책의 집행 결과에 대해 어떤 종류, 어떤 효과를 갖는 상벌의 보상을 하느냐는 집행기관의 순응 여부를 좌우한다.

④ **집행기관 자체의 이익 여부**

집행기관(담당 구성원)에 이익을 주느냐 불이익을 주느냐에 따라 순응·불응의 형태와 정도를 좌우한다. 해당 정책의 집행이 집행기관에 이익보다는 불이익을 주는 경우 당연히 불응의 가능성이 높아질 것이다.

이상과 같이 정책 자체와 관련된 요인과 집행기관과 관련된 요인들이 복합적으로 작용해 집행기관이 때로는 순응적 집행행동을 하며, 때로는 극단적으로 불응하기도 한다. 그렇다면 집행기관이 집행을 거부하는 불응의 경우, 소기의 집행의 효과를 거둘 수 없으므로 순응을 확보할 방법을 찾아야 한다. 이를 순응의 확보 방법이라고 할 수 있으며, 다음에서 살펴보기로 하겠다.

3) 순응의 확보 방법

순응을 확보하려면 먼저 정책형성 단계에서부터 불응의 가능성을 예상하고 이를 사전에 제거하는 것이 가장 좋다. 특히 이것은 기본정책을 구체화시키는 집행정책 형성 단계에서 충분히 반영되어야 한다. 불응의 가능성이 정책 내용의 당위성, 실현성, 명료성, 일관성, 합법성 등 때문에 발생할 수 있다고 예상되면, 그것을 집행정책 형성 시에 충분히 보완·반영하도록 해야 한다. 또 집행기관 자체의 능력·의욕·태도·인식 등 때문에 순응적 집행에 문제가 예상되면 필요한 지원, 교육, 훈련, 홍보 등이 필요할 것이다.

물론 이와 같은 원인에 따른 사전 처방으로도 한계가 있을 수 있다. 그것은 많은 경우 실제 정책의 행동화 단계 때 비로소 순응 또는 불응 여부가 분명히 드러나기 때문이다. 그리하여 실제 집행 행동 단계에서 순응적 집행이 이뤄지지 않을 경우, 위의 여러 가지 원인별 처방을 중심으로 한 정확한 원인 규명과 대책을 강구해야 한다. 이것은 바로 후술할 정책의 수정관리, 즉 정책의 집행행동 도중에 그 순응적 집행을 확보할 수 없는 문제점을 시정하기 위해 집행정책을 수정·보완하는 환류 활동을 말한다. 이를 통해 결국 순응적 집행을 확보할 수 있어야 한다.

그런데 때로는 앞의 여러 조치로도 순응 주체인 집행기관(담당자)의 순응적 집행을 확보할 수 없을 때가 있다. 그 이유는 순응 주체의 의욕 부족에 기인한 경우가 가장 일반적이다. 이런 경우에 대처한 순응의 확보 방법으로는 흔히 다음 세 가지가 논의되고 있다.

(1) 도덕적 설득

도덕적 설득은 특정 정책에 순응해 집행하는 것이 국가 · 사회적으로나 윤리 · 도덕적으로 옳고 좋은 것임을 집행 담당자에게 인식시키는 것이다. 순응적 집행이 되지 않는다고 해서 먼저 명령과 강요에 의존하는 것은 그렇게 바람직하지 않다. 가능하면 교육 · 훈련 · 홍보 등의 방법을 다시 동원해야 한다. 그래도 순응적 집행을 확보할 수 없을 때 다음 방법을 채택하는 것이 바람직하다.

(2) 유인 또는 보상

유인 또는 보상은 순응적 집행을 유도하기 위해 물질적 · 정신적 혜택이나 보상을 제공하는 방법이다. 이것도 일단 순응을 확보하는 자발적 방법의 하나이므로 차선책으로 생각할 수 있다.

(3) 처벌 또는 강압

처벌 또는 강압은 직접 처벌하거나 처벌하겠다고 위협해 순응적 집행을 확보하는 방법이다. 이는 비자발적인 순응 확보의 방법이므로 결코 바람직한 것은 아니다. 따라서 가장 마지막으로 그리고 불가피한 경우에 동원되어야 하는 방법이라고 하겠다.

이상의 방법으로 순응적 집행을 확보하면 일단 정책 주체가 기대한 정책 효과, 즉 정부정책의 경우 정부 성과를 거두게 된다.

4. 정책 행동화의 효과와 정책의 수용성

1) 정책 효과의 차원과 수용의 문제

정책 당국은 정책 행동화에 의해 일정한 정책 효과를 산출한다. 범죄 피해를 줄이기 위한 특정 공안정책은 경찰의 집행행동에 의해 범인 체포 건수의 증가라는 정책 효과를 산출하거나, 기초학력 향상을 위한 특정 교육정책의 집행으로 초등학교 아동들의 성적이 몇 퍼센트 증가한 정책 효과를 산출한다. 이와 같이 어떤 정책이나 그 정책이 집행되면 일정한 정책 효과를 가져온다. 그런데 정책 효과는 궁극적으로 집행 대상인 국민(주민)의 기대와 요구를 어느 정도 충족시켰는가 하는 관점에서 판단할 필요가 있다. 위의 예에서 범인 체포 건수의 증가에도 불구하고 국민이 그 이전과 동일하게 또는 오히려 더 불안감을 느낀다면 국민의 입장에서 본 정책 효과는 없거나 부정적이다. 이러한 현상은 관청의 성과와 국민의 느낌이 반드시 일치하는 것이 아니라는 매우 중요한 사실을 말해주고 있다.

이제 특히 정책 행동화 단계와 관련해 이를 구체적으로 검토해 보면서 정책집행의 본질, 더 구체적으로는 정책 행동화의 본질을 이해하기로 하겠다. 다음 [그림 9-1]과 같이, 정책 행동화에 의한 정책 효과는 정부가 달성하는 가시적인 성과(공안정책의 경우 경찰의 범인 체포 건수), 정책이 국민에게 미친 구조적 효과, 즉 인간의 삶의 질에 미친 사회적 영향(개인과 사회가 범죄 피해로부터 보호받고 있는 안녕도를 나타내는 사회지표), 그리고 정책이 개인의 행복감에 미친 인본적 영향(개개인이 주관적으로 느끼는 안녕감) 등으로 구분하는 것이 중요하다(허범, 1988a: 100-133).

[그림 9-1]에서 볼 때, 정책의 진정한 효과는 정부의 안목에서 판단하는 정부성과가 아니라 국민의 관점에서 판단하는 객관적·주관적 효과로 판단해야 함을 알 수 있다. 정책의 집행행동은 최종적으로는 국민(주민)의 주관적 느낌에 의해 판단되어야 한다는 것이다. 이것은 바로 정책집행, 더 구체적으로는 정책 행동화에 의한 정책 효과(또는 영향)가 국민의 내면적·심리적 수용을 기준으로 판단되어야 함을 의미한다. 이는 결국 정책집행의 본질이 국민의 수용성에 있다는 사실을 말해주는 것이다.

그림 9-1 정책 효과의 차원

정책 행동화 →	정부 성과 →	사회적 영향 →	인본적 영향
	제2차원의 정책 효과 1. 정책목표 달성도 2. 정부 성과로 집계	제2차원의 정책 효과 1. 국민 삶의 질에 미친 영향 2. 사회지표로 표시	제3차원의 정책 효과 1. 개인의 행복감에 미친 영향 2. 주관적 사회지표로 표시

출처: 허범(1988a: 104).

2) 수용의 개념과 의의

앞에서 본 바와 같이, 수용(acceptance)이란 정책 대상집단인 국민(주민)이 정책의 내용, 집행행동, 집행 성과를 내면적·심리적으로 받아들이는 것을 말한다. 그러므로 국민이 정책집행기관의 집행행동을 수용하는 정도가 높을수록 정책의 수용성은 높아지고 민본적 관점에서 정책 효과도 극대화되며, 수용하는 정도가 낮을수록 정책의 수용성은 낮아지고 정책 효과도 낮아진다. 그리하여 극단적으로는 국민이 전혀 집행행동의 결과를 수용하지 않는 수용 거부 현상이 나타날 수도 있고, 이때 민본적 관점에서는 정책 효과는 없는 셈이다(김웅락, 1991). 이렇게 보면, 아무리 순응적 집행에 의한 정부 성과가 높더라도 국민의 수용성이 낮은 정책집행은 성공적이라고 평가할 수 없다. 그러므로 집행기관의 기본정책에 대한 합목적적 행동화인 순응과, 국민의 정책 행동화에 대한 심리적 내면화인 수용은 구별된다.[17] 그런데 일상적인 의미에서 '수용'과 '순응'을 이해한다면, 정책집행 기관이나 담당자의 '정책 수용' 여부가 순응 여부에 영향을 미칠 수 있다는 점에서 '정책집행자의 수용성'을 논의해 볼 수 있다.

이와 같이 정책집행에서 국민의 수용성을 강조하는 관점은 특별히 중요한 의의를 지닌다.

첫째, 수용은 행정을 통한 민주주의의 구체적 실현이다. 즉, 그것은 민본행정의 핵심적 내용이 된다. 그러므로 수용은 현대적 정책집행의 관점의 본질적 내용을 이룬다. 고전적 정책집행의 관점에서는 순응적 집행에 의한 정부 성과, 실적, 업적만 강조된다. 그러나 현대적 정책집행의 관점에서는 정부 성과에서 더 나아가 국민의 수용성이 강조된다.

둘째, 수용은 정책이 양적 · 외면적 변화를 추구하는 것이 아니라, 질적 · 내면적 변화를 추구하는 것을 강조한다. 양적 · 외면적 사회 변화도 중요하지만 그것이 내면적 삶의 질을 향상 시켜주지 못하면 큰 의미가 없기 때문이다. 그러므로 수용은 정책과 인간의 관계가 내면적 관계임을 말해준다. 이것은 정책의 실제에서 정책 주체가 국민의 입장에 서서 국민들의 이해와 인식을 해석하는 것이 중요함을 의미한다(허범, 1988a).[18]

3) 정책 수용성의 확보 전략

정책의 주체인 정부 당국과 수용의 주체인 국민 사이의 상호작용, 상호 접촉의 본질이 정책의 수용성이다. 민본행정일수록 이와 같은 상호작용, 상호 접촉은 필수적이며, 정책 수용성의 확보가 핵심적이다. 따라서 정책집행 단계에서 정책 수용성을 확보하기

17) 정책과정의 수용성 관련 이론과 사례연구로는 이종엽(1997) 참조.
18) 이와 같이 정책 주체인 국민 입장에서의 이해와 해석의 중요성을 강조한 접근 방법을 해석학적 접근 방법(interpretive approach)이라고 한다(Paris & Reynolds, 1983: 166-201).

위한 기획과 관리는 매우 중요하다고 할 수 있다.

정책의 수용성을 확보하기 위한 합리적 정책관리는 다음과 같이 정책 당국이 국민의 기대와 요구에 따르는 내응관리로부터, 정책 당국과 국민이 합의점을 찾기 위해 상호 조정해 나가는 상호 조정관리에 이르기까지, 다섯 가지 유형으로 나눠 검토해 볼 수 있다(허범, 1988a: 127-128). 물론 실제 정책 상황에서는 이들 관리가 선별적 또는 혼합적으로 이뤄져야 한다.

(1) 대응관리

국민의 기대와 요구에 정책 당국이 부응하는 접촉관리로서 가장 완전한 정책 수용성을 확보할 수 있다. 그러나 국민의 기대와 요구가 정치 및 행정 과정에서 저절로 표출되는 것은 아니다. 그러므로 이 접촉관리에서 중요한 것은 국민의 기대와 요구가 쉽게 표출될 수 있게 하는 분위기의 조성과 유인책의 관리다.

(2) 대표관리

스스로 자신들의 기대와 요구를 표출시키지 못하는 국민을 정책 당국이 대신해 그들의 요구와 기대를 대변·표출·대응하는 접촉관리다. 이 대표관리는 그 동기와 자발성이 정책 당국에 있고 흔히 국가 공권력을 수단 또는 배경으로 한다는 특성을 가진다. 이 대표관리는 사회의 기득권자들로부터 저항과 반발을 받을 수 있다. 그러므로 그들의 반발을 무마하고 정책 수용성을 확보하기 위해서는 이러한 접촉관리가 공명정대한 윤리·도덕·정의의 기준에 의거해 운영되는 것이 중요하다.

(3) 선호화(설득) 관리

정부가 주도적으로 형성한 정책을 국민이 선호하고 수용할 수 있도록 정책 당국이 그 정책의 타당성과 효율성을 이성과 증거를 통해 합리적으로 설득하는 접촉관리다. 이 선호화 관리도 그 자발성과 동기가 집행기관에 있지만, 정책 당국의 설득이 이성과 증거에 의존하는 합리적 방법이라는 점에 그 특징이 있다.

(4) 상호 협조관리

정책 목적의 달성을 위해 정책 당국과 국민이 대등한 입장에서 서로 협조하는 상호 관계를 형성·운영하는 접촉관리다. 이 상호 협조관리는 정책 당국과 국민의 상호 필요성에 대한 공통 인식의 형성을 전제로 한다. 이 접촉관리에서 가장 중요한 것은 협조의 자발성을 국민에게 보장하는 것이고, 이를 위해 국민에게 협조의 거부권과 철회권을 보장하는 것이다.

(5) 상호 조정관리

정책 당국과 국민의 정책 의지가 서로 다른 경우에 하나의 합의점에 도달하기 위해 정책 당국과 국민이 서로 접촉해 상호 조정하는 관리다. 합의를 도출하기 위해 정책 당국과 국민은 자기의 요구와 주장을 상대방의 요구와 기대에 입각해 수정하는 방식을 활용한다. 가장 중요한 것은 정책 당국과 국민이 대등한 관계에서 자유로운 토론을 전개하는 것이다.

5. 정책 수정관리

1) 정책 수정관리의 개념

정책집행의 세 번째 단계는 정책의 수정관리 단계다. 정책 수정관리란 정책의 집행 행동 중에 집행 상황과 주민 요구의 변화에 부응해 집행정책을 기본정책의 테두리 안에서 수정하는 것을 말한다.

정책집행기관은 집행정책을 형성한 후 이를 행동화하는 단계에서 흔히 집행정책을 수정·보완할 필요성을 느끼고 이를 수정한다. 그 가장 전형적인 예는 정부 각 기관이 집행정책이라고 할 수 있는 법률, 시행령, 시행규칙, 고시, 규칙, 조례 등을 개정하는 것에서 찾을 수 있다. 그런데 이와 같은 정책의 수정은 여러 가지 필요에 따라 제기된다. 먼저, 집행에 관련된 외부적 상황에는 변화가 없으나 집행정책 자체 또는 집행기관의 여러 가지 문제점이 발견되어 수정의 필요가 발생한다. 이러한 경우는 정책 행동화 과정 중에 집행정책에서 의도하고 기대한 목표 달성 진도, 능률성 확보 정도, 집행기구·절차·방법의 적합성, 집행 기간, 집행 비용, 대상 국민(주민)의 반응 등에 문제가 있어서 집행정책을 수정해 집행해야 하는 경우가 이에 해당된다.

그런가 하면 집행정책 자체는 문제가 없으나, 집행에 관련된 외부적 조건과 변수가 당초 예측과는 다르게 변화하므로 말미암아 집행정책을 수정하게 되는 경우가 있다. 이러한 경우는 정책 행동화 과정 중에 주민 요구의 변화, 정치적 상황의 변화, 기상 상태 등 자연적 환경의 변화 등과 같이 예상하지 못한 외부적 집행 상황의 변화로 인해 집행정책을 수정해 집행해야 하는 경우다.

이와 같이 정책 수정관리의 필요성은 집행기관 자체의 요인이나 집행기관 이외의 관련 요인, 또는 두 요인의 복합적인 작용에 의해 제기된다. 이렇게 보면, 정책 수정관리는 합리적·효율적인 정책집행을 위해 대단히 중요한 정책집행의 한 내용이고 과정이라고 할 수 있다.

2) 정책 수정관리의 의의

정책 수정관리의 의의를 간단히 정리하면 다음과 같다.

(1) 재정책형성의 성격

정책 수정관리는 기본정책의 테두리 안에서 집행정책을 수정하는 것이므로 성격상 재정책형성이라고 할 수 있다. 다시 말하면, 정책의 수정이 정책집행 과정 도중에 일어나기는 하지만, 집행정책을 수정·보완·대체·조정하는 방식으로 재형성하는 것이기 때문에 결국 또 하나의 정책형성에 해당된다.

(2) 정책집행 과정 중의 환류(시정) 활동

정책 수정관리는 정책집행 과정 중에 시행하는 정책평가를 전제로 한다. 이러한 목적의 정책평가를, 집행이 완료된 후 시행하는 정책평가와 구별해 형성평가(formative evaluation) 또는 집행 중 평가라고 한다. 집행 도중에 기존 정책에 대한 제반 평가를 하는 가장 기본적인 목적은 그 평가의 결과를 집행에 반영(환류)시켜 성공적인 정책집행에 활용하는 데 있다. 이와 같이 정책 수정관리는 정책집행의 성공을 확보하기 위한 대단히 중대한 활동인 것이다.

(3) 집행 현장 변화의 합리적 대응관리

현대는 그 어느 때보다도 사회 변화가 급격하고 복잡하다. 오늘날 과학기술의 혁명, 교통·통신의 혁명 등이 선도하는 사회 변화의 폭과 깊이는 정책형성 단계나 집행정책 형성 단계에서 집행 현장의 상황 변화를 충분히 예측하기 어렵게 만들고 있다. 이러한 때일수록 정책집행 현장의 여러 가지 변화에 합리적으로 대응하지 않으면 정책의 목적을 달성할 수 없게 된다. 이러한 배경 때문에 바로 정책 수정관리가 정책집행 과정에서 강조되는 본질적인 이유가 있다.

(4) 정치적 과정과 기술적 과정의 복합적 작용

다른 과정에서와 같이, 정책의 수정관리도 전문기술적인 과정이면서 동시에 이해관계집단이 정책수정을 둘러싸고 찬성과 반대의 대립·갈등과 타협·설득 등을 벌이는 정치적 과정의 성격을 보인다. 예컨대, 기존 집행정책에 의해 이익을 받는 개인이나 집단은 기존 집행정책의 수정을 강력하게 반대하게 되고, 반면에 불이익을 받는 측은 강력하게 수정을 주장하게 되면서 상호간에 대립·갈등·타협·설득 등이 나타나게 된다. 그런 만큼 정책 수정관리는 다른 과정과 같이 매우 동태적인 과정이 된다.

정책 수정관리는 정책의 변동관리라고 할 수 있기 때문에 정책 수정관리의 요인, 유형, 전략 등에 대한 더 자세한 내용은 제11장 정책의 변동과 관리 부분에서 설명한다.

제 5 절 성공적 정책집행의 기준과 요건[19)]

1. 성공적 정책집행의 의의

앞에서 살펴본 대로, 국민이 정책 효과를 실질적으로 수용할 수 있게 성공적으로 정책을 집행해야 한다. 물론 성공적인 정책집행이 무엇인가 하는 것은 관점과 입장에 따라 다르게 규정할 수 있다. 그러나 그것은 정책평가의 장에서 구체적으로 검토할 사항이므로 뒤로 미루고, 여기에서는 국민이 정책 효과를 실질적으로 수용할 수 있게 하기 위해 정책집행 과정에서 어떻게 해야 하는가를 설명하고자 한다. 이를 위해 다음에서 성공적 정책집행을 위한 기본 방향, 집행 기준과 집행 요건 등을 살펴본다.

19) 이는 허범(1988a: 100-101) 중 해당 내용을 구체화하고 확대한 것이다.

2. 성공적 정책집행의 기본 방향

정책을 성공적으로 집행하기 위해서는 어떻게 해야 하는가? 이를 좀 더 단순화하고 의미있게 논의하기 위해서는 먼저 정책을 성공적으로 집행하는 데 요구되는 기본 방향은 무엇인가를 검토해야 한다. 성공적인 정책집행의 기본 방향은 정책집행의 본질 속에서 찾을 수 있다. 즉, 정책집행은 한편으로는 집행 현장의 현지성과 대상 집단(주민, 국민)의 민주적 참여를 보장하는 참여민주주의를 강화하고, 다른 한편으로는 전국적 또는 전체적 균형과 발전을 도모하는 거시적 사회관리를 확보하는 데서 찾을 수 있다. 이를 각각 나눠 설명한다.

1) 참여민주주의의 강화

정책집행이 성공적으로 이뤄지려면, 국민들이 자기들에게 관련된 집행정책의 형성과 관리에 직접 참여해 그들의 결정권을 정당하게 행사하는 것이 먼저 전제되어야 한다. 이 전제가 충족되지 않으면 정책집행의 본질적 요건인 현지성과 민주성이 확보될 수 없다. 이 전제의 충족을 위해서는 정책집행에서 참여민주주의의 성향을 강화시키는 것이 요구된다.[20]

또, 현지성과 민주성을 확보한다는 것은 정책의 수용성을 확보하기 위해 필수적이다. 정책집행의 효과가 정책 주체(관청)의 관점에서 성과 · 업적 · 실적으로만 판단되어서는 안 되고, 국민(주민)의 입장에서 국민의 마음속으로 수용되는 것으로 판단되어야 한다. 그렇다면 집행정책의 형성이 국민과 동떨어져 이뤄져서는 정책의 수용성이 적절히 확보될 수 없음은 자명하다. 실제 정책집행에서 참여민주주의를 확보한다는 것은 집행정책 형성 과정의 공개와 합의적 형성, 국민의 평등한 참여, 자유로운 토론, 합의의 집행행동을 요구하고, 그 결과 집행된 정책 효과는 국민에게 귀속될 것을 요구한다.

2) 거시적 사회관리의 효율화

한편, 정책집행의 성공화는 전국적 조화를 다른 하나의 전제로서 요구한다. 이 전제가 충족되지 못하면 전체 체계적 균형과 발전을 확보할 수 없기 때문이다. 이 전제의 충족을 위해서는 이른바 거시적 사회관리가 필요하다. 거시적 사회관리는 결국 기본정

20) 이와 관련된 논의와 사례로 강성진(1992) 참조.

책 내의 전국적 · 제도적 · 일반적 관심을 확보하는 것을 말한다. 이를 위해서는 실제 정책집행 과정에서 집행정책의 형성, 정책 행동화, 그리고 정책 수정관리가 모두 기본 정책의 테두리 안에서 벗어나서는 안 되고, 기본정책의 기조 · 방향 · 목적 등을 적절히 구현하고 달성하도록 해야 한다.

3) 참여민주주의와 거시적 사회관리의 조화

성공적 정책집행의 기본 전제인 참여민주주의와 거시적 사회관리는 상반되는 시대적 요청이다. 전자는 지방분권화를, 그리고 후자는 중앙집권화를 강력히 요구한다. 그러나 어느 것을 취하고 어느 것을 버릴 수는 없다. 정책을 성공적으로 집행하기 위해 필수적인 것은 상반된 성향을 보이는 참여민주주의와 거시적 사회관리를 동시에 확보 또는 조화시키는 것이다. 이것이 성공적 정책집행의 기본 방향이다.

공공정책의 실제에서 참여민주주의와 거시적 사회관리의 동시적 확보와 조화가 불가능한 것은 아니다. 그것은 기본정책 형성과 정책집행을 합리적으로 연계시킴으로써 가능한 것이다. 기본정책의 형성과 관리는 주로 거시적 사회관리의 관점에서 효율화시키고, 정책집행은 주로 참여민주주의의 관점에서 효율화시키며, 그리고 동시에 양자를 조화 있게 연계시키는 관점에서 강화시키는 것이 중요하다. 이것이 바로 성공적 정책집행의 본질적인 내용이다.

3. 성공적 정책집행의 기준

정책을 성공적으로 집행하기 위해서는 위에서 본 기본 방향에 따라 정책집행 과정을 관리하는 것이 대단히 중요하다. 다시 말해서 정책집행 과정 내에 한편으로는 거시적 사회관리의 요구를 구현하고, 다른 한편으로는 참여민주주의의 요구를 실현해야 한다. 이러한 요구를 구현하는 정책집행이란 다음과 같이 정책집행 과정의 각 단계를 합리적으로 관리하는 기준을 충족시키는 것이 된다.

첫째, 집행정책을 형성하고(집행정책 형성) 수정할 때(정책 수정관리) 기본정책의 기조, 방향, 의도, 목적을 실현시키고 충족시키도록 해야 한다.

둘째, 정책을 행동으로 전환하는 집행행동을 집행 현장 상황에 맞추고, 이에 적합하게 행동화해야 한다.

셋째, 정책집행의 효과가 실질적으로 국민(주민)의 기대와 요구를 충족시키고, 국민의 마음에 수용되도록 행동화해야 한다.

결국, 성공적 정책집행의 기준은 기본정책을 집행하되, 집행 현장의 상황을 반영해 대상 국민이 수용할 수 있도록 집행하라는 것이다. 이들 기준의 내용을 나눠서 검토하면 다음과 같다.

1) 취지 실현적, 순응적 집행

순응적 집행이란 기본정책의 기조·방향·취지·목적을 효율적으로 실현시키는 합목적적 행동화를 말한다. 앞에서 설명한대로 정책집행은 먼저 집행기관(집행 담당자)이 기본정책에 맞춰 합목적적으로 집행하는 것이 중요하다. 이를 순응이라고 하며, 이것은 전체적·중앙정부적 관점에서 거시적 사회관리라는 목표를 달성하는 데 대단히 중요한 기준이 된다. 그러므로 한편으로 지방자치와 지방분권이 상대적으로 강화될수록, 다른 한편으로는 적절한 전체 사회적 관리와 중앙집권적 관리의 필요성도 중요해진다.

순응적 집행을 위해 가장 중요한 것은 정책 수정관리에서 정책의 변화가 기본정책의 테두리를 벗어나는 현상, 즉 정책표류(policy drift)를 방지하는 것이다. 왜냐하면 당초 기본정책의 테두리 안에서 형성된 집행정책을 공식적·합법적으로 수정할 수 있는 권한(재량권)과 좋은 이유(명분)를 가진 때가 바로 정책을 수정관리할 때이고, 이때 자칫하면 좋은 이유를 빌미로 기본정책에서 벗어난 집행기관의 독자적인 집행정책 형성의 가능성이 커지기 때문이다.

2) 집행 상황에 적실한 집행

이는 독특한 집행 상황에 적합한 행동화를 말한다. 현대 정책집행의 본질은 기본정책을 단순히 행동화하는 것이 아니라, 집행 상황의 실성과 변화에 맞추고 이를 반영해 행동화하는 것이라고 했다. 이것은 곧 집행의 현지성을 구현하는 현대 정책집행의 중요한 기준을 말하는 것이다.

적실한 집행을 위해 중요한 것은 적절한 형성평가, 또는 집행 중 평가를 통한 정책수정의 성공적 관리다. 정책집행 도중에 집행의 성공 여부를 평가하고 이를 정책 변화에 반영(환류)하는 정책 수정관리는 결국 집행 도중의 집행 상황과 그 변화를 적절히 관리해서 정책집행의 성공을 확보하고자 하는 것이다. 이때 중요한 것은 먼저 독특한 집행 현장의 상황과 그 변화를 평가하는 형성평가이고, 그 다음에 이어지는 정책수정을 성공적으로 관리해 나가는 것이 된다.

3) 민본적 집행

이는 집행 대상 국민(주민)의 기대와 요구를 실질적으로 충족시키는 행동화를 말한다. 공공정책이 존재하는 궁극적 이유는 국민에게 있다. 그리고 국민(주민) 개개인의 존엄성과 행복감을 실질적으로 보장하는 것을 의미한다. 그런데 실제 정책 상황에서 국민을 위한 민본적 집행은 정부 성과의 단순한 산출이 아니라, 국민 개개인의 기대와 요구를 실질적으로 충족시켜 주는 데서 찾을 수 있다. 결국 민본적 집행은 민주성을 구현하는 중요한 기준을 말한다.

민본적 집행을 위해 중요한 것은 국민 참여를 내실화하고 국민(민)과 정부(관)의 접촉관리를 효율화함으로써 집행의 효과가 국민의 마음속에 수용될 수 있도록 하는 것이다. 말하자면 집행정책의 형성과 수정, 그리고 정책 행동화의 기준을 국민의 수용성에 두는 것이다.

4. 성공적 정책집행의 요건

그러면 이상과 같은 기본 방향과 기준에 따라 정책을 집행해야 하는데, 어떻게 하는 것이 정책을 성공적으로 집행할 수 있는가? 이는 사실상 이제까지 정책집행 과정을 분석하면서 설명한 모든 측면과 관련된다. 따라서 앞서 언급한 정책집행의 각 단계를 합리적으로 관리하는 것이어야 한다는 것을 지적하면서, 여기서는 그 이외 일반적으로 중요한 요건을 간단히 언급한다.

1) 관치행정의 억제, 민본행정의 강화

관치행정이란 정부는 다스리는 기관 즉 행정의 주체이고, 국민은 다만 다스림을 받는 대상, 즉 행정의 객체에 지나지 않는다는 의식과 행태 속에서 이뤄지는 관 주도적 행정을 말한다. 이러한 관치행정에서는 모든 정책의 형성과 집행이 정부의 입장과 관점에서 이뤄지고, 국민의 발안권과 선택권은 중요하지 않고 원활히 행사되지도 못한다. 그리하여 특별히 '법대로'의 합법성을 강조하거나 '정부 성과'의 의미에서 효과성을 중시하고, 기관이나 상관의 의도, 목적에 합당한 능률성을 말하며, 정권에 예속된 행정, 행정 기능 만능의 논리에 빠진 의식과 행태를 말한다.

반면에 민본행정은 정부의 입장이 아니라 국민의 입장에서 이뤄지는 행정이고, 국민을 위한 행정이며, 그것도 국민 개개인의 존엄성과 행복감을 실현하려는 행정이다. 그러므로 민본행정은 정책과 인간의 내면적 관계를 형성하고 정부와 국민의 틈을 메워주며 국민의 입장에서 의미를 가지는 행정 효과를 산출하는 행정이다.[21]

이렇게 보면, 성공적 정책집행은 관치행정을 억제하고 민본행정을 강화하는 데서 찾을 수 있음을 쉽게 알 수 있다.

2) 정책결정기관과 정책집행기관 간 권한 배분과 역할 수행

성공적 정책집행은 정책집행에서 전체 사회적 관점과 지역적 특성을 적절히 조화시켜야 한다고 했다. 이를 위해서는 중앙정부와 지방자치단체 간, 상하급 지방자치단체 간, 중앙기관과 일선기관 간에 행정 기능과 사무를 적절히 분담시켜야 한다. 더 구체적으로는 중앙정부, 광역지방자치단체, 중앙기관 등 정책형성기관이 정책(기본정책, 집행정책)을 형성하고 지방정부, 기초지방자치단체, 일선기관 등 정책집행기관은 단순히 행동 전환만 하는 것이 아니라, 정부의 정책형성 기능을 분화시켜야 한다. 즉, 정책형성기관은 광역적 관점과 제도적 차원에서 기본정책만 결정하면, 정책집행기관은 현지성, 민주성의 관점에서 기본정책을 재해석·구체화·특정화시킨 집행정책을 형성하고 수정 관리할 수 있으며, 이에 따라 행동으로 전환할 수 있어야 한다.

또 성공적 정책집행은 정책집행기관과 집행자가 정책집행을 반드시 성공시키겠다는 확고한 리더십, 창의적인 집행, 헌신과 열정 등과 더불어, 정책결정기관과 정책결정자의 집행에 대한 지속적인 관심과 지원이 필수적이다. 또 정책목표가 뚜렷하고 정책 내용이 명확해야 한다. 이를 위해 정책설계(policy design) 시 정책목표와 정책수단, 그리고 정책 효과 사이의 인과관계(cause and effect relationship)는 단순할수록 좋다. 그러므로 집행 체제의 집행 능력(implementing capacity)을 과도하게 벗어날 정도로 '과부하의 집행'이 되지 않도록 인과관계의 연결고리와 상호 관계의 수를 가능한 한 줄일 수 있게 정책 자체를 설계해야 한다. 또한 정책 대상집단 또는 정책 이해집단의 지지와 협조를 확보하고 확대하는 것이 반드시 필요하다. 이를 위해 그들 집단과 원활한 의사소

---

21) 민본행정의 개념과 특성에 대해서는 허범(1988a) 참조.

통과 신뢰성을 확보하고 설득과 조정의 협상 능력을 함양하고 발휘해야 한다.

3) 지방자치의 내실화와 지방정치의 활성화

지방자치는 주민과 정부의 상호 협조와 상호 조정으로 이뤄지는 지방정치와 행정의 결합이다. 지방자치의 성숙화는 주민과 정부 사이에 공동 의식, 연대감을 조성하고 협상과 타협, 요구와 절제의 행동규범을 익혀주면서 지방정치와 행정을 국민(주민) 본위로 지향하게 한다. 그뿐만 아니라 지방자치는 지방 차원은 물론 국가 차원에서도 관치행정을 민본행정으로 전환시킬 수 있는 가장 근본적인 제도적 장치다. 따라서 성공적 정책집행을 위해서는 지방과 국가 차원에서 주민 참여와 정치 성향을 강화시키고, 국민의 정책 수용성과 민의 상달을 강조하는 지방자치를 내실화하고 발전시켜야 한다.

4) 공개적 · 민주적 정책과정의 제도화와 관리

성공적 정책집행은 정책과정을 공개해 그 투명성을 높이고 주민 참여를 조장하는 데서 실현될 수 있다. 왜냐하면 폐쇄적인 정책과정은 필연적으로 관청 편의적, 특정 집단 이익 위주의 한정성을 지니고, 결국 사회로부터 유리되고 주민의 기대와 요구에 소극적인 반응 행태를 보이게 되기 때문이다. 그러므로 공개적 · 민주적 정책과정이 대단히 중요하며, 이를 위한 행정 절차를 제도화시키고, 정보를 공개하며 국민과 정부의 상호 접촉을 효율적으로 기획하고 관리해야 한다.

5) 사회지표의 체계화와 사회보고의 제도화

사회지표(social indicators)란 인간 삶의 질과 행복감에 관한 체계적인 정보를 말한다. 인간의 삶의 질과 행복감의 측면에서 사회와 인간이 서 있는 위치와 그 향방을 이해하는 것은 사회의 인간화를 위해, 그리고 민본행정을 위해 대단히 중요하다. 바로 이를 위해 필요한 사회정보 체계(social information system)가 사회지표다. 이 사회지표를 통해 인간 삶의 질과 행복감에 관한 체계적인 정보를 수집하고 이것을 정기적으로 국회(국민)에 보고하는 사회보고(social reporting)를 제도화시킨다면 성공적인 접책집행에 큰 기여를 할 것이다(허범, 1976a).

6) 행정 신뢰성의 확보

신뢰받는 정책기관과 담당자가 내놓는 정책과 그 성과는 이를 신뢰하는 국민에 의해 수용된다. 행정의 신뢰는 곧 정책의 수용으로 연결된다. 그러므로 성공적인 정책집행을 위해서는 행정의 신뢰성을 확보해야 한다. 행정의 신뢰성이란 행정에서의 오류의 발생을 줄임으로써 예측 가능성을 높게 했을 때 신뢰성이 높은 행정이라고 할 수 있다(박동서, 1980: 293).

행정의 신뢰성을 확보하기 위해 가장 중요한 것은 행정제도와 관리에서 앞에 언급한 민본 지향성을 향상시키는 것이라고 하겠다. 그리고 신분 보장과 보수의 적정화로 일정한 수준의 전문성과 정치적 중립성, 성실하고 능동적인 근무 자세를 갖춘 공무원을 확보하는 것도 중요하다.

제 10 장

정책의 평가

제 1 절　정책평가의 의의와 유형
제 2 절　정책평가의 차원과 논리
제 3 절　정책평가의 방법
제 4 절　정책평가의 절차
제 5 절　정책평가의 기준과 지표
제 6 절　정책평가의 활용

정책평가는 정책의 형성과 집행의 체제, 과정과 내용, 그리고 그 결과를 일정한 기준에 입각해서 평가하고 그 결과를 활용하려는 활동이다. 오늘날 정책평가의 지배적인 경향성은 과학주의에 바탕을 둔 실증주의를 원리로 하고 있다. 이 책은 이러한 경향성을 배격하는 입장은 아니고, 유용성과 실용성을 포용하는 견해를 가지고 있다. 그러나 이 책은 동시에 실증주의적 정책평가는 어떠한 정책이 딛고 있는 규범적 가치의 타당성을 담아내지 못하는 한계가 있다는 점을 유의하는 입장에 있다. 가령, 제 아무리 높은 비용-편익상 효과가 예상된다고 하더라도, 국익을 명분으로 다른 나라를 침범하거나, 국익을 명분으로 특정 지역의 시민들의 재산권을 부당하게 강탈하는 등의 정책이 정당화되기는 어려울 것이다. 이러한 문제의식을 놓치지 않을 것을 전제로, 이어지는 내용에서는 정책평가의 의의, 차원과 논리, 절차 등에 대해 살펴본다.

제 1 절 정책평가의 의의와 유형

1. 정책평가의 개념

정책평가(policy evaluation)는 일반적으로 정책의 내용, 그 결과 및 영향 등을 비판적으로 검토하고 그 원인을 분석해 환류하는 활동을 말한다. 좋은 정책을 만들고 성공적으로 정책을 집행하려는 것은 정책결정자나 집행자라면 누구나 원하는 일이다. 정책평가는 그러한 가능성에 대한 불신에서 비롯된다. 만일 정책목표를 달성하기에 가장 적합한 대안을 선택하고, 그 정책을 합리적으로 집행해서 정책의 취지, 목표가 당연히 달성된다면 정책평가는 필요하지 않게 된다. 정책 주장과 행동에 대한 가설적 주장의 검증 활동이 바로 정책평가라고 할 수 있다.

그런데 정책평가는 관점에 따라 다양하게 정의된다. 먼저, 정책평가의 대상을 정책의 '성과'(outputs)[1]에 한정하는 정의다(Franklin & Thrasher, 1976).[2] 정책평가는 정책집행

1) 여기에서 성과(outputs)는 정책과정에의 투입(inputs)에 대비되는 개념으로 정책의 산출(output), 결과(outcome) 및 영향(impact) 등을 포괄하는 개념으로 사용되었다.

2) 나크미아스(D. Nachmias)는 정책이나 사업이 의도하는 목표를 어느 정도 효과적으로 달성했는가에 관한 객관적 · 체계적 · 경험적 연구라고 정의하고(Nachimias, 1979: 4), 던(W. N. Dunn)은 정책 결

을 통해 나타난 모든 결과들을 확인하고 그 가치를 평가하는 것을 의미한다는 것이다. 다음으로, 정책평가의 대상에 '투입(inputs)'까지 포함시켜 더 넓게 정책평가를 이해하는 학자들이 있다.[3] 따라서 이러한 견해를 갖는 학자들은 정책의 과정까지를 정책평가의 대상으로 삼아야 한다고 주장하며, 정책평가를 정책의 과정이나 결과 모두를 이해하고 그 값어치를 판단하는 사회적인 과정이라고 정의한다(노화준, 1983: 17).

일반적으로 정책평가의 대상을 정책의 성과에 국한시키는 학자들은 정책과정에 대한 평가를 배제시킴으로써 정책평가를 정책분석과 뚜렷하게 구분할 수 있다고 주장한다(유훈, 1989: 433-434). 즉, 정책분석은 정책결정 과정에서 정책목표의 달성을 위한 최선의 대안을 모색・채택하는 체계적인 접근 방법이고, 정책평가는 정책의 성과를 판단하는 것이므로 정책평가에 정책과정까지 포함시키면 정책평가와 정책분석이 중첩될 우려가 있다는 것이다. 그러나 정책평가와 정책분석이 유사한 논리를 갖고 있는 것은 분명하나, 두 활동을 구분하는 본질적인 기준이 그 대상이 정책과정이냐 혹은 정책 성과냐가 아니라 그 관심 대상이 앞으로 발생할 현상인가 혹은 이미 발생한 현상인가 하는 것이다. 어떤 정책 결과의 발생, 또는 예상했거나 예측하지 못했던 결과 발생의 원인이나 경로를 파악하기 위해서는 정책결정이나 정책집행에 대한 회고적 평가가 불가피하다. 단순히 정책의 성과를 애초의 목표와 비교하는 것에 정책평가를 국한시킨다면 정책 결과에 영향을 미치는 복잡하고 동태적인 정책과정에 대한 적실한 정보를 창출할 수 없고 결과적으로 정책평가는 제한적인 것이 될 것이기 때문이다.[4]

정책형성과 집행의 불완전성은 정책평가의 필요성을 제기한다. 우선 미래 예측의 불완전성으로 인해 정책은 불완전할 수밖에 없다. 정책이란 미래의 어떤 행동을 유발하기 위해 선택된 지침으로서 현실 상황 파악을 통한 미래 예측에 근거한다. 만일 이러한 현실 상황 파악이나 미래 예측이 불완전하게 되면 정책은 완전할 수 없다. 그러나 여러 가지 이유로 인해 미래 예측은 불완전할 수밖에 없고 따라서 정책도 불완전하게 된다.

다음으로, 정책의 목표나 대안에 대한 완벽한 합의의 도출이 불가능하므로 정책은

과(outcomes)의 가치에 관한 정보를 제공하는 것이라고 정의하고 있다(Dunn, 1981: 340). 그리고 김형렬 교수는 정책평가를 어떤 정책이나 사업이 결정・집행된 후에 어떤 결과를 초래했는가를 일정한 시점에서 질적・양적으로 심사하는 과정이라고 정의하고 있다(김형렬, 1990: 637).

3) 예를 들면 서치맨(E. A. Suchman)은 정책평가가 성과뿐만 아니라 노력, 즉 투입에 대한 검토까지 포함되어야 한다고 주장한다(Suchman, 1967: 31).

4) 즉, 정책분석은 미래를 향한 전망적 과정(prospective process)이고, 정책평가는 과거를 향한 회고적 과정(retrospective process)이라고 할 수 있다(Schick, 1971: 57-58).

불가피하게 불완전하게 된다. 정책의 결정·채택은 합리적인 분석에 의해서만 이뤄지는 것이 아니다. 정책의 결정과 채택에는 상황 판단과 가치 판단이 개입되기 마련이고 가치 판단은 과학적이고 객관적인 정답을 찾기 어려운 것이다. 그러므로 협상이나 설득 등의 정치적인 활동이 어쩔 수 없이 개입되게 되고 결과적으로 정책의 목표나 대안에 대한 합의는 완전한 것일 수 없다(허범, 1988a).

전통적으로 정책과정은 단일 방향적이며 정책과정에서 제일 중요한 것은 좋은 정책 대안을 형성·채택하는 것으로 간주되어 왔다. 그러나 정책과정은 정책결정-정책집행-정책평가의 단계를 순서대로 밟는 단일 방향적이지도 않고, 정책은 본질적으로 불완전할 수밖에 없으므로 좋은 정책을 형성·채택해 이 정책을 기계적으로 집행하는 것은 현실적으로 불가능하다. 따라서 오직 좋은 정책을 형성하는 것이 정책과정에서 가장 중요한 것이 될 수 없다. 오히려, 정책형성 단계에서 이러한 한계점을 직시하고 정책과정에서 수시로 집행 상황을 점검해 정책의 불완전성으로 인한 시행착오를 최소화시킬 수 있는 장치를 사전에 강구하는 것이 더 중요한 일이라 하겠다.

그러므로 정책목표와 수단은 어떠한 과정을 거쳐서 어떻게 결정되었는지, 이러한 목표를 달성하기 위한 대안은 어떻게 분석·채택되었는지, 그리고 어떻게 집행되어서 어떠한 성과를 가져왔는지를 종합적으로 검토·평가하지 않고서는 정책이나 정책과정에 대한 유용한 정보를 제공할 수 없다(허범, 1988a: 84-87).

이제까지의 논의를 종합해 보면 정책의 형성과 집행의 체제, 과정과 내용, 그리고 그 결과를 일정한 기준에 입각해 체계적이고 합리적으로 평가해, 그 평가 결과를 활용하려는 활동을 정책평가라고 정의할 수 있다.

2. 정책평가의 목적

정책평가의 우선 목적은 사후적으로 정보를 획득해 이 정보를 환류(feedback)함으로써 전반적인 정책과정이 효율적으로 이뤄지도록 도움을 주는 것이다. 이러한 목적을 좀 더 구체적으로 설명하면 다음과 같다(김형렬, 1990; 권기헌, 2008).

1) 정책수정 및 결정에 필요한 정보 제공

정책평가를 통해 정책결정자는 그 정책을 계속 존속시킬 것인지 아니면 수정(부분종결 및 완전 종결 포함)할 것인지를 판단하는 데 필요한 정보를 얻을 수 있다. 즉, 정책평가는 정책과정 및 정책 효과 등에 대한 정보를 산출해 정책결정자에게 환류시킴으로써 정책의 수정, 보완 및 종결 등에 대한 합리적인 결정을 내리는 데 필요한 객관적인 판단의 근거를 제공한다. 이러한 정책의 수정 보완에는 사업의 축소 또는 확대, 이에 따른 투입 인력과 예산의 축소 또는 확대, 정책 대상집단의 축소, 확대 또는 변경은 물론 정책대안과 정책목표 자체의 수정도 포함된다. 또한, 이미 종결된 정책과 유사하거나 이와 관련된 새로운 정책을 새롭게 결정하려고 하는 경우에, 평가에 의해 얻은 정보를 활용해 정책분석의 질을 향상시킬 수도 있다. 정책을 형성하는 과정에서도 이전의 정책평가에서 얻은 정보가 상황 분석과 미래 예측, 그리고 대안의 비용과 편익을 분석하는 데 도움을 줄 수 있기 때문이다.

2) 성공적인 정책집행을 위한 정보 제공

정책집행은 복잡하고 역동적인 과정이므로 이를 효율적으로 수행하기 위해서는 다양한 정보가 필요하다. 따라서 정책평가에서 얻은 정보는 환류에 의해 집행 과정에 유입됨으로써 정책집행을 좀 더 효율적으로 이뤄지게 한다. 특히 정책이 예기치 않은 부정적 결과를 초래하는 것을 막기 위해서는 집행 과정을 관리할 수 있는 적절한 정보를 획득할 수 있는 방안이 집행정책에 포함되어 있어야 한다. 이러한 효율적인 집행정책을 수립하는 과정에서 사후적인 정책평가로부터 제공된 정보가 필요함은 물론이다. 또한, 여기서 중요한 점은 이러한 정보는 사후적인 정책평가에서뿐만 아니라 집행 과정 중의 평가를 통해서도 획득되어야 한다는 것이다(Nakamura & Smallwood, 1980).

3) 정책 담당자(기관)의 책임성 확보

정책평가는 정책결정자나 집행자들의 책임성을 제고하는 데 필요한 정보를 제공한다. 어떤 정책이 성공적으로 문제를 해결하고 목표를 달성했다면 성공의 요인을 찾아내고 정책결정이나 집행 과정에 참여한 사람들에게는 응분의 대가가 제공되어야 한다. 이와 마찬가지로 그 반대의 경우에는 실패의 원인을 규명하고 그 책임 소재를 밝혀서 응분의 책임을 물어야 할 것이다. 이렇게 해야 정책기관의 능력을 향상시킬 수 있고 장기적으로 체제의 문제 해결 능력을 제고할 수 있다. 이러한 목적을 달성하기 위해서는 정확한 관련 정보가 필요하고 이러한 정보를 제공하는 것이 정책평가다.

그리고 여기에서 특히 중요한 것이 정책과정에 대한 평가다. 그 이유는 정책 성과(outputs)에 대한 평가만으로는 체제의 장기적인 문제 해결 능력 향상을 가져올 수 있는 책임성을 확보하기가 어렵기 때문이다. 성과만을 평가의 대상으로 삼을 경우 정책 담당자들은 달성 가능한 범위 내에서 목표를 설정하거나 평가의 대상이 되는 몇 가지 기준에 치중하고 그렇지 않은 기준들은 경시하는 등의 방법으로 평가에서 높은 점수를 받으려고 할 것이기 때문이다(Nakamura & Smallwood, 1980). 이렇게 되면 책임성의 확보는 어렵게 된다. 물론 정책과정을 평가의 대상으로 삼는다고 책임성 확보가 보장되는 것은 아니나 그 가능성은 커지게 될 것이다.

4) 정책 고객의 지지 확보

공공정책의 고객은 넓게는 국민 전체를, 그리고 좁게는 한 지역의 주민 또는 특정 정책 대상집단을 의미한다. 이들은 정책의 직접·간접적인 수혜자 또는 비용 부담자들로서 정책의 성공적인 집행에 큰 영향을 미친다. 그러므로 정책평가를 통해서 정책목표의 달성도를 포함한 정책의 성패 여부와 조건, 이유 등에 대한 정보를 제공해 정책 고객들의 정책에 대한 이해 증진과 지지를 확보할 수 있다.

5) 정책이론의 발전에 기여

마지막으로 정책평가는 정책수단과 결과 간의 인과관계, 집행전략 등 정책이론과 관련된 새로운 지식을 제공한다. 일반적으로 정책은 상위 목표와 하위 목표, 그리고 목표와 수단 사이의 인과관계 등에 대한 가설이나 추측(conjectures)에 근거한다(Stokey & Zeckhauser, 1978). 이러한 가설들은 대부분 기존의 이론에 근거를 두고 있으나, 어떤 것은 정책 담당자의 주관적 판단이나 직관에 따른 것도 있다. 정책평가를 통한 인과관계에 대한 검증은 기존 정책이론의 수정·보완에 도움을 주고 새로운 이론을 형성한다.

만일 정책수단을 통해 정책목표가 달성된 것으로 평가되어 특정 정책수단과 정책 성과 사이의 인과관계가 확인되면, 그 정책의 근거가 되었던 인과관계에 대한 가설은 그만큼 타당성을 인정받게 될 것이고, 반대의 경우에는 기각될 가능성이 커지게 될 것이다. 특히 제3자(기관)가 기존의 평가결과를 다양한 관점에서 재평가하는 메타평가(meta-evaluation)를 할 때 정책평가이론에 대한 검증과 발전은 더욱 뚜렷해진다고 볼 수 있다. 이러한 과정을 거쳐서 정책평가는 정책 현상에 대한 새로운 지식의 축적과 정책이론발전에 기여하게 된다.

3. 정책평가의 유형

정책평가는 그 분류 기준에 따라 다음과 같이 여러 가지로 유형화할 수 있다.

1) 평가의 차원 기준

앞에서 설명했듯이 평가의 차원에 따라 집행행동 차원의 평가, 당면 목표 차원의 평가, 상위 목적 차원의 평가, 그리고 이상 목적 차원의 평가로 나눌 수 있다. 이에 대해서는 앞에서 이미 설명했으므로 따로 설명하지 않는다.

정책 효과의 차원을 정부 성과 차원과 민본 효과 차원으로 나눠 본다면 차원별로 정부 성과평가와 민본 효과평가의 유형을 생각해 볼 수 있다. 정부 성과는 정부가 생각하는 정책 성과로서 1차적 산출로서 정책 채택, 2차적 산출로서 집행행동, 그리고 3차적 산출로서 당면 목표 달성 등을 포함한다. 정부 성과평가는 이러한 것들만을 평가하는 것에 국한되는 것을 말한다.[5] 정부 성과는 객관적이고 과학적인 방법으로 파악되고 평가되며 정량적으로 측정가능하다고 본다.

반면에 민본 효과는 인간 삶의 질에 미친 영향으로 영향이 집단적인 것인가 또는 개인적인 것인가에 따라서 각각 사회적 영향(제4차 산출) 또는 인본적 영향(제5차 산출)으로 나눌 수 있다(허범, 1992: 376-394; 2007b). 민본 효과는 일상생활에서 국민이 체험하는 주관적 느낌이기 때문에 과학적 방법으로 파악할 수 없다. 민본 효과의 평가는 평가자와 느낌을 함께 하는 사람들 가운데 한 사람이 하거나 간주관성(inter-subjectivity)을 가지고 그 느낌을 공유하고 의미를 해석하는 방법밖에 없다(허범, 2007b: 8-9).[6]

2) 평가의 대상 기준

정책평가는 그 대상에 따라서 과정평가(process evaluation)와 결과평가(outcome

5) 예를 들면, 어떤 정책이 채택(법률의 제정)되고, 집행행동이 이뤄진 것만으로도 정책 담당자들은 어느 정도 성공을 거뒀다고 생각한다. 더 나아가서 정책목표가 달성된다면 그 정책은 성공한 것으로 평가된다.

6) 허범(2007b: 8)은 정책 효과의 차원과 전환구조를 아래의 그림으로 정리하고 있다.

evaluation)로 분류할 수 있다(Nachmias, 1979: 5-6). 과정평가는 정책의 결정・집행이 합리적인 과정을 거쳐서 적절하게 이뤄졌는가를 대상으로 하는 평가다.7) 정책평가를 좁게 정의하는 학자들은 이 과정평가를 정책평가에 포함시키지 않기도 하지만 앞에서도 언급한 바와 같이 정책결정과 집행 과정에 대한 평가는 중요한 정책정보의 산출에 크게 기여한다.

한편 결과평가는 정책집행이 완료된 후 정책의 산출과 영향을 검토하는 과정이다. 정책결과는 산출(outputs), 결과(outcomes), 그리고 영향(impacts)으로 나눠 볼 수 있다. 여기에서 산출이란 계량화가 용이하고 단기간에 나타나는 효과로서 정책의 직접적인 결과가 이에 해당한다. 그리고 결과란 산출보다는 좀 더 계량화하기 어렵고 장기적인 효과다. 마지막으로 영향은 결과보다도 더 오랜 시간이 경과한 후에 나타나는 효과다. 공공정책의 경우에는 직접적인 산출보다 결과나 영향의 평가가 더욱 중요한 경우가 많다. 일반적으로 정책집행과 효과의 발생 간 시차가 클수록 그 인과관계 규명이 어렵게 된다. 그래서 측정과 인과관계 규명이 용이한 직접적 산출에 정책평가가 치중되기 쉽다. 그러나 타당한 평가를 위해서는 장기적이고 간접적인 영향에 대한 평가도 반드시 이뤄져야 한다.

또한 평가 자체를 대상으로 하는 메타평가(meta-evaluation: evaluation on evaluation)가 있다. 평가는 정책과정에 필요한 정보를 획득해 정책과정의 개선에 기여해야 하고, 평가 결과 얻은 정보가 정책수정 및 정책결정과 정책집행에 활용되는 것이 필요하다. 메타평가는 평가 활동과 평가 체제를 평가해 정책평가의 질을 높이고 결과 활용을 증진하기 위한 목적의 평가다. 따라서 메타평가는 과정평가와 총괄평가의 수행 중

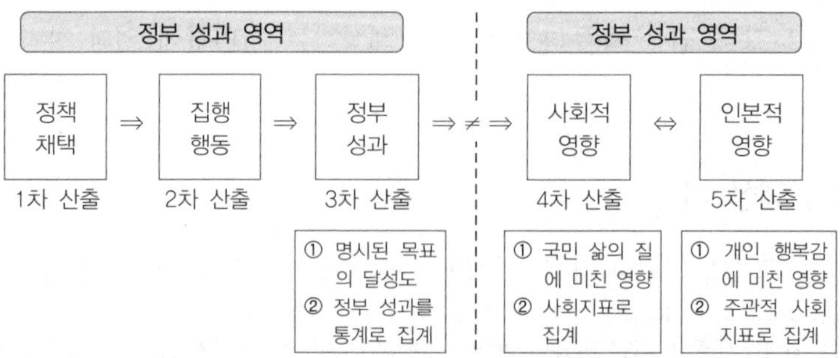

출처: 허범(1988a: 104)에서 인용.

7) 과정평가는 또한 '정책과정 중의 평가'를 의미하기도 하는데, 이러한 의미의 과정평가에는 형성평가(formative evaluation)가 있다.

또는 수행 후에 평가 기조, 평가자원, 평가 수행, 평가 활용 등 평가 활동의 과정과 내용 및 결과를 검토하고 평가함으로써 정책평가의 질을 제고해 결과 활용을 증진시키려는 활동이다(이찬구, 1997; 박종수, 2002). 즉, 평가계획, 평가의 실시 과정, 평가 결과 등 평가 활동 전반과 평가 기조, 평가환경, 평가의 환류 등 평가 체제 전반을 평가하게 된다. 이를 통해 평가의 질을 높이고 평가 결과의 활용 증대에 기여할 수 있게 된다.

3) 평가의 주체 기준

정책평가는 평가의 주체에 따라 자체평가, 내부평가, 외부평가로 구분된다(김형렬, 1990: 647-650; 김명수, 1993: 91). 자체평가란 정책집행을 담당하고 있는 사람들 자신이 수행하는 평가다. 그리고 내부평가는 정책의 집행자 자신은 아니나 그것의 시행을 책임지고 있는 기관에서 수행하는 평가다. 마지막으로 외부평가는 집행 체제 밖에 있는 기구, 정책 관련자나 시민 또는 전문가에 의해서 이뤄지는 평가를 말한다.

정책평가의 객관성을 유지하기 위해서는 외부평가가 중요하지만 평가 결과를 활용해 정책과정을 개선하기 위해서는 자체평가 및 내부평가의 활성화가 중요하다. 이는 외부평가가 상대적으로 객관적일 가능성은 더 크지만, 외부인이 내부인에 비해 구체적인 정책 현실에 대한 정보나 이해가 부족한 경우가 많기에 평가 결과에 대한 정책 담당자의 저항이 더 큰 것이 일반적이기 때문이다. 그러므로 합리적인 자체 평가제도의 구축과 충실한 작동의 활성화가 필요하다.

4) 평가의 시기 기준

평가의 시기에 따라 평가는 총괄평가(summative evaluation)와 형성평가(formative evaluation)로 나뉜다(Scriven, 1972: 123-136). 총괄평가는 정책이 종료된 후에 그 정책이 당초 의도했던 효과를 가져왔는지의 여부를 판단하는 활동이다. 이것은 종합적 평가(comprehensive evaluation)라고 불리기도 하는데, 일반적으로 정책평가는 이 총괄평가를 의미하는 경우가 많다(Nachmias, 1979: 6). 이러한 총괄평가는 앞에서 소개된 결과평가와 혼동되기도 하는데, 이 둘은 구분할 필요가 있다. 결과평가는 정책의 결과에 초점을 맞추는 평가로 정책의 결정·집행 과정을 그 대상으로 하는 과정평가와 구별되는 개념이다. 따라서 결과평가는 그 수행 시기에 따라서 총괄평가가 될 수도 있고 형성평가가 될 수도 있다.

다음으로 형성평가는 정책과정 중에 정책의 내용과 집행 과정의 개선을 위해 이뤄지는 평가다. 이러한 형성평가는 보통 정책 담당자들을 위해 수행되고 내부적으로만 활용되는 것이 보통이다. 즉, 형성평가는 집행정책이 형성된 후 이미 집행되고 있는 정책을 개선하기 위한 목적으로 수행된다. 정책집행 과정에서 정책의 성과, 집행 절차 및 전략의 효율성 등을 평가해 집행정책의 내용과 전략 등을 수정하기 위한 평가가 형성평가다(King, Morris & Fitz-Gibbon, 1987). 정책의 불완전성과 정책과정의 동태성을 고려할 때 정책집행 과정에서 이뤄지는 효과적인 형성평가가 매우 중요하다.

5) 평가 전문가와 시민의 관계 기준

정책평가는 전문적인 활동이기 때문에 전문가에 의해서만 이뤄질 수 있고, 그래야만 타당한 정책평가가 가능하다고 보는 입장의 평가 유형이 전문가평가다. 전문가평가 유형에서 시민의 참여는 배제된다. 시민은 평가 결과를 보고받는 객체에 불과하다. 반면에 일반 시민이 참여해 시민의 관점에서 이뤄지는 평가를 시민참여 정책평가라고 한다. 시민참여 정책평가에서 전문가는 제한적으로 참여하거나 배제된다. 정책평가 과정에서 전문가와 시민의 구체적인 관계에 따라 상이한 평가 유형이 등장할 수 있다(강근복, 2006: 447).

6) 정부업무평가기본법의 규정

우리나라의 정부업무평가제도에 따르면 평가 대상 기관을 기준으로 자치단체평가와 공공기관평가가 있다. 지방자치단체에 대한 평가는 지방자치단체 합동평가와 개별평가가 있다. 지방자치단체 합동평가는 행정안전부가 주관해 여러 부처가 함께 참여하고, 개별평가는 개별 부처가 특정 정책과제에 대해 단독으로 시행하는 평가를 말한다. 공공기관평가는 중앙행정기관장이 소관 공공기관에 대해 평가하는 것이다. 중앙행정기관평가는 평가 유형으로 분류되어 있지는 않지만 뒤에 설명하는 특정평가가 그 내용 구성에 따라서는 실질적으로 중앙행정기관에 대한 기관평가로서의 기능을 수행하기도 한다.

또한 평가 주체와 목적을 기준으로 자체평가와 특정평가가 있다. 자체평가는 정책과 정책 역량 개선을 위해 각 중앙행정기관과 지방자치단체가 소관 정책 등에 대해 자율적으로 평가하는 것을 말한다. 특정평가는 국무총리가 중앙행정기관을 대상으로 국정의 통합적 관리를 위해 기관별 핵심 과제의 추진 성과와 종합적 정책관리 역량 등을 평가하는 것을 말한다(정부업무평가기본법과 동법 시행령 참조).

제 2 절 정책평가의 차원과 논리

1. 정책평가의 차원

정책분석과 정책평가는 상당히 유사한 논리를 갖고 있다. 따라서 정책분석의 차원을 정책평가에 원용해 평가의 차원을 나눠 생각해 볼 수 있고 차원별로 평가의 내용이 달라지게 된다. 정책평가의 차원은 이상 목적 차원, 상위 목적 차원, 당면(계획) 목표 차원, 그리고 집행행동 차원으로 나눠 볼 수 있다(허범, 2007c). 앞의 정책평가 유형에서 설명했듯이 정책평가는 위의 차원별로 집행행동 차원의 평가, 당면(계획) 목표 차원의 평가, 상위 목적 차원의 평가, 그리고 이상 목적 차원의 평가로 나눌 수 있다. 이때 이상 목적은 실현 가능성은 없으나 궁극적으로 추구해야 할 이상 가치로서의 목표를 말하고, 상위 목적은 계획 기간 내에는 달성할 수 없으나 노력하면 언젠가는 달성 가능한 목표를 말한다. 그리고 계획 목표는 일정한 계획 기간 내에 달성 가능한 목표이고, 집행행동은 계획 목표를 달성하기 위한 수단에 해당한다. 이러한 정책의 목적구조에 따라서 평가의 차원이 달라지고 차원에 따라서 평가 논리가 달라진다.

2. 정책평가의 논리

1) 정책평가 차원별 평가 논리

정책평가 차원별로 앞에서 설명한 실증화 논리, 타당화 논리 등을 원용해 볼 수 있다. 이러한 차원별 평가 논리는 핵심 평가 질문으로 그 내용을 대신할 수 있기 때문에 여기에서는 핵심 평가 질문을 검토해 본다. 이것들이 바로 평가의 내용을 이루게 될 것이다. 그런데 어느 한 차원의 평가는 그 차원의 상위 또는 하위 차원과의 관계 속에서 이뤄져야 한다. 그리고 상위 차원으로 갈수록 평가의 중요성은 커지나 평가의 어려움은 더 증가한다. 이를 좀 더 자세히 설명하면 다음과 같다.[8]

(1) 집행행동 차원의 평가

집행행동 차원의 평가는 정책의 집행행동, 집행 과정에 대한 평가다. 이 차원의 평가에서는 다음과 같은 질문이 제기된다.

첫째, 정책 내용대로 집행행동이 이뤄졌는가? 집행 담당자의 순응의 정도는 어떠한가?

둘째, 집행행동은 계획 목표 달성에 적합한 것이었는가?

셋째, 집행에 동원된 정책수단은 능률적으로 행동화되었는가?

(2) 계획 목표 차원의 평가

이 차원의 평가는 정책의 내용에 포함된 구체적 정책목표와 관련된 평가인데, 이 차원의 평가는 다음의 질문에 답을 얻으려 한다.

첫째, 해결하고자 하는 문제, 달성하고자 하는 미래상과 직접적으로 연관되도록 정책목표가 설정되었는가? 계획 목표는 구체적이고 그 수준은 적정하게 설정되었는가?

둘째, 집행행동이 계획 목표 달성에 기여했는가? 계획 목표는 어느 정도 달성되었는가?

셋째, 정책수단이 목표 달성에 효과적이었는가?

넷째, 여러 정책수단 중 어느 정책수단이 정책목표 달성에 더 기여했는가?(효과성 경로평가)

다섯째, 하나의 계획 목표와 동일 차원의 다른 계획 목표들과의 관계는 어떠한가?

여섯째, 계획 목표는 상위 목적 달성에 기여했는가?

(3) 상위 목적 차원의 평가

이 차원의 평가는 계획 목표의 상위에 있는 목표와 관련된 것이다. 이 차원의 평가에서는 다음과 같은 질문을 던질 수 있다.

첫째, 상위 목적은 계획 목표와의 관계에서 적절하게 설정되었는가?

둘째, 상위 목적은 어느 정도 달성되었는가?

셋째, 상위 목적은 이상 목적을 실현하는 방향으로 적절하게 설정되었는가?

---

8) 허범(2007c)의 정책윤리 분석구조의 질문을 원용했다.

(4) 이상 목적 차원의 평가

이 차원의 평가에서는 다음과 같은 질문을 제기할 수 있다.

첫째, 이상 목적은 사회적으로 동의된 규범에 합치되게 설정되었는가? 아니면 새롭게 창조된 가치인가?

둘째, 이상 목적은 인간과 인간 세계에 대한 바른 이해를 담고 있는가?

셋째, 집행행동, 계획 목표, 상위 목적은 이상 목적과의 사이에 적절한 계층적 연관관계를 가지고 있는가?

앞에서 설명했듯이 이러한 차원들은 일종의 계층구조를 갖고 있는 것으로 이해되어야 한다. 즉, 정책행동 차원의 평가에서 아무리 훌륭한 평가를 받은 정책이라도 상위 목적, 이상 목적 차원의 평가에서 부정적인 평가를 받는다면 성공적인 정책이라고 할 수 없다. 어떤 정책의 목적이 효율적으로 달성되었더라도 그 정책의 목적이 그 사회의 가치 체계에 부합하지 못해 상위 목적의 달성에 오히려 부정적인 영향을 주게 된다면 그 정책은 "효율적으로 좀 더 중요한 목적의 달성을 방해한 결과"를 초래하게 되기 때문이다(허범, 2007a: 6-7).

2) 실증주의 정책평가의 논리

위의 정책평가 차원의 분류에서 보면 실증주의 정책평가는 집행행동 차원과 당면 목표 차원의 평가에 관심이 집중되어 있다. 평가 논리도 상위 목적 차원과 이상 가치 차원의 평가 논리는 관심의 대상이 되지 않는다.

실증주의 평가논리 하의 정책평가는 정책목표와 정책수단 사이의 인과관계를 논리적으로 밝히는 것이다. 정책수단을 원인으로 해서 의도한 정책목표가 달성되었는지 또는 정책 효과가 나타났는지를 검증하는 과정이다. 따라서 정책수단과 정책목표 사이의 인과관계 여부, 인과관계의 타당성 여부 등을 밝히는 과정이 정책평가의 논리다. 정책평가는 흔히 실증주의적 방법을 통해 엄격한 인과관계 및 타당성 논리를 적용한다. 다음은 실증주의적 논리인 인과관계와 타당성에 대해 설명한다.

(1) 인과관계

인과관계는 원인이 되는 독립변수와 결과가 되는 종속변수의 관계다. 따라서 정책평가를 통해 독립변수인 정책수단과 종속변수인 정책 효과 또는 정책목표 간의 관계를 밝히게 된다. 독립변수와 종속변수 간에 인과관계가 성립하기 위해서는 ① 독립변수의 시간적 선행성(temporal precedence), ② 공동 변화(constant covariance), ③ 제3의 변수의 통제(비허위성, non-spuriousness)라는 세 가지 조건이 충족되어야 한다.

시간적 선행성은 독립변수인 정책이 종속변수인 정책효과보다 시간적으로 앞서야 한다는 것을 의미한다. 예컨대 정부가 실시한 실업교육이 실업률을 낮췄다는 인과관계를 주장하려면 실업률이 낮아지기 전에 실업교육이 선행되어야 한다는 것이다.

공동변화는 독립변수의 변화에 따라 종속변수의 변화가 있어야 함을 의미한다. 예컨대 실업교육을 하지 않다가 하거나 혹은 실업교육의 시간을 증가시키는 등 독립변수의 변화와 실업률의 감소란 변화가 같이 일어나야 하는 것이다.

인과관계가 증명되려면 독립변수와 종속변수 간에 인과관계가 없는데 있는 것처럼 착각하게 만드는 제3의 변수가 통제되어야 한다. 제3의 변수로는 허위변수(spurious variable)와 혼란변수(confounding variable)가 있다. 허위변수는 독립변수와 종속변수 간에 전혀 관계가 없는데도 인과관계가 있는 것처럼 작용하는 변수를 말하는데 외생변수라고도 한다. 혼란변수는 독립변수와 종속변수의 뒤에서 작용하여 둘 사이의 관계를 과장 혹은 축소시키는 변수를 말한다. 예를 들어 실업교육 후 실업률이 줄어들었는데 실제로는 실업교육의 효과는 하나도 없고 경기가 회복되어서 실업률이 줄어들었다면 이 때 경기회복은 허위변수가 되는 것이다. 실업교육 후 실업률이 줄어들은 이유가 실업교육과 경기회복이 같이 영향을 주었다면 이 때 경기회복은 혼란변수가 되는 것이다.

일반적으로 정책의 효과는 여러 정책에 의해 나타나는 경우도 많기 때문에 정책수단과 목표 사이의 인과관계가 '있다', '없다'로 단정하기는 쉽지 않다. 인과관계가 전혀 없는 경우를 0, 전적인 인과관계가 있는 경우를 1이라 한다면, 그 사이에 0.5, 0.6 등 다양한 확률적 인과관계가 존재한다. 인과관계가 1에 가깝다고 해서 그 정책이 좋은 정책이라고 단정지을 수는 없다. 인과관계 논리가 아닌 다른 평가 논리에서 보면 인과관계가 약해도 좋은 정책일 수 있기 때문이다.

(2) 타당성(validity)

정책평가에서 타당성은 측정을 통해 인과관계를 얼마나 실제에 가깝게 정확히 추론하느냐를 의미한다. 타당성은 구성적 타당성, 통계적 결론의 타당성, 내적 타당성, 외적 타당성 등 4가지로 세분하여 설명할 수 있다.[9]

구성적 타당성(construct validity)은 개념구성의 타당도를 의미한다. 즉 추상적 개념(이론적 구성이나 특징)들이 측정도구에 의해 얼마나 정확하게 측정되었는지를 말하는 것이다. 구성적 타당성을 확인하기 위해서는 두 개 이상의 개념이 있어야 하고 이들은 서로 이론적으로 연결되어 있어야 하며, 개념은 경험적 수준의 측정 지표로 측정되어야 한다. 예를 들어보자. 가계소득을 늘리면 경제성장을 가져온다는 가설이 있다고 하자. 이 때 가계소득증가란 개념을 최저임금인상, 고용주(자영업자)소득상승 등의 지표로 측정되고 경제성장은 GDP 성장률, 고용증가율, 소비증가율, 투자증가율 등의 지표로 측정된다고 하자. 이 때 가계소득증가란 개념을 측정하는 지표(최저임금인상, 고용주 소득상승)는 경제성장과 상관관계(관계의 방향, 강도 등)가 비슷하게 나타나야 한다. 그렇지 않다면 각 지표들이 동일한 이론적 개념을 측정하는 것들이라고 단정하기 어렵다. 또한 최저임금인상, 고용주소득상승이 동일한 가계소득증가란 개념을 측정한다면 이들 간에는 높은 상관관계가 있어야 구성적 타당성을 확보하는 것이다.

이렇게 가설을 구성하는 추상적 개념을 측정하기 위한 하위개념으로의 조작화가 성공적으로 이루어져야 구성적 타당성이 있는 것이다. 구성적 타당성이 없으면 혼재(confounding)가 나타나는데 이는 한 평가자가 A와 B의 이론적 구성이 인과관계가 있다고 해석하는 반면 다른 평가자는 A와 Y 간 혹은 X와 B 간 혹은 X와 Y 간에 인과관계가 있다고 해석하는 것을 의미한다.

통계적 결론의 타당성(statistical conclusion validity)은 정책의 효과를 찾아내기 위해 표본의 규모나 효과의 크기, 변수의 추정 등을 얼마나 충분하고 정밀하게 설계하여 정확한 결론을 냈는지를 말하는 것이다.

정책의 효과에 대한 결론을 내는 데 있어서 두 가지 유형의 오류가 존재한다. 하나는 정책효과가 없는데 있다고 결론을 내리는 것이고(통계학에서의 1종오류) 다른 하나는

9) 여기서는 쿡과 캠벨이 제시한 4가지 타당성을 설명하기로 한다(Cook & Campbell, 1979: 37-94). 타당성은 이외에도 여러 가지 방법으로 분류되고 있다. 측정과 측정도구의 타당도(내용타당도, 기준타당도, 구성타당도)와 연구결과의 타당도(내적 타당도, 외적 타당도)로 구분하기도 한다.

정책효과가 있는데 없다고 결론을 내리는 것이다(통계학에서의 2종오류). 통계적 결론의 타당성은 표본의 크기가 작거나 유의 수준을 낮게 잡을 경우 낮아질 수 있다. 예로 유의 수준을 0.05로 잡았을 때 정책의 효과가 있다고 결론을 내릴 수 있지만 유의 수준을 0.02로 잡았을 때는 정책의 효과가 없다고 결론을 내리게 되는데 이렇게 유의 수준의 크기를 어떻게 잡느냐에 따라 통계적 결론을 달리 내리게 되고 타당성에 영향을 주게 되는 것이다.

내적 타당성(internal validity)은 두 변수 사이의 관계가 있어 그것이 인과적이라고 추정하거나 관계가 없을 때는 인과성이 없다고 추정하는 것을 말한다. 즉 밝혀낸 원인과 결과에 대한 인과성이 제3의 변수(third variables)에 기인하지 않아야 함을 의미한다. 내적 타당성을 확보하는 데 위협이 되는 요인들은 다음과 같다.

① 역사요인(history): 역사요인은 정책집행기간에 발생한 사건이 정책효과에 영향을 미치는 경우를 말한다. 취업률을 높이기 위해 실업교육을 실시하였는데 그 사이에 경기회복이 이루어져서 실업률이 낮아졌다면 여기서의 경기회복이 역사요인이다.

② 성숙요인(maturation): 성숙요인은 평가에 동원된 구성원들이 정책의 효과와는 관계없이 스스로 성장했거나 더 강해지고 현명해짐으로써 나타나는 것으로 내적 타당성을 저하시킬 수 있는 요인이다. 초등학교 학생들에게 학교급식을 실시한 지 1년 후 신체검사를 하여 체중이 늘었다면 이는 학교급식의 효과도 있을 수 있지만 학생들이 성장하여 나타나는 것이기도 한데 이를 성숙요인이라고 한다.

③ 측정요인(tssting): 정책의 실시 전과 후에 측정이 반복되면 응답자들이 측정항목이나 에러에 익숙해져 정책효과가 향상된 것으로 나오는데 이를 측정요인이라 한다. 똑같은 시력측정도구를 가지고 반복적으로 시력측정을 하면 측정판의 기호를 알게 되어 시력이 처음보다 높게 나오는 것이 좋은 예이다

④ 측정도구요인(instrumentation): 측정기준이나 측정절차, 측정간격, 측정도구가 일정하지 않을 때 정책효과를 왜곡시키는 요인을 말한다. 정책효과의 측정간격이 너무 짧아 정책효과를 측정할 수 없는 경우나 측정의 하한선이 높게 책정되어 있거나 검사가 어려워서 일정 수준 아래의 효과를 구별할 수 없는 바닥효과(floor effect)가 나타나는 것이 그 예이다.

⑤ 통계적 회귀요인(statistical regression): 통계적 회귀요인이란 사전측정에서 높은

점수를 얻은 사람은 사후측정에서 상대적으로 낮은 점수를 얻고 사전측정에서 낮은 점수를 얻은 사람은 사후측정에서 상대적으로 높은 점수를 얻는 등 극단적인 사전측정치는 평균으로 회귀하려는 속성을 말한다. 이런 통계적 회귀요인으로 인해 극단값을 지니는 대상을 실험집단으로 하면 정책의 효과를 왜곡시키게 된다.

⑥ 선발요인(selection): 선발요인은 정책의 대상집단인 실험집단과 통제집단을 선정할 때 동질성을 확보하지 못하여 정책효과의 해석을 왜곡시키는 것을 말한다. 두 집단이 동질성을 확보하지 못하면 정책의 효과가 집행된 정책의 효과인지 아니면 두 집단의 차이로 인한 것인지 판단하기 어렵다.

⑦ 상실요인(motality): 상실요인은 실험중에 실험집단의 구성원이 이탈하여 사전측정 시의 대상집단과 사후측정 시의 대상집단이 달라지는 것으로 정책의 효과를 측정하기 힘들게 만드는 요인이다.

외적 타당성(external validity)은 추정된 인과관계를 다른 상황에서도 일반화시킬 수 있는 정도를 의미한다. 즉 정책효과가 다른 집단과 시기, 환경에서도 동일하게 나타날 수 있다면 외적 타당성이 높은 것이다. 외적 타당성을 저해하는 요인들은 다음과 같다.

① 실험대상 표본의 대표성에 문제가 있을 경우 외적타당성이 위협을 받는다. 정책의 효과가 비교적 잘 나타날 가능성이 있는 집단을 실험집단으로 선정하고 그렇지 못한 집단을 통제집단으로 선정하는 경우 정책의 효과가 과장되는 크리밍 효과(creaming effect)는 외적 타당성을 저해한다.

② 실험의 시기: 특정한 시기에 정책을 시행해서 얻은 효과를 다른 시기에 실시해도 유사한 결과를 얻을 수 있는지의 문제이다.

③ 실험조작의 반응효과: 실험참가자들이 자신이 실험대상이라는 사실을 인지하여 다른 행동을 취함으로써 엉뚱한 결론을 얻는 호돈 효과(hawthorne effect)는 외적 타당성을 저해한다.

④ 다수적 처리에 의한 간섭(multiple-treatment interference): 실험처리를 여러 번 실시하게 되면 실험효과에 영향을 미치게 되고 그 결과를 일반화시킬 수 있는 외적 타당성을 저해하게 된다.

⑤ 실험조작과 측정의 상호작용(interaction of testing and experiment): 사전측정이 피조사자에게 영향을 준 상태에서의 결과를 일반화하기 어렵다.

평가논리에서 정책의 효과를 일반화시키는 개념인 외적 타당성은 우선 내적 타당성의 확보가 전제되어야 의미가 있다고 볼 수 있다.

(3) 신뢰성(reliability)

신뢰성은 어떤 현상을 동일한 측정도구로 반복해서 측정했을 경우 동일한 결과가 나올 확률을 의미한다. 신뢰성도 타당도와 마찬가지로 '있다', '없다'보다는 '높다', '낮다'로 표현된다. 신뢰성을 측정하기 위해서는 재검사법, 평행양식법, 반분법이 사용된다.

① 재검사법(test-retest method): 동일한 상황에서 동일한 측정도구를 사용해서 동일한 대상을 일정한 간격을 두고 두 번 측정해서 두 측정값의 상관계수(correlation coefficient)로 신뢰성의 정도를 추정하는 방법이다. 이는 피실험자가 처음 측정받은 사실이 다음 측정에 영향을 줄 수 있고, 두 측정간격 동안 피실험자에게 변화가 일어날 수 있다는 한계를 가진다.

② 평행양식법(parallel forms techniques): 동일한 형태의 두 가지 측정도구를 이용하여 동일한 측정대상을 동시에 측정한 뒤 두 측정치의 상관계수를 분석해 신뢰도를 측정하는 방법이다. 이는 동일한 두 가지 측정도구를 개발하는 것이 용이하지 않다는 한계를 가진다.

③ 반분법(split-half method): 측정도구를 임의로 반으로 나눈 후 각각을 독립적인 척도로 사용하여 신뢰도를 측정하는 방법이다.

제 3 절 정책평가의 방법

정책평가 방법은 크게 질적 평가 방법과 양적 평가 방법으로 구분되는데, 실증주의적 관점에 바탕을 둔 양적 평가 방법이 많이 쓰이고 있다. 그러나 지나치게 실증주의적 접근을 강조한 계량적인 방법들은 정책이 갖고 있는 인본성과 민주성 등을 간과할 수 있으므로 해당 정책과 관련된 전문가나 시민이 참여하는 주관적 평가 방법에도 주목할 필요가 있다.

1. 질적 평가(정성적 평가)

질적 평가(qualitative evaluation)는 평가의 대상이 되는 정책과정이나 결과에 대해 서술적인 형태로 이뤄지는 평가로서 기술적 평가(descriptive evaluation)라고 불리기도 한다. 이러한 질적 평가는 평가 대상의 계량적인 측정에 별로 관심을 갖지 않고 계량적인 방법보다는 덜 체계적이고 덜 엄격한 방법으로 평가한다. 질적 평가는 특정 정책이 어떠한 결과를 가져왔다면 그 결과가 '어떻게' 또는 '왜' 발생하게 되었는지, 정책의 형성과 집행에 투입된 자원이 어떤 과정을 거쳐서 그러한 결과를 가져오게 되었는지를 평가한다. 또한 정책집행 후에 나타난 결과 및 영향은 과연 정책의 성과로 파악할 수 있는지 등의 문제에 대해 면접, 심층면담, 참여관찰 등의 방법으로 수집된 질적 자료에 의존해 대답하려는 활동이다(남궁근, 1998: 363-395).

이러한 질적 평가 방법들은 일반적으로 전문가에 의한 평가를 가정하고 있다. 그러나 정책은 전문가의 입장뿐만 아니라 해당 정책과 관련된 시민의 입장에서 평가될 필요가 있다. 이는 민주성 차원에서도 필요한 일이다. 이러한 필요성을 토대로 최근 시민이 평가 과정에 참여하는 시민참여평가에 대한 논의가 이뤄지고 있다(강근복, 2006: 444-445).

2. 양적 평가(계량적 평가)

질적 평가에 반해 양적 평가(quantitative evaluation)는 엄격한 계량적 방법을 사용해 수치화된 지표를 통해 나타나는 정책의 결과를 측정·분석하고 정책대안과 그 결과 간의 인과관계를 밝히는 활동이다. 즉, 양적 평가는 정책이 '얼마만큼'의 산출 또는 '어느 정도'의 영향을 가져왔는지, 이러한 산출이나 영향은 애초에 정해졌던 목표량의 '어느 정도'에 해당하는지를 평가한다. 그리고 이러한 산출이나 영향과 정책대안 간에는 '어느 정도'의 혹은 '어떤 방향(부호)'의 상관 관계가 존재하는지 등의 문제에 대한 답을 실험적 방법과 비실험적 방법을 통해 찾아보려는 활동이다(남궁근, 1998). 양적 평가 방법으로서 실험적 방법과 비실험적 방법을 간단히 설명한다.[10)]

10) 양적 평가 방법에 대한 자세한 내용은 박용치 외(2008: 324-348)를 참조.

1) 실험적 방법(experimental design)

실험적 방법은 사전에 실험집단(정책실시집단)과 통제집단(비교집단)으로 구분해 실험집단에게는 정책을 실시하고 통제집단에게는 실시하지 않고 일정한 시간이 지난 후 양 집단이 나타내는 결과를 보아 정책의 효과(인과관계)를 밝히는 방법이다. 실험에는 실험대상(실험집단, 통제집단), 처리(실험집단에 가하는 정책), 처리효과(정책의 결과), 결과변수(정책적용 전 측정치, 정책시행 후 측정치) 등 4가지 요소가 필요하다. 실험적 방법에는 진실험(true experiment)과 준실험(quasi-experiment)이 있다.

① 진실험: 진실험은 실험집단(experimental group)과 통제집단(control group)의 동질성을 확보하고 행하는 실험이다. 동질성을 확보하기 위해서는 두 집단은 동일한 대상이나 단위로 구성되어야 하고, 관찰기간 동안 동일한 경험을 하여야 하며, 정책에 대한 태도가 동일하여야 한다(노화준, 2001: 239-40).

진실험의 방법으로는 통제집단 사후측정설계, 통제집단 사전사후설계, 솔로몬 4집단설계 등이 있다(남궁근, 1998). 통제집단 사전사후설계는 실험집단과 통제집단에 대해 사전측정을 하고 정책시행 후 사후측정을 하여 두 집단의 결과를 비교하는 방법이다. 솔로몬 4집단설계는 2개의 실험집단과 2개의 통제집단으로 구성하여 하나의 실험집단, 통제집단은 사전측정을 실시하고, 다른 집단들에는 사전측정을 실시하지 않고 정책을 시행하여 각 집단들의 결과 값의 차이를 비교하는 방법이다.

진실험은 동질적인 실험집단과 통제집단으로 실험함으로써 제3의 변수(허위변수, 혼란변수)의 영향을 통제할 수 있기에 내적 타당성을 높일 수 있는 방법이다. 하지만 현실적으로 무작위로 두 집단을 구성하기 어렵다는 단점이 있다. 또한 구성한다고 해도 통제집단이 실험집단의 생각, 태도 등을 따라하는 모방 효과(imitation effect)나 정책의 내용이 통제집단에게 누출되는 등 완전한 통제가 어려운 단점이 있다.

② 준실험: 준실험은 실험집단과 통제집단의 동질성을 확보하기 어려운 경우나 통제가 완전하게 이루어지지 못하는 경우 사용하는 방법이다. 두 집단이 비동질적이므로 통제집단은 실험집단과 유사한 비교집단으로 구성한다. 따라서 준실험에서는 통제집단이 아닌 비교집단으로 칭한다. 준실험의 연구설계 방법으로는 비동질적 통제집단설계, 회귀·불연속설계, 단절적 시계열설계, 단절적 시계열 비교집단설계 등이 있다(남궁근, 1998).

비동질적 통제집단설계는 실험집단과 비교집단으로 나누어 사전측정을 하고 실험집단에 정책을 적용한 후 두 집단을 비교하는 것이다. 예를 들어 사전측정에서 실험집단은 몸무게가 40킬로, 비교집단은 37킬로인 경우 실험집단에 영양식을 제공한 후 몸무게가 실험집단은 45킬로, 비교집단은 41킬로였다면 실험집단의 차이(5=45−40)에서 비교집단의 차이(4=41−37)를 뺀 1킬로를 정책의 효과로 판단한다.

준실험은 진실험에 비해 현실적으로 사용하기 용이하고 외적 타당성 측면에서는 강점이 있으나, 집단 자체의 성숙·역사·선정 효과 등과 정책 효과를 구분하기 어렵다는 점에서 내적 타당성에서는 단점이 있다.

2) 비실험적 방법(non-experimental design)

비실험적 방법은 비교집단 없이 정책을 실시한 집단의 사전사후를 비교하거나 정책 집행 후 의사비교집단을 설정하여 정책수단과 정책 효과의 인과관계를 밝히는 것이다. 대표적인 비실험적 방법은 단일집단 사후측정 설계, 단일집단 사전사후 측정설계 등이다. 이외에도 비실험적 방법이면서 통계적 기법을 사용하는 회귀분석에 의한 통계적 추론, 인과경로분석에 의한 추론 등의 방법이 있다. 비실험적 방법은 실행가능성이 높은 장점이 있지만 허위변수나 혼란변수의 영향을 제거하기 힘들어 정책의 효과를 엄밀하게 측정하기 곤란하므로 내적 타당성이 약한 단점이 있다.

위에서 간단히 설명한 정책평가 방법들을 정리하면 〈표 10-1〉과 같다.

표 10-1 정책평가 방법

구분			평가 방법
질적 평가	전문가에 의한 평가		면접, 심층면담, 참여연구, 내용분석 등
	비선분가에 의한 평가		시민참여평가 등
양적 평가	실험적 방법	진실험	통제집단 사후측정설계, 통제집단 사전사후설계, 솔로몬 4집단설계 등
		준실험	비동질적 통제집단설계, 회귀불연속설계, 단절적 시계열설계, 단절적 시계열 비교집단설계 등
	비실험적 방법	비통계적 방법	단일집단 사후측정설계, 단일집단 사전사후 측정설계 등
		통계적 방법	회귀분석에 의한 추론, 인과경로분석에 의한 추론 등

질적 평가와 양적 평가는 각각 장점과 단점을 함께 갖고 있다. 그러므로 질적·양적 평가를 혼합적으로 활용함으로써 타당한 정책평가를 수행할 수 있도록 해야 한다. 그러나 이 두 가지 평가를 적절히 조화시키는 것은 쉽지 않다. 이는 두 평가방법이 근본적으로 상이한 방법론적 배경(methodological background)을 갖고 있기 때문이다. 질적 평가는 한 현상에 대한 심도 깊은 이해를 추구하고 그 결과의 일반화(generalization)에는 별로 관심을 두지 않는 반면, 양적 평가는 평가 결과의 일반화를 매우 중요하게 여긴다. 그러나 올바른 정책평가를 위해서는 두 가지의 평가가 균형 있게 이뤄져야 한다(강근복, 2009).

제 4 절 정책평가의 절차

정책평가의 절차는 정책평가의 유형에 따라 달라지게 된다. 그리고 학자에 따라서 여러 가지 다양한 견해가 제시되고 있으나[11] 일반적으로 정책평가의 절차는 크게 정책평가의 기획, 자료의 수집과 분석, 그리고 평가 결과의 제시 등 3단계로 나눌 수 있다.

1. 제1단계: 정책평가의 기획

정책평가는 많은 시간, 비용, 그리고 노력을 필요로 하는 작업이다. 그러므로 이러한 정책평가를 합리적·체계적으로 수행해 유용한 평가 결과를 얻으려면 사전에 치밀한 기획이 있어야 한다. 이러한 준비·기획 작업을 정책평가 기획이라고 하는데, 이에는 다음과 같은 활동이 포함된다.

1) 정책평가 결과의 잠재적 이용자 확인

정책평가 기획의 첫 단계는 정책평가 결과를 이용하게 될 잠재적 이용자를 확인하는 일이다. 평가 결과의 잠재적 이용자로는 특정 정책 담당부서(정책결정자, 정책집행자),

11) 정책평가 절차에 대한 학자들의 다양한 견해에 대해서는 노화준(1983: 490-505), 김명수(1993: 90-117) 참조.

상위 종합조정기관(청와대, 국무조정실 등), 국회, 그리고 정책에 의해 영향을 받는 일반 국민, 특정한 정책에 관심이 많은 국민 등이 있다. 평가 결과의 잠재적 이용자를 먼저 파악하는 이유는 이용자에 따라 정책평가 정보의 내용이 서로 다르기 때문이다. 예를 들어, 정책결정자는 정책평가를 통해 원래의 의도대로 집행이 효과적·능률적으로 이뤄지고 있는지, 또는 정책의 수정이 필요한 것은 아닌지 하는 등의 문제에 관한 정보를 얻고자 할 것이나. 반면에 정책집행자는 기존의 집행 방법과 절차 등의 효율성에 관한 정보를 얻고 싶을 것이다.

2) 평가 목적의 확인

앞에서 설명했듯이 정책평가는 정책결정과 집행에 필요한 정보 획득, 정책 담당자의 책임성 확보, 그리고 정책 관련 지식의 획득 등을 목적으로 한다. 그런데 누구나 모두 위와 같은 목적에 관심을 갖고 있는 것은 아니다. 그러므로 이용자에 따라 어떤 목적으로 평가정보를 이용하려는지를 파악하고 그러한 목적에 부합하는 정보를 산출할 수 있는 평가를 기획해야 한다. 정책평가의 목적에 따라 구체적인 평가의 대상이 달라지고 평가의 유형과 방법도 달라진다.

일반 국민들이 정책평가를 필요로 하는 이유는 여러 가지 있을 수 있으나, 그 정보를 이용해 정책 담당자의 책임 소재를 파악하고 정책과정을 좀 더 바람직한 방향으로 개선하도록 정부 등에 영향을 행사하는 것이 그 주된 이유라 할 수 있다. 그러므로 정책과정을 실제 담당하는 특정 정책 담당부서와 상위 종합조정기관의 정책평가 목적을 살펴봄으로써 일반 국민들의 평가 목적도 이해할 수 있을 것이다. 특정 정책 담당부서와 상위 종합조정기관은 그들의 특성상 다음과 같이 상이한 평가 목적을 갖는다(한국행정연구소, 1994: 162-163).

첫째, 먼저 상위 종합조정기관(예를 들면, 국무조정실)은 다음과 같은 평가 목적을 갖는다.

① 기본정책 또는 상위 정책 방향의 설정과 수정
② 관련된 정책 간의 일관성 검토와 조정, 정책 간의 연계 설정
③ 정책 관련 부처 간의 업무 조정과 정책집행 권한 조정
④ 정책들 간의 우선순위 결정

⑤ 각 부처 개별 정책의 개발, 결정, 집행 및 평가에 대한 책임성 확보
⑥ 정책과 예산 간의 연계성과 효율성 확보
⑦ 고객들의 만족도 향상과 민원에 대한 사전 조치와 이를 위한 제도적 장치 마련

둘째, 다음으로 특정 정책 담당부서의 평가 목적은 다음과 같다.
① 정책의 성과와 목표 달성도 점검
② 정책의 영향평가와 부정적 영향의 최소화
③ 정책의 시의성과 적합성 제고
④ 정책집행 전략의 효과성 검토
⑤ 새로운 정책의 개발과 기존 정책의 주기적 수정, 보완, 종결
⑥ 고객의 만족도 향상
⑦ 정책의 효과성, 신뢰성, 순응성 및 수용성 확보
⑧ 정책집행의 효율성 확보

3) 평가성 사정(검토)

평가성 사정(assessment of evaluability)이란 본격적인 평가에 앞서 수행하는 예비적 평가로서 평가 목적을 달성하기 위해 어느 정도나 적실성 있고 기술적으로 가능한 평가가 가능할 것인가를 검토하는 것이다. 즉, 정책의 어떤 부분을 어떻게 평가해야 유용한 평가가 될 것인지, 그리고 어떠한 평가가 가능할 것인지를 파악하기 위해 행해지는 예비평가가 평가성 사정이다(김명수, 1993: 79-89).

평가성 사정은 이를 피하기 위해 평가 결과 이용자가 원하는 정보 중 기술적으로 평가가 불가능하거나 필요한 자료의 입수가 곤란해 구하기 어려울 것으로 평가되는 경우를 배제하고 평가가 가능한 부분을 사전에 밝혀내는 것이다.

4) 평가 유형의 결정

평가의 목적과 대상이 밝혀지고 평가의 가능성에 대한 예비사정이 이뤄지고 나면 어떠한 유형의 평가가 적절할 것인가를 결정해야 한다. 예를 들어, 평가의 목적이 정책의 성과평가인 경우라면 총괄평가를 통해 정책의 전반적인 영향을 평가해야 할 것이다. 평가의 목적이 정책집행의 효율성 확보인 경우에는 형성평가를 통해 수시로 집행 과정을

점검해야 한다. 또한 평가의 목적이 책임성의 확보에 있는 경우에는 외부평가가 적절할 것이고, 평가의 목적이 정책과정을 개선하기 위한 정보의 창출인 경우에는 자체평가나 내부평가가 더 적절할 것이다.

여기에서 중요한 점은 평가 유형에 대한 결정은 다측면적이라는 점이다. 이는 하나의 정책평가가 이뤄지기 위해서는 여러 측면에서 평가 유형과 방법의 선택이 검토되어야 한다는 의미이다. 예를 들어 평가의 목적이 성과평가여서 총괄평가를 선택한 경우, 이 평가가 책임성의 확보를 목적으로 한다면 '외부의 전문가에 의한 총괄평가'가 적당할 것이다. 그렇지 않고 정책과정의 개선이 목적인 경우에는 '자체평가팀에 의한 과정평가'가 적합할 것이다. 또한, 평가의 목적과 평가 대상의 측정 가능성 등을 고려해 질적 평가인지 양적 평가인지도 선택해야 한다.

5) 평가의 설계

정책평가의 유형이 결정되고 나면 다음 단계는 평가를 구체적으로 어떤 방법으로 수행할지를 설계하는 것이다. 평가설계가 잘못되면 그 이후에 이뤄지는 평가활동이 비능률적이 되고 평가 결과의 타당성과 신뢰성도 매우 낮아지게 된다. 그러므로 정책평가의 목적, 유형 등에 따라 적절한 자료 수집과 분석 방법이 선택되어야 한다.

이러한 평가설계의 기본적인 유형에는 진실험설계(experimental design), 준실험설계(quasi-experimental design) 등이 있고, 준실험설계의 경우 분산분석(ANOVA), 회귀분석(regression analysis), 시계열분석(time series analysis), 경로분석(path analysis) 등의 다양한 통계적 자료분석 방법이 사용된다(Stokey & Zeckhauser, 1978). 그리고 이러한 평가를 위한 자료의 수집 방법도 면접조사(interview), 설문조사(survey), 2차 자료 이용(secondary date) 등의 다양한 방법이 있다.[12] 평가의 기본 설계나 자료분석 방법에 따라 필요한 자료의 유형도 달라지고 자료 수집 방법도 달라지게 된다.

평가설계는 특히 양적인 정책평가에서 중요한데, 이는 양적 평가가 객관성 · 과학성을 그 생명으로 하기 때문이다. 만일, 많은 노력과 시간을 들인 정책평가의 결과도 자료 수집이나 분석에서의 실수로 그 타당성과 신뢰성을 의심받게 되면 쓸모없는 것이 되고 만다. 사례연구(case study), 내용분석(content analysis), 그리고 참여연구(participation study) 등의 방법[13]을 주로 사용하는 질적인 평가의 경우에는 이러한 가능성

12) 자료 수집 방법에 대해서는 남궁근(1998: 363-395), 박용치 외(2008: 482-543) 참조.

이 적은데, 그 이유는 질적 평가는 객관성과 과학성이 평가 결과의 유용성을 결정하지 않기 때문이다. 그러나 질적인 평가라도 가급적 정밀하게 평가를 설계해 가능한 한 객관성과 과학성을 확보하려는 노력을 하는 것이 필요하다.

2. 제2단계: 자료의 수집과 분석

평가기획에 의해 평가의 목적과 대상, 평가 유형 등이 명확하게 드러나고 평가의 설계가 이뤄지고 나면, 그 다음 단계로 자료를 수집하고 분석하게 된다. 먼저 자료 수집의 경우, 평가의 설계 단계에서 결정된 방법으로 자료를 수집하게 되지만 어떠한 자료 수집 방법이건 한계와 문제점을 갖고 있으므로 이러한 문제점에 대한 적절한 고려가 필요하다. 예를 들어 설문조사는 응답자가 바쁘거나 평가 대상이 되는 정책에 대해 잘 모를 경우 형식적이고 무성의한 자세로 응답할 가능성이 있다. 물론, 이러한 점에 대한 고려는 평가설계 단계에서 이뤄져야 하지만, 자료 수집 단계에서도 이러한 한계를 충분히 인식하고 이에 대처하는 것이 필요하다.

자료의 수집이 이뤄지고 나면 다음 단계로 수집된 자료의 분석이 진행된다. 자료의 분석은 물론 평가설계에서 선택된 분석 방법에 의해서 이뤄진다.[14] 그러나 이 과정 역시 기술적이고 기계적인 것만은 아니다. 외부로부터의 압력 등으로 분석이 왜곡될 가능성이 항상 존재하기 때문이다. 먼저 질적 평가가 이뤄지는 경우, 자료분석이란 다분히 주관적인 판단에 의해 이뤄지는 것이므로 분석가의 주관에 따라 같은 대상이라도 상이한 평가를 받을 가능성이 있다. 이것이 정책평가의 경우 질적 평가보다 양적 평가가 선호되는 주된 이유라 할 수 있다.

그러나 양적 평가라고 이러한 조작이 전혀 불가능한 것은 아니라는 사실을 유념해야 한다. 공공정책에 대한 양적 평가의 가능성은 정밀한 통계분석 기법의 발달로 점차 증가하고 있다. 그러나 이러한 고도의 분석 기법들은 모두 일정한 전제와 가정에 근거하고 있으며, 과학적인 해답(scientific solution)이라기보다는 기술적인 해답(technical solution)을 제시한다. 다시 말하자면, 복잡한 사회 현상을 측정하고 그들 간의 인과관계를 측정하는 통계 기법들은 하나의 근사치를 제공하는 것에 불과하고 무슨 통계 기

13) 자세한 내용은 만하임과 리치(Manheim & Rich, 1986: 152-185), 고미영(2012: 12장, 14장) 참조.
14) 자료분석의 구체적 기법 등은 남궁근(1998: 396-437), 한승준(2008: 328-459) 참조.

법을 어떻게 사용하는 것이 옳다는 객관적인 정답은 존재하지 않는다. 그러므로 분석가가 원하는 방향의 평가가 이뤄지도록 하는 기술적인 조작이 분석 단계에서 가능한 것이다. 이러한 가능성은 통계 기법이 고도화될수록 높아질 것이다. 그러므로 이러한 조작이 이뤄지지 않도록 세심한 주의를 기울일 필요가 있다.

평가결과의 왜곡을 방지하기 위해서는 다음과 같은 점들이 평가에 영향을 주지 않도록 하여야 한다.

① 할로 효과(Halo effect): 한두 개의 항목이나 분야에서 성과가 높으면 다른 항목이나 분야도 우수하게 평가하는 것을 말하는 것으로 악마효과(devil effect)라고도 한다.

② 집중화 경향: 평가항목이나 대상을 평균적으로 평가하려는 경향을 말한다.

③ 관대화 경향: 정확하게 평가하지 않고 높게 평가하려는 경향이다.

④ 귀인편향(attribution bias): 정책결과의 차이가 외부적 요인에 의해 발생하였음에도 불구하고 이를 감안하지 않은 채로 평가하는 것을 의미한다.

3. 제3단계: 평가 결과의 제시

평가 결과는 이용자나 의뢰인에게 전달되어 유익하게 사용될 수 있어야 한다. 평가자와 이용자가 일치하는 자체평가를 제외하고는 타당한 평가와 평가 결과의 활용을 위해서는 평가자와 잠재적 이용자들 사이의 원활한 의사소통이 필요하다. 이러한 의사소통은 평가의 모든 단계에서 필요하지만, 역시 가장 중요한 것은 평가가 끝난 후의 평가자와 이용자 간의 의사소통이다. 평가 결과가 이용자에게 정확하게 전달되지 못하면 평가 결과의 올바른 활용을 기대할 수 없다.

그러므로 평가 결과는 가능한 한 분명하게 이해가 가능하도록 조직화되고 표현되어야 한다. 또한 발견된 사항들과 건의 사항들은 우선순위에 따라 기술되어야 하고, 평가의 전제와 방법, 그리고 평가의 한계 등이 분명하게 제시되어야 한다. 특히, 평가에서 고도의 통계분석 기법이 사용되는 경우 이용자가 충분히 이해할 수 있도록 쉬운 용어로 제시되어야 한다.

제 5 절 정책평가의 기준과 지표

1. 정책평가의 기준

모든 정책은 양적·질적인 측면에서 다양한 긍정적 또는 부정적 결과를 창출한다. 그러므로 정도의 차이는 있지만 정책의 성과를 단일한 기준에 의해 평가한다는 것은 적절하지 않다. 정책평가의 기준에 대해서는 학자마다 다양한 견해가 있지만,[15] 효과성, 능률성, 정책 대상집단의 만족도, 대응성, 형평성, 필요성 등의 여섯 가지 정책평가 기준에 대해 살펴본다.

첫째, 효과성은 정책이 설정하고 있는 목표를 얼마나 달성했는가를 측정하는 기준이다. 즉, 효과성이란 '실제로 달성된 산출/목표에서 설정된 산출'의 비율로 나타낸다. 이 기준에 의하면 비용은 얼마가 들더라도 산출만 많으면 바람직한 정책으로 평가된다.

둘째, 능률성은 효과성과 함께 가장 많이 사용되는 평가 기준으로서 일정한 일을 하는 데에 얼마의 비용이 투입되었는가를 나타내는 기준이다. 즉, 능률성은 동일한 비용으로 더 나은 성과를 얻거나(좁은 의미의 능률성) 동일한 성과를 얻기 위해 더 적은 비용을 들이는 것(경제성)을 의미하는 것으로 '산출/투입'의 비율로 나타낸다. 이 기준은 목표를 달성하는 데 가장 경제적인 수단이 무엇인가에 초점을 두고 있다는 점에서 효과성 기준과는 구별된다.

셋째, 정책 대상집단의 만족도는 위의 두 기준과는 달리 비계량적인 지표를 사용해 측정한다. 이 기준은 정책 대상집단이 얼마나 특정 정책에 대해 만족하고 있는가를 측정하는 것이다. 즉, 정책목표의 달성이 아니라 그 정책에 대해 정책 대상집단이 어떻게 생각하고 있는지에 관심을 갖는 기준이다. 이 기준에 의하면 바람직한 정책은 고객인 국민들로부터 광범위한 지지를 받는 정책이다.

넷째, 대응성은 정책의 성과가 고객의 필요, 선호나 가치를 얼마나 충족시켰는가를 평가하는 기준이다.

15) 나카무라와 스몰우드(Nakamura & Smallwood, 1980)는 정책평가의 기준으로 목표 달성, 능률성, 주민의 만족, 수혜자의 요구에 대한 대응성, 체제 유지 등을 들고, 던(Dunn, 1981)은 효과성, 능률성, 적절성, 형평성, 대응성, 필요성 등을 들고 있다.

다섯째, 형평성은 정책의 비용과 편익이 여러 집단에 얼마나 공평하게 배분되었는가를 나타내는 기준이다. 어떤 정책의 편익이나 비용이 특정 계층이나 지역에만 부당하게 편중된다면 그 정책은 좋은 정책이라 할 수 없다.

여섯째, 필요성은 정책이 존속하면서 일정한 결과를 산출하는 것이 과연 필요한 것인지를 평가하는 기준이다. 이는 정책 자체의 존폐 여부에 관심을 갖는 기준으로서 정부의 예산 절약과 감축관리가 강조되는 시기에 매우 중요한 평가의 기준이라 하겠다. 사실 정부가 수행하는 모든 정책은 나름대로의 중요성을 갖고 있고 편익을 국민에게 제공한다. 그러나 정부의 자원은 한계가 있으므로 그 필요성의 우선순위에 따라 정책 자체의 존폐를 평가할 필요가 있다.

2. 정책평가의 지표

위의 여러 기준에 의해 정책의 과정과 결과를 평가한다면 정책의 질을 높일 수 있는 유용한 정보를 얻을 수 있을 것이다. 그러나 이러한 다양한 기준을 적절히 활용해 정책 과정과 결과를 평가한다는 것은 그리 쉬운 일이 아니다. 그러므로 평가 대상의 선정, 평가 초점의 설정, 그리고 평가 요소 등에 대한 구체적인 지침이 있다면 정책평가의 질을 크게 높일 수 있을 것이다. 각 정책 단계별로 실제 정책평가 활동에서 사용될 수 있는 구체적인 평가지표의 예를 살펴보면 다음과 같다.[16]

1) 정책개발 및 형성 과정

이 과정에서 중요한 것은 정책을 결정하는 과정에서 미리 고려되어야 할 사항들을 충분히 고려했는가 하는 점이다. 이러한 노력을 평가하는 지표로는 다음과 같은 것들이 있다.

(1) 정책목표 관련 지표

정책목표가 적절히 설정되었는가를 평가하는 지표로는 상위 목적과의 연계성, 하위 목표와의 연계성, 정책목표 실현 수단의 타당성, 기존 정책목표와의 일관성 등이 있다.

16) 이 부분은 한국행정연구소(1994: 165-231), 국무조정실(2015: 24-29)의 내용을 주로 참고했다.

(2) 관련 집단의 참여 관련 지표

국민의 참여를 통한 의견 수렴 없이는 다양한 이해 관계를 조정하고 소기의 정책목표를 달성하는 것이 매우 어렵다. 따라서 정책결정 과정에서의 참여의 정도와 유형에 대한 평가가 필요하다. 이를 평가하는 지표에는 이해관계집단의 참여 여부가 있고, 세부 지표로는 이해관계집단에의 공평한 의견 개진 기회 부여 여부, 정책 건의와 검토 및 회신 회수, 검토 의뢰 회수, 공청회 등의 의견 수렴제도 활용 노력 여부 등이 있다.

(3) 관련 정책과의 조정과 연계 지표

정책은 근본적으로 복잡성, 연관성을 갖고 있으므로 다른 정책들과 관련되어 있고, 영역도 중복되는 경우가 많다. 따라서 다른 기관과의 협조 및 조정장치가 갖춰져야 한다. 이를 평가하는 지표로는 관련 부처와의 정책 조정과 연계, 부처 내의 정책 조정과 연계, 정책 조정제도의 구축과 실행 등이 있다.

(4) 정책개발 기초 정보 관련 지표

정책을 결정하기 위해서는 충분한 자료의 검토와 분석이 필요한데 이를 평가하기 위한 지표로는 활용된 정보의 충분성, 활용된 정보의 신뢰성 등이 있다.

(5) 정책 산출의 부작용 예측 관련 지표

정책은 기대했던 효과뿐만 아니라 예상하지 못했던 부작용을 수반하는 경우가 많다. 그러므로 이에 대한 적절한 고려가 필요하다. 이를 평가하기 위한 지표로는 부작용 예측 여부, 부작용 대책 수립 여부 등이 있다.

(6) 자원 조달 활동 관련 지표

실제 정책을 결정하는 단계에서 가장 중요한 문제는 집행에 필요한 인적·물적 자원의 동원 가능성일 것이다. 자원의 동원 가능성에 대한 고려가 없다면 그 정책은 형식적인 것에 불과하게 될 것이다. 이를 평가하기 위한 지표는 재원 확보의 적절성, 인력 확보의 적절성 등이 있다.

2) 정책집행 과정

정책이 복잡해지고 정책환경의 불확실성이 증가하면서 정책집행 과정의 중요성이 증가하고 있다. 정책집행 과정은 또 하나의 정책결정과 행동의 통합 과정이요 기술적 과정이면서 정치적 과정이다. 이러한 노력을 평가하는 지표로는 다음과 같은 것들이 있다.

(1) 집행 과정 관련 지표

정책집행 과정의 적절성을 평가하는 지표로 집행의 충실도, 집행 절차의 합법성, 집행계획의 수립과 모니터링, 사업 부진 원인 분석과 대책 수립 등이 있다.

(2) 집행조직 관련 지표

적절한 집행조직이 갖춰져 있는가를 평가하는 지표로 권한과 업무 분장의 적절성, 관련 조직과의 연계 등이 있다.

(3) 재정 운용 관련 지표

적절한 재정 운용을 평가하는 지표에는 자금 공급의 적시성, 자금 절약 노력 여부 등이 있다.

(4) 인력 운용 관련 지표

적절한 인력 운용을 평가하는 지표에는 참여 인력의 적정성이 있다.

(5) 지지 획득 및 홍보 관련 지표

정책집행에서의 고객의 수용성 확보 노력을 평가하는 지표에는 고객의 반발 유무, 홍보와 설득 노력의 적절성, 정책예고제 활용의 적절성, 행정의 투명성 확보 노력 정도 등이 있다.

3) 정책의 결과

아무리 정책이 잘 만들어지고 집행이 잘 되었다고 해도 원하는 결과를 얻지 못하면 그 정책은 성공적인 정책이 될 수 없다. 그러므로 정책의 결과에 대한 평가가 중요한

데, 이를 평가하는 지표로는 다음과 같은 것들이 있다.

(1) 정책 산출 관련 지표

정책 산출은 정책의 직접적·단기적 성과를 말하는데, 이를 평가하는 지표에는 목표 달성 수준, 의도한 정책 서비스의 산출 여부, 문제 상황의 개선 여부 등이 있다.

(2) 정책의 효율성 관련 지표

정책목표가 얼마나 달성되었는지, 그리고 얼마나 능률적으로 달성되었는지를 측정하는 지표에는 정책의 효과성, 정책의 능률성 등이 있다.

(3) 정책의 형평성 관련 지표

정책의 비용과 편익이 얼마나 공평하게 배분되었는가를 평가하는 지표에는 정책 편익 전달의 적절성, 비용 부담의 공평성 등이 있다.

(4) 정책 영향 관련 지표

정책 영향에는 장기적이고 간접적인 정책 결과와 부작용까지 포함되는데, 이를 평가하는 지표에는 상위 정책목표 실현 정도, 사회적인 파급 효과 정도, 정책 대상집단의 요구 충족도 등이 있다.

4) 정책의 평가 및 활용

정책평가는 정책 담당자의 문제 해결 능력을 높이고 오류 수정 능력을 증대시켜 정책의 적실성을 제고한다는 점에서 매우 중요하다. 그러기 위해서는 정책평가가 제대로 이뤄지고 평가정보가 잘 활용되어야 하는데, 이를 평가하는 지표에는 다음과 같은 것이 있다.

(1) 평가 활동 관련 지표

정책평가 활동의 적절성을 평가하는 것으로 평가 체계의 적절성, 평가에 활용된 정보의 신뢰성, 평가 노력의 적절성 등이 있다.

(2) 평가 결과 환류 관련 지표

평가 결과의 환류는 평가정보 활용의 적절성을 살펴보아야 하고, 세부 지표로는 평가 결과 활용에 대한 관리자들의 태도와 관심 정도, 평가 결과의 반영 실적 등이 있다.

제 6 절 정책평가의 활용

1. 정책평가 활용의 의의

1) 정책평가 활용의 개념

정책평가는 그 결과를 활용하기 위해 이뤄진다. 물론 정책평가를 했다는 것 자체의 홍보 효과를 노려서 평가를 하는 경우도 있지만, 그것은 예외적인 경우이고 거의 대부분은 평가 결과를 선의에서든 아니면 나쁜 의도에서든 활용하기 위해 정책평가를 실시한다.[17] 정책평가의 목적과 연관해서 보면 정책 담당자의 책임성 확보, 정책 내용과 과정의 개선을 위한 정보 창출, 그리고 정책 자체와 정책이론과 관련된 지식의 확보 등을 위해 정책평가가 이뤄진다.

정책평가 결과를 활용하려는 사람이 정책집행 책임자인가, 정책 대상집단 또는 일반 시민인가, 아니면 대통령, 국회 등과 같은 정책결정자인가에 따라 필요로 하는 정책평가 정보의 내용도 다르고 평가 활용 방식도 다르다. 정책평가자가 누구이고 그들이 어떤 의도에서 정책평가를 했느냐에 따라서도 정책평가 활용 양태는 달라진다. 정책결정자 또는 정책집행 책임자 등 정책평가 결과를 활용할 사람이나 기관이 주도해 정책평가를 하는 경우에는 활용의 가능성이 높으나, 제3자에 의해 정책평가가 이뤄지는 경우에는 정책평가자와 정책 담당자와의 관계에 따라서 활용 양태가 달라진다. 시민들이 정책평가 결과를 활용하는 양태도 전문가 주도 정책평가 결과냐 아니면 시민참여 정책평가의 결과냐에 따라서 달라질 가능성이 있다.

---

17) 예를 들어 실질적으로 그럴 의사가 없으면서 겉으로만 '정책 개선을 위해 정책평가를 했다'는 것 자체에 대한 홍보를 평가의 실질적 목적으로 삼을 수도 있다. 이는 평가 결과를 활용하려는 것이 아니라 평가 자체를 나쁜 의도로 활용하려는 것이라 할 수 있다.

2) 정책평가 활용의 양태

정책평가 결과 활용의 양태는 평가 결과의 수용도에 따라서 평가 결과를 그대로 받아들여 반영하는 완전 활용, 평가 결과를 선택적으로 받아들이거나 수정해 반영하는 부분 활용, 그리고 평가 결과를 무시하는 활용 거부 등으로 나눌 수 있다.

또한 정책평가 결과 활용 내용의 특성에 따라서 도구적 활용과 개념적 활용으로 나눌 수 있다. 도구적 활용(instrumental use)은 정책평가의 결과를 직접적으로 정책 내용과 과정의 개선이나 정책 담당자의 책임성 확인 등을 위해 활용하는 경우다. 반면에 개념적 활용(conceptual use)은 정책평가 결과를 직접적으로 활용하는 것이 아니라 간접적으로 정책의 내용과 과정에 대한 이해를 증진시키는 데 활용하는 것을 말한다(Rich, 1977).

다음은 정책평가 결과 활용을 저해하는 요인을 살펴보고 평가 결과 활용을 증대시키기 위한 방안에 대해 살펴본다.

2. 정책평가 결과 활용의 저해 요인

정책평가 결과는 정책과정에 환류되어 정책 내용과 과정을 개선하는 데 활용되어야 한다.[18] 그러나 현실적으로는 정책평가 결과가 유익하게 활용되지 못하고 사장되어 버리는 경우가 적지 않다. 이렇게 되면 정책평가에 동원된 자원・노력・시간은 낭비되는 것이고 오히려 정책평가를 수행하지 않은 것보다 못한 결과가 초래된다. 그러므로 정책평가 결과의 활용에 영향을 미치는 요인, 결과 활용을 저해하는 요인들을 살펴보고 이를 관리 또는 극복할 수 있는 방안을 마련해야 한다. 정책평가 결과가 제대로 활용되지 못하는 이유로는 다음과 같은 것들이 있다.

1) 평가 결과에 대한 신뢰성 결여

이용자가 평가 결과에 대해 신뢰하지 못하면 그 평가 결과는 활용되지 못한다. 평가 결과에 대한 신뢰성의 확보 여부는 적합한 평가 방법의 선택, 평가에 이용된 자료의 정확성, 충분성, 신뢰성 등에 달려 있다. 만일 사용된 방법이나 자료의 신뢰성이 인정되지

18) 정책평가의 활용의 이론적 논의와 사례연구에 대해서는 이봉락(2009) 참조.

않는다면 당연히 그 결과는 활용되지 못할 것이다. 평가 결과의 신뢰성은 평가 담당자에 따라서도 좌우된다. 평가 담당자가 객관적인 자세를 유지하지 못하거나 그 능력을 의심받는 경우에도 평가 결과는 제대로 활용되지 못한다.

2) 필요한 정보 제공의 실패

이용자가 필요로 하는 정보를 평가 결과가 제공하지 못하는 경우에 그 정책평가 결과는 활용되지 못한다. 앞에서 살펴본 바와 같이 정책평가의 잠재적 이용자들은 다양하며 이들이 필요로 하는 평가정보 역시 다양하다. 그러므로 정책평가의 결과가 이용자의 필요를 충족시켜 주지 못하는 경우 그 정책평가 정보는 쓸모없는 것이 되고 따라서 활용되지 못한다. 이러한 문제는 외부평가인 경우 더 심각하다. 그리고 정책평가는 보통 건의 사항을 포함하게 되는데, 이러한 건의 사항들이 추상적이거나 비현실적이라면 이러한 평가정보 역시 활용되지 못한다. 이러한 정보는 이용자에게 전혀 도움이 되지 못하기 때문이다(유훈, 1989: 456).

3) 평가 결과 제시의 적시성 결여

평가 결과가 이용자가 원하는 시기에 제공되지 못한다면 이러한 정책평가 역시 활용되지 못한다. 물론 정책에 따라서는 적시성이 중요하지 않은 경우도 있을 수 있다. 그러나 대부분의 정책의 경우 정책 내용과 과정을 수정해 정책문제를 성공적으로 해결하기 위해서는 적시에 평가 결과가 제시되어야 한다.

4) 의사소통과 평가 결과 제시의 비효율

정책평가의 결과가 이용자들에게 이용할 수 있는 내용과 형태로 제시되지 못하면 활용되기 어렵다. 이용자들의 평가정보 요구에 맞춰 쉽고, 명확하며, 간결하게 평가 결과가 제시되어야 한다. 이용자들이 평가정보를 이해하지 못하고 그 정보의 유용성을 인식하지 못한다면 평가 결과를 활용할 수가 없다.

5) 정책 담당자들의 저항

평가 결과가 제대로 활용되지 못하는 이유 중 가장 극복하기 어려운 것이 바로 평가 결과를 이용해야 할 정책 담당자들의 저항이다. 평가란 언제나 일정한 기준에 비춰 현재 상태의 결함을 지적하고 현재 상태의 변화를 요구한다. 그러므로 정책의 결정이나 집행에 책임을 지고 있는 이용자들은 이러한 정책평가 결과를 받아들이지 않고 저항하며 그 정보의 활용을 거부하게 된다(유훈, 1989: 455).

6) 정책평가 자체의 한계

마지막으로 정책평가 자체가 갖는 한계로 정책평가 결과의 활용이 제대로 이뤄지지 못한다. 정책평가 기준과 지표 설정의 어려움, 정책 결과의 확인과 측정의 어려움, 정책 결과 발생의 시차와 평가의 어려움, 적절한 평가 방법 선택의 어려움, 시간과 자원의 제약, 그리고 평가에 필요한 자료의 부족 등으로 평가 자체가 결함을 가지게 되고 불완전한 평가 결과의 활용에 저항하게 된다.

3. 정책평가 활용 확대 방안

정책평가 결과의 활용을 확대하기 위해서는 앞에서 지적된 문제들에 대한 적절한 관리가 필요하다. 이를 살펴보면 다음과 같다.

1) 평가 내용의 질 향상

우선 정책평가 내용의 질을 향상시키는 것이 중요하다. 평가 내용의 질은 평가자료와 평가 방법의 질에 크게 의존한다. 사용되는 정보의 신뢰성을 높이고 치밀한 연구설계에 따라 적절한 방법을 사용해 평가 방법의 적절성에 대한 논란의 여지를 줄이게 되면 정책평가 결과의 활용도를 높일 수 있을 것이다(김명수, 1993: 201).

2) 평가정보 요구 대응성 제고

정책평가가 이용자들의 요구와 필요를 정확히 파악하고 현실성 있는 정책정보를 산출한다면 정책평가 결과의 활용도를 높일 수 있다. 그러기 위해서는 우선 정책평가 정보를 1차적으로 활용할 사람이나 기관이 누구이고 그들은 무슨 목적을 위해 어떤 내용의 정보를 요구하는지 구체적으로 파악해야 한다.

3) 원활한 의사소통

정책평가자와 평가 결과 이용자 사이의 의사소통을 원활하게 함으로써 정책평가 결과의 활용도를 높일 수 있다. 의사소통을 원활하게 하기 위해서는 의사소통의 기회를 자주 갖고, 가급적 직접적인 대화를 통해 의사소통을 하도록 하며, 평가보고서는 평이한 용어를 사용해 간결하고 명확하게 작성되어야 한다.

4) 정책 담당자의 저항을 줄이는 제도적 장치 마련

정책 담당자의 저항을 줄이기 위한 제도적 장치의 마련이 필요하다. 즉, 자체평가가 아닌 외부기관에 의한 평가를 제도화하고, 이러한 외부평가자에 의한 평가의 결과를 반드시 반영해 필요한 조치를 취하도록 의무화한다면, 정책 담당자의 저항을 줄이는 데 도움이 될 것이다. 그런데 이때 주의해야 할 점이 있다. 정책평가 결과 활용에 대한 정책 담당자의 저항이 문제가 되는 것은 타당한 평가 결과임에도 불구하고 자신들에게 불리하다고 해서 그 활용을 거부하거나 소극적으로 대응하는 경우라는 점이다. 그러므로 평가 내용이 부실하고 평가 방법 등에 큰 문제가 있어 평가 결과의 타당성이 현저히 문제시되는 경우에 그러한 평가 결과의 반영을 강제해서는 안 된다. 이런 경우에는 정책 담당자의 정당한 반론권도 보장해 주어야 실질적인 평가 활용이 가능하다.

제 11 장

정책의 변동과 관리

이 장에서는 정책변동의 개념과 원인, 유형과 특성 등을 살펴보고 성공적인 정책집행과 정책목적의 달성을 위해 정책변동을 어떻게 관리할 것인지를 살펴본다.

제 1 절 정책변동의 개념과 원인

1. 정책변동의 개념

정책변동에 대한 연구는 1970년대 중반 이후 기존 정책을 축소하거나 폐지하려는 연구에서 시작되었다. 당시에는 석유 위기, 중동 사태 등 국내외적 상황의 변화에 따라 감축관리, 정책종결에 대한 연구가 주를 이뤘다. 최근에는 연구 범위가 정책 변화 전반적인 것으로 확대되어 정책의 전 과정에서 발생하는 정책변동에 주목하고 있다.

정책은 구조적으로 당위성, 실현성, 능률성 등 세 가지 차원에서의 적합성이 확보되어야 한다. 당위성 차원은 규범성을 검토하고 정책이 나아가야 할 올바른 방향을 설정하는 것이다. 실현성 차원은 정책이 추구하는 바가 현실적으로 가능한가, 현실 상황에 적합한가에 대한 검토다. 능률성 차원은 정책을 능률적으로 수행하는 방법에 대한 고려다. 이 세 가지에 따라 정책목표가 설정되고 실행할 대안과 방법, 시기 등이 결정된다. 이 중에서 어느 한 차원의 적합성이 상실되거나 집행 과정 중 문제가 제기되면, 형성된 당시의 정책목표나 수단들을 바꿔야 하는데 이를 정책변동이라 한다. 즉, 정책 내용 또는 집행 과정과 전략이 변하는 것을 정책변동이라고 한다. 의도된 변동은 정책평가의 결과가 정책과정에 환류되어 반영된 결과로 나타난다. 또한 다양하고 복잡한 정책환경 속에 존재하는 정책은 정책환경의 변화에 따라 자연스럽게 변동을 겪게 된다. 평가의 절차를 거치지 않더라도 정책의 집행 중 나타난 효과에 대해 대상 집단이나 국민의 반발이 클 경우에도 정책변동이 발생한다. 순환적이고 동태적인 정책과정 속에서 일어나는 정책 관련 활동들은 다양한 정보를 산출하고, 이러한 정보는 정책 활동의 변화를 가져와 정책변동을 야기한다. 따라서 정책변동은 정책기조 또는 정책목표, 정책수단, 대상 집단 등 정책 내용 자체의 변화를 의미하며, 또한 정책집행 방법의 변화까지도 포함한다.

정책변동에는 의도한 것도 있고 의도하지 않은 것도 있다. 그리고 의도적인 정책변동에는 바람직한 것도 있고 그렇지 못한 것도 있다. 이때 의도한 정책변동을 정책수정이라 하고, 정책변동관리는 정책수정관리라 부를 수 있다. 이 책에서 다루는 정책변동은 주로 의도한 변동을 의미하는 경우가 대부분이므로 정책변동과 정책수정을 거의 같은 개념으로 본다. 따라서 뒤에서 설명하게 될 정책변동관리도 정책수정관리와 거의 같은 뜻을 가진 것으로 이해할 수 있다.

2. 정책변동의 원인

정책변동(수정)의 필요성은 여러 가지 원인에 의해 발생한다. 그리고 그것도 특정 정책의 내용·성격 등에 따라 각각 다르다. 그러나 일반적인 정책변동의 원인은 크게 정책 자체와 관련된 내부적 원인과 외부적 집행 여건과 관련된 원인으로 나눌 수 있다. 물론 현실에서는 이들 원인이 서로 복합적으로 작용해 나타나는 경우가 일반적이다.[1]

1) 정책 자체 등 내부 관련 원인

정책변동은 우선 정책 자체와 관련된 원인에 의해 발생하는 경우가 적지 않다. 그 대표적인 경우를 보면 다음과 같다.

(1) 정책목표의 적합성 결여

정책의 행동화 과정에서 일정한 집행 기간 동안 설정된 목표를 어느 정도 달성하고 있느냐 하는 것은 중요한 집행 중 평가(형성평가) 사항이다. 그리하여 정책목표의 달성 정도가 예상보다 낮거나 높을 경우, 정책목표의 현실적합성에 문제가 있는 경우 집행정책을 수정할 필요가 생긴다. 그런데 정책목표의 달성 정도가 부진한 경우에는 말할 것도 없지만, 달성 정도가 너무 높은 경우, 예컨대 정책목표를 일부 또는 완전히 달성한 경우에도 집행정책을 수정할 필요가 생긴다. 전염병 관리정책 중에서 천연두 환자가 더 이상 발생하지 않을 정도로 천연두 관리정책의 목표를 달성했을 경우 그 자원을 장티푸스·콜레라 관리정책으로 전환하도록 전염병 관리의 집행정책을 수정·집행하는 것이 그 예다.

1) 정책변동에 관한 이론과 사례연구로는 고순주(1997) 참조.

(2) 정책대안의 적절성 결여

정책목표를 달성하기 위한 여러 가지 절차・방법・수단 등 정책대안은 고정불변일 수 없다. 특히 장기적인 집행 기간을 필요로 하는 정책일수록 그 집행 기간 중에 더 효율적인 새로운 정책대안이 나타날 수 있는 가능성이 높으므로 이를 수정할 필요가 있다. 오늘날 과학기술이 급속하게 발전하고 있음을 감안하면 이로 인한 정책수정의 필요성은 더욱 커지고 있다. 물론 이때 집행기관이 수정할 수 있는 정책대안은 기본정책이 포함하고 있는 것이 아니라, 집행정책에 포함되어 있는 대안을 의미한다. 만일 기본정책에 포함되어 있는 정책대안을 수정할 필요가 있는 경우에는 집행기관이 정책결정자에게 정책수정을 건의하거나 정책결정자의 판단에 따라 정책수정이 이뤄진다.

(3) 집행기구・인력・비용・기간 등의 적절성 문제

정책을 집행하는 데 필요한 기구가 적절하지 않게 되어 이를 축소・확대・통합 등 개편하게 되면 그에 따른 집행정책의 수정이 불가피해진다. 또 집행에 필요한 인력에 문제가 있어 감원, 증원, 교체, 직무 범위 조정 등이 필요하게 되면 그에 따라 집행정책의 수정도 필요할 수 있다. 또한 집행 도중에 예상보다 집행에 소요되는 비용이 과부족하게 되거나, 필요한 집행 비용의 조달이 과부족하게 되면 집행정책을 수정하지 않을 수 없게 된다. 예컨대, 지방도로 포장사업에 필요한 예산이 삭감되었다면, 해당 연도의 사업 집행을 감축하거나 중단하기 위한 집행정책의 수정이 필요하게 된다. 한편, 집행에 소요되는 기간이 당초 집행정책에서 예상한 것보다 더 연장되거나 단축되어야 한다면 그에 따라 집행정책도 수정되어야 한다.

(4) 순응적 집행의 확보 문제

정책의 수정관리는 집행정책 자체의 문제점이나 집행기관(담당자)과 관련된 문제점 때문에 순응적 집행을 확보할 수 없을 때에도 필요하게 된다. 즉, 집행정책 자체가 당위성, 실현성, 명료성, 일관성, 합법성, 편익성 등에 문제가 있는 경우 이를 반영・시정한 집행정책을 필요로 한다. 또한 앞에서 본 집행기구, 인력, 비용, 기간 등의 원인 이외에도 여러 가지 기술・지식 등의 능력, 의욕・인식 등의 태도와 가치관, 상벌의 유무 등 때문에 순응적 집행이 안 되면 이를 확보하도록 집행정책의 수정을 고려해야 한다.

2) 외부의 정책환경과 관련된 원인

정책변동은 외부적 정책환경과 관련된 원인에 의해서도 발생한다. 물론 외부적 정책환경과 관련된 원인은 앞에서 본 정책 자체와 관련된 원인과 독립적으로 분명하게 구별되기보다는 서로 맞물려 있는 경우가 대부분이다. 또 정책환경의 여러 요인도 서로 관련성이 있는 경우가 대부분인 것은 말할 것도 없다.

(1) 정책문제의 변화

정책의 환경적 요소인 정치 · 경제 · 사회 · 문화 · 과학기술 등이 변화함으로써 정책형성 과정에서 예상하지 못했던 정책문제의 내용과 성격이 집행 도중 변화하면, 이에 대처해 다시 새로운 정책을 형성하거나 아니면 기존 집행정책을 수정해야 한다(Hogwood & Gunn, 1984: 241). 정책문제의 변화는 직접적 해결 대상인 문제 자체의 변화 때문일 수도 있고, 그 문제와 관련된 다른 문제의 변화 때문일 수도 있다. 이때 기본정책을 다시 형성할 것인지 아니면 기본정책은 그대로 두고 집행정책을 수정할 것인지는 정책문제의 변화 정도와 정책 주체의 판단에 달려 있다. 현실적으로는 기본정책의 테두리 안에서 집행정책을 수정할 필요가 많다. 예컨대, 무역 적자에서 무역 흑자로 바뀐 경제환경에서 외환관리라는 정책문제가 완화되어 해외 여행 시 외화 사용 범위를 확대하고 해외 송금 범위를 확대하는 방향으로 외환관리정책을 수정 · 집행할 수 있다. 이 경우 외환관리법을 개정하거나 아니면 그 시행령 또는 시행규칙을 개정하는 방식으로 집행정책을 수정하게 된다.

(2) 대상 집단의 반응(수용성 문제)과 요구 변화

집행 대상 집단이 정책을 수용하는지 여부, 대상 집단의 요구 및 지지의 수준 · 내용 등이 감소 또는 확대될 경우 정책을 수정하지 않으면 안 될 경우가 발생한다. 전력 확보정책의 하나로 원자력발전소를 확충해 왔으나, 환경오염 등에 대한 주민 의식의 변화 때문에 설치 예정지 주민들이 강력히 반대한다면 위치 선정, 규모, 홍보 설득 등에 관한 신중한 집행정책의 수정을 필요로 한다. 일반 국민과 정책 대상집단의 요구와 기대는 고정 불변이 아니다. 상황이 변화하고, 실질적으로 나타난 정책 결과에 대한 선호가 달라지고, 그리고 가치관 등에 따라 정책 요구와 기대가 달라지고 이에 따라 정책변동의 필요성이 제기된다.

(3) 정책환경과 자원의 변화

정책환경의 변화는 정책에 대한 요구와 지지를 변화시키고 이는 정책변동을 야기하게 된다. 정책에 대한 제약 요인들이 완화되거나 강화되는 것도 정책변동의 원인이 되고, 과학기술의 발전은 기존의 수단보다 더 나은 정책수단을 제공해 줄 수 있기 때문에 정책변동을 이끌게 된다. 정책집행에 필요한 자원이나, 정책 대상인 자원의 규모·내용·확보의 용이성 등이 변화하면 그에 따라 정책을 수정할 필요가 생긴다. 해외 원유시장의 급격한 유가 인상과 통제로 인한 석유 파동 때에는 필요하다면 석유배급제의 시행, 냉·난방 사용의 규제 등을 긴급 실시할 수 있는 것이 그 예가 된다.

이상의 원인들 이외에도 현실적으로 여러 가지 다양한 원인으로 인해 정책변동의 필요성이 발생한다는 점을 인식할 필요가 있다.

제 2 절 정책변동의 유형

1. 정책변동의 유형

정책변동은 변동의 의도성 여부, 변동되는 정책의 차원, 그리고 변동의 내용적 특성을 기준으로 다음과 같이 유형을 분류해 볼 수 있다.

1) 변동의 의도성 여부를 기준으로 한 분류

정책변동은 그 변동이 의도적으로 이뤄진 것인지 아니면 의도하지 않았는데도 이뤄진 것인지에 따라 의도적 정책변동과 비의도적 정책변동으로 나눌 수 있다. 비의도적 정책변동은 정책결정자나 집행자가 의도하지 않았는데 변동이 일어나는 것을 말한다. 그 변화가 자연스럽게 이루어지지만 정책 의도 실현을 저해하지는 않는 경우가 있을 수 있고, 정책이 표류하면서 정책의도 실현에 장애가 되는 경우도 있다. 물론 이와 같은 부정적 정책변동이 이뤄지지 않도록 관리가 필요하다. 의도적 정책변동은 정책변동의 필요성을 인식한 정책 관련자의 요구 또는 정책 담당자의 판단에 따라 정책결정자나 정책집행자가 의식적으로 정책을 변화시키는 것을 말하는데, 이를 정책수정이라고 부를 수 있다.

2) 변동되는 정책의 차원을 기준으로 한 분류

(1) 기본정책 변동

기본정책 변동에는 기본정책의 정책기조나 정책목표가 변하하고 이에 따라서 정책수단이 변동하는 유형이 있고, 정책목표는 변하지 않고 정책수단만 변동하는 유형이 있다.

(2) 집행정책 변동

이는 기본정책의 테두리 안에서 집행정책을 수정하는 유형이다. 물론 기본정책의 변동은 당연히 집행정책의 변동을 가져온다.

3) 변동 내용의 특성을 기준으로 한 분류[2)]

정책변동은 정책종결에 대한 논의에서 상당한 언급이 이루어져 왔으나(Peter deLeon, 1978: 283-286; Garry D. Brewer & Peter deLeon, 1983: 394-396) 호그우드와 피터스가 정책변동을 제시한 이후(Hogwood & Peters, 1983: 26-80) 그들의 의견으로 정책변동으로 설명하고 있는 경우가 많은데 살펴보면 다음과 같다.

(1) 정책혁신(policy innovation)

정책혁신은 과거에 유사한 정책이 없었고 담당하고 있는 조직이나 예산이 없는 상태에서 전혀 새로운 정책을 만드는 것을 의미한다. 정책변동이 기존정책에 수정을 가하는 것이라는 개념으로 본다면 이는 다음에 언급될 정책변동의 유형과는 구별된다.

(2) 정책승계

정책승계는 정책의 기조나 목표 등은 그대로 유지하면서 정책대안을 더 능률적인 것으로 대체하거나 조직의 개편·통합 등을 통해 더 효율적으로 만드는 것을 의미한다.

2) 호그우드와 피터스가 제시한 정책변동유형에서 새로운 정책의 형성인 정책혁신이나 기존 정책을 유지하면서 산출이 달라지는 정책유지 등을 정책변동에 포함시키고 있어 기존의 정책에 변형을 가하는 기본적인 의미의 정책변동 개념과 일치 여부가 명확하지 않으며 유형을 너무 세분화해 그 의미가 분명하지 않은 상대적 구별이 많고 용어도 모호한 부분이 있다.

호그우드와 피터스는 승계를 여섯 가지로 설명한다.

① 선형적 승계(linear succession)

기존의 정책이나 사업을 완전히 종결시키고 동일한 목적을 위해 새로운 사업을 시행하는 것이다. 선형적 승계에는 정책수단의 대체, 전달체계의 교체, 과거 시행했다 중단된 정책의 환원(policy reversal), 처음 시도했다 중단한 정책의 재도입(policy hiatus) 등의 유형이 있다.

② 정책통합(policy consolidation)

정책통합은 두 개 이상의 기존 정책을 부분적으로 폐지하고 하나로 합치는 것을 말한다. 집행 과정에서 상위 차원의 정책기조·방향·목적을 동일하게 또는 유사하게 공유하는 정책을 따로 집행하기보다는 여러 가지 필요에 따라 합치는 것이 더 좋을 경우 하나로 통합할 수 있다. 예를 들면, 보건정책과 복지정책을 보건복지정책으로 통합하는 것을 들 수 있다. 그리고 통합은 흔히 집행조직, 인력, 예산 등의 통합을 수반하며, 상황에 맞지 않거나 정책 수요가 감소되어 독립적인 정책집행이 비효율적일 때 일어난다.

③ 정책의 분할(policy splitting)

분할은 하나의 정책이 두 개 이상으로 분리되는 것이며, 정책분할에 따라 보통 담당 집행조직, 인력, 예산 등도 분리된다. 집행 과정에서 정책 수요가 증가하거나, 서로 이질적인 요소의 혼란·갈등이 나타날 경우, 하나의 정책을 별도로 분할해서 집행하는 것이 더 효율적일 수 있다. 이때는 그 정책을 각각 분리시켜 집행하는 것이 일차적인 정책수정의 방법이 된다.

④ 정책의 부분종결(partial termination)

부분종결은 정책에 투입된 자원이나 최종 산출의 감축을 의미한다.[3] 부분종결은 정책종결의 전단계로 전략적으로 사용하거나 정책종결이 실패했을 때 시도되기도 한다.

⑤ 비선형적 승계(non-linear succession)

정책종결, 유지, 혁신이 중첩된 정책변동으로 기존 사업의 근저에 깔린 정책과 새로

3) 브루어와 드레온은 부분종결의 유형으로 정책대체(replacing), 통합(consolidating), 분할(splitting), 차감(decrementing), 단절(discontinuing) 등을 제시하였는데(Garry D. Brewer & Peter deLeon, 1983: 394-396) 이후 호그우드와 피터스는 이 유형들을 정책승계의 유형으로 설명하고 있다.

운 사업이 밀접히 관련되어 있지만 정책목표, 사업특성, 조직 형태 등은 상당히 다르다.

⑥ 우발적 승계(incidental policy succession)

기존의 사업보다 나은 새로운 사업이 나타나거나 초대되지 않은 참여자가 나타나는 등 예측하지 않았던 이유로 기존정책과는 다른 새로운 사업으로 바뀌는 정책변동이다.

호그우드와 피터스의 6가지 정책승계유형 외에 정책확대를 정책변동의 유형에 포함시킬 수도 있다.

⑦ 정책의 추가·확대

하나의 정책에 다른 새로운 정책을 추가해 적용범위 대상을 확대하거나 정책을 수행하는 조직이나 예산을 확대하는 것을 말한다. 기존 정책의 집행 과정에서 새로운 정책, 조직, 인력, 예산을 추가함으로써 목표 달성에 효과적이고 더 효율적인 집행이 가능하다면 정책의 추가·확대가 이루어질 수 있다.

(3) 정책유지(policy maintenance)

정책문제가 지속되고 정책목표도 동일하여 기존의 정책을 크게 바꾸지 않으면서 수단만 변화를 가져오는 것이다. 정책유지는 넓은 의미에서는 정책변동에 포함할 수도 있겠지만 정책승계에 비해보면 그 의미가 퇴색된다 하겠다.

(4) 정책의 종결

정책종결은 역기능적이거나 중복되고 과다하거나 낡고 불필요한 정책과 사업을 정비하는 것을 의미한다(Brewer, 1978: 338-339; 허범, 1979: 94에서 재인용). 즉, 정책이 수행하던 기능이나 정책 수행조직의 폐지, 예산의 단절 등과 함께 창출하는 효과까지도 종식시키는 것을 의미한다. 정책종결은 작은 정부의 지향, 행정기구 개혁 등의 논의와 관련된다. 정책종결은 기준에 따라 유형을 구별한다.

① 차원에 따른 분류

정책종결은 대상별로 기능의 종결, 조직의 종결, 좁은 의미의 정책종결, 사업의 종결 등으로 나뉠 수 있다(Brewer & deLeon, 1983: 394-396). 기능의 종결은 원래의 정책 방향(정책의 기조 논리)이 바뀌어서 정책의 기본 목표와 기능이 완전히 종식되거나 바뀌는 경우이다. 기능의 종결은 그 하위 조직 및 사업의 종결을 수반할 가능성이 많다. 또한 정권의 변화나 큰 사회적 변화가 있을 경우 발생할 가능성이 많고 다른 종결보다 이루어질 가능성이 많지 않다. 조직의 종결은 정책기조의 논리는 변함없으나 정책을 수행하는 조직이 폐지되는 경우이다. 기능의 종결만큼은 아니지만 조직의 완전한 폐지도 흔하게 나타나지는 않으며 조직의 통합이나 분할 등의 정책변동이 더 많이 나타난다. 좁은 의미의 정책종결은 정책문제가 해결된 경우 정책을 폐지시키는 것으로 조직의 폐지보다는 쉬운 편이다. 조직은 특정한 문제를 해결하기 위해 여러 사업을 수행하는데, 문제가 완전히 해결된 경우 사업의 종결이 이루어지는데 조직의 종결보다는 용이하다고 볼 수 있다.[4]

② 시간에 따른 분류

정책종결은 이루어지는 기간에 따라 폭발형(bang-type), 점감형(whimper-type), 혼합형으로 구분된다(Eugene Barcach, 1976: 125-126). 폭발형은 일시에 이루어지는 것으로 다양한 집단의 토론과 찬반논의가 이미 이루어진 가운데 최후에 일인자가 최종종결을 하는 형태로 이루어진다. 이런 형태는 충격이 있을 수도 있지만 점감형보다는 변동을 집행하기가 쉽다. 점감형은 정책에 관련된 조직, 자원, 예산을 점차적으로 감소시켜 나가는 것이다. 이는 정책에 관련된 사람이나 조직에게 종결에 대한 준비를 하게 해 주는데 종결을 집행하는 데 시간이 많이 걸리므로 종결이 흐지부지될 수도 있다. 혼합형은 두 형태가 혼합된 것으로 몇 년에 걸쳐 단계적으로 정책을 종결하는 것이다.

정책종결은 불만족스러운 정책을 폐지함으로써 더 효과적인 다른 정책으로 대체를 할 수 있는 기회를 제공해 주며, 비능률적인 정책을 정리함으로써 전체적인 정책 운용에서 총 효과를 증대시켜 준다는 점에서 중요하다. 또한 정책종결은 정책의 종말과 시작의 의미를 함께 내포한다는 점에서 정책형성과 종결을 별개로 보는 시각에서 탈피하여 연관된 개념으로 보는 시각을 갖게 해주는 의미를 갖는다(박근후, 1989: 268).

이상과 같은 정책변동의 형태는 각각 독립적으로 또는 두 가지 이상이 혼합된 방식으로 전개되는 것이 현실이다. 예컨대, 집행정책의 일부 내용을 추가하고 통합하는가 하면, 일부는 종결시키고 분리시키는 방식으로 수정하는 것이다.[5] 실제로 많은 정책은

4) 사업의 종결이 용이한 이유는 ① 조직은 자신의 폐지보다는 수행하는 여러 사업 중의 하나나 일부를 폐지시켜서 위기를 넘기려 하고 ② 사업은 조직처럼 그것을 지지해주는 후원자 확보가 어렵고 ③ 다양한 목표를 갖는 조직과는 달리 사업은 단일 목표를 갖기 때문에 평가되기 쉽기 때문이다(Peter deLeon, 1978: 284-285).

장기에 걸쳐 계속적으로 수정되면서 집행되는 반복적 수정이며, 따라서 정책의 수정관리가 계속 반복된다. 이상과 같은 정책수정이 끝나면 말할 것도 없이 다시 정책 행동화 과정으로 전환된다. 정책 행동화 과정에서 다시 정책수정의 필요성이 제기되면 다시 정책을 수정하고, 이에 따라 집행행동이 뒤따르는 반복적 과정을 거치게 된다.

제 3 절 정책변동의 관리

정책변동은 기본정책과 함께 집행정책의 차원에서 이뤄질 수도 있고, 기본정책 차원의 변동 없이 집행정책 차원에서만 변동이 이뤄질 수도 있다. 기본정책의 수정은 (기본)정책 결정권자가, 집행정책의 수정은 집행 책임자가 담당한다. 여기에서의 정책변동(수정)관리는 기본정책과 집행정책을 모두 대상으로 포함한다. 다음에서는 바람직하지 못한 정책변동은 통제하면서, 상황 변화에 적합하고 정책 대상집단의 정당한 요구에 적절히 대응해 정책변동을 유도하는 합리적 정책수정을 위한 방안에 대해 설명한다. 이어서 정책종결의 중요성을 고려해 정책종결의 기획과 관리를 따로 설명한다.

1. 합리적 정책변동 관리 방안

1) 합리적 정책변동 의제 형성의 관리

정책형성 과정이 그렇듯이 정책변동도 문제의 인식으로부터 시작된다. 다만 정책형성이 사회에 존재하는 현상 모두를 대상으로 문제 인식을 한다면, 정책변동의 문제 인식은 기존 정책과 관련된 것을 대상으로 한다는 점에서 차이가 있을 따름이다. 정책의 어느 차원에서라도 일단 문제가 대두되면 많은 사람이 공감하고 해결의 필요성을 인식함으로써 의제의 지위에 오르고 최종적인 정책수정 결정이 이뤄지며 집행되는 과정을 거치게 된다. 정책변동 과정도 마찬가지의 과정을 거치게 되는데, 합리적 정책변동 관리를 위해서는 정책변동 의제 형성이 제대로 이뤄지도록 관리해야 한다.

---

5) 실무에서는 정책의 수정이란 용어 이외에 정책의 통폐합, 정책의 조정, 정책의 개편, 그리고 정책이 법령의 형식일 경우에는 단순히 법령의 개정 등의 용어를 사용한다.

특정 정책과 관련해서 정책변동 또는 정책유지의 필요성에 대한 인식은 사람마다 다를 수 있다. 정책에 의해 영향을 받는 집단들의 이해 관계에 따라서, 특정 정당의 정책 이념에 따라서, 또는 일반 시민의 공공 의식에 따라서, 서로 현행 정책의 유지와 변동을 놓고 논쟁을 벌이고 갈등을 벌이게 된다. 더군다나 현행 정책에 문제가 있다고 생각하더라도 과연 상황에 적합하게 정책을 수정하는 것이 좋은지, 아니면 정책의 안정성, 관련자의 정부 신뢰를 위해 현행대로 정책을 유지하는 것이 좋은지를 판단하는 것은 쉬운 일이 아니다.

2) 적절한 정책변동 유형의 선택

현행 정책의 내용과 집행 과정에서 드러난 문제의 성격에 따라서 위에서 설명한 정책변동 유형 중에서 어떤 형태의 것을 선택할 것인지를 검토해야 한다.

3) 정책수정 전략의 수립

정책수정의 기획, 실행, 그리고 평가를 위한 전략의 수립이 필요하다. 정책수정의 구체적 내용, 범위, 시기, 접근 방식, 그리고 저항에 대한 관리전략 등을 검토하는 것이 필요하다. 이에 대해서는 정책종결의 기획과 관리에서 자세히 살펴보게 될 것이다.

2. 정책종결의 기획과 관리

1) 정책종결의 기획

집행 중인 정책의 종결이 의제화되면 정책종결을 어떻게 할 것인가를 준비해야 한다. 즉, 정책종결을 추진할 때 예상되는 장애나 문제점은 무엇인가, 정책종결에 따른 피해를 최소화하는 방법은 무엇인가, 정책종결을 위해 가장 합리적인 방법은 무엇인가 등에 대한 검토가 선행되어야 한다. 이런 것들에 대한 사전 준비가 정책종결의 기획이다. 정책종결 기획의 주요 내용은 다음과 같다.[6]

---

6) 정책종결을 설명한 상당 부분은 허범(1979b; 1991a)의 논문을 요약한 것이다.

(1) 정책종결의 기준 확보

정책종결을 기획할 때 우선적으로 검토해야 할 것은 정책의 당위성, 실현성, 능률성 등에 비춰 정책을 종결하는 것이 타당한지 아니면 유지하는 것이 타당한지를 판단할 수 있는 기준을 설정하는 것이다. 마땅히 종결해야 할 정책을 종결 대상으로 선정하는 것도 중요하다. 하지만, 종결 대상에 오른 정책들 가운데 필요한 정책을 잘못된 판단으로 종결하는 것을 방지하는 것도 중요하기 때문이다. 이 기준은 정책종결의 집행 시 반대자들을 설득할 수 있는 근거가 되기도 한다. 정책종결 기준으로서 일몰 기준[7]을 운용하는 것은 좋은 방법의 하나다. 일몰 기준이란 정책이 어느 시점에 어떤 조건에 부합되면 자동적으로 정책을 폐지하도록 하는 기준을 설정해 놓는 것이다. 이 일몰 기준의 운용은 실제로 정책종결이 논의될 때 어떤 상황이 종결 기준에 해당하는지 여부만을 검토하면 되기 때문에 정책을 종결해야 하는지 말아야 하는지를 둘러싼 불필요한 갈등을 줄일 수 있게 해준다.

(2) 정책종결 시 정치적 연관성의 검토

정책종결 시에 어떤 집단이나 조직이 개입할 것인지, 누가 동조하고 반대할 것인지, 또 그들이 어떤 이유와 근거를 갖고 개입할 것인지, 참여자들이 어떤 수단과 방법을 동원해 정책종결 과정에 영향을 주려고 시도할 것인지에 대한 사전 검토 후 예측한 상황별로 미리 대비해야 한다. 정책종결을 기획할 때에는 위의 상황을 미리 파악하고 종결에 찬성하는 집단으로부터는 지지를 확보하는 한편, 반대 집단의 저항을 극복할 수 있는 방안을 사전에 강구하는 것이 필요하다.

(3) 정책종결에 소요되는 예산과 비용 검토

정책종결을 하기 위해 필요한 예산을 검토해 보고 기존 정책을 종결시킬 경우 예상되는 매몰비용과 기회비용에 대한 검토도 필요하다.

(4) 정책종결의 집행 시기와 기간의 검토

정책종결 시점을 언제로 잡는 것이 정책종결을 가장 효과적으로 할 수 있는지, 정책

7) 일몰 기준(sun-set criteria)에 대비해서 일출 기준(sun rise crieria)도 설정할 수 있다. 일출 기준은 사업 또는 조직이 살아남을 수 있는 조건을 말한다.

종결을 단기간에 완료할 것인지, 아니면 일정한 기간을 두고 점진적으로 시행하는 것이 효과적인지를 검토해야 한다. 이는 정책의 성격, 문제의 심각성, 그리고 환경적 여건에 따라 결정되어야 할 것이다.

(5) 정책종결 시 가상 상황 대비 구축

정책종결 상황의 다양한 가능성에 대처하기 위해 정책의 가상 상황에 대한 대비를 미리 구축할 필요가 있다. 즉, 정책종결 과정에서 나타날 가능성이 있는 다양한 가상 상황을 예측·탐색하고 각각의 가상 상황별로 가장 적합한 대응 방안을 설계해 놓는 것이다(허범, 1979b: 106). 이런 준비가 되어 있으면 실제로 일어나는 상황의 전개에 따라 적시에 적절한 방법으로 대응할 수 있게 됨으로써 정책종결의 성공에 기여할 수 있다.

2) 정책종결의 장애 요소

정책종결은 그 성격상 새로운 정책을 만들 때와는 달리 정치적 갈등 과정에 참여하는 개인과 집단의 수는 적으나 갈등의 강도는 훨씬 크다. 왜냐하면 새로운 정책은 수혜자들에게 미래의 이익을 약속하는 것인데 반해, 기존의 정책을 종결한다는 것은 기존 수혜자들이 누리고 있는 이익을 박탈하는 것이기 때문이다. 정책종결 과정에서 봉착하는 장애 요인들을 어떻게 관리하느냐가 정책종결의 성패를 좌우한다. 정책종결 과정에서 나타날 수 있는 장애 요소는 다음과 같다(deLeon, 1978: 286-293; Hogwood & Gunn, 1984: 247-248).

(1) 지적 저항감

사람들에게는 변화, 특히 축소나 소멸을 회피하려는 속성이 있다. 정책종결의 경우 기존 정책을 지지하고 입안했던 사람들로부터 저항이 나타날 것이라는 것은 쉽게 예측할 수 있다. 정책의 종결이란 어떤 이유에서건 기존 정책의 문제점이나 단점을 인정함으로써 시작되는 것이다. 그러나 정책이 초래한 단점의 노출은 곧 정책 담당자의 무능을 나타내거나 정책의 불필요성을 의미하는 것이기 때문에 어느 것으로도 평가받고 싶지 않고 저항감을 나타내는 것은 당연한 것이다.

(2) 정치적 동기의 부족

정책의 종결은 과거의 잘못된 부분을 폐지하는 경우도 포함하는 것인데 이럴 경우 정치인들은 과거의 잘못을 인정하기를 꺼려 한다. 오히려 정치인들은 새로운 정책을 만들어냄으로써 국민들의 관심을 끌고 정치적 지지를 더 확고히 하려 한다. 반대로 정책을 종결해 정책 의지를 과감하게 혁신했다는 이미지를 주거나 기기에 배정되었넌 예산을 감축함으로써 국민의 세 부담을 덜어준다는 점에서 정책종결은 국민의 지지를 받을 수도 있다. 하지만 정치인들은 뚜렷한 대상 집단을 목적으로 정책을 만드는 것이 정치적 지지를 얻기에 훨씬 효과적이라 생각하기 때문에 위험 부담이 있는 정책종결보다는 정책형성에 더 관심을 쏟을 가능성이 많다.

(3) 정책 관련 조직의 생존 지속성

정책과 조직은 처음 생길 때 상당한 기간 동안 지속하도록 설계된다. 더욱이 조직은 환경 변화에 적응하면서 계속 생존하려 하고 자신들과 관련된 조직이나 정책과의 관계를 유지하려는 속성을 갖고 있다. 또한 조직은 자신의 존립에 대해 크게 위협받기 전에 위협을 받는 이유를 미리 인식하고 그것에 대처해 문제되는 부분을 해결함으로써 자진 축소되거나 종결되는 것을 방지하려고 노력한다.

한편 조직은 어떤 목적을 달성했다 해도 계속 존속하기 위해 또 다른 목적을 설정한다. 이와 같이 정책과 조직은 목표를 달성했건 못했던 간에 어떤 상황에서도 스스로를 보호하고 유지하려는 속성을 가지므로 이들을 축소한다든가 종결시키기가 쉽지 않다.

(4) 반종결 연합

종결 대상이 되는 조직이나 정책으로 인해 이익을 받아온 사람들에 의한 정치적 연합은 종결을 방해하는 요인이 된다. 정책종결을 반대하는 사람이나 집단에 의한 정치적 연합은 정책과정의 다른 경우보다 훨씬 강력하게 나타난다. 왜냐하면 정책을 담당하던 사람들은 자신들의 지위에 위협을 받으므로 정책종결에 반대하기 위해 더욱 강력하게 뭉칠 것이기 때문이다. 그리고 정책 수혜자들은 정책종결로 인해 당장 손해를 볼 것을 뻔히 알기 때문에 체계적이고 조직적인 방해운동을 벌이기 때문이다.

(5) 법적 장애

대부분의 정책과 조직은 법규에 근거해 운영된다. 정책종결은 때로는 시급하게 이뤄져야 할 경우도 있지만, 관련법의 폐지나 개정은 상당한 시간을 요하고 일정한 절차를 따라야 하므로 정책종결에 장애 요소가 된다.

(6) 높은 매몰비용

기존 정책에의 매몰비용은 정책을 종결하고 새로운 정책을 수립하는 데 장애 요인이 된다. 새로운 정책이 기존 정책보다 더 능률적이고 바람직하다 해도 기존 정책을 수행하면서 투입된 비용이 많은 경우, 새로운 정책이 그 비용을 능가할 정도로 능률적이어야 하는데 그렇지 못한 경우도 있기 때문이다. 한편, 차라리 새로운 정책을 만드는 것이 정책종결에 반대하는 집단들을 설득·타협하기 위해 요구되는 시간과 노력보다 쉬운 경우가 많기 때문에 구태여 정책종결을 시도하려고 하지 않는다.

(7) 정책종결의 부정적 결과에 대한 우려

정책종결 후에 나타날 부정적인 결과는 정책종결에 장애가 된다. 즉, 정책이 종결된 후, 정책종결 자체가 잘못될 경우 그 부담을 감당해야 하는 것에 대한 우려가 정책종결에 장애 요소가 된다. 새로운 정책 서비스를 제공하기 위해 정책을 만드는 경우에도 정책 결과가 정책 대상집단에게 적정한 이익을 배분하지 못할 수 있다. 하지만 정책종결의 경우에는 이미 누리고 있는 이익을 박탈하는 결정과 행동이라는 점에서 부담이 더 크다.

3) 합리적 정책종결을 위한 전략

앞에서 살펴본 바와 같이 정책종결에는 여러 가지 어려움이 따른다. 여러 장애요소를 극복하는 방향으로 정책종결을 집행해야 한다. 합리적 정책종결이 무엇인가와 그를 위한 전략을 검토해 보기로 한다(허범, 1979b).

(1) 합리적 정책종결의 구비 요건

① 민주성의 확보

정책의 어느 과정에서도 마찬가지지만 정책종결 과정이 합리적이려면 민주성의 확보가 중요하다. 민주성에는 절차적 민주성과 실질적 민주성 둘 다 고려된다. 정책종결 시에는 정책종결에 관련된 모든 참여자에게 그들의 의견을 노출시킬 기회가 당연히 부여되어야 하며, 정책종결로 인해 기존 정책의 효과보다 더 나은 효과를 얻어야 한다. 합리적인 정책종결은 바람직하지 않은 정책을 폐지함으로써 더 나은 정책을 추구할 수 있는 기반을 마련해 주는 것이다.

② 능률성의 확보

합리적 정책종결이란 정책종결을 위해 최소의 비용을 들이는 것이다. 여기서 비용에는 최소의 사람들이 피해를 보아야 하는 것, 기존 정책에 투입된 비용을 최대한 살리는 것, 그리고 정책종결을 위해 최소한의 예산과 조직을 활용하는 것이다.

(2) 정책종결을 위한 관리 전략

정책종결 전략을 세우기 전에 다음과 같은 사항들을 고려해야 된다. 우선 정책종결은 단순히 기존 정책이나 그로 인한 효과를 종식시키는 것이 아니고, 기존 정책이 지닌 결점을 보완하고 새로운 모험 세계로 진입하는 기반을 구축한다는 사실을 인식하는 것이 중요하다(deLeon, 1978: 294-295). 다음으로 정책종결은 정책과정에서 정책을 통합하고 연계시키는 부분이라는 것이다. 어느 정책이나 집행되는 중에 잘못되거나 수정되어야 할 가능성을 내포하고 있으며 정책종결은 이를 해결하는 역할을 하는 과정이라는 사실을 인식해야 한다.

정책종결을 합리적으로 수행하기 위해서는 위의 사항들을 고려하면서 다음과 같은 방법을 동원하는 것이 바람직하다.

① 절약된 예산의 활용

정책이나 특정 사업의 종결 시 그로 인해 절약된 예산의 상당 부분을 수행하던 기관으로 돌려주어 다른 정책이나 사업을 하도록 유도하면 기존 정책을 수행하던 기관은 기꺼이 문제시되는 정책을 종결하는 데 동의할 가능성이 높다(Biller, 1976: 144-145).

② 피해 집단에 대한 배려

종결할 정책으로부터 이익을 보던 사람들에 대해 배려하면 정책종결의 집행이 용이해진다. 정책을 수행하던 관료에게 다른 위치로 이동을 보장해 준다든가, 기존 시설을 다른 용도로 계속 사용하게 해준다든가, 정책종결로 인한 보상을 충분히 해주는 조치

등은 정책종결을 원활하게 해준다. 또 정책 대상집단에게 새로운 정책의 출현이 기존 정책의 수행 시와 다름없이 불이익을 받지 않게 해 주는 것도 고려해야 한다.

③ 여론의 활용

정책종결이 가져올 효과를 언론기관 또는 SNS 등을 통해 홍보함으로써 정책종결에 대한 지지를 확보하는 것은 좋은 전략이다. 여론의 활용은 정책종결을 추진하는 기관이 일반 국민이나 대상 집단에게 정책종결이 왜 이뤄지는지를 설명하고, 정책종결의 긍정적 효과, 그리고 피해 집단에 대한 대책 등을 홍보함으로써 관련 집단과 일반 시민의 이해와 지지를 확보하도록 한다.

④ 전문가의 활용

정책에 관련된 전문적인 지식을 가진 사람의 견해를 빌리는 것도 좋은 방법이다. 정책종결이 가져올 결과에 대한 전문가의 긍정적인 견해는 정책종결을 용이하게 해준다. 또 전문가의 견해를 빌려 기존 정책의 한계를 부각시키는 것도 좋은 방법이다.

⑤ 종결 시점의 포착

정책종결을 위한 적절한 시점과 방법을 강구하는 것도 고려해야 한다. 선거와 같이 정치 세력이 바뀔 때나 사회적 또는 경제적 위기 시에는 정책종결이 이뤄지기 쉽기 때문이다.

제 12 장

정책의 윤리성

제 1 절　정책 윤리성의 의의
제 2 절　정책윤리의 논의를 위한 개념적 틀
제 3 절　정책의 윤리성 판단을 위한 윤리학설
제 4 절　정책 윤리성의 궁극적 판단 기준
제 5 절　정책 윤리성의 저해 요인과 확보 방안

이 장에서는 먼저 정책 윤리성의 의의를 살펴보고, 정책윤리의 논의를 위한 개념적 틀, 그리고 정책의 윤리성 판단을 위한 윤리학설에 대해 서술한다. 이어서 정책 윤리성의 궁극적 판단 기준을 살펴보고, 마지막으로 정책 윤리성의 저해 요인과 확보 방안에 대해 설명한다.

제 1 절 정책 윤리성의 의의

정책은 무엇을 위해 존재하는가? 좋은 정책, 옳은 정책이란 무엇인가? 이것은 일상생활에서 정책에 의해 크고작은 영향을 받으며 사는 사람들, 정책을 만들거나 집행하고 평가하는 사람들이 던지는 근본적인 질문이다. 이는 정책과 관련된 가장 중요하고 궁극적인 '정책윤리', '정책의 윤리성'에 관한 질문이다. 그러나 이러한 중요한 문제가 실제로는 충분한 관심을 받고 있지 못하다.[1] 이러한 의문과 그 의문에 대한 탐구 의지는 '정책의 윤리성'이란 문제로 귀결된다.

일반적으로 윤리(ethics)란 사람들이 마땅히 추구해야 할 좋은(good) 또는 옳은(right) 행동의 기준이나 원칙과 관련되어 사용된다. 그리하여 윤리는 행동에 대한 도덕적 가치 판단(moral value judgement)의 기준(standard) 또는 원칙(principle)을 의미한다(허범, 2008).[2] 우리는 이것을 정책에 적용해, 어떤 정책이 좋은 또는 옳은 것인지 판

1) '정책의 윤리성' 부분을 대표 집필했던 박정택은 이 내용을 발전시켜 논문(참고문헌 참조)을 발표했는데, 본문은 그 논문과 허범 교수의 관련 논문들(해당 주석과 참고문헌 참조)을 바탕으로 수정 요약하였다. 정책의 윤리성에 관심을 갖고 있는 이들에게 박정택의 『일상적 공공철학하기』(2007)와 『정책철학의 새로운 접근』(2018)의 일독을 권한다.

2) 좋음 또는 옳음의 가치 판단과 관련되고 모두 관습의 어원을 가진다는 의미에서 윤리(ethics)와 도덕(morality)은 유사하다. 그러나 사회적 행동이 사실로서 지켜지고 유지될 때 도덕이라고 하고, 사실로부터 이상으로 전환될 때 윤리화함으로써, 윤리란 선·정의·복지 등과 같은 말로 행동이 평가되는 것을 의미한다(Seligman, 1954: 602). 오늘날에는 흔히 '도덕' 대신 '윤리'를, 또 그 의미도 확장해 사용함으로써 '윤리'는 지배적인 용어가 되고 있다(*The New Encyclopaedia Britannica*, 1988: 627). 한편, 동양에서는 윤리의 '윤(倫)'이 사람과 사람의 관계를, '리(理)'가 도리(道理), 이법(理法) 등을 뜻하는 글자라고 하므로, 윤리는 "사람과 사람 사이를 다스리는 이법"이라는 것이 본래의 뜻이라고 한다(김태길, 1973: 372). 결국, 도덕과 윤리는 밀접히 연관되고 있으므로 구별하기가 어려우나, 일반적으로 윤리를 더 비판적, 이상적 성격의 행동 규범 또는 기준의 뜻으로 사용함을 알 수 있다. 다민, '의료인의 윤리'와 같이, 특정 분야의 직업적인 행위가 따라야 할 행동 규범 또는 준칙

단하고, 또 좋거나 옳다고 판단하는 가치 판단의 기준 또는 근거를 물을 수 있다.[3] 이때 정책에 대해 좋거나 옳다는 가치 판단을 할 수 있는 일련의 기준 또는 원칙을 '정책윤리'라고 하고, 정책윤리에의 적합성을 '정책의 윤리성'이라고 한다.

지금까지 정책실무자와 일반 국민은 물론이고 정책학 연구자들에게도 정책의 윤리성 문제는 큰 관심의 대상이 되지 못했다. 그러나 정책학의 주창자인 라스웰(H. D. Lasswell)은 정책학을 주창한 처음부터 실질적・과정적(절차적)으로 모든 사람에게 인간의 존엄성과 삶의 질을 높이는 정책학이 되어야 하고, 이를 위해 정책 내용과 정책과정을 함께 연구해야 한다는 정책학 연구의 패러다임을 주장했다(Lasswell, 1951: 3-5). 그리고 이러한 윤리적 목적을 명백히 표방하고 강조한 정책학을 '민주주의 정책학(the policy sciences of democracy)'이라고 불렀고, 처음부터 정책학의 정체성을 확실히 하고 그 정통성을 인정받게 되었다. 또한 이 개념에서 벗어난 정책연구는, 그것을 무엇으로 부르는가에 상관없이, 정통적인 정책학으로 볼 수 없다고 하게 되었다(Brunner, 1996: 65-66 notes 1; 허범, 2002: 298). 이렇게 정책학의 태동은 처음부터 정책의 윤리성에 대한 특별한 관심에서 비롯했다고 할 수 있다. 이처럼 정책학은 명백하게 윤리적 목적을 표방하는 윤리적 학문이고, 그런 만큼 정책의 윤리성에 대한 관심은 정책학의 정체성 자체를 구성한다(허범, 1992: 165-168).

정책윤리의 중요성은 다음 두 가지 시대적 경향으로부터 찾을 수 있다(허범, 1991: 62-63).

첫째는 이른바 '행정국가화 경향'이다. 개인의 생활과 운명이 점차 공적 연관성을 띠게 되어, 개인의 선택과 결단이 아니라 정부의 의지와 정책에 의해 결정되는 경향이 급격하게 증대하고 있다. 홍수처럼 쏟아지고 있는 정책이 개인 생활, 전체 사회, 나아가 역사에 미치고 있는 영향이 날로 그 폭과 깊이를 더해가고 있는 시대적 경향은 정책의

들을 가리킬 때는 '도덕'보다는 '윤리'란 용어를 사용한다.

3) '좋음'과 '옳음'은 구체적인 상황에서 일반적으로 구별할 수 있는 개념이다. '옳음'은 '좋음'과 달리 상황에 적합한 적합성(fitness)을 수반할 경우, 즉 '옳음'의 본질을 '적합함'이라고 해서 구별한다(김태길, 1973: 316-329). 따라서 도시민의 여가생활을 위한 스포츠시설을 설치하는 정책은 '좋은 정책'이라고 할 수 있지만, 기본적인 생활 수요조차 충족시키지 못하는 수많은 홍수 피해자가 있는 특정 상황에서 그러한 정책은 '옳은 정책'이라고는 할 수 없는 바와 같다. 그러나 '좋은, 옳은, 선한, 바람직한'은 모두 가치 언어로서 구체적인 의미에서는 구별할 수 있고 구별의 의의도 있지만, 본문에서와 같이 고도로 추상적이고 궁극적인 의미에서 정책의 궁극적 목적, 기준과 관련해 사용할 때는 구별의 의의가 없다고 보기 때문에 이하에서는 이들을 구별하지 않고 사용하겠다.

중요성과 그 윤리성에 대한 진지한 관심을 요구한다.[4)]

두 번째는 지금까지 우리 사회의 윤리가 기초했던 문화적 토대를 근본적으로 무너뜨리고, 사회의 모든 부문에서 윤리성을 축소 또는 왜곡시키기 시작한 '후기 산업사회적 성향'이다. 돈, 도구, 물질 등을 중심으로 능률 지향적 생산과 편익 지향적 소비를 함께 추구하는 후기산업사회 이후 가치 판단의 기준은 돈과 물질이지 인간성, 인간의 도덕 규범과 윤리적 덕목이 아니다. 최근 우리 사회에 만연하고 있는 이기주의, 배금주의, 물질주의, 쾌락주의, 그리고 그 결과로서 문화공동체의 해체 성향과 도덕적 타락상이 이를 증명한다. 이러한 때 이를 치유하는 중요한 방법의 하나가 곧 정책의 윤리성의 회복이라고 할 것이다.

이와 같이 중요한 정책의 윤리성을 논의하기 위해 여기서는 정책윤리의 논의를 위한 개념적 틀을 중심으로 철학적 윤리설과의 접목, 그리고 정책의 윤리성을 결정하는 관련 요인들을 살펴보면서, 정책의 윤리성을 저해하는 요인과 이를 극복하고 확보할 수 있는 방안을 탐색하기로 하겠다.

제 2 절 정책윤리의 논의를 위한 개념적 틀

'어떤 정책을 좋은 정책 또는 옳은 정책이라고 할 수 있고, 그러한 가치 판단의 근거는 무엇인가'하는 정책윤리에 대한 논의는 지금까지 많지 않다. 그렇게 많지 않은 논의 과정에서도 논자에 따라 좋은 정책이 지향해야 할 목적, 기준에 대해 다르게 제시하고 있다. 예컨대, 좋은 정책의 판단 기준으로 생산성, 형평성, 후생경제학적 파레토 최적 기준(Pareto optimality), 기회비용 기준, 비용-편익분석 기준, 최저 수혜(소외) 계층의 우선 배려 기준, 마르크스의 능력에 따라 일하고 필요에 따라 분배받는 기준, 또는 민주성, 합법성, 효율성 등 다양한 목적 또는 기준이 제시되고 있다(MacRae & Wilde, 1979: 56-61; Wolf, 1981: 137-140; 박동서, 1986: 251-262 등). 다양할 수밖에 없는 정

4) 2016년 9월부터 '공직자 또는 공적 업무 종사자'(배우자 포함)에게 직무 관련성이나 대가성과 관계없이, 직접 또는 제3자를 통한 청탁 및 금품수수를 금지하는 청탁금지법(일명 김영란법)이란 법률 형태의 정책이 시행되자, 사회 각 부문에서 명절의 선물도 조심할 정도로 관행이 바뀐 예를 들 수 있다.

책의 분야, 종류, 목표, 성격 등에 비춰 그 목적이나 기준 또한 다양할 수밖에 없다. 그러나 그 목적이나 기준이 평면적으로 나열되고, 상충하기까지 하는 가장 큰 원인은 정책윤리에 대한 개념적 혼란 때문이다. 따라서 이들 관계를 개념적으로 분명하게 하지 않고 정책윤리에 대해 논의하면 할수록 혼란을 가중시킨다. 이에 정책윤리의 논의를 위한 개념적 틀(conceptual framework)부터 설정하고, 그 혼란을 정리하기로 하겠다.

먼저 정책윤리의 논의를 위한 개념적 틀을 어떻게 설정할 수 있는가? 이에 대해서는 여러 가지 논의가 있을 수 있겠으나, 대표적으로 오즈베칸(H. Ozbekhan)의 기획(planning)과 환경과의 관계에 관한 개념적 틀을 원용하고, 이어서 정책의 목적 체계 구조로부터 도출한 개념적 틀을 적용해 살펴보기로 하겠다.

1. 정책의 사회 적합성으로부터 도출되는 정책윤리 분석의 개념적 틀

기획이 환경과의 적합성(relevance)을 확보해야 한다는 오즈베칸(Ozbekhan, 1969: 131-139; 김재관, 1992)의 주장은 정책학이 주창될 때 바로 그 배경이 되는 명제에 해당한다. 그의 '기획'은 '정책'으로, '환경'은 '사회'로 대치할 수 있는 개념이므로, 바로 그의 개념적 틀을 원용해 정책의 사회적 적합성을 다음 3단계의 차원별로 구분함으로써 정책윤리를 분석할 수 있다.

(1) 제1차원(정책의 능률성 차원)

좋은 정책이 지향해야 할 제1차원의 목적 또는 기준은 현실 세계에서 가장 능률적인 행동을 선정해, 합리적인 운영계획으로 조직하는 '능률성' 차원의 사회적 적합성을 확보하는 것이다. 그러므로 이 차원은 '어떻게(how-to)'의 성격을 가진 정책윤리의 개념 차원이다.

(2) 제2차원(정책의 실현성 차원)

좋은 정책이 지향해야 할 제2차원의 목적 또는 기준은 바람직하고 실천 가능한 정책목표를 정립하고, 한정적 자원을 서로 다른 정책목표에 합리적으로 배분하는 '실현성' 차원의 사회적 적합성을 확보하는 것이다. 그러므로 이 차원은 '무엇을(what-to)'의 성격을 가진 정책윤리의 개념 차원이다.

(3) 제3차원(정책의 당위성 차원)

좋은 정책이 지향해야 할 제3차원의 목적 또는 기준은 정책의 가치 전제와 기본 방향을 설정하고, 타당한 정책문제와 기조 논리를 정립하는 '당위성' 차원의 사회적 적합성을 확보하는 것이다. 그러므로 이 차원은 '어디로(where-to)'의 성격을 가진 정책윤리의 개념 차원이다. 그런데 당위성 차원 중에서도 그 방향을 지시해 주는 가장 궁극적이고 본질적이며 최고의 당위성 차원의 사회적 적합성은 궁극적으로 '왜(why-for)'라는 성격의 개념 차원이다.

이상과 같이, 좋은 정책이라면 정책의 능률성 차원, 실현성 차원, 그리고 당위성 차원을 모두 만족시켜야 하고, 어느 하나의 차원이라도 빠지면 사회적 적합성에 결함이 있게 된다. 그런데, 정책윤리의 세 종류의 차원 중에서도 특히 중요한 차원은 당위성 차원의 사회적 적합성을 확보하는 것이다. '좋은 정책'에 대한 당위적 차원의 윤리성이 상실되면, 결국 능률성 차원이나 실현성 차원의 윤리성이 그 의의를 잃고 말기 때문이다. 정책연구자나 실무자, 그리고 일반 국민이 관심을 가져야 할 차원은 '궁극적인 의미에서 좋은 정책'의 목적 또는 기준인 당위성의 차원이고, 그 다음이 실현성과 능률성의 차원이어야 하는 것이다.

2. 정책의 목적 체계 구조에 의한 정책윤리 분석의 개념적 틀

정책의 구조를 가장 상위에 있는 목적으로부터 가장 하위의 실제 행동에 옮겨지는 계층까지 구조화(정책의 목적 체계)하면, 이상 목적-상위 목적-계획 목표-실천 행동의 구조로 나타낼 수 있다. 구체적으로 설명하면, 정책 담당자는 정책을 운용하는 과정에서 의식적으로 정책이 의도하고 있는 '계획 목표'를 달성하고자 하는데, 그것은 그보다 상위에 있는 '상위 목적'을 실현하고자 하는 의도를 가지고 그렇게 한다. 그런데 그가 상위 목적을 실현하고자 하는 더 근원적인 이유를 묻게 되면, 결국 궁극적으로는 어떤 높은 '이상 가치'(이상 목적)를 구현하고자 함에 있다고 대답하게 되는 것이다. 이렇게 정책의 목적은 단일 차원이 아니라 계층적인 다차원의 상위-하위의 구조를 갖고 있는데, 정책 담당자는 정책을 운용하는 과정에서 이들 정책의 목적 체계를 염두에 두어야 한다. 바로 정책의 윤리성 분석에도 이러한 '정책의 이상 가치 지향적 목적구조'를 활용할 수 있다. 이를 위해 정책의 목적구조를 3차원으로 나눠 살펴보기로 하겠다.

(1) 제1차원(정책의 계획 목표)

일정한 계획 기간 동안에 우리의 삶의 질을 향상시킬 수 있을 만큼의 목표를 정해 이를 달성하고자 하는 관점에서 선택하는 정책의 목적 차원이다. 이는 구체적인 정책의 내용, 과정, 결과를 분석하고 평가하면서 선택하게 되는 구체적인 정책가치의 차원에 해당된다.

(2) 제2차원(정책의 상위 목적)

계획 목표의 달성을 통해 구현하고자 하는 바람직한 공동체 사회와 개인 삶의 모습의 차원에서 생각해 보는 정책가치의 차원이다.

(3) 제3차원(정책의 이상 가치)

인간 삶의 가장 이상적 가치가 무엇이고, 이를 실현시키는 바람직한 인간 공동체적 삶의 형태와 방식은 무엇인가의 차원에서 정책의 궁극적 목적을 나타내는 가치를 말한다.

이상의 논의를 통해 정책윤리성을 분석하고자 설정한 두 가지의 개념적 틀이 서로 유사한 사실을 알 수 있을 것이다. 즉, 앞의 당위성 차원은 정책의 이상 가치 차원에 해당되고, 실현성 차원은 정책의 상위 목적 차원과 관련되며, 능률성 차원은 계획 목표 차원과 관련이 있다고 할 수 있다.

허범(2007d; 2009)은 과거 그의 이론을 발전시켜 이상 가치 지향적 목적구조에 기초한 정책윤리분석의 기본 구조를 제시하고 있다. 앞의 설명과 중복되는 부분이 일부 있기는 하지만 매우 중요한 내용을 담고 있기 때문에 여기에서 그 틀을 소개한다.

허범은 당위성 차원의 한 끝에 이상 가치를 그리고 다른 한 끝에 정책 선택 기준을 배치하고, 그 사이에 이들 두 가치를 연결하는 몇 개의 중간 차원을 설정함으로써 하나의 분석 체계로 구조화시킬 수 있다고 한다. 윤리분석은 당위성 차원에서 이뤄지는 규범적 정책담론이기 때문에, 이상 가치로부터 정책 선택 기준에 이르는 중간 차원은 가치관의 계층구조로 대치하는 것이 가능하고 합리적이라고 본다.

이 경우에 공공정책의 윤리분석은 '이상 가치-사회 가치-사회규범-정책 방향-정책 선택 기준'의 구조를 갖는 분석 체계를 이룬다.[5)]

한편, 정책윤리분석의 기준은 차원별로 제기될 수 있는 핵심 질문[6)]에서 드러나는 분석 초점에서 도출될 수 있는데 인간 삶의 차원에서는 인간 존엄성의 실현이, 인간 삶의 양태 차원에서는 공동체 도덕성이, 정책기조 차원에서는 사회적 적합성이, 정책의 기본 방향 차원에서는 인본적 규범성이, 그리고 정책 선택 기준 차원에서는 좋은 정책지도성(예를 들면, 이상과 현실의 통합, 전체와 부분의 균형, 공익과 사익의 조화 등을 실천적으로 확보하는 전략을 포함하는)이 판단 기준이 된다. 위의 논의를 정리해서 나타내면 [그림 12-1]과 같다.

이로써 지금까지는 정책의 당위성 차원 또는 상위 목적이나 이상 가치 차원은 소홀히 다뤄 왔고, 특히 궁극적 의미에서의 당위성 차원의 '왜'라는 논의에 대해서는 거의 관심을 기울이지 않았음을 알게 된다.[7)] 또 정책학이 한낱 기술적·도구적 측면의 지식과 기술만을 제공하는 위치로 전락하고, 바람직한 사회, 좋은 사회를 위한 가치 비판적·규범 탐색적 관점과 고도의 당위적·윤리적 적합성의 관점을 상실했다는 비판의 근거도 확인하게 된다. 이제 정책의 윤리성 논의를 위한 개념적 틀의 정립에 따라, 비로소 정책학의 패러다임 가운데 근본 문제 지향성(problem-orientation)의 패러다임에 비춰 '무엇을 위한 정책', '무엇을 위한 정책학'이란 궁극적 문제 의식을 회복할 수 있게 되었다고 평가할 수 있다.

한편, 우리는 정책의 윤리성 논의가 본질적으로 가치 판단의 문제인 만큼, 명확한 결론을 내릴 수 없는 윤리 인식 부정론과 윤리적 상대주의에 빠질 위험도 있다. 그렇지만 정책학 연구자나 실무자들이 정책의 윤리성에 관한 문제의식을 갖고 고민해 보는 것은

---

5) 공공정책은 윤리적으로 바른 인간의 삶과 사회를 지향한다. 즉, 공공정책의 이상 가치는 이상적인 인간 삶의 의미와 공동체적 삶의 양태를 구현하는 것이라 할 수 있다. 구체적이고 실천적인 정책이 윤리적으로 정당하려면, 그것은 마땅히 이상적인 인간 삶의 의미와 양태를 지향해야 한다. 공공정책의 이상 가치 지향성을 확보하는 것이 정책윤리분석의 가장 중요한 임무다(허범, 2007d).

6) 차원별 핵심 질문의 구체적 내용에 대해서는 허범(2009: 208-209) 참조.

7) 행태론적 사회과학 방법론 또는 실증주의적 사회과학관에 입각한 정책연구 및 정책분석의 한계를 지적하면서, 당위성·규범성 차원에서 정책의 윤리적 문제가 논의되어야 함을 언급하고 있으나 (Dunn, 1983: 1-2; Callahan & Jennings, 1983), 거기에도 당위성 차원의 정책윤리에 대한 구체적인 논의는 없다.

그림 12-1 정책윤리분석의 기준 구조

정책구조 차원	분석 대상 정보	윤리분석 기준
인간 삶의 의미	인간 삶의 이상 가치	인간의 존엄성
		⇓
인간 삶의 양태	윤리적으로 바른 사회	공동체 도덕성
		⇓
정책기조(관점)	사회문화 체계	공동체 적합성
		⇕
정책 기본 방향	상황 규범	인본적 규범성
		⇕
정책 선택 기준	정책전략 기조	좋은 정책 지도성

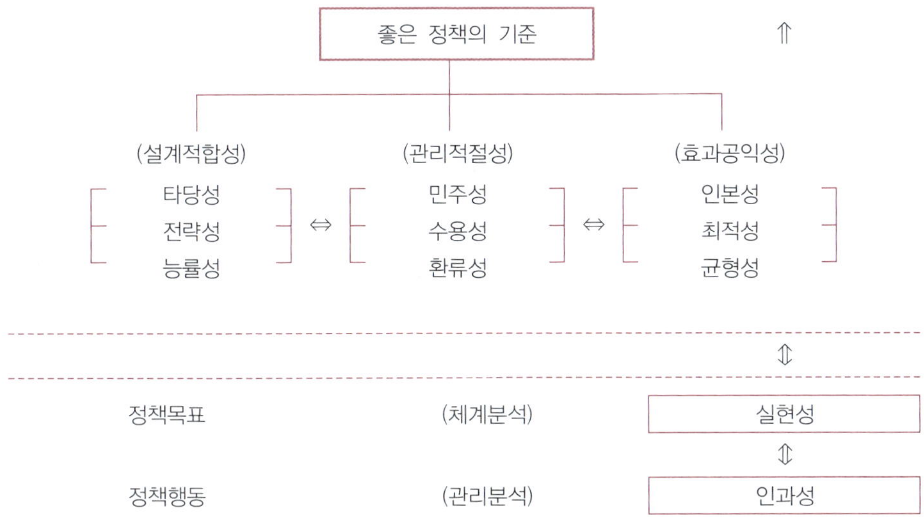

출처: 허범(2009: 214).

필수적인 과제임에 틀림없다. 국민을 억압하는 정치 체제를 지탱하고 정당화시켜 주었던 일련의 정책의 폐해를 경험한 한국 사회에서, 또 인간을 황폐화시키고 인류를 파멸시킬 수 있는 각종 정책의 가능성을 안고 있는 현대 사회에서, 정책의 윤리성을 논의할 의의는 더욱 절실하기 때문이다. 지금까지 정책윤리는 능률성이나 실현성 또는 계획 목표나 상위 목적 차원의 내용은 이미 많이 논의되었으므로, 여기서는 당위성, 즉 궁극적인 의미에서의 이상적인 인간 삶의 가치와 바람직한 공동체의 구현 차원을 중심으로

논의하고자 한다.[8)]

제 3 절 정책의 윤리성 판단을 위한 윤리학설

정책의 이상 가치 또는 당위성 차원에 해당하는, 정책의 윤리성을 판단할 수 있는 궁극적 목적 또는 기준이 무엇이고, 또 그 목적 또는 기준에 합당한지 여부를 어떻게 알 수 있는가에 대해서는 아직 확립된 정설이 없다. 또 정책학 분야에서 이에 관한 논의도 활발하지 않다. 그래서 정책윤리의 논의는 불가피하게 일반 윤리학설을 검토하고 이를 응용하는 접근법을 취한다. 우선 인간 행동의 선악, 시비를 판단해 보편적 행동 지침을 제공해 주는 윤리학의 접근법은 규범적인 것과 비규범적인 것의 두 가지로 분류된다. 그러나 자연과학적 접근법에 근거해 사실적으로 기술하고 설명하는 기술적(서술적) 윤리학(descriptive ethics)이나, 도덕적 사고의 논리적 구조를 밝히기 위해 윤리학의 주요 용어에 대한 언어적 분석에 주안점을 둔 메타윤리학(metaethics) 등의 비규범적 윤리학은 사회적 의무에 책임을 지는 윤리적 요구를 충족시켜 주지 못한다. 이에 비해 실천적 목적의 관점에서 어떤 행동이 윤리적인가를 결정하는 규범적 접근법은 그러한 요구를 충족시켜 주므로 당연히 우리의 관심 대상이다. 규범적 접근법은 다시 일반적인 윤리학 이론을 구축하고자 하는 일반 규범윤리학(general normative ethics)과 이를 다른 분야에 응용하는 응용윤리학(applied ethics)으로 나눈다. 이렇게 볼 때, 정책윤리는 응용윤리학의 한 분야로서, 일반 규범윤리 학설을 정책학 분야에 응용하는 것이다.

---

8) 일반윤리학의 논의도 '궁극적'으로 좋은 삶의 본질을 탐구하는 것을 그 과제로 삼고 있으므로, 본문의 당위성 차원의 강조는 일반적인 윤리의 논의 경향에도 부합된다. 예컨대, 기업윤리라고 하면 기업의 직접적 목적인 이윤 추구 이상의 어떤 당위적 요청을 말하고 있음을 보아도 알 수 있다. 이와 관련, 울프(Wolf, 1981: 137-140)는 비용-편익분석 등과 같은 경제분석과 윤리적 고려가 근본적으로 상호 양립할 수 있다고 하는 입장이지만, 상호 양립할 수 없다고 하는 캘러헌(D. Callahan) 등도 있다. 그런데 본문의 설명과 같이, 당위성 차원의 '더 높은' 인간적 가치들('higher' human values)의 속성상 그것이 능률성이나 실현성 차원의 가치와 쉽게 양립하기 어려운 점은 있으나, 근본적으로 상호 양립할 수 없다고 볼 수는 없다.

1. 목적론, 의무론, 덕윤리론

일반 규범윤리 학설은 도덕 원리의 판단에 관한 기본 신조에 따라 목적론, 의무론, 덕윤리론으로 나뉜다.[9)]

목적론(teleological ethics)은 우리가 진력해야 할 보편적인 목적의 존재를 가정하고, 올바른 행위란 어떤 행위가 궁극 목적을 달성함에 어느 정도 이바지하는가에 따라 판단한다는 주장이다. 그러므로 목적론이 제기하는 근본 문제는 '궁극 목적이 무엇인가'다. 이러한 목적론의 대표적인 학설은 공리주의(utilitarianism)다. 공리주의는 선(good)을 가능한 한 극대화하는 행위의 결과를 좋다고 하는 '효용 극대화의 결과론'으로서, 그것은 의무나 권리 등의 개념에 우선한다는 명제를 그 내용으로 한다.

의무론(법칙론, deontological ethics)은 어떤 보편적 목적이 따로 주어져 있다는 것을 부인하고, 그 대신 옳은 행위와 그른 행위를 판별하는 데 표준의 구실을 하는 도덕의 법칙이 주어져 있다고 본다. 그리고 그 법칙은 어느 시대 어느 곳에서나 타당한 절대적 권위를 가졌으므로 그에 따라야 할 도덕적 의무가 있다고 믿는다. 따라서 의무론이 제기하는 근본 문제는 시대와 지역의 차이를 초월해, '언제 어느 곳에서나 타당한 행위의 법칙, 즉 도덕률이 무엇인가'다. 의무론의 대표적 학설은 칸트(I. Kant)의 윤리설과 롤스(J. Rawls)의 정의론이다. 칸트는 이성의 자율적 명령으로서의 선의지(good will)에 기초한 도덕적 의무가 존재한다는 일반화된 의무 개념을 발전시키고, 도덕적 선이란 이해타산적 결과와 무관한 일반화된 의무를 이행하고자 하는 동기에서 나오는 행위라고 주장한다. 롤스(Rawls, 1971)는 자유의 우선성을 기초로 하되, 최소 수혜(소외) 계층에게 최대의 배려를 하는 것을 정의라 주장하고, 그에 따른 도덕적 판단을 요구한다.

덕윤리론(virtue ethics)은 목적론이나 의무론처럼 꼭 행해야 하는 도덕 규칙이나 원리와 같은 도덕적 요구 사항을 주장하는 것이 아니라, 도덕 규칙이나 원리를 지배하는 것은 일상생활 중 발견되는 인간의 덕(virtue)이나 품성(character)에 있으므로 그것이 중요하다고 본다. 그리하여 덕윤리론은 진실성, 신뢰성, 성실성, 온화, 용기와 같이 해(害)나 악(惡)을 피하고자 하는 동기에서 나온 사회적 가치가 있는 인간의 덕이나 품성을 함양하는 것이 중요하다는 덕성 우위론을 주장하면서, 목적론이나 의무론 사이의 충

9) 목적론을 결과론(consequentialism), 의무론을 비결과론(nonconsequentialism) 또는 동기론이라고도 한다(Beauchamp & Pinkard, 1983: 2-6; 김태길, 1973: 25-26).

돌 또는 원리나 규칙 사이의 갈등을 해결해 주는 역할을 한다고 본다(Beauchamp, 1991: 218; Frankena, 1973: 65; MacIntyre, 1997; 박홍식, 1998: 195-209).

그러나 실제적으로는 그 어느 주장도 논증하기에 어려운 형이상학적 · 사변적 난점이 있을 뿐만 아니라, '그 주장을 어떻게 알 수 있는가'라는 인식론적 난점이 내재해 있다. 그리고 실제로 그 주장들이 필연적으로 대립된 관계에 있는 것도 아니다(김태길, 1973: 27-29). 예컨대, 공리주의는 추상적이지 않고 실용적 이론을 제공해 주는 장점이 있지만, 다수를 위한 최대 선의 추구로 소수 개인의 권리를 침해하고 목적을 위한 수단을 정당화하는 문제점이 있다. 의무론은 인간의 자율적 이성과 동기에 의한 도덕적 행위를 유도하는 장점이 있지만, 의무 사이의 갈등이 있는 복잡한 상황에서 그 우선순위를 결정하기 힘든 한계가 있다. 또 덕윤리론은 습관화한 도덕적 행위를 자연스럽게 유도하는 장점이 있지만, 행위의 옳고 그름에 대한 판단 기준을 제공해 주지 못하는 단점이 있다.

이러한 윤리학설을 정책윤리에 원용해 살펴보더라도 마찬가지의 결론이 나온다. 목적론의 입장에서는 좋은 정책을 판단할 보편적인 목적을 전제하고 이를 규명하고자 한다. 그리하여 목적론의 입장은 각종 정책대안을 놓고, 상대적 관점에서 비교 · 판단해 보편적 목적에 합당한 가장 좋은 정책대안을 선택하는 '정책의 상대적 분석의 기본 논리'를 이룬다고 한다(MacRae & Wilde, 1979: 51-53). 최대 다수에게 최대의 이익을 가져다주는 정책이 좋은 정책이라는 주장을 하는 공리주의적 학설이 대표적인 예다.

의무론은 절대적인 기준을 규명하고자 하며, 어떤 특정 정책이 절대적 관점에서 당위적 기준에 비춰 옳은지 그른지를 묻는 것이다. 따라서 정책결정자가 특정 정책을 선택할 때, 목적론적인 대안 평가의 논리에만 따르지 않고, 어떤 절대적인 당위적 기준에 따라 최종 결정하는 경우를 말한다. 최소 수혜자에게 상대적으로 최대 이익을 가져다주는 정책이 좋은 정책이라는 롤스의 정의론에 따른 기준이 이에 해당한다.

덕윤리론은 특정 정책이 그 사회적 배경 하에서 사회 구성원들에 의해 사회의 가치 있는 행위, 즉 좋은 품성에 의한 행동을 고양하는 것으로 용인되고 인식되면, 그 사회적 배경 하의 사회적 실용성에 따라 그것이 곧 좋은 정책이라는 주장이다.

그런데 이상의 세 입장을 반드시 대립되는 관계로 볼 수만은 없다고 하겠다. 특히 궁극적인 의미에서의 정책윤리의 개념에 초점을 맞추고 있는 우리의 관심에 비춰보면, 그 점은 더욱 분명해진다. 왜냐하면 정책의 궁극적 목적, 보편적 목적이 동시에 정책을 판

단할 최고 수준의 당위적 기준으로서도 타당하고, 그 기능을 할 수 있기 때문이다.[10)]

2. 형이상학설, 자연주의설, 직관설

목적론과 의무론은 인생의 목적 또는 행위의 도덕적 법칙을 '도대체 어떤 방법으로 발견할 것인가' 하는 '발견에 관한 방법론의 문제'를 제기하게 되었다. 이에 윤리학설은 다시 그 발견에 관한 방법론을 기준으로 크게 세 부류로 나누게 되었다. 따라서 정책윤리도 이 세 가지 윤리학설을 원용해 살펴볼 수 있다.

먼저 형이상학적 윤리설(metaphisical ethics)이란 초자연적, 초경험적 '실재'(reality)에 관한 이론을 근거로 '인생의 목적' 또는 '행위의 법칙'을 추리해 낼 수 있으며, 또 그렇게 해야 한다는 입장을 말한다. 예컨대 플라톤(Platon)이 이데아(idea)만이 영원 불멸한 실재로서, 이데아에로 접근함 또는 이데아를 모방함이 인간적인 선이라고 하거나, 아리스토텔레스(Aristoteles)가 인간의 최고선은 인간에게 잠재한 이성의 기능을 유감없이 발휘함이라고 한 입장이 이에 해당된다.

자연주의적 윤리설(naturalistic ethics)이란 자연적 사실, 즉 경험할 수 있는 사실을 근거로 보편적인 인생의 목적 또는 절대적인 행위의 법칙을 추론해낼 수 있다고 믿는 입장을 말한다. 형이상학설이 합리론적 세계관의 전통을 이어받은 것인데 비해, 자연주의설은 경험론적 세계관의 전통을 이어받은 것이다. 이들 대부분은 가치의 근거를 특히 인간에 관한 심리학적·사회학적 사실에서 구한다. 그 대표적인 예로 "사람은 누구나 쾌락을 원하고 고통을 싫어한다"는 심리설에 입각해, "옳은 행위란 쾌락을 최대량으로 늘이고 고통을 최소량으로 줄이도록 행동하는 것이다"라고 가르치는 쾌락주의(hedonism), 공리주의(utilitarianism)를 들 수 있다.

한편 직관론적 윤리설(intuitional ethics)이란, 칸트의 정언명법(categorical impera-

10) 목적론과 비목적론적 정책분석의 기준을 통합하기 위해 맥래와 와일드(MacRae & Wilde, 1979: 54-55)는 비목적론적 제약 범위 내에서만 목적론적 기준을 극대화할 대안을 선택하는 방법을 제시한다. 예컨대, 예산의 제약은 일종의 도덕적 법칙이므로 그 범위 내에서 어떤 사업이나 정책의 극대 효과를 추구하는 방법을 예시한다. 그러나 그들도 목적론과 비목적론의 구별은 때때로 정도 문제라고 인정하듯이, 능률성 차원 및 실현성 차원의 정책윤리 개념에 입각한 목적·기준들은 가능하더라도 궁극적인 정책의 목적과 기준은 본문의 지적과 같이 그 구별의 의미가 소멸해 합치되고 만다고 하겠다.

tive)과 같이, 도덕의 원리는 모종의 선천적 능력을 동원해 직접적으로 파악해야 하며 또 그렇게 파악할 수 있다는 입장을 말한다. 이러한 직관론에도 도덕에 관한 직관적 파악이 개별 사례에 모두 가능하다고 하는 입장, 직관적 파악이 도덕 문제에 관한 몇 가지 기본 원리뿐이고 개별 상황 아래서 기본 원리에 비춰 연역 추리해 낼 수 있다는 입장, 그리고 도덕에 관한 최고 원리 오직 하나만을 직관적으로 파악할 수 있다는 입장 등이 있다.

그러나 역사상 대부분의 학설은 위의 어느 한 가지 입장에만 속하는 것이 아니라, 두세 가지 모두를 혼합하고 있는 것으로 볼 수 있다는 것이 일반적인 평가다. 다만 이와 같이 분류함으로써 분석적 고찰에 큰 도움이 되므로 이를 활용하고 있다고 하겠다.

정책윤리의 논의에서 형이상학적 입장이라고 한다면, 그것은 정책의 궁극적 목적이나 정책의 기준을 초자연적·초경험적인 논리나 이론을 근거로 추론해내는 입장을 말한다. 예컨대, 정책의 최고의 당위 목적을 '인간 존엄성의 고양'이라고 한다면, 그 근거를 실재하고 있는 사실로부터 도출하는 것이 아니라, 마땅히 있어야 할 당위적 사유 속에서 찾는 입장이다. 그러나 자연주의적 입장은 정책의 궁극적 목적이나 기준을 보편적인 경험적 사실로부터 도출해 내는 입장이다. 예컨대, 경험적으로 쾌락이나 이익을 좋아하고 고통이나 손해를 싫어하므로, "최대 다수에게 최대 행복을 주는 정책이 가장 좋은 정책"이라고 하는 공리주의적 정책관은 자연주의적 입장이라고 할 것이다.[11] 또한 직관론적 입장은 어떤 정책이 좋은 정책인가 하는 것을 개별적으로 또는 일반적으로 직관에 의해 직접 파악할 수 있다고 한다.

이상의 윤리학설을 원용한 정책윤리의 논의는 어느 한 학설에 따라서만 판단하기 어려운 복합적인 성격을 내포하고 있다고 봐야 할 것이다. 정책의 궁극적 목적이나 기준의 논의가 우리의 경험적 사실에 바탕을 두면서도, 당위적인 형이상학적 측면을 내포하고 있을 수밖에 없기 때문이다. 그런가하면 아무리 설득력을 갖춘 분석 방법, 분석 기법이 동원되더라도 궁극적 정책의 판단 기준은 어느 정도 직관적인 인간의 능력에 의존하지 않을 수 없을 것이고, 건전한 이성의 능력을 신뢰하는 바탕 위에 서지 않을 수 없다.

11) 래드(Ladd, 1973: 39)는 정책학 이론과 공리주의 이론 간에는 명백한 역사적·논리적·윤리적 유사성이 있다고 하고, 특히 이들 모두가 재화와 편익의 공정한 배분, 효용과 확률의 계측 및 비교, 그리고 기본적 가치이론 등과 관련된다고 지적한다.

3. 윤리 인식 긍정론과 윤리 인식 부정론

지금까지 설명한 윤리학설들은 그 어느 입장이거나 모두 윤리 인식 긍정론(cognitive theory of ethics)이다. 즉, 인생의 궁극 목적이 되었건 행위의 법칙이 되었건, 형이상학적으로, 자연주의적으로, 또는 직관적으로 모두 밝힐 수 있다고 긍정한다. 즉, 도덕적 판단에서 진위(true or false) 판단이 가능하다고 주장한다. 그러나 고대 그리스 소피스트들의 상대론이나 행동주의 심리학(behaviorism), 정신분석학, 민속학, 인류학, 사회학 등의 연구 결과나 윤리학의 감정윤리론 또는 정의론(情意論, emotivism)은 이와 다른 입장을 보여주고 있다. 이들은 인생의 도덕적 목적이나 법칙도 일종의 관습(mores)의 세련된 형태에 불과하고, 더구나 과학적 방법으로 관찰할 수 없는 주관적 심리 영역이므로, 도덕적 언명을 회의하고 부정하는 윤리적 회의론(skepticism) 또는 윤리 인식 부정론(noncognitive theory of ethics)을 취한다. 즉, 도덕적 판단은 진위 판단의 대상이 안 된다고 주장한다. 결국 이들 윤리 인식 부정론자들은 인생의 궁극 목적이나 행위의 도덕적 법칙을 주장하더라도, 그것의 옳고 그름을 밝힐 수 없다고 하면서, 논리실증적으로 또는 도덕적 가치 언어의 논리적 분석의 방법을 통해 이를 논증하고자 한다.[12)]

정책윤리의 영역에서도, 가치 판단을 배제하고 엄밀히 경험적으로 검증된 사실만을 인정하는 행태론적 인식론의 입장은 윤리 인식 부정론과 그 맥을 같이한다.[13)] 그러나 정책윤리, 특히 당위적 차원의 정책윤리 개념은 최고의 가치 영역 그 자체를 취급하므로 윤리 인식 긍정론으로부터 출발한다.

---

12) 주로 영미 철학의 전통 속에 있는 최근의 철학자들은 윤리문제를, '올바른 것(the right)'과 '좋은 것(the good)'의 본질이 무엇인가라는 문제보다는 2차 질서(second-order)적 방법, 즉 도덕적인 의미로 사용되는 '올바르다', '좋다'와 같은 용어의 의미는 무엇인가 하는 언어 분석의 방법 문제로 본다. 이들은 분석철학파(analytic school) 또는 언어철학파(linguistic school)라고 하며, 이러한 방법론의 윤리학을 메타윤리학(metaethics)이라고 한다(Brennan, 1976; 곽강제, 1986: 342).

13) 파리스와 레이놀즈(Paris & Reynolds, 1983: 68-72)는 행태론적 정책연구(behavioral policy inquiry)에서 윤리 인식 부정론이 잔존하고 있다고 지적한다.

제 4 절 정책 윤리성의 궁극적 판단 기준

정책윤리를 논의할 때, '과연 누구나 동의할 수 있는 정책의 궁극적 목적이나 당위적 기준이 존재할 수 있을까?' 하는 의문을 가질 수 있다. 그러나 삶에서 생명, 건강, 지식, 우정, 관용 등과 같이 대다수가 합의할 수 있는 일반적 가치 의식, 도덕 관념이 존재할 수 있듯이, 정책에서도 대다수가 동의할 수 있는 궁극적 목적과 일반적 판단 기준이 있다.

1. 궁극적 판단 기준으로서 '인간의 삶을 위한 정책'

정책의 즉각적이고 구체적 목적(계획 목표)을 넘어 계속 그 연원을 추구해 나가면, 궁극적으로 정책이 '인간의 삶'을 위해서 존재한다는 사실을 인정하지 않을 수 없는 데까지 도달할 것이다. 다시 말해서 정책의 궁극적 존재 이유는 결국 '인간의 삶'에 있을 수밖에 없다는 것이다. 바로 이 점에서 우리는 정책의 윤리성을 판단하는 최고의 당위적 정책의 목적이자 기준으로서 '인간의 삶을 위한 정책'에 합의할 수 있다고 본다. 즉, 인격적 · 이성적 존재로서의 인간의 가치를 구현하는 삶을 위한 정책이 요구된다. 그렇기 때문에 정책학의 주창자인 라스웰(H. D. Lasswell)도 정책학의 궁극적 목적이 "인간의 존엄성을 좀 더 충실히 실현시키는 데(the fuller realization of human dignity)"에 있다고 주장하고 강조했다.[14] 그러면 '인간의 삶을 위한 정책'에서 '인간'은 어떤 인간을 의미하는가?

첫째, '인간의 삶을 위한 정책'의 '인간'은 자연과 조화되지 않은 이기적인 인간의 모습이 아니라, 자연과 조화된 인간의 모습을 말한다. 자연을 정복과 투쟁의 대상으로 보고 자연을 오염시키고 황폐화시킨 결과, 인간 스스로의 생존이 위협을 당하고 있는 것이 현실이다. 그리하여 인간이 자연을 보호하고 자연 속에서 인간의 생존과 번영도 도

14) 라스웰(Lasswell, 1951: 10; 1971: 4, 34-42)은 사회의 근본적 문제를 해결하기 위한 정책학의 첫 번째 과업은 가치의 형성 · 배분 과정에서 발생하는 문제에 대처하기 위한 '지침(guidance)으로서의 충분히 일반론적인 가정(postulates of sufficient generality)'을 탐색하는 단계인 '목표 설정'이라고 규정한 후, 고도의 추상적인 일반론적인 가정의 예로 '인간 존엄성'이란 최고의 가치를 제시했다.

모할 수 있다는 사실을 깨우치고, 자연과 환경을 적극적으로 보호하자는 생태철학적·환경윤리적 인식이 널리 받아들여지고 있나. 이와 같은 맥락에서 '인간의 삶을 위한 정책'은 자연과 조화된 인간의 삶을 위한 정책이어야 함을 말한다.

둘째, 인간의 삶을 위한 정책의 '인간'은 하나의 생물체로서의 추상적·보편적 인간을 말한다. '인간'은 매우 복잡 미묘한 존재이므로, 그 구체적인 모습을 보면 온갖 선한 인간과 악한 인간, 고결한 인격을 갖춘 인간뿐만 아니라 타락한 인간을 만날 수 있다. 그러나 '인간 삶을 위한 정책'의 '인간'은 구체적인 인간의 모습 이전에 하나의 생물체로서의 추상적·보편적 인간을 말한다.

또한 '인간의 삶을 위한 정책'의 '인간'은 고립된 개체로서의 극단적 개인주의적 인간이 아니라, 개인 대 사회의 대립 관계에서 인간 고유의 가치를 훼손하지 아니하면서-즉 극단적 집단주의를 배격하면서-그 사회관계성과 사회구속성을 인정하는 인간을 말한다. 극단적 개인주의 사회에서 인간은 오로지 고립적 이기적 인간에 해당한다면, 전체주의 사회에서 인간은 자기 자신의 결단에 의해 스스로를 규정하는 자유를 누리지 못하고 국가 권력의 객체로 격하된 인간에 해당된다. 그런데 현대 자유민주주의 사회에서 정책이 구현해야 할 인간상은, 인간의 고유 가치를 유지하면서 사회와 긴밀한 관계를 가지고 사회공동체의 유지에 요구되는 정도의 사회에 구속되는 인간을 의미한다.

셋째, '인간의 삶을 위한 정책'의 '인간'은 각자 욕구 체계가 다르고 복잡하며 그 발현의 양태와 동기 유발에 이르는 경로 또한 각자 다를 수 있다는 복합적 인간(complex man)을 말한다. 인간의 본질을 아주 합리적으로만 보든가, 아니면 아주 비합리적으로만 보는 등의 단순하고 획일적인 인간관에 토대를 둔 정책은 필연적으로 오히려 반인간적인 결과를 가져오게 된다. 인간을 복잡한 실상 그대로 보는 관점이 정책의 윤리성을 현실적으로 확보하게 만들어 준다.[15)]

이상과 같이 인격적·이성적 존재로서의 인간의 가치를 고양하는 삶의 내용으로 '인간의 삶을 이상화'한 것이 '인간의 존엄과 가치' 또는 간단히 '인간 존엄성'을 확보한다는 표현이다. 결국 정책은 인간의 삶을 통해 인간의 존엄과 가치, 즉 인간 존엄성을 확보하는 것을 최대·최고의 궁극적 목적과 기준으로 삼아야 한다. 따라서 정책의 윤리

15) 여기서 '복합적 인간'의 본질은, 샤인(Schein, 1970: 55-75)이 인간관 이론의 변천을 합리적·경제적 인간, 사회적 인간, 자기실현적 인간, 그리고 복합적 인간으로 설명한 바에 따른 인간관이다(오석홍, 1990: 319-325).

성을 판단하는 가장 본원적인 척도는 '인간 존엄성'에 있다는 합의를 도출하게 된다.[16)]

그러면 이와 같은 정책윤리의 궁극적 판단 기준은 앞서 언급한 윤리학설의 여러 관점에서 볼 때 어떻게 평가할 수 있을까? 앞에서 목적론과 의무론이 궁극적인 목적과 기준의 측면에서 일치할 수 있는 가능성을 설명했는데, 바로 '인간 존엄성'이 그에 해당된다고 하겠다. 즉, 정책의 보편적인 목적이 인간의 존엄성이 될 뿐만 아니라, 그것은 정책을 판단할 절대적・당위적 기준도 될 수 있는 것이다. 또한, '인간 존엄성을 고양하는 삶을 위한 정책'은 하나의 형이상학적 목표이면서, 동시에 우리들의 경험적인 인식 기반으로부터 합의할 수 있으며, 그 구체적인 판단은 어느 정도 직관적인 인식 능력에 의존하지 않을 수 없는 측면을 모두 내포하고 있다고 할 수 있다. 그리고 정책윤리 개념은 윤리 인식 긍정론에 그 바탕을 두고 있다.

2. 인간의 삶을 위한 정책의 구체적 판단 기준

'인간의 삶을 위한 정책' 또는 '인간의 존엄성을 고양하는 삶을 위한 정책'이 모든 정책을 판단할 궁극적 목적이고 당위적 기준이라고 하더라도, 그것은 너무 추상적이어서 그 자체로서 의문의 여지없이 분명한 것만은 아니다. 이것은 어느 정도 불가피하기도 하지만, 정책의 구체적 판단 기준으로 삼기 위해서는 이를 좀 더 구체화시킬 필요가 있다.

인간의 삶을 위한 정책의 구체적인－그러면서도 최고의 당위적인 의미를 가진－기준은 여러 가지가 있을 수 있다. 그렇지만, 인간과 그 삶을 위한 정책이므로, 먼저 인간 존재의 기본적 차원을 크게 육체와 정신으로 나눠, 첫째, 생명을 가진 존재의 차원에서 육체적 존엄성의 내용으로 생명의 존중, 둘째, 고도의 정신(판단) 작용을 하는 존재의 차원에서 정신적 존엄성의 내용으로 인격의 존중, 주체성의 존중, 자유・자율성의 존중, 평등성의 존중, 기본적 권리의 존중을 생각할 수 있고, 다음으로 삶의 차원에서 정신적 판단작용에 따라 일정한 행위를 하는 존재로서 행위의 주체성, 자율성, 기본적 권

16) 헌법 또는 국제연합(UN)헌장 등에서 모든 기본적 인권의 근원, 이념적 출발점, 모든 기본권의 핵(核) 또는 기본권의 가치 질서에서 최고의 가치가 인간의 존엄과 가치를 규정한 조항이라는 것은 국내외 헌법학자들의 통설이다(권영성, 1989: 295; 김철수, 1973: 409-415, 504-513). 이로 미뤄보아도 정책윤리의 최고의 궁극적 판단 기준이 '인간 존엄성'이라고 할 수 있다.

리 등을 존중하지 않으면 안 된다. 이에 따라 도출된 기준은 생명과 인격의 존중, 주체성과 자율성의 존중, 평등성의 존중, 기본적 권리의 존중 등이며, 다음에서 이러한 기준을 중심으로 논의하겠다.

1) 생명과 인격 존중

인간의 삶을 위한 정책은 우선 당연히 인간의 생명을 존중하는 데서 출발한다. 이런 생명 존중성의 이유로, 안락사(euthanasia) 문제, 사형제도, 낙태(abortion) 문제가 서구에서는 가장 활발하게 정책윤리의 문제로 논의되고 있다. 기타 일반적으로 생의 가치가 없는 생명의 절멸, 인간 실험, 잔인하고 가혹한 형벌, 고문, 학살 등과 관련된 정책은 모두 인간의 존엄성을 침해하는 것이 된다. 따라서 어떠한 정책도 인간의 생명을 무시하거나 경시해서는 안 된다. 그런데 실제로 유태인이나 혁명 반대자들을 학살했던 나치 독일이나 공산주의 국가에서와 같이 그들의 정책은 생명을 존중하기는커녕 생명을 말살하는 야만성을 보여주었다.

또 정책의 생명 존중성은 정책이 인간을 생명이 없는 물건에 지나지 않는 것으로 취급해서는 안 된다는 것을 의미한다. 특히 현대 사회에서 물질주의적 · 배금주의적 · 과학기술 만능주의적 경향은 인간을 물화(物化)하고, 물질적 존재로 타락시키며, 상품화를 위한 조작 대상으로 여기게 하는 유혹을 내포하고 있다.

또한 현대인의 삶의 양식이 대량화 · 대형화 · 복잡화 · 가속화를 추구하는 까닭에, 사람들이 항상 대형사고나 안전사고의 위험에 노출되어 있다. 이러한 '위험사회'에서는 사소한 부주의나 태만으로도 사고가 발생하기 쉽게 되어 있고, 사고가 나게 되면 대규모의 심각한 인명 피해를 가져오고 있는데, 이를 예방하기 위한 다각적 정책이 절실하고, 또 피해 규모에 마비되어 사소한 피해에는 무감각하기 쉬운 인간성을 각성시키고 안전 의식을 고취하는 정책도 최우선시해야 한다. 이러한 일련의 정책 의지는 바로 정책의 생명 존중이라는 가장 중요한 정책의 목적에서 비롯된다.

한편, 인간은 생명 없는 비인격적 자연과는 다르다. 또, 인간은 이성적 존재로서 높은 정신 능력을 갖춘 인격적 존재이므로, 생명은 있으나 비인격적인 동식물과 다르다. 인간을 대상으로 한 의학적 인체실험의 문제는 생명 존중성뿐만 아니라 인격 존중성의 이유로 심각하게 논의된다. 기타 주거, 의료, 빈곤, 테러, 인신 매매 등이 모두 중요한 정책윤리의 논의 대상이다. 따라서 정책은 비인격적인 자연이나 동식물과는 다른 점을 가진 인격적 존재인 인간을 위한 정책이 되도록 해야 한다.

2) 주체성과 자율성의 존중

인간은 수단이나 도구로 취급될 객체적 존재가 아니라, 목적으로서 대우할 주체적 존재다. 인간의 주체성이란 인간이 자기 자신을 의식하고 자기 자신의 결단에 의해 스스로를 규정하며, 자신과 주변 세계를 형성할 능력을 말한다. 그런 만큼 정책은 인간을 주체 또는 목적으로서 대우하도록 지향해야 한다. 그것이 정책의 인간 존엄성 존중과 고양의 직접적 내용의 하나다.

또한, 인간은 통제와 억압의 대상인 타율적 존재가 아니라, 자유와 자율성을 기본으로 하는 자유로운 존재, 자율적 존재다. 그런 만큼 정책은 인간의 자유와 자율성을 존중하고 고양하고 지향해야만 인간 존엄성을 존중하고 높이는 것이 된다. 그 예로서 사생활 보호, 언론 자유 등의 기본권 등이 중요한 쟁점이 된다.

3) 평등성의 존중

인간이 내재적인 자질과 능력이 아니라, 외재적인 제반 요소, 예컨대 인종적 · 신분적 · 지역적 · 계층적인 요소에 의한 차별을 받게 될 경우, 이는 인간 존엄성에 배치된다. 따라서 정책은 이러한 외재적 요소에서 인간의 평등성을 존중하고 고양하도록 지향하지 않으면 안 된다. 그 예로서 인종적 · 성적 차별, 각종 기회 균등, 사회 정의 등이 쟁점이 되고 있다.

4) 기본적 권리의 존중

인간 존엄성은 각종 기본적인 인간의 권리를 보장할 수 있을 때 확보될 수 있다. 기본적 인간의 권리란, 구체적으로는 첫째, 각종 신체의 자유 등 인신에 관한 자유권, 사생활의 비밀과 자유, 거주 · 이전의 자유 등의 사생활에 관한 자유권, 종교 · 언론 · 출판 · 양심의 자유 등의 정신적 · 사회적 활동에 관한 자유권 등의 자유권적 기본권, 둘째, 재산권, 직업 선택, 소비자의 권리 등의 경제적 기본권, 셋째, 참정권 등의 정치적 기본권, 넷째, 인간다운 생활권, 교육을 받을 권리, 노동권, 보건환경권 등의 사회권적 기본권 등을 말한다.

이상의 여러 가지 내용이 모두 인간 존엄성의 구체적인 내용을 구성한다고 할 수 있다. 따라서 정책은 궁극적으로 위와 같은 여러 가지 내용을 구현하고 고양시키는 방향으로 나아가야 하며, 정책의 윤리성은 바로 이들을 기준으로 판단하고 현실의 정책이 그 기준들에 부합되도록 해야 한다.

3. 판단 기준 사이의 관계와 판단자

앞에서도 언급했듯이 정책의 목적과 기준들은 모두 중요하게 고려하고 판단해야 한다. 그렇지만, 여기 정책윤리에서는 그 가장 높은 차원의 궁극적·당위적인 목적과 기준을 중심으로 논의한다. 이는 상충 관계에 있는 정책의 목적과 기준도 그보다 더 높은 차원, 그리하여 최종적으로는 가장 높은 차원의 궁극적·당위적인 목적과 기준에 의해 판단하고 해결해야 함을 의미한다.

그러나 가장 높은 차원의 궁극적 정책의 목적이나 기준이라고 하는 '인간 존엄성'도 그 구체적인 내용에서는 그렇게 간단하게 논할 수 없다. 예컨대, 살인자에 대한 사형제도는 생명 존중의 기준에서 볼 때 허용될 수 없다고 주장할 수 있다. 하지만 또 다른 측면에서는 그 살인자가 다른 인명과 인격을 존중하지 않았으므로 사형제도의 불가피성을 설득력 있게 주장할 수도 있는 것이다.

그렇다면 이와 같이 정책의 궁극적 목적, 기준의 추상적 성격, 더욱이 역사적·문화적으로 형성되고 해석되어 온 가변적인 성격 등에 비춰볼 때, 개별적인 특정 정책의 판단 시 그 모호성을 어떻게 해결하느냐가 중대한 과제로 대두된다. 즉, 정책윤리의 판단에서 다양한 견해와 이로 인해 상충된 입장이 존재할 경우, 누가 판단자가 되어야 하느냐의 문제에 봉착한다. 과거에는 철인왕(哲人王, 철인군주, philosopher king)과 같은 지혜로운 군주나 소수의 귀족, 사제, 지식인 등 엘리트에게 전적으로 의존하던 시대도 있었다. 현대에도 공산독재국가나 개발도상국의 권위주의 국가에서 이를 목격할 수 있다. 그러나 다원화되고 있는 현대 민주국가에서는 이해관계집단이나 개인을 포함한 일반 국민의 의견을 수렴하고 (이들 간의) 합의를 통해 해결하는 방법이 정책윤리 판단의 주된 방법이 되고 있다. 물론 이러한 방법이 항상 정책의 윤리성을 온전하게 확보해 준다고 할 수 있을 만큼 완전하지는 않다. 그러나 그와 같은 합의 방법이 인류가 발전시켜 온 가장 중요한 해결 방법이라는 사실은 부인할 수 없다. 이러한 상황에서, 불완전한 합의 방법을 보완할 수 있는 길, 즉 언론 표현의 자유의 보장 등과 같은 충실한 합의 구조와 윤리적 비판 정신이 살아 있는 사회를 만들 수 있는 길을 모색해야 한다. 이에 관해서는 후술하기로 한다.

4. 정책 윤리성의 측면

정책의 윤리성을 확보한다는 것은 정책과 관련된 제반 측면에서의 윤리성을 확보한다는 것을 의미한다. 좀 더 구체적으로 살펴보면, 정책의 윤리성은 다음과 같다.

1) 정책 내용의 윤리성과 정책과정의 윤리성

정책의 윤리성은 실질 정책, 즉 실제적인 문제를 해결 또는 개선하기 위한 정책의 내용이 '인간의 삶을 위한 정책 내용'이 되지 않으면 안 될 뿐만 아니라, 일련의 정책과정이란 절차에서도 '인간의 삶을 위한 정책과정'이 되지 않으면 안 된다. 또 우리는 흔히 정책 내용의 윤리성은 당연시하고 이에 집착한 나머지, 절차적 측면인 정책과정의 윤리성을 경시하거나 무시하는 경향이 있다. 그러나 '인간의 삶을 위한 정책'은 모든 정책과정에서 구현되어야 할 궁극적 기준임에 틀림없다. 정책형성 과정, 정책집행 과정, 정책의 평가 과정 그리고 정책종결 과정 등 정책과정에서 이해당사자와 일반 국민이 자신의 삶에 영향을 미치고 나아가 역사를 형성하는 과정에 참여하고 책임지도록 하는 것은 '그 자체가 분명히 인간의 삶을 위한 또 하나의 정책의 내용을 구성'하는 것이다. 그래서 정책학의 주창자인 라스웰도 실질적·과정적(절차적)으로 모든 사람에게 인간 존엄성과 삶의 질을 높이는 정책학이 되어야 한다는 뜻에서, 정책 내용과 정책과정을 함께 연구해야 한다는 정책학 연구의 패러다임을 주장했다.

2) 정책 동기의 윤리성과 정책 결과(효과)의 윤리성

정책의 윤리성은 정책의 발안 동기 측면과 정책 결과(효과)의 측면에서 모두 확보되어야 한다. 정책발안의 동기 측면에서 좋다고 하여, 자동적으로 정책 결과(효과)의 측면에서도 좋다는 보장이 없기 때문이다. 예컨대, 시민생활을 위협하는 폭력배를 소탕한다는 동기에서 채택한 정책이 있다고 할 경우, 그 집행 과정에서 경찰이 건장한 체구의 청년이면 일단 모두 의심하면서 무차별적으로 거리에서 검문하고 소지품을 수색한다면, 오히려 시민들의 불안, 불만, 비판과 불신을 초래함으로써 좋지 않은 결과를 얻게 되는 것과 같다. 이와 반대로, 어떤 정책이 그 결과는 좋더라도, 그 동기가 비윤리적이었을 경우에도 결코 바람직하다고 볼 수 없다. 이와 같이 정책의 윤리성은 정책발안의 동기의 측면과 정책 결과의 측면을 모두 포괄한다.

3) 정책목표의 윤리성과 정책수단의 윤리성

정책의 목표가 인간의 삶을 위한 것이어야 함은 물론, 그 정책목표를 달성하기 위한 정책수단도 '인간의 삶을 위한 정책'이란 궁극적 목적 · 기준에 합치되어야 한다. 하나의 정책목표는 '목표 · 수단의 연쇄 체계'의 논리 속에서 그 상위의 정책목표에 비춰보면, 또 다른 상위 목표를 위한 정책수단의 지위도 갖게 되는 이중적인 속성을 지니게 된다. 그리하여 논리적으로 궁극적인 최상위 목표와 최하위 수단을 제외한다면, 모든 목표는 동시에 수단이 되고 반대로 모든 수단은 동시에 목표도 되는 이중적 속성을 가진다. 이를 토대로 볼 때, 목표와 수단은 구분할 필요가 없으며, 모두 동일하게 궁극적인 정책윤리의 판단 기준에 합치되어야 한다는 것이 자명해진다.[17]

제 5 절 정책 윤리성의 저해 요인과 확보 방안

정책의 윤리성을 논의하는 목적도 이유도 결국은 정책의 윤리성을 저해하는 요인이 무엇이고, 이를 확보하는 방안이 무엇인가를 도출해 실천적으로 활용하는 데 있을 것이

17) 실제 정책문제와 관련해서는 논란이 많다(Howe & Kaufman, 1980-81: 585-595; Ladd, 1973: 40-41). 즉, 정책윤리를 우선 목표윤리(ends-oriented ethics)와 수단윤리(means-oriented ethics)로 나눠 보자. 목표윤리(또는 목적윤리)란 정책 담당자가 자신이 좋거나 옳다고 판단하는 특정 가치를 개입시킨 목표(목적)를 추구함으로써 해당 정책의 윤리적인 판단에 영향을 미치는 것이 좋은가(옳은가)의 판단을 말한다. 수단윤리란 수단의 선택이 목표(목적)에 의한 영향을 받는 것이 좋은가의 여부와 수단 선택에는 그 한계가 있는 것이 좋은가의 여부를 문제삼는 것을 말한다. 여기서 목표윤리의 판단은 불가피하고 필수적이다. 그런데 수단윤리의 경우, 수단이 목표와 관련이 있어야 한다는 입장과, 수단이 독자적으로 그 자체가 윤리적이면 된다는 두 입장으로 나뉘면서 중요한 쟁점이 된다. 예컨대 목표 또는 목적이 좋거나 옳지 않다고 판단되는 경우, 그 목표가 윤리적이지 않다면 수단 자체의 윤리성도 훼손될 수밖에 없다고 봐야 되는가, 그렇지 않고 그 목표와 별개로 수단이 독자적으로 윤리적이면 된다고 할 것인가? 그러나 목표와 수단은 불가분의 연계를 가지고 있다고 봐야 한다는 입장에서, 수단 자체의 윤리적 적합성만으로는 한계가 있다고 봐야 할 것이다.

다. 그런데 정책 윤리성을 저해하는 요인들은 사회 전반적인 환경과 밀접하게 관련되어 있으므로, 특정한 시기(시대)와 공간(사회), 정책의 분야와 내용 등에 따라 다를 것이다. 그렇지만 여기에서는 정책결정 체제를 중심으로 정책 윤리성의 일반적인 저해 요인과 그 확보 방안을 살펴보는 것이 목적이다. 따라서 아래에서는 직접적인 정책결정 체제 내적 저해 요인과 간접적인 정책결정 체제 외적 요인으로 나눠 살펴보고자 한다. 다만, 정책 담당자의 인간적 특성에 의한 요인이 정책학도나 실무자에게 중요하다고 판단되므로, 특히 이를 독립된 항목으로 구별해 살펴보기로 하겠다.

1. 정책결정 체제 내적 저해 요인과 확보 방안

정책결정 체제 내적 저해 요인이란 정책의 형성 · 집행 · 평가 등 정책과정 내의 직접적 관련 요인 때문에 발생한 정책윤리의 저해 요인을 말한다. 이들로는 기본적 권력구조의 성립과 운영의 비민주성, 관료제의 경직화, 사회 내 각종 집단 및 개인의 참여 제한, 편협한 국가 및 집단이기주의, 단기적 · 가시적 성과주의, 적절한 정보의 제한 등을 들 수 있다. 이제 이와 같은 저해 요인을 설명하고, 이를 제거하기 위한 방안에 대해 논의하고자 한다.

1) 기본적 권력구조와 운영의 문제

정책을 결정하는 입법부, 행정부, 사법부의 기본적 권력구조의 틀과 그 구성 요소로서의 각 부가 비민주적인 방식으로 구성되고 운영될 때, 정책의 윤리성은 확보될 수 없다. 한 사회의 근본적 통치구조를 이루는 입법부, 사법부, 행정부의 권력기관들 사이에 견제와 균형이 유지되지 않은 권력구조의 틀, 각 기관의 인적 구성의 충원(선거나 임명 등)이 비민주적이고 불합리한 방식과 관행, 각 기관의 운영이 독재적 · 독선적인 체제에서는, 그로부터 산출된 정책이 그 표방하는 공식 목적을 달성하기 어려운 것은 물론, 나아가 그 정책이 의도하는 인간의 존엄성을 확보하고 고양시키는 일은 더욱 어렵다.

따라서 민주적 선거 방식의 제도화, 삼권분립에 의한 견제와 균형, 중앙정부와 지방정부의 합리적 권한 배분, 지방자치의 활성화 등 국가의 기본적 권력구조가 민주화되면 정책과정의 민주화를 담보할 수 있고, 결국 정책 내용의 윤리성을 확보할 가능성이 높아진다.

2) 관료제의 경직화 문제

정책은 정책과정 전반에 걸쳐 주도적인 위치에 있는 공공관료제의 성격에 크게 좌우된다. 그런데 공공관료제의 조직, 법령, 운영 등이 국민으로부터 유리되고 경직화되어 관료제의 존립과 유지 자체가 수단이 아닌 목표로 전도될 때, 그 관료제의 산출물인 정책은 그 궁극적 목적에 비춰 크게 일탈된 현상을 보이기 쉽다.

따라서 관료제의 조직 · 법령 · 인사 등의 정태적 측면뿐만 아니라, 그 운영 등의 동태적 측면이 모두 국민에게 책임지는 방향으로 확보되어야 한다. 특히 "관료제의 존립과 유지 자체가 국민에게 봉사하기 위한 하나의 수단이지 목표가 아니다"라는 관료제 구성원의 투철한 책임 의식은 관료제의 산출물인 정책의 윤리성을 확보하기 위한 중요한 전제 조건의 하나가 된다.

3) 참여 제한의 문제

현대 국가에서는 정당, 이익집단, 언론, 시민단체, 지식인 등 다원적 집단이나 시민들이 정책과정에 참여해 매우 중요한 역할을 한다. 그런데 정책과정에 이러한 집단이나 개인의 참여를 제한하는 전제적 정책결정 체제에서는 정책의 윤리성을 저해할 가능성이 크다.

따라서 수많은 이해 관계를 가진 집단이나 개인이 정책과정에 참여할 수 있도록 개방된 정책결정 체제를 통해, 상호 견제와 균형 속에서 소수 정책결정 집단의 전횡과 독단에 의한 잘못된 정책을 추구할 가능성을 줄여야 한다. 즉, 참여민주주의를 실현함으로써 다원적 이해 관계를 반영할 수 있는 합리적인 게임규칙에 의한 공정한 게임 속에서 적정한 정책이 산출되어야 한다.

4) 국가 및 집단이기주의의 문제

어느 집단이나 그 집단의 이익을 추구하는 것은 당연하다. 그러나 흔히 집단의 이익 추구가 편협한 이기주의로 흐를 때 여타 집단에게 해악을 끼치게 된다. 대외 정책에서 국가 이기주의에 의한 부정적 국가 이익을 취하려는 성향, 그리고 국내 정책에서도 어떤 특정한 파당, 예컨대 특정 정당이나 이익집단의 특수 이익을 취하려는 성향은 매우 강하다. 이러한 이기주의의 압력과 유혹에 쉽게 흔들리는 사회일수록, 정책은 널리 국민 또는 시민 대다수의 이익을 위하고 보편적인 인간 존엄성을 지향하기보다는 어떤 특정 인종, 국가, 지역, 집단, 종교 등의 특수 이익을 위한 도구로 변질되기 쉽다.

개별 국가와 국가 내 개별 집단들이 편협한 특수 이익이 아니라, 사회적으로 수용할 수 있는 정당한 이익, 즉 공익을 추구할 때 그만큼 인간을 위한 정책을 확보할 가능성은 높아진다. 공익은 넓은 의미로 세계 공동체로서의 세계 이익(세익)을 정점으로 해서, 개별 국가의 정당한 국가 이익, 그리고 개개인의 정익(正益)에 이르기까지 수직적으로 일관된 개념이다. 또 공익은 개개인의 이익 추구를 부정하지 않고 긍정하되, 정당한 개별 이익(개익)의 추구를 말하므로 개체적 개념을 핵심적 구성 요소로 한다. 따라서 정책결정 체제가 공익을 추구하고, 체제 내의 구성원이 정익을 추구할 때 정책의 윤리성은 확보될 수 있다.[18]

5) 단기적 · 가시적 성과주의의 문제

추상적, 정신적, 질적 목표를 추구하는 정책은 대체로 장기적 · 비가시적인 특징을 지닌다. 반면에 구체적, 물질적, 양적 목표를 추구하는 정책은 단기적 · 가시적으로 그 성과를 드러낸다. 그런데 단기적 · 가시적 성과는 장기적으로는 오히려 비인간화 · 인간소외의 결과를 산출하기도 한다. 그리하여 정책결정 체제가 재집권, 지지 확보 등을 위해 단기적 · 가시적 성과에 치중하고, 장기적 결과를 의도적으로 외면하고 은폐하게 되면 그 폐해는 심각하다. 이것이 정책의 윤리성을 저해할 가능성을 높이는 요인이 된다.

그러므로 조급하게 단기적 · 가시적인 물량 위주의 성과를 지향하기보다는 장기적 관점에서 인간의 삶의 질을 향상시키는 정책을 추구하도록 노력해야 한다. 이를 위해 정책결정 체제 내에 어떤 형태로든 '정책의 인간화 영향평가'와 같은 인간주의의 정책 영향을 평가하는 기제(메커니즘)를 두고 운영할 필요가 있다.

6) 정보의 공유와 유통의 제한 문제

현대와 같이 복잡한 사회에서는 모든 측면에서 정보의 소유 · 유통 · 관리가 중요한 변수로 작용하게 된다. 사실 정책도 정보의 관리라고 불릴 수 있을 만큼, 어떤 내용의, 누가 제공한 정보인가에 따라 정책의 내용과 성격이 달라진다. 그러나 어떤 경우에는 여러 가지 목적으로 정보 소유자와 관리자가 적절한 정보를 차단하고 충분한 정보를 제공하지 않으며 정보의 유통을 방해하기도 한다. 또 현대에는 사람들의 의견, 생각, 경

18) 공익, 정익, 개익, 세익, 정당한 이익 등의 개념은 박정택(1990: 35-107) 참조.

험, 관점 들을 서로 공유하기 위해 사용하는 온라인 도구나 플랫폼인 사회적 매체(social media)와 같은 다양한 사회관계망서비스(SNS)를 통하여 순식간에 의도적으로 각종 가짜 정보를 유통시켜 건전한 판단을 방해하기도 하고 사회를 혼란시키기도 한다. 이것은 바로 언론·집회의 자유와 관련된 문제이고 의사전달의 문제이며, 결국 정책의 윤리성을 저해하는 문제다.

결국 적절하고 합리적인 정보가 충분히 유통되고 활용되도록 보장하기 위해 정책결정 체제 내부의 정보관리 체제의 정비, 의사전달의 원활화, 사회의 언론·출판·집회·결사의 자유, 사회관계망서비스의 합리적 규제 등에 관한 합리적 논의와 사회적 합의가 필요하다고 하겠다.

2. 정책결정 체제 외적 저해 요인과 확보 방안

정책결정 체제 외적 저해 요인이란 정책의 형성·집행·평가 등 정책과정에 영향을 미치는 환경적 관련 요인 때문에 발생한 정책윤리의 저해 요인을 말한다. 정책학의 주창자인 라스웰도 인간의 존엄성을 실현하기 위해 정책학도 문명사적 갈등을 일으키는 문제, 시대사적 사회 변동 또는 세계적 혁명 추세, 체계 질서 차원에서 일어나는 문제 등과 같이, "인간이 사회 속에서 봉착하는 근본적 문제의 해결"이라는 근본적인 문제해결 지향성(problem-orientation)을 지녀야 한다고 했다(Lasswell, 1951: 8-11; 1971: 1). 그런 의미에서 여기에는 다음과 같이 몇 가지 주된 요인과 그 확보 방안을 생각할 수 있다.

1) 과도한 경제주의의 문제

경제적 빈곤 상태를 타파하고자 경제적 근대화 정책을 추구하는 것은 바람직하고 긴요한 과업임에 틀림없다. 생존을 유지할 수 없을 정도의 절대적 빈곤 상태 하에서는 인간의 존엄성이 논의될 여지도 없기 때문이다. 그러나 경제적 조건의 향상에만 집착할 때는 필연적으로 인간적 가치에 손상을 주게 된다. 개발도상국의 근대화 정책이 지나치게 경제적 측면에만 치중해 급속히 추진되는 과정에서 정책의 비인간화 현상이 나타난다. 또 고도로 산업화된 사회에서도 물질주의적·상업주의적 경향이 지나쳐서 인간을 상품화하고 인간성을 황폐화시키는 일이 발생한다.

따라서 저개발 사회나 고도 산업사회나 모두 과도한 물질주의적·상업주의적 경제주의를 극복하고, 인간적 가치와 존엄성이 존중되고 구현될 수 있는 사회 변화의 철학을 재정립할 필요가 있다. 인간이 자기 배반, 자기 상실의 사회 변화를 추구하는 관점으로부터, 자아 존중, 자아실현의 사회 변화를 추구하는 관점으로 전환해야 한다.

2) 개인주의적 가치나 공동체적 가치의 과도 강조의 문제

사회는 개별 구성원의 이해 관계를 존중하면서도 때로는 이를 초월한 공동체적 가치를 추구하기 마련이다. 그런데 적절한 범위를 벗어난 과도한 개인주의적 가치나 공동체적 가치를 추구하는 사회는 공동체 사회의 평화와 연대성을 해치거나 개개인의 창의성과 주도성을 제한하거나 말살함으로써 오히려 사회 발전에 해악을 끼치게 된다. 예컨대, 개인의 의사표현의 자유를 과도하게 인정하면 다른 사람의 자유와 인격을 회복할 수 없을 정도로 손상시킬 수 있다. 또 사유재산을 전면 부정하는 사회주의 국가나, 정부가 시장에 과도하게 개입해 규제하는 관치 경제는 개개 인격과 자율성을 부정하거나 억압하는 것이므로, 그러한 사회의 정책은 그 이상에 반해 오히려 인간의 존엄성을 심각히 손상시키게 된다.

따라서 사회는 구성원의 개체성을 부정해서도 안 되지만, 개개 구성원은 공동체적 집합성·사회성을 부정해서도 안 된다. 결국 개체적 가치와 공동체적 가치를 적절히 조화시킬 수 있는 사회에서 인간 존엄성을 이상적으로 구현할 수 있게 되며, 이로써 정책의 윤리성도 확보할 수 있다.

3) 과학기술 문명의 목적 상실의 문제

과학기술의 발달은 인간을 해방하고 인간 존엄성을 존중하고 고양시키는 초석이 된다. 그러나 그것이 지나쳐서 과학기술 자체가 목적시되면, 인간이 과학기술에 예속되는 비인간화 현상을 드러내게 된다. 이러한 목적을 상실한 기계·기술문명은 정책의 윤리성을 심각히 저해하는 주요 요인이 된다.

과학기술의 발달이 인간주의적 목적을 추구해 인류에게 축복이 될 수 있어야 한다. 이를 위해 인간다운 삶을 위한 과학기술의 목적 의식을 확고히 하는 의식적·제도적 변화를 추구해야 한다.

4) 윤리적 비판 정신의 문제

"사회 내의 모든 활동이 궁극적 · 근본적 목적에 비춰 도덕적 · 당위적으로 승인될 수 있는가"라는 질문과 적절한 비판은 건강한 사회를 위해 절대적으로 필요하다. 그런데 그러한 윤리 의식, 윤리적 비판 정신이 약화된 사회에서는 정책의 윤리성에 대한 관심과 비판도 약해진다.

따라서 사회구성원이 항상 인간주의적 목적에 충실한가에 관심을 가지고 비판적으로 검토하며, 그 방안을 탐색할 수 있는 조건을 조성해야 한다. 그 중요한 조건의 하나는 언론 · 출판 · 집회 · 결사의 자유 등을 보장함으로써, 비판적 토론문화를 정착시키고 활성화하는 일이다.

3. 인간적 저해 요인

인간적 저해 요인이란 정책과정에 참여하는 모든 사람, 특히 정책 담당자와 같은 인간 자체의 내재적 한계 때문에 발생하게 되는 정책윤리의 저해 요인을 말한다. 이는 다음과 같은 몇 가지 문제를 생각해 볼 수 있겠다.

1) 인간 능력의 한계의 문제

궁극적인 정책의 목적에 비춰 특정 정책의 윤리성을 판단할 수 있는 인간의 능력은 근본적으로 어느 정도 한계가 있다. 어떤 정책이 과연 인간의 존엄성을 확보해 줄 수 있는가에 관한 인간의 정보, 지식, 기술, 통찰력, 예측 능력 등 인간의 능력은 근본적으로 제한되어 있다. 특히 정책 담당자의 인간적 능력의 한계와 아울러 특정 분야에 관한 전문 능력이 부족한 경우도 많으므로 정책윤리의 확보에 한계가 있다. 흔히 인간적 능력에 대한 과신이 오히려 인류에게 큰 재앙을 가져다 줄 수 있는 가능성을 핵무기 개발에서 볼 수 있다.

2) 근시안적 안목의 문제

정책의 효과는 먼 미래 세대에까지 파급되면서 역사를 형성하고 변화시킨다. 그런데 정책에 관여하는 인간은 흔히 근시안적인 안목, 조급한 가시적 성과 추구, 윤리성 추구의 불성실 등으로 인해 역사적 책임성이 부족한 인간적 약점을 가지고 있다.

3) 정책 담당자의 이해 관계 개입의 문제

정책 담당자가 항상 자신의 이해 관계로부터 초연하고 중립자적 자세로 일한다는 것은 어려운 일이다. 정책 담당자도 보통의 사람들과 같이 이해의 갈등(이해 상충, conflict of interests) 상황에 부딪치게 되는 경우가 많게 되는데, 이 경우 그 이해 관계에 영향을 받아 정책의 윤리성을 저해하는 경우가 발생한다.

4) 가치관의 편향성, 편견에 의한 차별과 불공평의 문제

정책의 윤리성을 판단할 수 있는 기준은 그 자체가 분명한 것 같으나 구체적인 상황에서 특정 정책에 대해 적용할 때는 그렇게 분명하지 않다. 더욱이 어떤 판단 기준에 합의했을지라도 각자의 지식, 가치관, 세계관 등에 따라 독특하게 이해하고 해석할 여지를 많이 내포하고 있다. 오늘날 낙태, 안락사와 같은 쟁점에 대해 첨예한 찬반 입장의 대립이 생기는 예는 그것을 말해준다.

또한 정책 담당자가 편견에 사로잡혀 차별적이고 불공평한 정책을 결정하거나 집행할 수 있는 소지는 매우 많다. 편견이란 특정 인물 · 지역 · 인종 · 계층 · 종교 · 학교 · 직업 등의 특정한 개별적인 요소를 특히 일반화함으로써 마치 그것이 항상 일반화해 보편적으로 적용될 수 있다는 태도나 관념을 의미한다. 이러한 편견이 문제가 되는 것은, 편견을 가진 정책 담당자가 그 편견을 일반화한 획일적인 이미지를 바탕으로 어떤 차별적이고 불공평한 정책을 스스로 정당화한다는 데 있다. 우리 사회에서 심한 편견에 의한 차별적이고 불공평한 정책의 폐해가 이미 심각한 사회적 문제가 되고 있는 현실에서도 이러한 편견이 정책의 윤리성을 저해할 가능성을 엿볼 수 있다.

이상과 같이 정책과정에 참여하는 사람들, 특히 정책 운용에 더 많은 권한과 책임을 갖는 담당자는 투철한 윤리 의식의 소유자여야 한다. 그는 단순한 기술적 관리자에 그치는 것이 아니라, 올바른 삶에 대한 끊임없는 자기 성찰과 올바른 정책에 대한 가치 비판적 입장을 견지하는 자여야 한다. 그의 가치관, 인생관, 세계관과 윤리적 판단은 곧 정책의 내용과 과정에 투영되고 많은 사람의 삶에 영향을 미친다.

4. 정책 담당자에게 요구되는 정책 윤리성의 확보 방안

일반적으로 정책 담당자에게 요구되는 정책 윤리성의 확보 방안(허범, 1991: 74-80)을 정리하면 다음과 같다.

1) 인격과 직책의 통합 의무

정책 담당자는 정책과정에서 스스로 결정하고 그 결정에 대해 스스로 책임을 지는 사람들이다. 그는 자신의 책임 아래 자신의 양심, 철학, 지식, 경륜, 역량, 소망, 동기를 정책에 투영시킬 수 있다. 이는 자신의 인격을 정책과정에 반영시킴으로써, 다른 사람들의 삶에 중대한 영향을 끼치고, 역사의 진행을 수정하고 관리하는 권한을 갖는 큰 축복과 함께, 동시에 그 결과에 책임을 지는 가장 무거운 책무를 진다는 것을 의미한다.

따라서 정책 담당자는 그 도덕적 책임성을 바르게 인식하는 것이 대단히 중요하고, 그렇게 할수록 그의 전인격을 정책의 운용에 투입하지 않을 수 없다. 정책을 운용하는 정책 담당자에게 인격과 직책의 완전한 통합을 요구하는 까닭이 여기에 있는 것이다. 그래서 인격과 직책의 통합 의무 또는 비분리 의무는 정책 담당자의 윤리강령 제1조에 해당한다(Ladd, 1975: 177-184). 또한 정책 담당자는 정책에 의한 영향을 받는 사람들로부터 인격적 신뢰를 확보하지 않으면, 어떤 좋은 정책을 가지고도 소기의 목적을 달성할 수 없다. 따라서 정책에 대한 사명감과 책임을 느끼는 사람이라면, 마땅히 인격적으로 신뢰할 만한 일정한 자격과 요건을 갖추도록 노력해야 한다.

2) 본질적 선의의 적용 의무

정책과정에서 정책 담당자는 자기 또는 대가를 기대하는 이를 위해 일하는 것이 아니라 국민을 위해 일한다. 이와 같은 실천하기 어려운 삶은 보통 사람들보다 더 높은 인격과 윤리관을 요구한다. 우선 그는 자기의 이익 욕구를 자제할 수 있는 능력을 키워야 한다. 공직자 윤리 법규와 윤리 강령에 이익의 갈등 상황에 대비해 이해 관계의 개입 소지를 차단하도록 한계를 설정하는 등 제도적인 장치를 갖추는 것도 인간적 약점을 보완하는 한 방법이 될 것이다. 그리고 그는 국민을 사랑하는 열정을 가져야 한다. 이러한 이기 억제적 국민 사랑은 오직 본원적인 인간애와 자발적인 선의를 통합하는 윤리 의식만이 발현시킬 수 있다.

3) 행동과 철학의 통합 의무

정책은 개념상 행동의 지침이지만, 그것이 포함하는 행동은 결코 우연히 봉착하거나 단순히 반복되는 행동이 아니다. 그 행동은 어떤 주체가 바람직한 소망(당위적인 미래상)을 의도적으로 탐색하고, 그것을 실현하기 위해 강구하는 행동이다. 즉, 정책결정은 미래의 탐색과 행동의 설계를 통합하는 의사 결정 과정이다. 따라서 이 과정에서의 행동은 바람직한 미래를 탐색하려는 철학적 사고와 윤리적 분석을 통해 모색되는 행동이다. 이런 의미에서, 정책결정은 철학과 행동의 통합이고, 행정은 행동하는 철학(philosophy in action)이다(Hodgkinson, 1978: 3).

정책 담당자가 철학의 책무를 완전히 수행하려면, 그는 적어도 이상 가치를 지향하는 계층적 목적 체계와 이것으로부터 도출한 윤리적 분석 기준, 과거-현재-미래를 통합하는 역사 의식, 그리고 낙관적 미래관과 비관적 미래관을 통합하는 비판적 미래지향성 등을 그의 인격과 지식 속에 내재시켜야 한다.

또한, 철학을 실천한다는 문제는 정책 담당자가 가치중립적인 입장에서 그가 관여하고 있는 정책의 목적이 무엇이 되더라도 주어진 목적 또는 목표에 가장 적합한 수단만을 책임지는 기술적 최적성, 실현성, 능률성만을 고려해서는 안 된다는 것을 말한다. 즉, 철학을 실천한다는 것은 정책 담당자가 관여·운용하는 정책의 목적 또는 목표에 대한 적극적인 가치 비판적, 규범 탐색적 입장을 가져야 한다는 것을 의미한다. 정책 담당자가 가치 판단, 또는 가치 선택의 자격이 없고 단지 실현성, 능률성만을 고려하는 입장이었다고 하더라도, 엄연한 현실에서는 시민이 그 정책 담당자에게 적절한 가치 판단을 했는가를 요구한다. 또한 정책 담당자는 각종 편견을 극복하기 위해 부단한 자기 성찰과 외부 비판을 받아들여야 한다.

4) 전체 체계적 윤리성 지향 의무

모든 정책은 전체 사회의 일반적 진보와 번영을 그 공통 목적으로 한다. 그러나 그것이 내포하는 특정한 행동은 전체 사회를 포괄할 수 없는 것이다. 그 행동은 언제나 전체 사회생활의 어떤 부분을 대상으로 하는 한정된 내용으로 구성되고, 그것의 효과도 항상 부분 효과에 지나지 않는다. 그러므로 정책결정에서 중요한 것은 특정한 부분 정책을 전체 사회적 진보와 조화시키는 것이다. 어떤 정책이 전체 사회적 진보에 의미 있게 기여할 때, 그 정책은 비로소 전체 체계적 윤리성을 확보하게 된다. 그 정책이 전체 사회적 진보에 미친 기여의 의미를 파악하려면, 그 사회의 이상 가치 지향적 목적 체계의 계층 위에 전체 사회를 올려놓고 볼 필요가 있다. 만약 그 정책이 전체 사회를 이상 가치 쪽으로 밀어올리면, 그것은 전체 체계적 윤리성을 위해 긍정적인 기여를 하고 있다고 보아도 좋다. 그러나 그 정책이 전체 사회를 이상 가치로부터 끌어내리면, 그것은 부정적 기여를 하고 있는 것이다.

정책 담당자의 직책은 한정될 수밖에 없지만, 그의 관점은 전체 사회를 포괄해야 한다. 정책결정에서 언제나 유의해야 할 전제는 '부분은 틀릴 수 있으나 전체는 그르칠 수 없다'는 것이다. 특정 부서에 근무하는 역할에 한정되지 않고, 지위의 높고 낮음에 상관없이 모두가 전체 정부의 관리자로서 기능하고 있다는 사실을 명심해야 한다.

5) 정책의 부분이익 선택성에 대한 주의 의무

정책이 산출하는 이익과 비용은 모든 국민에게 균등히 배분되지 않고 항상 불균등하게 배분된다. 더구나 그것이 정부정책인 경우 이익과 비용의 불균등한 배분이 공권력을 통해 강제적으로 이뤄진다. 이와 같은 현상은 정책 담당자의 의도와 전혀 상관없이도 일어나며, 이것은 정책의 본질적 성격이기도 하다. 이러한 정책의 본질적 성격을 부분이익 선택성(policy selectivity)이라고 한다.

이러한 정책의 성격에 비춰 정책 담당자에게 특별히 중요한 윤리적 의무를 요구한다. 이 공권력을 통한 편파적인 행위에 대해 자신의 의사와 무관하다 하더라도 어느 정도 책임질 수밖에 없다. 그러므로 정책 담당자는 정책으로 인해 손해를 보는 사람이 반드시 생긴다는 사실을 인식하고, 정당하고 공정하게 정책을 운용할 것이며, 가급적 손해를 줄이거나 보상하려는 성실한 자세를 갖춰야 한다.

6) 최저 계층 국민의 대표 의무

모든 사회 속에는 아무리 정치 과정, 행정 · 정책과정을 공개하더라도 자기의 의견을 표출하거나 주장하지 못하고, 심지어는 자기를 위해 무엇이 좋은 것인지를 알지 못하는 국민 계층이 있다. 그들은 배우지 못하고 돈이 없고 권력도 없는 최저계층의 국민이다. 정부가 이들을 대변하지 않으면, 이들은 자기의 몫을 차지할 길이 없다. 최저 계층의 이익을 위한 사회적 노력이 미약할 수밖에 없는 이러한 현실에서, 공공행정을 담당하는 정책 담당자가 문화 공유적인 정의감, 이성, 양심에 따라 공권력을 통해 최저 계층의 국민의 이익을 우선적이고 예외적으로 대표하지 않으면 안 된다. 대체로 발언권이 약한 최저 계층을 희생하는 데서 비인간화된 정책이 많이 나타나고 있음을 명심하지 않으면 안 된다.

7) 직책 독점에 따른 책임 의식과 최선의 성실 의무

어떤 직책을 담당하고 있는 정책 담당자가 먼저 알아야 할 것은 오직 자기만이 자격이 있어서 그 직책을 맡은 것이 아니라는 사실이다. 그 직책을 맡을 수 있는 사람이 많이 있고, 그 직책을 맡고 싶어하는 사람도 많이 있다. 그 많은 사람이 그 직책을 실제로 맡지 못하는 이유는 자기가 그 직책을 독점하고 기회를 봉쇄하고 있기 때문이다. 더욱 중요한 것은 한 정책 담당자의 직책 독점으로 인해 배제되는 많은 사람 중에는 그 직책 담당자보다 그 직책을 훨씬 훌륭히 수행할 수 있는 사람이 반드시 존재한다는 사실이다. 이러한 현실에서 정책 담당자가 윤리적으로 택할 수 있는 최선의 길은 우선 책임감을 느끼는 것과, 이 책임감에 입각해 자기의 모든 역량을 성실하게 직책 수행에 경주하는 것이다. 책임감에 뿌리를 둔 최선의 성실은 인격과 직책의 일체화, 나의 것으로 염려하는 마음 자세 즉 주인 의식, 주어진 여건 속에서 최선을 다했을 때 달성할 수 있는 최적 효과의 설정 및 실제 성과를 최적 효과에 접근시키려는 노력, 그리고 결과에 대한 완전한 책임의 수용 등을 요구한다.

모든 정책 담당자가 성실성을 갖는다는 것은, 어떤 정책이 있다는 사실이 없다는 것보다는 더 좋다는 사고 방식을 버려야 함을 요구한다. 어떤 하나의 정책이 존재한다는 것은 그보다 더 좋은 다른 정책이 존재할 기회를 포기하게 만드는 이른바 기회비용(opportunity costs)의 문제를 생각하지 않으면 안 된다. 우리는 한정된 희소한 자원(기회, 노력, 시간, 인력, 물자, 정보, 금전 등) 속에서 움직이는 상황에 대한 인식이 없이는 결코 그 사명과 책임을 다할 수 없다.

참고문헌

국내 문헌

강근복(옮김)(1990). 「정책분석과 문제 정의」. 서울: 대광문화사.

______(2000). 「정책학분석론 개정판」. 서울: 대영문화사.

______(2006). "시민참여정책평가의 개념적 특성과 실행 조건." 「행정논총」. 44(4): 429-454.

______(2009). "정책분석 및 평가에서의 양적 · 질적 연구의 혼합." 「정책분석평가학회보」. 19(4): 43-67.

______(2013). "합리적 정책토론의 구조와 운용." 「한국공공관리학보」. 27(2): 27-52.

강성진(1992). "재활용품 회수정책의 집행에 관한 연구." 성균관대학교 대학원 행정학 박사학위 청구논문.

강신택(1976). "정보의 역할." 강신택 외. 「정책학개론」. 서울: 법문사.

______(1981). 「사회과학연구의 논리」. 서울: 박영사.

강신택 · 유훈 · 권태준 · 노화준 · 허범(1976). 「정책학개론」. 서울: 법문사.

고미영(2012). 「질적연구방법」. 서울: 청목출판사.

고상근(2017). "국회법제사법위원회 체계자구심사제도에 관한 연구." 「의정논총」. 12(2): 5-42.

고순주(1997). "환경정책 변동의 맥락과 특성에 관한 연구: 정책기조, 목표 및 수단을 중심으로." 충남대학교 대학원 행정학 박사학위 청구논문.

곽강제(옮김)(1986). 「철학의 의미」. 서울: 박영사.

국무조정실(2015). 2015년도 정부업무 성과관리 운영지침.

권기창 · 배귀희(2006). "과학기술정책의 거버넌스 변화." 「한국정책과학학회보」. 10(3): 27-53.

권기헌(2007). 「정책학의 논리」. 서울: 박영사.

권향원 · 차세영(2020). '일과 삶 균형'(WLB) 이후의 새 패러다임? '일과 삶 통합'(WLI) 개념의 시론적 이해 및 사례 유형화 연구. 한국인사행정학회보, 19, 53-84.

권영성(1989). 「헌법학원론」. 서울: 법문사.

겐고, 아키즈키(2008). 행정과 지방자치: 이익, 제도, 이데올로기 시각에서. 서울: 논형.

김만배 · 김성제(2004). “무인과속단속시스템의 확산에 관한 정책네트워크 분석.” 「한국정책학회보」. 13(3): 117-147.

김명수(1993). 「공공정책평가론」. 서울: 박영사.

김민수 외(공편)(1991). 「국어대사전」. 서울: 금성출판사.

김신복(1991). 「발전기획론」. 서울: 박영사.

김웅락(1991). “공공정책의 수용 거부의 원인과 영향분석: KBS TV 시청료 납부거부운동을 중심으로.” 성균관대학교 대학원 행정학 박사학위 청구논문.

김재관(1992). “한국의료보험에 관한 정책논쟁 분석.” 성균관대학교 대학원 박사학위 논문.

김종범 · 강근복(2017). 정책기조의 개념 정립에 관한 연구: 연구자들의 관용적 용례를 토대로. 국가정책연구, 31(2), 1-25.

김종숙(2014). “국제 핵비확산정책 집행에 관한 연구.” 충남대학교 대학원 행정학 박사학위 청구논문.

김호균(2014). “문화예술정책과 Arm's Length Principle”, 정책논단: 2014년 지방자치와 주요 이슈, 한국정책학회 KAPS e-정책 Magazine 36호, 18-23.

김철수(1973). 「비교헌법론」(상). 서울: 박영사.

김태길(1973). 「윤리학」. 서울: 박영사.

김학만(2003). “지방정부 GIS사업집행의 영향 요인과 전략.” 충남대학교 대학원 행정학 박사학위 청구논문.

김형렬(1990). 「정책학」. 서울: 법문사.

남궁근(1998). 「행정조사방법론」. 서울: 법문사.

______(2012). 「정책학」. 파주: 법문사.

노화준(1983). 「정책평가론」. 서울: 법문사.

______(1985). “정책분석에 있어서 문제분석의 재음미.” 「행정논총」. 23(2): 2057-2072.

______(2012). 「정책평가론」. 서울: 법문사.

목영해(2003). “개인연구: 구성주의와 제7차 교육과정의 관련성 연구.” 「교육철학」. 29: 27-43.

박근후(1989). “정책종결의 본질과 전략.” 「수선논집」. 14: 265-287.

______(1994). “국회법제사업위원회 체계자구심사의 정치기능화.” 「정책분석평가학회보」. 4(1): 221-236.

______(1998). “정책평가 논리와 차원의 재구성.” 「관대논문집」. 26: 493-508.

박기식(1995). “정보통신표준화정책에 있어서 기술표준화 대상의 우선순위 결정 모형에 관한 연구.” 충남대학교 대학원 행정학 박사학위 청구논문.

박동서(1980). “교수논문; 행정의 신뢰성 확보 방안.” 「행정논총」. 18(2): 2293-2299.

______(1986). 「한국행정의 미래상」. 서울: 법눈사.

박시환(2014). “대법관 증원론에 대하여”, 한겨레, 2014.7.9.

박용치 · 오승석 · 송재석(2008). 「조사방법론」. 서울: 대영문화사.
박정택(1990a). 「공익의 정치행정론」. 서울: 대영문화사.
______(1990b). "정책의 윤리성에 관한 연구." 「한국행정학보」. 24(2): 853-872.
______(1995). "정책기조의 정책학적 의의와 개념적 구조." 「대전대학교 사회과학논문집」. 14(2): 71-86.
______(1996). "정책기조의 개념적 특성과 주요 구성인자." 「사회과학논문집」. 15(2): 39-57.
______(2000). "정책기조에 관한 탐색적 연구." 「행정논총」. 38(2): 1-33.
______(2001). "정책기조의 변동 과정에 관한 모델과 그 평가." 「대전대학교 사회과학논문집」. 20(1): 1-18.
______(2007a). "대통령직 인수와 정책기조의 형성: 문민정부 이후 대통령직 인수 사례의 분석을 중심으로." 「한국정책학회보」. 16(4): 1-28.
______(2007b). 「일상적 공공철학하기 1, 2, 3」. 파주: 한국학술정보.
______(2018a). 정책기조의 탐구-정책아이디어로서의 정책패러다임, 서울: 박영사.
______(2018b) 정책철학의 새로운 접근, 서울: 박영사.
박종수(2002). "정보화사업 메타평가모형의 설계와 적용." 충남대학교 대학원 행정학 박사학위 청구논문.
박흥식(1998). "일반논문: 윤리적 내비보고제(Whistleblowing)의 조건: 일반규범 윤리학적 접근법을 중심으로." 「한국행정학보」. 32(1): 195-209.
소흥렬(1985). "황경식 저, 사회정의의 철학적 기초(文學과 知性社, 1985)." 「철학」. 23: 133-136.
신명순(1982). "한국정치에 있어 정치 시위의 효율성." 「한국정치학회보」. 16: 25-44.
아마티아, 센 · 박우희(2001). 「자유로서의 발전」. 서울: 세종연구원.
오석홍(1990). 「조직이론」. 서울: 박영사.
유민봉(1994). "정책분석틀로서의 정책논변분석모형." 「한국행정학보」. 28(4): 1175-1190.
______(2005). 「한국행정학」. 서울: 박영사.
유용태(2010). "세계시장의 확대와 지역질서의 변화," 유용태 · 박진우 · 박태균, 함께 읽는 동아시아 근현대사1, 창비, 105-168.
유 훈(1989). 「정책학원론」. 서울: 법문사.
윤석환(1996). "정보통신정책 영역에 있어서의 정책연계망에 관한 연구." 충남대학교 대학원 행정학 박사학위 청구논문.
이달곤(1989). "일반논문; 협상이론의 연구와 원칙에 준거한 협상전략." 「행정논총」. 27(1): 1302-1328.
이봉락(2009). "정부업무평가와 국가연구개발사업평가 활용의 영향 요인." 충남대학교 대학원 행정학 박사학위 청구논문.
이상구(2001). "논문: 제7차 국어과 교육과정과 구성주의." 「한말연구」. 9: 103-139.

이종엽(1997). "입지정책의 결정과 집행과정에서의 정책수용성에 관한 연구." 「충남대학교 대학원 행정학 박사학위 청구논문」.

이찬구(1997). "연구개발사업의 메타평가에 관한 연구." 충남대학교 대학원 행정학 박사학위 청구논문.

장하준(2004). 사다리 걷어차기(Kicking Away the Ladder), 형성백(역), 부키.

정용남(1998). "사법개혁 과정에서의 정책네트워크 연구." 서울대학교 대학원 행정학 박사학위 청구논문.

정용덕(1995). "물적자원의 동원과 배분." 허범 외. 「행정학개론」. 서울: 대영문화사.

정정길(1988). 「정책결정론」. 서울: 대영문화사.

______(1989). 「정책학원론」. 서울: 대영문화사.

정정길 · 최종원 · 이시원 · 정준금 · 정광호(2010). 「정책학원론」. 서울: 대명출판사.

제15대 대통령직인수위원회(1998). 「제15대 대통령직인수위원회 백서」. 서울: 정부간행물제작소.

제16대 대통령직인수위원회(2003). 「제16대 대통령직인수위원회 백서」. 서울: 국정홍보처 국립영상간행물제작소.

한국행정연구소(1994). 「부처 종합평가를 위한 평가편람 작성 연구」. 서울대학교 행정대학원.

한승준(2008). 「조사방법의 이해와 SPSS 활용」. 서울: 대영문화사.

한완상(1983). 「민중시대의 문제의식」. 서울: 일월서각.

허 범(1967). "결정 작성 과정에 관한 사례연구: 1965년도 체신요금 개정." 「행정논총」. 5(2): 2159-2170.

______(1976a). "사회지표의 유형과 체계." 「사회개발지표의 체계」.

______(1976b). "논문: 정책학의 강의를 위한 교과 과정안." 「한국행정학보」. 123-142.

______(1979a). "정책문제 정립의 본질." 「제3회 합동학술대회」.

______(1979b). "정책종결의 본질과 전략." 성균관대학교 사회과학연구소. 「사회과학」. 17: 91-109.

______(1981a). "≪연례학술발표회논문≫ 정책형성의 상위 논리." 「한국정치학회보」. 15: 161-172.

______(1981b). "한국행정의 민주화: 1980년대의 전환을 위한 행정개혁의 기본 방향과 전략." 「사회과학」. 18: 21-37.

______(1982). "가치인식과 정책학." 성균관대학교 사회과학연구소. 「사회과학」. 19: 275-291.

______(1983). "정책 연구에 있어서 정책 논쟁 분석의 인식론적 분석과 방법론적 전개." 성균관대학교 사회과학연구소. 「사회과학」. 21: 32-33.

______(1984). "정책학의 정책문제 지향성." 「사회과학」. 22: 15-33.

______(1985). "정책학개론 교과 내용에 대한 토론." 「한국행정학보」. 19(2): 83-89.

______(1986). "정책과정 그 이념형과 역동성." 「계간감사」. 5.

______(1988a). “공공정책의 형성과 집행.” 성균관대학교 사회과학연구소(편). 「행정학개론」. 서울: 대영문화사.

______(1988b). “제1편 공공행정의 새로운 이념과 지도력; 새로운 공공행정의 모색: 민본행정의 이념과 과제.” 「한국행정학회 비정기학술발표논문집」. 100-137.

______(1989). “이데올로기와 정책.” 성균관대학교 사회과학연구소(편). 「현대사상과 정책」. 서울: 대영문화사.

______(1991a). “1980년대를 위한 감축관리의 기본 방향과 전략.” 「논문집」. 29.

______(1991b). “공공정책 결정과 공직윤리.” 한국정신문화연구원(편). 「한국 산업사회의 구조와 가치관의 제문제」. 서울: 태산인쇄공사.

______(1992a). “한국정책학회 초대 회장 수락 연설문: 한국정책학회의 정체성과 가능성.” 「한국정책학회보」. 1(1): 7-17.

______(1992b). 「대통령선거 정책공약의 체계와 요건: 설계와 분석을 위한 기준」. 대통령선거 정책공약 분석모형 정립.

______(1992c). “정책윤리분석의 구조와 기준.” 「중앙공무원교육원 연구논집」. 12: 165-187.

______(1993a). “국가 목표의 체계화와 운용.” 「중앙공무원교육원 고위정책관리자 교재」. 중앙공무원교육원.

______(1993b). “특집: 문민정부의 정책혁신과 제도개혁; 문민정부의 개혁기조와 정책 방향.” 「한국정책학회보」. 2(1): 9-26.

______(1995). “창조적 정책개발의 실천적 접근.” 충남대학교 행정대학원 최고관리자과정 교재.

______(1997). “대통령선거 정책공약의 설계를 위한 개념의 틀과 지도지침.” 「한국정책학회보」. 6(2): 11-41.

______(1999). “정책학 패러다임에 관한 연구: 개념 전제에 입각한 해석을 중심으로.” 「한국정책학회 동계학술대회 발표논문집」. 4: 317-327.

______(2002a). “기획논문: 2002 대선공약 분석모형개발 심포지움: 대통령선거 공약토론의 유권자 참여 지향적 조직과 운영.” 「한국정책학회보」. 11(4): 485-505.

______(2002b). “기획논문: 정책학의 이상과 도전.” 「한국정책학회보」. 11(1): 293-311.

______(2003). “정부기관평가제도의 개혁 취지와 발전과제 그리고 실천모형의 모색.” 한국행정연구원.

______(2005). “참여정책분석의 개념 전제와 활용 방안.” 충남대학교 지역개발연구소 토론회 발제문.

______(2007a). “좋은 정책이란 무엇인가 그리고 어떻게 접근하나?: 제1강 공공정책의 이해.” 충남대학교 공공문제연구소 석화 화요강좌.

______(2007b). “좋은 정책이란 무엇인가 그리고 어떻게 접근하나?: 제2강 좋은 정책의 의미와 기준.” 충남대학교 공공문제연구소 석학 화요강좌.

______(2007c). “좋은 정책이란 무엇인가 그리고 어떻게 접근하나?: 제3강 좋은 정책의 합리

적 접근을 위한 분석의 기본 틀." 충남대학교 공공문제연구소 석학 화요강좌.

______(2007d). "좋은 정책이란 무엇인가 그리고 어떻게 접근하나?: 제4강 공공정책 윤리분석의 의의와 구조." 충남대학교 공공문제연구소 석학 화요강좌.

______(2008). "좋은 정책이란 무엇인가 그리고 어떻게 접근하나?: 제5강 민주적 토론을 통한 정책윤리분석의 운영." 충남대학교 공공문제연구소 석학 화요강좌.

______(2009a). "기획세션: 정책학한국화연구특별위원회: 한국 정책학자에 고함: 정책학 연구의 길; 정책윤리분석의 구조화를 위한 하나의 제안－민주주의 정책학의 관점." 「한국정책학회 춘계학술발표논문집」. 201-216.

______(2009b). "정책학의 목적구조에 적합한 정책분석의 개념화 방향." 「한국정책학회보」. 18(2): 1-6.

______(2012). "도덕, 과학, 그리고 정책의 통합." 「한국정책학회 동계학술발표논문집」. 419-430.

______(2016). "정책학 서설." 미발표 논문. 1-23.

황경식(1985). 「사회정의의 철학적 기초」. 서울: 문학과 지성사.

황덕수(2003). "기초과학정책 집행조직의 특성에 관한 비교연구." 충남대학교 대학원 행정학 박사학위 청구논문.

황병상(2003). "과학기술 정책과정의 정책네트워크에 관한 연구." 충남대학교 대학원 행정학 박사학위 청구논문.

황병상 · 강근복(2004). "정부출연연구기관평가에 대한 메타평가: 기초기술연구회를 중심으로." 「한국정책학회 학술대회 발표논문집」. 1-19.

국외 문헌

Aberbach, J. D., Putnam, R. D. & Rockman, B. A.(1981). *Bureaucrats and Politicians in Western Democracies*. Cambridge: Harvard University Press.

Adams, G. B.(1986). "The Sensus Communis: A Framework for Valuative Discourse on Public Policy." *Policy Analysis: Perspectives, Concepts, Methods*. 169-184. Greenwich, Connecticut: JAI Press Inc.

Allison, G. T.(1971). *Essence of Decision: Explaining the Cuban Missile Crisis*. Boston: Little, Brown.

Almond, G. A. & Powell, G. B.(1978). *Comparative Politics: System, Process, and Policy*. Boston, Mass: Little, Brown.

Anderson, C. W.(1987). "Political Philosophy, Practical Reason, and Policy Analysis." In F.

Fischer & J. Forester(eds.), *Confronting Values in Policy Analysis*. 22-42. Newbury Park, CA: Sage.

______(1993). "Recommending a Scheme of Reason: Political Theory, Policy Science, and Democracy." *Policy Sciences* 26(3): 215-227.

Anderson, J. E.(1979). *Public Policy-making*. 2nd ed(1st ed. 1975). New York, N.Y.: Holt, Rinehart and Winston.

Ascher, W.(1987). "The Evolution of the Policy Sciences: Understanding the Rise and Avoiding the Fall." *Journal of Policy Analysis and Management*. 5(2): 365-373.

Atkinson, M. M. & Coleman, W. D.(1992). "Policy Networks, Policy Communities and the Problems of Governance." *Governance: An International Journal of Policy and Administration*. 5(2): 154-180.

Barber, B.(1984). *Strong Democracy: Participatory Democracy for a New Age*. Berkley & Los Angeles: University of California Press.

Bardach, E.(1976). "Policy Termination as a Political Process" in Policy Sciences. Vol.7. No.2. 1233-149.

______(1981). "Problems of Problem Definitions in Policy Analysis." In John P. Crecine (ed.), *Resarch in Public Policy Analysis and Management*. Greenwich: JAI Press.

______(2011). *A Practical Guide for Policy Analysis: The Eightfold Path to More Effective Problem Solving*. Los Angeles, CA: CQ Press.

Bark, Dennis & David Gress(1993). A History of West Germany Ⅲ, 2nd ed.; 서지원(역)(2004). 도이치 현대사 3, 비봉출판사.

Bachrach, P. & Baratz, M. S.(1962). "Two Faces of Power." *The American Political Science Review*. 56(4): 947-952.

___(1963). "Decisions and Nondecisions: An Analytical Framework." *The American Political Science Review*. 57(3): 632-642.

______(1970). *Power and Poverty: Theory and Practice*. New York, NY.: Oxford University Press.

Beauchamp, T. L.(1991). *Philosophical Ethics*. N.Y.: McGraw-Hill.

Beauchamp, T. L. & Pinkard, T. P.(1983). *Ethics and Public Policy: an Introduction to Ethics*. Englewood Cliffs, N.J.: Prentice-Hall.

Behn, R. D.(1978). "How to Terminate a Public Policy: A Dozen Hints for the Would-be Terminator." *Policy Analysis*. 4(3): 393-413.

Biller, R. P.(1976). "On Tolerating Policy and Organizational Termination: Some Design Considerations." *Policy Sciences*. 7(2): 133-149.

Bothun, D. & Comer, J. C.(1979). "The Politics of Termination: Concepts and Process."

Policy Studies Journal. 7(3): 540-553.

Braybrooke, D. & Lindblom, C. E.(1963). *A Strategy of Decision: Policy Evaluation as a Social Process*. New York, N.Y.: Free Press.

Brennan, J. G.(1976). *The Meaning of Philosophy*; 곽강제(옮김)(1986). 「철학의 의미」. 서울: 박영사.

Brewer, G. D.(1978). "Termination: Hard choices-Harder Questions." *Public Administration Review*. 38(4): 338-344.

Brewer, G. D. & deLeon, P.(1983). *The Foundations of Policy Analysis*. Homewood, Illinois: The Dorsey Press.

Brunner, R. D.(1991). "The Policy Movement as a Policy Problem." *Policy Sciences*. 24(1): 65-98.

______(1996). "A Milestone in the Policy Sciences." *Policy Sciences*. 29(1): 45-68.

Buber, M. & Smith, G.(1965). *Between Man and Man*. New York, N.Y.: Macmillan Co.

Callahan, D. & Jennings, B.(1983). *Ethics, The Social Sciences, and Policy Analysis*. New York, N.Y.: Plenum Press.

Campbell, D. T. & Stanely, J. C.(1963). *Experimental and Quasi-Experimental Design for Research*. Chicago: Rand McNally & Company.

Carson, Marcus, Tom R. Burns and Dolores Calvo(eds.)(2009). Paradigms in Public Policy, Frankfurt am Main: Peter Lang.

Churchman, C. W.(1968). *Challenge to Reason*. New York, N.Y.: McGraw-Hill.

Cobb, R. W. & Elder, C. D.(1972). *Participation in American Politics*. Boston: Allyn and Bacon.

Cobb, R. W., Ross, J. K. & Ross, M. H.(1976). "Agenda Building as a Comparative Political Process." *APSR*. Vol. 70.

Cohen, M. D., March, J. G. & Olsen, J. P.(1972). "A Garbage Can Model of Organizational Choice". *Administrative Science Quarterly*. 17(1): 1-25.

Cook, T. D. & Campbell, D. T.(1979). *Quasi-experimentation: Design and Analysis Issues for Field Settings*. Boston, MA: Houghton Mifflin Company. Chapter 1.

Coombs, F.(1981). "The Base of Noncompliance with a Policy." In John G. Grumm & Stephen L. Wasby (eds), *The Analysis of Policy Impact*. Lexington: Health.

Costello, T. W.(1970). "Psychological Aspects: the Soft Side of Policy Formation." *Policy Sciences*. 1(1): 161-168.

Crenson, M.(1971). *The Un-politics of Air Pollution*. Baltimore: John Hopkins University Press.

Crowson, R. A.(2017). Classification and biology. Transaction Publishers.

Cyert, R. M. & March, J. G.(1963). *A Behavioral Theory of the Firm*. Englewood Cliffs, N.J.: Prentice-Hall.

Dahl. R. A.(1956). *A Preface to Democratic Theory*. Chicago: University of Chicago Press.

______(1963). *Who Governs?* New Haven: Yale University Press.

______(1982). *Dilemmas of Pluralist Democracy*. New Heaven: Yale University Press.

Daigneault, Pierre-Marc(eds.)(2015). "Can You Recognize a Paradigm When You See One? Defining and Measuring Paradigm Shift," Hogan and Howlett, 43-60.

Danziger, M.(1995). "Policy Analysis Postmodernized." *Policy Studies Journal*. 23(3): 435-450.

David, W. L.(1985). *The IMF Policy Paradigm: The Macroeconomics of Stabilization, Structural Adjustment, and Economic Development*. N.Y.: Praeger.

Dawson, R. E. & Robinson, J. A.(1963). "Inter-Party Competition, Economic Variables, and Welfare Policies in the American States." *The Journal of Politics*. 25(2): 265-289.

deLeon, P.(1978). "A Theory of Policy Termination." Judith V. May & Aaron B. Wildavsky (ed), *The Policy Cycle*. Beverly Hills: Sage Publications.

______(1981). "Policy Sciences: The Discipline and Profession." *Policy Sciences*. 1(13): 1-7.

______(1988). *Advice and Consent: The Development of the Policy Sciences: The Development of the Policy Sciences*. New York, N.Y.: Russell Sage Foundation.

______(1992). "The Democratization of the Policy Sciences." *Public Administration Review*. 52(2): 125-129.

______(1994). "Reinventing the Policy Sciences: Three Steps back to the Future." *Policy Sciences*. 27(1): 77-95.

Dery, D.(1984). *Problem Definition in Policy Analysis*. Lawrence, Kansas: The University of Kansas.

Dewey, J.(1948). *Reconstruction of Philosophy*. Boston: Beacon Press.

Dobuzinskis, L.(1992). "Modernist and Postmodernist Metaphors of the Policy Process: Control and Stability vs. Chaos and Reflective Understanding." *Policy Sciences*. 25(4): 355-380.

Doron, G.(1992). "Policy Sciences: The State of the Discipline." *Review of Policy Research*. 11(34): 303-309.

Dror, Y.(1964). "Muddling Through: Science or Inertia?." *Public Administration Review*. 24(3): 153-157.

______(1968). *Public Policymaking Reexamined*. Scranton, Penn.: Chandler Publishing Co.

______(1970). "Prolegomena to Policy Sciences." *Policy Sciences*. 1(1): 135-150.

______(1986). *Policymaking under Adversity*. New Brunswick, N.J.: Transaction Publishers.

______(1983). "New Advances in Public Policy Teaching." *Journal of Policy Analysis and Management*. 2(3): 449-454.

Dryzek, J. S.(1982). "Policy Analysis as a Hermeneutic Activity." *Policy Sciences*. 14(4): 309-329.

______(1989). "Policy Sciences of Democracy." *Polity*. 22(1): 97-118.

______(1990). *Discursive Democracy: Politics, Policy, and Political Sciences*. New York, N.Y.: Cambridge University Press.

Duncan, W. J.(1981). *Organizational Behavior*. Boston: Houghton Mifflin Company.

Dunn, W. N.(1981). *Public Policy Analysis*. Englewood Cliffs, N.J.: Prentice-Hall.

______(1983). *Values, Ethics, and the Practice of Policy Analysis*. Massachusetts: Lexington Books.

Dye, T. R.(1976). *Policy Analysis*. Alabama: The University of Alabama Press.

______(1981). *Understanding Public Policy*(5th ed.). Engleuwood Cliffs, N.J.: Prentice-Hall.

______(1984). *Understanding Public Policy*. Englewood Cliffs, N.J.: Prentice-Hall.

Easton, D.(1953). *A Framework for Political Analysis*. Englewood Cliffs, N.J.: Prentice-Hall.

______(1965). *A Systems Analysis of Political Life*. N.Y.: Wiley.

Edwards, G. C.(1980). *Implementing Public Policy*. Washington D.C.: Congressional Quarterly Press.

Elmore, R.(1979). "Backward Mapping." *Political Science Quarterly*. 94: 601-616.

______(1985). "Forward and Backward Mapping: Reversible Logic in the Analysis of Public Policy." In Kenneth Hanf & Theo A. J. Toonen(eds.), *Policy Implementation in Federal and Unitary System*. Dordrecht, Nethertand: Matinus Nijhoff Publisher.

Encyclopaedia Britannic Inc.(1988). "Ethics." *The New Encyclopaedia Britannica*. Vol.18. Chicago: Encyclopaedia Britannica, Inc.

Etzioni, A.(1967). "Mixed-Scanning: A Third Approach to Decision-Making." *Public Administration Review*. 27(5): 385-392.

______(1968). *The Active Society: A Theory of Societal and Political Process*. New York: The Free Press.

______(1976). *Social Problems*. Englewood Cliffs, N.J.: Prentice-Hall.

______(1995). *Evaluating Public Policy*. Chicago: Nelson-Itall.

______(1998). "Beyond Empiricism: Policy Inquiry in Postpositivist Perspective." *Policy Studies Journal*. 26(1): 129-146.

Etzioni, A. & Forester, J.(1993). *The Argumentative Turn in Policy Analysis and Planning*. Durham, North Carolina: Duke University Press.

Eyestone, R.(1978). *From Social Issues to Public Policy*. N.Y.: Wiley.

Fischer, F.(1980). *Politics, Values, and Public Policy*. Boulder, Colo.: Westview Press.

______(1993). "Citizen Participation and the Democratization of Policy Expertise: From Theoretical Inquiry to Practical Cases." *Policy Sciences*. 26(3): 165-187.

______(1995). *Evaluating Public Policy*. Chicago: Nelson-Hall Publishers.

______(1998). "Beyond Empiricism: Policy Inquiry in Post Positivist Perspective." *Policy Studies Journal*. 26(1): 129-146.

Fischer, F. & Forester, J.(1993). *The Argumentative Turn in Policy Analysis and Planning*. Durham, N.C.: Duke University Press.

Fischer, R. & Ury, W.(1991). *Getting to YES. London: Business Books.*

Fleishman, J. L., Liebman, L. & Moore, M. H.(1981). *Public Duties*. Cambridge, Mass.: Harvard University Press.

Forester, J.(1993a). *The Argumentative Turn in Policy Analysis and Planning*. Durham, N.C.: Duke University Press.

______(1993b). *Critical Theory, Public Policy, and Planning Practice: Toward a Critical Pragmatism*. Albany, N.Y.: SUNY Press.

Frankena, W. K.(1973). *Ethics* (2nd ed.). Englewood Cliffs, N.J.: Prentice-Hall.

Franklin, J. L. & Thrasher, J. H.(1976). *An Introduction to Program Evaluation*. N.Y.: Wiley.

Froman, L.(1968). "The Categorization of Policy Contents." In Austin Ranney(ed.), *Political Science and Political Theory*. Chicago: Markham Publishing.

Gadamer, H.-G.(1975). *Truth and Method*. N.Y.: Seabury Press.

Galbraith, J. K.(1952). *American Capitalism: The Concept of Countervailing power*. Boston: Hough Mifflin.

Gamson, W. A.(1975). *The Strategy of Social Protest*. Homewood, IL.: The Dorsey Press.

Gergen, K. J.(1968). "Assessing the Leverage Points in the Process of Policy Formation." In Bauer & Gergen, *The Stdy of Policy Formation*. N.Y.: Free Press.

Gerston, L. N.(1983). *Making Public Polcy: From Conflict to Resolution*. Glenview. Ill: Scott, Foresman.

Goggin, M. L.(1990). *Implementation Theory and Practice: Toward a Third Generation*. Glenview, Ill: Scott, Foresman/Little, Brown Higher Education.

Goldstein, H. A.(1984). "Planning as Argumentation." *Planning and Design*. 11(3): 297-312.

Gould, J.(1966). "Ideology." In Julius Gould & William L. Kalb(eds.), *A Dictionary of the Social Sciences*. N.Y.: Free Press.

Graham, Jr., G. J.(1986). "Ethics, Rhetoric, and the Evaluation of Public Policy Consequences." *Policy analysis: Perspectives, Concepts, and Methods*. 251-269. Greenwich, C.T.: JAI Press Inc.

Hall, P. A.(1990). "Policy Paradigms, Experts, and the State: the Case of Macroeconomic Policy-Making in Britain." *Social Scientists, Policy and the State.* 53-78.

______(1993). "Policy Paradigms, Social Learning, and the State: The Case of Economic Policymaking in Britain." *Comparative Politics.* 25(3): 275-296.

Hawkesworth, M. E.(1988). *Theoretical Issues in Policy Analysis.* Albany, N.Y.: SUNY Press.

Hayes, M.(2007). "Policy Making through Disjointed Incrementalism." *Public Administion and Public Policy.* 123: 39-60.

Heclo, H.(1974). *Modern social Politics in Britain and Sweden.* New Haven: Yale University Press.

Hirschman, A. O.(1975). "Policymaking and Policy Analysis in Latin America: A Return Journey." *Policy Science.* 6: 385-402.

Hodgkinson, C.(1978). *Towards a Philosophy of Administration.* N.Y.: St. Martin's Press.

Hogan, John and Michael Howlett(eds.)(2015). Policy Paradigm in Theory and Practice, Palgrave Macmillan.

Hofferbert, R.(1974). *The Study of Public Policy.* N.Y.: St. Martin's Press.

Hogwood, B. W. & Gunn, L. A.(1984). *Policy Analysis for the Real World.* Oxford: Oxford University Press.

Hogwood, B. W. & Peters, B. G.(1982). "The Dynamics of Policy Change: Policy Succession." *Policy Sciences.* 14(3): 225-245.

______(1983). *Policy Dynamics.* N.Y.: St. Martin's Press.

Hook, S.(1980). *Philosophy and Public Policy.* Carbondale: Southern Illinois University Press.

Howe, E. & Kaufman, J.(1980). "Ethics and Professional Practice in Planning and Related Policy Professions." *Policy Studies Journal.* 9(4): 585-595.

Howlett, M.(1994). "Policy Paradigms and Policy Change: Lessons from the Old and New Canadian Policies Towards Aboriginal Peoples." *Policy Studies Journal.* 22(4): 631-649.

Ingram, H. M. & Mann, D. E.(1980). "Policy Failure: An Issue Deserving Analysis." *Why Policies Succeed or Fail.* 11-32.

James, Q. W.(1973). *Political Organizations.* N.Y.: Basic Books.

Jantsch, E.(1970). "From Forecasting and Planning to Policy Sciences." *Policy Sciences.* 1(1): 31-47.

______(1975). *Design for Evolution: Self-Organization and Planning in the Life of Human Systems.* N.Y.: George Braziller.

Jenkins, W. I.(1978). *Policy Analysis: A Political and Organisational Perspective.* London: M. Robertson.

Jennings, B.(1987a). Interpretation and the Practice of Policy Analysis. *Confronting values in policy analysis: The politics of criteria.* 128-152.

______(1987b). *Policy Analysis: Science, Advocacy, or Counsel* (Vol. 4). Greenwich, CT: JAI Press.

Jordan, A. G. & Richardson, J. J.(1987). *Government and Pressure Groups in Birtain.* Oxford: Clarendon Press.

Jones, C. O.(1977). *An Introduction to the Study of Public Policy*(2nd ed.). North Scituate, M.A.: Duxbury Press.

Kaplan, A.(1963). *American Ethics and Public Policy.* N.Y.: Oxford University Press.

Kay, Adrian(2007). "Tense Layering and Synthetic Policy Paradigms: The Politics of Health Insurance in Australia," Australian Journal of Political Science, 42(4): 579-591.

Kelly, R. M.(1986). "Trends in The Logic of Policy Inquiry: A Comparison of Approaches and A Commentary." *Policy Studies Review.* 5(3): 520-528.

Kern, Florian, Caroline Kuzemko & Catherine Mitchell(eds.)(2015). "How and Why do Policy Paradigms Change; and Does It Matter?" Hogan and Howlett, 269-291.

Kenis, P. & Schneider, V.(1991). "Policy Networks and Policy Analysis: Scrutinizing a New Analytical Toolbox." In B. Marin & R. Mayntz (ed.), *Policy Networks.* Frankfurt/M.: Campus.

King, J. A., Morris, L. L. & Fitz-Gibbon, C. T.(1987). *How to Assess Program Implementation.* Newbury Park: Sage Publications.

Kingdon, J. W.(1984). *Agendas, Alternatives, and Public Policies.* Glenview: Scott, Foresman and Company.

Ladd, J.(1973). "Policy Studies and Ethics." *Policy Studies Journal.* 2(1): 38-43.

______(1975). "Policy Studies and Ethics." *Policy Studies and the Social Sciences*: 177-184. Lexington, Kentucky: Lexington Books.

Lasswell, H. D.(1943a). *Memorandom: Personal Policy Objectives(October 1).* Archived at Sterling Library. New Haven. CT: Yale University Press.

______(1943b). *Proposal: The Institute of Policy Sciences(October 1).* Archived at Sterling Library. New Haven. CT: Yale University Press.

______(1949). *Power and Personality.* N.Y.: Norton.

______(1951). "The Policy Orientation." In H. D. Lasswell & D. Lerners (eds.), *Policy Sciences*: 3-15. Standford, California: Standford University Press.

______(1956). "The Political Science of Science." *American Political Science Review.* 50(4): 961-79.

______(1970). "The Emerging Conception of the Policy Sciences." *Policy Sciences.* 1(1):

3-14.

______(1971). *A Pre-view of Policy Sciences.* N.Y.: Elsevier Publishing Company.

Lasswell, H. D. & Kaplan, A.(1950). *Power and Society.* New Haven, CT: Yale University Press.

Lasswell, H. D. & Macdougal, M. S.(1992). *Jurisprudence for a free society: studies in law, science, and policy* (Vol. 2). New Haven, CT: New Haven Press.

Lerner, D.(1975). "From Social Science to Policy Science: An Introductory Note." Stuart S. Nagel(ed.), *Policy Studies.* Lexington, Mass: Lexington Books. 1-7.

Levine, C. H.(1975). "Organizational Design: A Post Minnowbrook Persepective for the New Public Administration." *PAR.* 9(Spring).

Lindblom, C. E.(1959). "The Science of 'Muddling Through'." *Public Administration Review.* 19(1) 79-88.

Lindblom, C. E. & Woodhouse, E. J.(1968). *The policy-making process* (Vol. 4). Englewood Cliffs, N.J.: Prentice-Hall.

Lineberry, R. L.(1978). *American Public Policy.* N.Y.: Harper & Row.

Lowi, T. J.(1964). "American Business, Public Policy, Case-studies, and Political Theory." *World Politics.* 16(4): 677-715.

______(1972). "Four Systems of Policy, Politics, and Choices." *Public Administration Review.* 32(4): 298-310.

Lukes, S.(1974). *Power: A Radical View.* London: Macmillan Press.

MacIntyre, A.(1997). *After Virtue.*(2nd ed). Notre Dame, IN: University of Notre Dame Press.

MacLaughlin, M.(1976). "Implementation as Mutual Adaptation: Change in Classroom Organization." In Williams & Elmore(eds.), *Social Program Implementation*, N.Y.: Academic Press.

MacRae, D, Jr.(1976). *The Social Function of Social Science.* New Haven and London: Yale University Press.

MacRae, D. & Wilde, J. A.(1979). *Policy Analysis for Public Decisions.* North Scituate, MA: Duxbury Press.

Manheim, J. B. & Rich, R. C.(1986). *Empirical Political Analysis: Research Methods in Political Science.* N.Y.: Longman.

March, J. G. & Simon, H. A.(1958). *Organizations.* N.Y.: John Wiley and Sons, Inc.

Marin, B. & Mayntz, R.(1991). *Policy Networks: Empirical Evidence and Theoretical Considerations.* Frankfurt/M. Campus.

Marsh, D. & Rhodes, R. A. W.(1992). "Policy Communities and Issue Networks: Beyond Typology." In D. Marsh & R. A. W. Rhodes(eds.). *Policy Networks in British Govern-*

ment. Oxford: Oxford University Press.

Matland, R. E.(1995). "Synthesizing the Implementation Literature: The AmbiguityConflict Model of Policy Pmplementation." *Journal of Public Administration Research and Theory.* 5(2): 145-174.

May, P. J.(1991). "Reconsidering Policy Design Policies and Politics." *Journal of Public Policy.* 11(2).

Merelman, R.(1968). "In the Neo-elitist Critique of Community Power." *American Political Science Review.* 62.

Miller, T. C.(1984). "Conclusion: A Design Science Perspective." *Public Sector Performance.* 261-279. Baltimore, MD: Johns Hopkins. University Press.

Mills, C. W.(1956). *The Power Elite.* Oxford: Oxford University Press.

Mintzberg, H., Raisingham, D. & Theoret. A.(1976). "The Structures of Unstructured Decision Processes." *ASQ.* 21.

Monotheism, R. & Culture, W.(1960). *With Supplementary Essays.* New York, N.Y.: Harper and Row.

Mood, A. M.(1983). *Introduction of Policy Analysis.* N.Y.: Penguin Books.

Nachmias, D.(1979). *Public Policy Evaluation: Approaches and Methods.* New York, N.Y.: St. Martin's Press.

Nakamura, R. T. & Smallwood, F.(1980). *The politics of Policy Implementation.* New York, N.Y.: St. Martin's Press.

Niebuhr, H. R.(1960). *Radical Monotheism and Western Culture.* N.Y.: Harper and Brothers.

Ostrom, E.(1950). "Policy Analysis of Collective Action and Self-Governance." *Advances in Policy Studies Since.*

______(1992). "Policy analysis of Collective Action and Self-Governance." Willam N Dunn & Rita Mae Kelly(1992), *Advances in policy studies since 1950* New Brunswick, N.J.: Transaction Publishers.

Ozbekhan, H.(1969). *Toward a General Theory of Planning.* Management and Behavioral Science Center, University of Pennsylvania.

Pal, L. A.(1995). "Competing Paradigms in Policy Discourse: The Case of International Human Rights." *Policy Sciences.* 28(2): 185-207.

Paris, D. C. & Reynolds, J. F.(1983). *The logic of policy inquiry.* N.Y.: Longman Publishing Group.

Pressman, J. L. & Wildavsky, A. B.(1973). *Implementation: How Grert Expectations in Washington are Dashed in Oakland; Or, why It's Amazing that Federal Programs Work at All.* University of California Press.

Quade, E. S.(1982). *Analysis for Public Decisions(2nd ed.).* N.Y.: Worth Haland.

Quade, E. S. & Boucher, W. I.(1968). *Systems Analysis and Policy Planning.* N.Y.: Etsevier.

Reamer, F. G. (1986). "Principles of Ethics and the Justification of Policy." In William N. Dunn(ed.), *Policy Analysis: Perspectives, Concepts, and Methods.* 169-184. Greenwich, Connecticut: JAI Press Inc.

______(1986). "Principles of Ethics and the Justification of Policy." *Policy Analysis: Perspectives, Concepts, Methods.* 223-245. Greenwich, CT.: JAI. Press.

Rawls, J.(1971). *A Theory of Justice.* Cambridge, Mass: Belknap Press of Harvard University Press.

Redford, E. S.(1969). *Democracy in the Administrative State.* N.Y.: Oxford University Press.

Rein, M.(1976). *Social Science & Public Policy.* N.Y.: Penguin Books.

Rein, M. & Rabinovitz, F.(1978). "Implementation: A Theoretical Perspective." In W. D. Burnham & M. W. Weinberg(eds). *American Politics and Public Policy.* Cambridge: MIT University Press.

Renn, O. T. W., Rekel, H. & Daniel, P.(1993). "Public Participation in Decision Making." *Policy Sciences.* 26(3): 189-214.

Ripley, R. B.(1980). *Congress, Process and Policy*(3rd ed.). N.Y.: Norton.

Ripley, R. B. & Franklin, G. A.(1980). *Congress, the Bureaucracy, and Public Policy.* Honewood, Ill.: Dorsey Press.

______(1984). Congress, the Bureaucracy, and Public Policy: Dorsey Press.

______(1986). *Policy Implementation and Bureaucracy.* Chicago, Ill.: Dorsay Press.

Rose, R.(1991). "What is Lesson-Drawing?." *Journal of Public Policy.* 11(1): 3-30.

Rudner, R. S.(1966). *Philosophy of Social Science.* N.J.: Prentice-Hall.

Sabatier, P. A.(1988). "An Advocacy Coalition Framework of Policy Change and the Role of Policy-Oriented Learning Therein." *Policy Sciences.* 21(2-3): 129-168.

Sabatier, P. A. & Mazmanian, D.(1983). *Encyclopedia of Policy Sciences.* N.Y.: Marcel Dekker.

Sabatier, P. A. & Jenkins-Smith, H.(1993). "Policy Change Over a Decade or More." *Policy Change and Learning: An Advocacy Coalition Approach.* 13-39. Boulder, CO.: Westview Press.

Salisbury, R. H.(1968). "The Analysis of Public Policy: A Search for Theories and Roles." *Political Science and Public Policy.* 151-175. Chicago: Markham.

Sargent, L. T.(1972). *Contemporary Political Ideologies: A comparative Analysis.* Homewood, IL: The Dorsey Press.

Scham, S.(1993). "Postmodern Policy Analysis: Discourse and Identity in Welfare Policy." *Policy Sciences.* 26(3): 249-268.

Schein, E. H.(1970). *Organizational Psycholog*. Englewood Cliffs, N.J.: Prentice Hall.

Schattschneider, E. E.(1975). *The Semisovereign People. Winsdale*, Ill.: The Dryden Press.

Schick, A.(1971). "From Analysis to Evaluation." *The Annals of American Academy of Political and Social Science*. 394(1): 57-71.

Schmidt, Vivien A.(2011). "Ideas and Discourse in Transformational Political Economic Change in Europe," G. Skogstad(ed.), Policy Paradigms, Transnationalism, and Domestic Politics, Univ. of Toronto Press, 36-63.

Scriven, M.(1972). "The Methodology of Evaluation." In H. W. Carol(ed), *Evaluation Action Programs: Readings in Social Action and Education*. Boston: Allyn and Bacon Inc.

Seligman, E. R. A.(eds.)(1954). *Encyclopaedia of the Social Science*. N.Y.: Macmillan.

Sen, A. K.(1999). *Development as Freedom*. N.Y.: Oxford University Press.

Simon, H. A.(1957). *Models of Man: Social and Rational*. N.Y.: John Wiley and Son.

Skogstad, Grace(ed.)(2011). Policy Paradigms, Transnationalism, and Domestic Politics, Univ. of Toronto Press.

Skogstad, Grace & Vivien A. Schmidt(2011). "Introduction," G. Skogstad(ed.), Policy Paradigms, Transnationalism, and Domestic Politics, Univ. of Toronto Press, 3-35.

Skok, J. E.(1995). "Policy Issue Networks and the Public Policy Cycle." *Public Administration Review*. 55(4): 325-332.

Smith, M. J.(1993). *Pressure, Power, and Policy*. N.Y.: Harvester Wheatsheaf.

Stephen, T.(1958). *The Uses of Argument*. Cambridge: Cambridge University Press.

Stone, D. A.(1997). *Policy Paradox*. N.Y.: W.W. Norton & Company.

Stokey, E. & Zeckhauser, R.(1978). *A Primer for Policy Analysis*. N.Y.: W. W. Norton & Company.

Suchman, E. A.(1967). *Evaluative Research: Principles and Practices in Public Service and Social Action Programs*. N.Y.: Rusell Sage.

Taylor, P. W.(1961). *Normative Discourse*. Engleood Cliff, N.J.: Prentice-Hall.

______(1973). *Normative Discourse*. Westport, Conn.: Greenwood Press.

______(2013). New Paradigms in Public Policy, Oxford Univ. Press, 2013.

Throgmorton, J. A.(1996). "The Rhetorics of Policy Analysis." *Policy Sciences*. 24(2): 153-179.

Titmuss, R. M.(1972). *The Gift Relationship*. N.Y.: Random.

Torgerson, D.(1985). "Contextual Orientation in Policy Analysis: The Contribution of Harold D. Lasswell." *Policy Sciences*. 18(3): 241-261.

______(1992). "Priest and Jester in the Policy Sciences: Developing the Focus of Inquiry." *Policy Sciences*. 25(3): 225-235.

Toulmin, S. E.(1958, 1964). *The Uses of argument*. Cambridge, England: Cambridge University Press.

Toulmin, S., Rieke, R. & Janik, A.(1979). *An Introduction into Reasoning*. New York and London.

Vickers, G.(1965). *The art of judgment: A Study of Policy Making*. N.Y.: Basic Books.

______(1973a). *Making Institutions Work*. N.Y.: Halsted Press.

______(1973b). "Values, Norms and Policies." *Policy Sciences*. 4(1): 103-111.

Vico, G.(1965). "On the Study Methods of Our Time," trans. *Elio Gianturco, Indianapolis*, IN: Bobbs-Merrill. 193.

Vico, G. & Bergin, T. G.(1948). *The New Science of Giambattista Vico*. Ithaca, N.Y.: Cornell University Press.

Wagle, U.(2000). "The Policy Science of Democracy: The Issues of Methodology and Citizen Participation." *Policy Sciences*. 33(2): 207-223.

Willdavsky, A.(1964). *The Politics of the Budgetary Process*. Boston: Little Brown.

Winter, G.(1966). *Elements for a Social Ethic*. N.Y.: Macmillan.

Wolf Jr, C.(1981). "Ethics and Policy Analysis." In Joel L. Fleishman(ed.), *Public Duties. Cambridge*, Massachusetts: Harvard University Press.

Wilder, Matt and Michael Howlett(eds.)(2015). "Paradigm Construction and the Politics of Policy Anomalies," Hogan and Howlett, 101-115.

Wilson, J. Q.(1980). *The Politics of Regulation*. N.Y.: Basic Books.

Young, O. R.(1979). *Compliance and Public Authority*. Baltimore: Published for Resources for the Future by the Johns Hopkins University Press.

찾아보기

ㅊ

저자 소개

■ **강근복**

(현)충남대학교 행정학부 명예교수, (사)인본정책연구원 이사장

성균관대학교 법정대학 행정학과 졸업
성균관대학교 대학원 행정학석사 · 행정학박사
미국 시라큐즈대 기술 및 정보정책연구소 객원교수
미국 버지니아텍 행정 및 정책연구소 객원교수
충남대학교 행정학부 교수
충남대학교 국가정책대학원장, 행정대학원장, 공공문제연구소장
(현)한국정책분석평가학회 고문
한국정책학회 회장, 한국정책분석평가학회 회장
대전충남행정학회(현 한국공공행정학회) 회장, 한국행정학회 부회장
정부업무평가위원회 위원장(공동 위원장: 국무총리)
행정안전부, 환경부, 산림청 정책자문위원
행정고시 · 입법고시 시험위원
중앙인사위원회 자체평가위원회 위원, 국가과학기술위원회 기획예산조정 전문위원, 국가연구개발사업평가위원회 위원, 대전광역시 인사위원회 위원 등 역임
홍조근정훈장, 충남대 최우수 강의 교수상
「정책분석과 문제 정의(역서)」(1990, 대광문화사)
「정책분석론(제4판)」(2021, 대영문화사)
「지방자치단체장의 리더십 전이(공저)」(2001, 대영문화사)
「과학기술정책의 주요 쟁점(공저)」(2008, 한국학술정보원)
「한국사회의 이슈와 정책(공저)」(2010, 한국학술정보원) 외 논문 다수

■ 권향원

(현)아주대학교 행정학과/과학기술정책대학원 교수

성균관대학교 사회과학대학 행정학과 졸업
서울대학교 행정대학원 정책학석사
미국 서던캘리포니아 대학교 정책・기획・개발학박사
(전)한국행정연구원 정부혁신실 부연구위원
산업부, 환경부, 통일부, 문화재청 평가위원
국토교통부 심의위원
행정안전부, 국무조정실, 교육부, 과기부, 식약처 자문위원
한국행정학회, 서울행정학회, 정책분석평가학회 등 편집이사 및 편집위원
한국조직학회, 한국이민정책학회, 서울행정학회, 공공복지학회, 한국서비스경영학회, 한국정책분석학회, 한국지역정보학회 이사
인사혁신처 행정고시 및 공무원 시험위원 등
미국인사행정학회 최우수 논문상, 전미행정학회 아시안 신진학자상, 한국학술원 우수 도서상, 세종도서 학술부문 우수도서상 등
"중앙부처 정책과정의 이론적 모형화 연구"
"포스트 코로나 시대 정부역할과 거버넌스의 변동"
"공공문제 해결을 위한 정책 공동생산(co-production)의 개념적 이해"
"공공성 개념: 학제적 이해 및 현실적 쟁점" 등 다수 연구업적

■ 김재관

(현)원광대학교 행정학과 명예교수

원광대학교 행정학과 교수
성균관대학교 법정대학 행정학과 졸업
성균관대학교 대학원 행정학석사・행정학박사
(현)원광대학교 중앙도서관장
원광대학교 사회교육원장 및 과학교육원장
원광대학교 행정대학원장 등 역임

■ 박근후

(현)가톨릭 관동대학교 행정학과 교수

성균관대학교 법정대학 행정학과 졸업
성균관대학교 대학원 행정학석사 · 행정학박사
University of Pittsburgh visiting scholor
관동대학교 취업홍보실장, 입학홍보처장, 경찰법정대학장 역임
(현)의정논총 편집위원
(현)강릉시 주요업무평가위원회 위원
강원도 지방토지수용위원회 위원
강원도 선거여론조사 공정심의위원회 위원
강릉시 양성평등위원회 위원 등 역임
「지방자치단체장의 리더십 전이(공저)」(2001, 대영문화사)
"공공정책과정의 가치와 공공관계"
"한국 국회에서의 효율적 의안 심의를 위한 의안회부제도에 관한 연구"
"정책평가논리와 차원의 재구성" 외 논문 다수

■ 박정택

(현)대전대학교 행정학과 교수

성균관대 법정대학 행정학과 졸업
서울대학교 행정대학원 졸업
성균관대학교 대학원 행정학박사
영국 The University of Leeds, Nuffield Centre 졸업
대전대학교 교학부총장 역임
제15회 행정고등고시 합격
보건사회부, 외무부 서기관 역임
「공익의 정치행정론」(1990, 대영문화사)
「국제행정학」(1996, 대영문화사)
「행정학개론(공저)」(1998, 고려출판사)
「시민사회와 행정(공저)」(2002, 형설출판사)
「일상적 공공철학하기 1, 2, 3」(2007, 한국학술정보) 외 논문 다수

개정판

정책학

펴낸날 제1판 제1쇄 2016년 3월 5일
개정판 제1쇄 2022년 2월 25일
개정판 제2쇄 2024년 1월 8일

지은이 강근복 · 권향원 · 김재관 · 박근후 · 박정택

펴낸이 임춘환

펴낸곳 도서출판 **대영문화사**

주소 (본사) 사무실: 경기도 고양시 일산서구 주화로 70 우신프라자 307호 (우) 10387)
(본사) 물류센터: 경기도 고양시 일산서구 덕산로 107번길 68-50 (우) 10205)

등록 1975년 12월 26일 제3-16호

전화 (031) 913-3062, (031) 914-3884~5

팩스 (031) 913-3839

홈페이지 http://www.dymbook.co.kr

ISBN 978-89-7644-860-6

값 28,000원